21世纪清华MBA精品教材

质量管理学

（第三版）

◀刘广第　编著▶

Quality Management

清华大学出版社
北京

内 容 简 介

质量管理受到全球性的重视是近半个世纪以来的事情,而且,这一趋势正在日益增强。随着现代科学技术和经济全球化的飞速发展,"质量"一词已经被赋予深刻的内涵。本书汲取了国内外质量管理理论与实践的精华,并结合我国的实际情况,系统地阐述了现代质量管理学的基本概念、理论和方法。

本书是在第二版的基础上修订而成,为了适应新时期的教学要求,作者对很多内容进行了更新,并在每章后附上了习题,以利教学。

本书是清华大学经济管理学院工商管理硕士研究生教材,也可作为高等院校企业管理专业及其他经济管理专业本科生、研究生的教材,同时也是我国企业管理人员、管理咨询人员的参考书。

本书封面贴有清华大学出版社防伪标签,无标签者不得销售。
版权所有,侵权必究。举报: 010-62782989, beiqinquan@tup.tsinghua.edu.cn。

图书在版编目(CIP)数据

质量管理学/刘广第编著. —3版. —北京:清华大学出版社,2018(2023.9重印)
(21世纪清华MBA精品教材)
ISBN 978-7-302-49920-6

Ⅰ.①质… Ⅱ.①刘… Ⅲ.①质量管理学—高等学校—教材 Ⅳ.①F273.2

中国版本图书馆CIP数据核字(2018)第055446号

责任编辑:梁云慈
封面设计:汉风唐韵
责任校对:宋玉莲
责任印制:刘海龙

出版发行:清华大学出版社
网　址:http://www.tup.com.cn, http://www.wqbook.com
地　址:北京清华大学学研大厦A座　　邮　编:100084
社 总 机:010-83470000　　邮　购:010-62786544
投稿与读者服务:010-62776969, c-service@tup.tsinghua.edu.cn
质量反馈:010-62772015, zhiliang@tup.tsinghua.edu.cn

印 装 者:三河市龙大印装有限公司
经　销:全国新华书店
开　本:185mm×260mm　印张:22.25　插页:1　字数:522千字
版　次:1996年2月第1版　2018年5月第3版　印次:2023年9月第7次印刷
定　价:58.00元

产品编号:044619-02

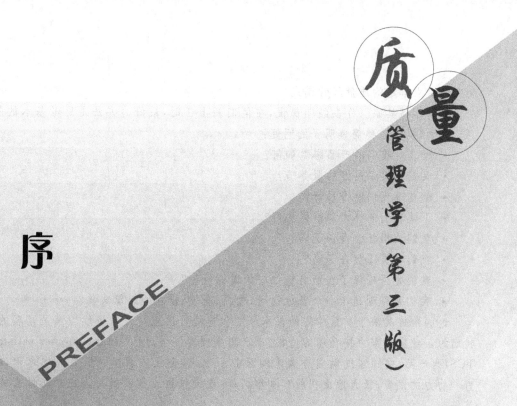

序 PREFACE

综观过去的 30 多年,是质量管理在中国从引进到逐步拓展应用,并且在实践中不断取得成果的过程。进入 21 世纪以来,从整体上看,质量管理在中国不断有可喜的表现。"全面质量管理"(total quality management,TQM)在全世界的发展无论在观念、实物质量还是管理水平方面,其趋势越来越强,质量在经济发展中的地位已是举世公认。在中国也不例外,质量管理正在受到更加广泛的重视。"追求卓越绩效"的核心价值观和理念已经成为越来越多优秀企业质量经营的灵魂。

中国的职业经理人可以不断地借鉴国外的新理念和新经验。有句非常中肯的老话:"身大力不亏,智大事有为。"我们应该结合国情不断虚心地学习国外先进的质量管理理论和方法。

我们每个人都有自己的特点。每个企业都有自己独特的情况。每个国家也有自己独特的国情。尽管现代科学技术迅猛发展,我们大家都已经变成了地球村的居民、互联网时代的"隐身人",但是各自都是从不同的文化背景和不同的历史中走出来的。因此,我们在学习和借鉴他人经验的时候,不能照搬别人的经验,不能急于求成,不能浮躁和追求形式,要脚踏实地坚持做有效的、高效的事情。

进入新世纪以来,全球在管理理念和方法上发生了许多变化。其中,最引人注目的就是 ISO 9000 系列国际标准被积极采用,以及世界质量大奖的广泛传播。大数据、网络时代的信息传播、新技术创新成果日新月异,中国也在 2001 年开始参照美国波多里奇国家质量奖(Malcolm Baldrige National Quality Award,MBNQA)推动企业学习和实践追求卓越的质量经营模式。

万变不离其宗。许多经理都说,在他们新上任时,最好的办法是思考基本的管理原则。例如,提出一些简单明了的问题:

- 顾客对我们的产品感觉如何?
- 我们提供了最好的服务吗?
- 哪些事我们做得最好?
- 下次我们怎样才能做得更好?
- 我们承担社会责任了吗?
- 我们与员工契合了吗?
- 我们是否确保了在所有交往中的道德行为?
- 我们是否创造了一个开放沟通、透明、高效、投入的组织文化?

这些恰恰反映了质量管理的基本原则和核心价值观。为了持续地满足顾客的需求,我们的企业应该努力按合理的价格,生产出令顾客完全满意(total customer satisfaction, TCS)的产品,向顾客提供完全满意的服务。为此,企业必须树立质量成本意识,减少人力和物力的浪费;极大地重视教育和培训;重视授权员工和表扬其为成功所做出的努力;等等。

今天,全世界越来越多的企业为了提高其全球性的竞争力正在不断地积极推动组织内部和外部的质量管理,追求卓越的质量经营业绩。为了紧密配合各类组织和全社会的需要,高等院校已经把质量管理(QM)作为管理学科研究生和本科生课程的主修科目,以及全校本科生主要选修课程,并进行了更多的学术和理论与实践的研究,这也正是本书写作的目的之一。

"学无止境"是我完成这本书的深刻体验,假如不是得益于国内外专家学者的启迪,这本书是无法完成的。由于撰稿周期长,"主要参考文献"中若有疏漏,敬请见谅。由于作者水平所限,其中漏误期待读者指正。

作 者
于北京清华园

目录 CONTENTS

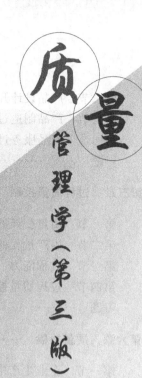

第一章 绪论	1
第一节 概述	1
第二节 质量管理的演变	5
第三节 质量文化	11
第四节 品牌效益经营战略	15
习题	26

第二章 全面质量管理	31
第一节 质量概念的演变	31
第二节 什么是全面质量管理	46
第三节 TQM的经典理念——专家之言	60
习题	69

第三章 质量管理体系的标准化	70
第一节 ISO 9000 时代	70
第二节 ISO 9000 族标准的由来	72
第三节 ISO 9000 族标准的结构及内容	78
第四节 ISO 9000 族标准的理论基础和术语	87
习题	103

第四章 企业的质量主体	104
第一节 质量主体的概念	104

第二节　产品设计开发的质量 …………………………………… 106
第三节　产品制造过程的质量 …………………………………… 128
第四节　产品服务过程的质量 …………………………………… 138
习题 ………………………………………………………………… 145

第五章　过程质量控制 …………………………………………… 147
第一节　质量变异的统计观点 …………………………………… 147
第二节　生产过程的质量状态 …………………………………… 164
第三节　过程能力 ………………………………………………… 168
第四节　过程质量控制图 ………………………………………… 183
习题 ………………………………………………………………… 201

第六章　质量检验 ………………………………………………… 205
第一节　企业生产中的质量检验 ………………………………… 205
第二节　质量检验的组织与管理 ………………………………… 209
第三节　质量检验制度 …………………………………………… 224
第四节　质量检验计划 …………………………………………… 235
第五节　质量检验的主要文件 …………………………………… 238
习题 ………………………………………………………………… 244

第七章　抽样检验理论 …………………………………………… 245
第一节　基本概念 ………………………………………………… 245
第二节　验收抽样方案的基本思路 ……………………………… 248
第三节　验收抽样方案的统计分析 ……………………………… 252
第四节　抽样方案设计 …………………………………………… 262
第五节　计数调整型抽样方案 …………………………………… 271
习题 ………………………………………………………………… 282

第八章　质量的经济性与质量成本管理 ………………………… 283
第一节　质量效益与质量损失 …………………………………… 283
第二节　改进质量经济性的策略 ………………………………… 288
第三节　质量成本的基本概念 …………………………………… 292
第四节　质量成本管理 …………………………………………… 301
第五节　全面质量成本 …………………………………………… 313
习题 ………………………………………………………………… 317

第九章　追求卓越绩效 …………………………………………… 318
第一节　国外质量奖概述 ………………………………………… 318

第二节　美国波多里奇国家质量奖(MBNQA) …………………………… 318
第三节　中国全国质量奖 …………………………………………………… 327
第四节　欧洲质量奖 EFQM ………………………………………………… 335
第五节　日本戴明奖 ………………………………………………………… 338
习题 …………………………………………………………………………… 340

附表 ………………………………………………………………………… 341

主要参考文献 ……………………………………………………………… 348

第一章 绪论

第一节 概述

一、质量是全球追求的目标

当今,质量(quality)已成为全世界的共同语言,是现代社会和各国经济发展中一个受到普遍关注的突出问题。不论是发达国家还是发展中国家,都提出要高度重视产品质量和服务质量。并且,正在纷纷努力寻找提高产品质量和服务质量,不断满足顾客的期望和要求、追求卓越绩效的有效途径。

众所周知,20世纪50年代,日本企业的成功经验就是从理念与实物质量的"管理突破"(management breakthrough)开始的。日本从美国引进了质量管理(quality control),1951年设立了戴明(W. Edwards Deming)奖,1960年开展"质量月"活动,创建了日本式的全面质量管理(total quality control,TQC)。美国著名质量管理专家朱兰(J. M. Juran)曾经在考察了日本经济后说:"日本的经济振兴,是一次成功的质量革命。"事实上,日本的质量管理给了全世界一个极好的启示。

近年来,在美国,由于全球企业经营环境的快速变化,以及日益激烈的市场竞争,企业面临着空前未有的挑战。曾经表现优秀的许多大企业,由于不能适应市场的急剧变化,做出快速反应,而遭遇亏损、裁员,甚至被兼并的命运。这些现象引起了全美国企业界的严重关注,纷纷反思现代企业经营管理之道。于是,管理学家们提出了"求变的生存法则"。从市场经济的普遍规律出发以顾客导向为精髓的"全面质量管理"引起美国工商界的高度重视,因此,掀起了"质量革命"的"第三次浪潮"。现代质量管理的新思想同美国企业的实际情况紧密结合,产生了令全世界瞩目的成果。目前,美国的"波多里奇卓越绩效"计划正在被世界上众多国家认同并积极采用。

欧洲也不例外,在20世纪80年代初期,专设的英国内阁协商委员会,对英国的产品质量进行了一次周密的调查,写了一份有关质量问题的报告。同时,建立了全国性的质量信息中心,确定了国家对优质产品的奖励措施。并进一步加强了标准化工作,建立了产品的质量保证体系,以提高产品在世界市场上的竞争能力。在德国,也有越来越多的企业以世界一流企业为楷模,为了持续地经营发展,它们特别重视产品质量和标准化工作,对质量管理十分严格,为了要确保用户对产品的质量信誉,它们宁肯牺牲产量,也绝不放松质量。荷兰也认真制订了全国性的提高产品质量的五年计划并付诸实施。在瑞典，根据政府规定，开展全国性的质量运动，以进行全民质量教育，提高产品质量和服务质量。韩国、印度尼西亚、印度、马来西亚、新加坡等国家，也都普遍重视提高产品质量和服务质量。

总之，以提高产品质量和服务质量为中心的浪潮，在世界各国从未停止过。随着全球经济一体化的进程，人们已经深刻地认识到，现代经济是开放的世界性经济，国际贸易和世界性的经济合作，是每个国家发展经济不可缺少的条件，任何一个国家都不可能闭关锁国，国家间的相互依赖日趋紧密。技术交流，优势互补，共同提高，这是现代经济的重要特点。为此，就要形成一个相互交换产品、服务和资源的国际市场，而质量则是进入这个国际市场的先决条件，是参与市场竞争的关键。一些有远见的企业家都把当今时代看成是一个质量竞争的时代，都在围绕着"质量既是挑战、又是机遇"这一主题，不断改进企业的经营管理，采用先进的科学技术，培训高级管理和技术人才，不断开拓提高质量的新领域和潜在空间，寻找更多更好的发展机会，将"以质量求生存，以质量求发展"看作企业健康发展的经营之道。

进入21世纪以来，全球出现了"质量第一"现象。各个国家众多的"星级"企业，都在为使自己的产品和服务达到世界一流质量而采取有效的对策。质量对全社会和全球经济的作用日益重要是21世纪的新特征，人们不仅将质量看成是国际市场中竞争的主要手段，而且看成是对威胁人类安全和生存环境的防御力量，把质量改进看成是合理利用资源、提高生产率、减少废次品损失、增加社会效益的良策。对此，美国著名专家朱兰曾经深刻地提出"质量堤坝"的概念。可以说，人类社会进步的重要标志之一，就是人类能够更加安全地生活在"质量堤坝"的保护之下。

二、质量——战略

1. 质量效益型经营战略

"战略"（strategy）本来是军事战争中的一个术语，在生产经营活动中，特别是在质量管理中借用这个术语，当然意味着特殊重要的含义。"质量战略"作为质量领域的关键词，于1992年9月在"迎接21世纪挑战——中国质量战略高层讨论会"上正式出现，当即得到与会高级经营管理者们的普遍认同。质量既然是个战略问题，它就不是权宜之计，而是一个涉及质量方针政策的重大决策问题。

所谓质量效益型经营战略，概括地说，就是指国家或企业以质量为中心的发展方向、目标、规划和政策。其基本原则可以归纳为以下几个方面。

（1）社会性原则

就是从整个社会经济的发展和保护生态环境来看待质量问题，没有任何一个组织能拒绝承担社会责任。也就是从保证国民经济的健康发展、保证人民群众的合法权益、保证社会资源的合理利用和投入产出的更高效益角度来对待质量问题。

（2）综合性原则

质量问题是各方面问题的综合反映，诸如国家的经济状况、资源的利用、全民素质、企业经营管理、科学技术水平、市场环境、法律环境等所有因素的影响，因而质量的改进必须从全方位进行综合治理。

(3) 长远性原则

影响质量的因素不仅是多方面的,而且是极其复杂的,所以质量问题是每个企业也是整个国家经济建设的一个长远性问题,必须有长远发展的战略和策略。同时,质量战略又是一个经常性的重要基础工作,绝不是"头痛医头,脚痛医脚"的权宜之计。世界上著名的质量管理专家都一致认为:"质量贵在坚持。"

(4) 系统性原则

一个组织的质量系统植根于组织核心价值观的理念之上,是指基于"质量螺旋"或"质量环"的基础质量运作系统。通常,涉及市场调研、开发设计、产、供、销和服务所有环节(包括软件与硬件),产品质量和服务质量在这个开放系统的良性循环过程中不断改进,以满足顾客的期望和要求。其中"具有远见卓识的领导"是必要条件和前提。

(5) 顾客导向原则

顾客导向是组织质量战略的精髓。因为,在"大市场"经济环境中,企业的生存有赖于顾客,不断满足顾客的需求成为企业最终的经营目标。在这里,"大市场"是指国内、国际市场日益融合,国内市场是国际市场的一部分;而这里所讲的"顾客",是广义的顾客,包括企业的内部顾客和外部顾客。例如,也包括股东、供应商及所有利益相关方。

2. 质量效益型经营策略

(1) "大市场"策略

我国先后加入了国际货币基金组织和世界银行体系,并且充分利用了加入WTO的契机,加快了与国际惯例接轨的步伐。事实证明,我国在加入WTO以后,企业的经营活动、质量管理体系、价格体制、营销模式发生了重大变化,给企业的质量观念和质量管理模式带来前所未有的冲击。企业越来越清醒地认识到,企业获得可持续发展的关键性焦点之一是质量。

① "大市场"环境。历史上我国产品质量和服务质量改进缓慢,表现出假冒伪劣产品混迹市场,服务水平不能满足顾客的需求。其重要原因之一是市场发育不成熟,还没有形成一个优胜劣汰的完善的市场机制。我国在WTO环境中,不仅国内产品要进入国际市场参与竞争,而且国外产品也同时进入国内市场参与竞争,国内市场将成为国际市场的一部分。产品质量不能满足顾客的需求,不仅国外市场进不去,国内市场也保不住。加之国外产品原有的优势,包括关税要减让,非关税壁垒要打破,在价格方面国外产品也可能占优势,在这种竞争形势下,只有提高质量,企业才能求得生存和发展。

② 保护主义。长期以来,我国一些质量低劣的产品和服务,尽管同国计民生息息相关(例如银行、邮政、电信等),但是也有赖于垄断和不正当的地方保护主义而生存。突出的表现是假冒伪劣产品之所以屡禁不止,在很大程度上是源于地方保护主义这个"防空洞"。加入WTO以后,国内势必形成统一市场,地方保护主义被打破,那些依靠地方保护主义的劣质产品,将难觅藏身之处。WTO的性质是一个以市场经济为基础,以贸易自由化为根本宗旨,以非歧视和透明度为基本原则的国际性组织,不容许有地方保护主义,这有利于促进我国市场经济的成熟以及全球一体化经济的发展。

③ 知识产权。我国一些企业曾经依靠测绘、仿制作为产品开发的"捷径",导致企业在新产品开发方面的惰性,品种单一,规格不齐,性能落后,甚至出现重复引进和生产,给

国家造成很大损失。进入21世纪,企业所处的法律环境更加完善,如果一旦出现"仿制""抄袭"的情况将被追究知识产权的侵权责任,并受到严厉的惩罚,这就迫使企业必须走自主开发、变革创新的道路,真正提高自身的竞争力。

④ 出口产品特点。过去,我国出口的大多是技术含量低、附加值低、成本低的劳动密集型产品,主要依靠价格优势进入国外市场。加入WTO以后,关税大幅下降,如果企业不发展高技术含量、高附加值、高质量、高效益的产品,还是走老路,就势必陷于反倾销的危机。

进入21世纪以来,我国企业经营环境发生了剧烈变化。我国企业加快发展和利用先进技术,学习和引进国外先进技术和管理经验,积极研制和开发新产品,增加品种规格,用技术和服务优势代替劳动力优势,提高产品在市场中的竞争能力,以力争与国际惯例接轨,挑战世界先进水平。

(2) 综合治理策略

我国改革开放近40年来为企业提供了一个提高产品和服务质量的市场环境,使企业普遍增强了危机感、紧迫感和责任感。客观上影响企业提高质量的因素很多,包括企业的经营战略、顾客为导向的经营理念、先进的管理模式、企业文化、过程管理、资源管理、培训及自我评价等。

总之,质量管理是一个复杂的系统工程,仅仅依靠某项措施、某个部门或某种手段,是远远不够的。因此,目前我国很多企业,一方面在积极、切实地推动深化改革、转变经营机制,另一方面也在进行综合治理。实际上,近年来国家已经将综合治理的思想付诸实施,其手段包括行政的、计划的、经济的、法律的、社会的、培训教育等诸多方面。例如,我国已经实施对企业实行分类指导,积极推行全面质量管理和贯彻实施GB/T 19000-ISO 9000系列标准,建立健全质量体系,推动企业加强技术基础工作,不断充实和完善标准及计量测试手段,广泛开展质量改进活动。积极借鉴国外质量奖项目的成功经验,引进《卓越绩效模式》,发布并实施GB/T 19580《卓越绩效评价准则》国家标准,引导企业向质量效益型发展。另外一个突出表现是,我国为保护广大消费者的利益,正在生产、流通领域的质量监督工作中加大执法力度。同时,监督企业证明他们对法律和道德的承诺。

(3) 经营机制变革

近年来,我国坚持加强综合治理的措施,为提高产品和服务质量创造了良好的外部环境,增强了企业提高质量的外部动力。另一方面,企业也在不断提升内部动力,促使企业真正转变经营机制,走向市场。为此,国家和地方政府也要转变职能,不再干预企业的经营自主权。企业要转变经营机制,就要改革企业体制,建立现代企业制度。只有实行现代企业制度,企业才能真正走向市场;参与市场竞争,企业才能重视质量,增强质量意识。同时,也必须认识到,市场也不是万能的,如果对市场放任不管,照样也会出问题。世界发达国家的成功经验是对市场进行监管,并在国际范围内建立相应的监管制度。特别在我国,实行的是社会主义市场经济,它的发育还不成熟,现存的思想观念、传统习惯还不适应。为此,国家正在不断地加强宏观调控,抑制负面的作用。其基本原则是,国家调控市场,市场引导企业。而且,在企业走向市场过程中,强调法制和道德观念,强调社会效益。规范市场行为,完善市场机制,创造公平竞争的环境,只有这样,才能建立一个有效的社会主义市场经济体系。

市场经济和全面质量管理都是商品经济的产物,建立社会主义市场经济给全面质量管理带来严峻的挑战,同时,也创造了良好的机遇。推动全面质量管理也为企业顺利地走向市场,确保市场经济健康发展提供了可靠保证。

第二节 质量管理的演变

质量管理学作为一门实践性较强的管理科学,伴随着现代管理科学的理论和实践,经历了一个多世纪的时间,逐步发展成为一门独立的学科(参见本章附表 a)。质量管理的发展大体经历了以下四个阶段,如图 1.2.1 所示。

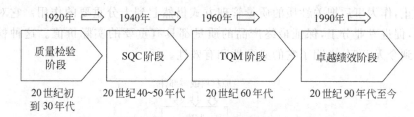

图 1.2.1 质量管理发展的四个阶段

一、质量检验阶段

质量检验阶段也称为传统质量管理阶段,大约从 20 世纪初到 30 年代。在这一阶段,人们对质量管理的理解还只限于对有形产品质量的检验,在生产制造过程中,主要是通过严格检验来保证转入下一个工序的零部件质量以及入库或出厂的产品质量。

1. 操作者的质量管理和检验员的质量管理

质量检验作为一项专门职能或工种从生产操作中分离出来,是社会生产发展中专业分工的必然结果。这可以追溯到 18 世纪末产业革命时期。那个时期正是经营者以工厂取代原来分散经营的家庭手工业作坊,并逐步发展到建立大机器工业的时期,劳动者集中在一起同时作业,产品的生产过程分为不同的阶段,出现了工序。各个工序则由不同的操作者或小组来完成,前后各工序之间需要在时间、空间、数量和质量上相互衔接和配合。于是,就出现了专职的企业管理人员,其中包括质量管理人员。在此之前,质量管理还没有摆脱小生产经营方式或手工业作坊式生产经营的影响,产品质量主要依靠操作者的实际操作经验,操作者既是加工者,又是检验者,也没有准确的量具,经验就是标准,这个时期,企业的质量管理还处于萌芽状态,有人称为"操作者的质量管理"。随着科技和生产的发展及市场的激烈竞争,一方面,用户对质量要求越来越高,另一方面,产品的结构也越来越复杂,生产线的加工速度和专业化程度不断提高,生产的规模不断扩大,于是,如何保证工序加工质量的问题暴露出来。人们认识到,需要制定质量标准,需要有专门的检验人员,使用专门的、精确的测量工具,对工序的加工质量进行准确的测量和评定。这样,就出现了专职的检验员、专门的检验职能和检验机构,这就是今天企业中设置的检验科(或检验处)和检测中心的前身。

据记载,为了保证产品的一致性和互换性,从 1840 年开始出现了量规。自 1870 年以后,世界上许多国家先后颁布了公差制度,这就是国家质量检验标准和国际质量检验标准的前身。

20 世纪初,泰勒(F. W. Taylor)根据 18 世纪产业革命以来工业生产管理的实践经验,提出了"科学管理"的理论。这个理论主张将计划与执行分开,在执行中要有检查和监督。因此,专职检查在理论与实践中得到了进一步发展。

质量检查阶段的特点是强调事后把关和信息反馈。检验人员的职责是把已经生产出来的产品对照检验标准进行筛选,把不合格品和合格品分开。也就是通过检查,判断产品是否合乎质量标准。合乎标准的判为合格品,予以通过;不合乎标准的为不合格品,予以报废或返修处理。有人称为"检验员的质量管理",这个过程可以用图 1.2.2 表示。到目前为止,作为事后把关性质的质量管理方式仍然起到十分重要的作用。它对提高劳动生产率,促进专业分工,保证最终产品的质量都具有重要的实际价值。这种检验方式能够沿用到今天,充分说明了它的必要性和有效性。

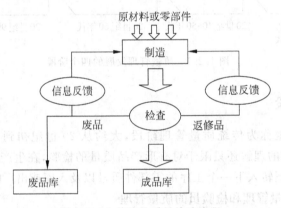

图 1.2.2 传统的质量检验流程

可以设想,如果取消事后检验,那么许多产品的质量就很难保证。今天,即使是在发达国家,许多产品也不能 100% 免检。

"检验员的质量管理"的出现,对当时企业的生产发展起了巨大的积极推动作用。加强了生产者的责任心和不断提高自身技术水平的要求。一方面为企业产品出厂质量监督把关,另一方面减少了流通领域的不良产品,有利于提高企业信誉。

通过产品检验中的信息反馈,可以及时地发现涉及产品和生产的技术问题和管理问题。企业在解决这些问题的同时,也促进了生产技术和管理水平的提高。

2. 检验职能的局限性

客观上,从科学管理的角度看,质量检验阶段的检验职能有很大的局限性,主要表现在以下两个方面。

(1) 预防作用薄弱

事后把关的检验方式,主要是对产品划分等级并剔除不合格品。尽管在一定程度上能够防止不合格品流到下一个工序或者出厂,但是,总的效果是一旦出现不合格品,就已经成为事实。那么,人、财、物等方面的浪费就无法挽回了。所以,可以说,这完全是一种被动的质量管理方式。不能把不合格品消灭在发生之前,不能控制和预防不合格品发生。因此,在某种意义上说,是一种消极的质量管理方式。

(2) 适宜性差

事后把关的检验方式,就是对照检验标准一个一个地检查,叫作"全数检查",也称为"全检"。但是,在实际中许多类型的生产方式和产品类型不能全检,来不及全检,检验费用太高,不经济或根本没有必要全检。例如:

① 大批量生产,生产节奏快。例如,汽车标准零部件的生产,往往不但批量大,而且节奏快,显然,不适宜全检。

② 检验费用高。某些产品检验所需要的设备、方法及时间花费昂贵或相对比较高,明显不经济。

③ 破坏性检验。某些产品检验项目属于破坏性检验,例如,钢材的屈服强度试验、家电产品的寿命试验、军工产品的有效性试验等。在许多类似情况下,全检是没有意义的。

④ 隐性生产过程。某些产品类型属于流程性材料,通常由固体、液体、气体等形式构成。例如,金属材料、电缆线、石油产品中的汽油、氧气等,显然,全检是不适宜的。从广义上讲,服务类的无形产品也属于隐性生产过程。

⑤ 受控生产过程。一个在正常状态下受控(in control)的生产过程,保证了合格产品的重复性和再现性,这类生产过程所生产的产品没有必要全检。相反,一个处于失控(out of control)状态下的生产过程,有时必须全检。

⑥ 技术含量有限。某些产品的技术含量相对较低,而且,往往不涉及"致命缺陷"。例如,服装纽扣,铅笔、餐巾纸等,显然没有必要全检。

总之,在类似上述大量的实际生产过程中,不适宜全数检查,而适宜抽样检查。那么,采用怎样的抽样检查方案,才能保证所抽取的样本对总体的科学代表性;同时,在产品交付时能够保证供求双方承担合理的风险,这些都是质量检验阶段难以解决的问题。

二、统计质量控制阶段(statistical quality control,SQC)

客观上,由于传统的以事后把关为特点的质量检验给日益发展的工业生产管理系统带来的矛盾,已经远远不能适应和满足工业生产的实际要求。所以,产生了统计质量控制理论和方法。这个阶段的代表性时期是20世纪四五十年代。

统计质量控制就是将数理统计原理和方法应用于质量管理,所以,质量管理发展的这个阶段称为统计质量控制(SQC)阶段。这个阶段的主要特点是:以预防为主,预防和把关相结合。

统计质量控制的思想萌芽可以追溯到20世纪20年代。统计质量控制起源于美国。在第一次世界大战时期,美国国防部曾经采用休哈特(W. A. Shewhart)提出的数理统计定量分析方法,及时解决了棘手的军需供应方案。但是,由于当时美国的经济萧条,影响了统计质量控制方法的普遍应用。

战争对军火生产的质量反应最为敏感。第二次世界大战期间,美国的军火生产迅猛发展。由于战争对军需品的特殊需要,强烈地刺激了统计质量控制方法的广泛应用。为了保证产品质量和交货期,美国机械工程师协会、美国标准协会、美国材料与试验协会等有关专家,开始共同研究在生产过程中如何运用各种统计控制方法,对生产过程和产品质量进行有效管理,并先后制定和公布了"美国战时质量管理标准"等具体实施标准和方案,当时,在生产军工产品的工厂强制实行统计质量控制,效果十分显著。后来,又推广到民用产品生产中。从此,数理统计方法在质量管理中的应用越来越广泛。20 世纪 50 年代,数理统计方法在质量管理中的应用达到"高峰"。除了美国广泛采用质量控制外,英国、挪威、瑞典、荷兰、法国、丹麦、比利时、意大利、德国、日本、印度、墨西哥等国也都积极推广采用统计质量控制手段和方法,并取得显著成效。

这一阶段的第一个特点是,利用数理统计原理在生产流程的工序之间进行质量控制,从而预防不合格品的大量产生。在管理方式上,质量责任者也由专职的检验人员向专门的质量控制工程师、质量保证工程师及有关技术人员转移。这一基本统计控制理论和方法成为工序过程统计控制(statistical process control,SPC)理论发展的基础。工序过程统计控制的基本模式如图 1.2.3 所示。

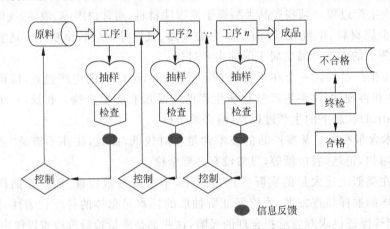

图 1.2.3　工序过程统计控制的基本模式

这一阶段的第二个特点是,在生产和经营活动中,对产品检验和验收检查采用了科学的统计抽样方案。

总之,数理统计方法应用于质量管理,使质量管理进入了科学管理的重要阶段。

三、全面质量管理阶段(total quality management)

1. 全面质量管理的历史沿革

进入 20 世纪 60 年代以后,质量管理科学发生了"质"的变化。这个阶段的质量管理不再以质量技术为主线,而是以质量经营为主线。

第二次世界大战以后的 20 年,是自然科学和管理科学突飞猛进发展的 20 年。生产力迅速发展,科学技术日新月异,市场急剧变化,人们对产品质量和服务质量提出了更高的要求。

突出的表现是人们对与质量有关的经营方面更加关心。例如,人们普遍认为质量的经济性不容忽视,质量和成本是密切相关的。产品质量是在市场研究、设计、生产、检验、销售、服务的全过程中形成的,同时,又在这个周而复始的全过程中不断改进和提高。所以,仅仅依靠数理统计方法控制生产过程的产品质量是远远不够的,还需要一系列的组织管理工作。也就是说需要全方位的综合性组织管理理论和方法。

全面质量管理的概念和理论起源于美国。20世纪50年代,美国两个著名质量管理专家费根堡姆(A. V. Feigenbaum)和朱兰(J. M. Juran),首先提出了全面质量管理的思想。费根堡姆著书《全面质量控制》(Total Quality Control),在质量管理科学发展史上,第一次系统地阐述了全面质量管理的理论和方法,因此被全球质量管理界称为质量管理巨著。1951年,朱兰主编了《质量控制手册》(Quality Control Handbook)。在书中朱兰提出了"总体质量控制"的观点,描绘了全面质量管理的质量螺旋(参见第二章图2.1.3)的深刻含义,指出:"现代化工业的一个主要问题就是如何把组成质量职能的广泛分散的活动和谐地结合起来。"今天,再版的朱兰《质量控制手册》约200万字,每章的基本概念和理论方法,层次清晰,见解精辟,已经成为当今世界质量控制科学的名著。

从20世纪50年代开始,日本从美国引进统计质量控制方法和全面质量控制(total quality control,TQC)。经过了20年,这些方法及理念同日本的经济、技术、文化环境相结合,创造了日本式的TQC,取得了惊人的业绩。

1981年,美国管理学者威廉·大内著书《Z理论——美国企业界怎样迎接日本的挑战》,该书颇具代表性地说明了一个事实。在20世纪80年代初,世界范围激烈的市场竞争对美国经济的地位产生了强烈的冲击,特别是来自日本的威胁。从此,美国重新认识到质量管理在经济发展中的重要性。

今天,全面质量管理的理论和方法已经被世界各国普遍认识和广泛应用。20世纪80年代以后,人们开始将全面质量控制(TQC)称为全面质量管理(TQM)。为了有利于国际交流,国际标准化组织(英文简称ISO)于1986年发布了ISO 8402《质量——术语》国际标准,其中在"3.2有关管理的术语"中明确了"质量管理"(quality management)和"质量控制"(quality control)两个重要术语。2015年9月15日,ISO正式发布了ISO 9000:2015《质量管理体系——基础和术语》国际标准,继续保留了上述两个重要术语的规范定义。至此,"全面质量管理",作为质量管理学科的专有名词已经被确定下来。

2. 质量管理学科的重要发展

半个世纪以来,由于全面质量管理理论和实践的发展,大大地拓展了质量管理学科的理论和应用领域。

(1) 顾客满意理论

顾客满意理论是在服务质量理论的基础上产生的。顾客满意(customer satisfaction,CS),是指企业为了使顾客获得满意,综合、客观地测定顾客对自己的产品、服务的满意程度,并根据调查分析结果,改善企业的整体产品、服务及企业文化的一种经营理论。专家们普遍认为:所谓顾客满意是指这样一种状态,即企业提供给顾客的产品和服务符合或超过顾客事前的期望。

在人类社会经济活动中,对"顾客满意"的本来含义并不感到陌生。1986年,美国一家市场调研企业以CS理论为指导,第一次以顾客满意度为基准发表了消费者对汽车满意程度的排行榜,引起理论界和工商企业界的极大重视。由此,CS正式作为企业新型管理哲学和"柔性"竞争战略中的科学概念出现。1989年,瑞典引进美国的指标体系,建立了全国性的顾客满意度指标(CSI),进一步推动了CS理论与实践的发展。1990年,日本丰田企业、日产企业率先运用CS经营战略,建立顾客导向型企业文化,取得了显著效果。进入20世纪90年代后,CS理论和方法在发达国家受到全社会和企业界的广泛重视,并迅速传播,不断得到发展和完善。

(2) 质量保证理论

1987年,国际标准化组织发布了ISO 9000质量管理和质量保证系列标准,这充分说明了世界贸易和各国经济的发展对质量保证提出了更高的要求。ISO 9000系列和质量认证不仅成为质量保证理论的重要内容,而且,使真正意义上的质量保证更加完善、系统、规范、一致、适用和可行。并且,更加有利于法律监督。正如ISO 9000:2000标准指出的:企业必须让相关方面(包括顾客、社会、员工、投资者和供方)对你的产品(包括服务)和管理体系满意,并具有足够的信任度。所以,一个企业要生存和发展,必须要提供足够的证据,证明你能够提供合格的产品和服务,而且,能够证实你正在运作的体系也是合格的,并能够提供持续"合格"的保证。

可见,市场经济的成熟和发展,使质量保证的基本内容和实际应用范围都发生了根本性的改变。以往只限于流通领域的质量保证已经扩展到企业生产经营的全过程,涉及朱兰质量螺旋上各个环节的质量职能。

(3) 卓越绩效模式

1987年,美国国会决定设立全美质量奖时就将该奖命名为马尔科姆·波多里奇国家质量奖(Malcolm Baldrige National Quality Award, MBNQA)。波奖30来年的成功经验,发展成为21世纪的卓越绩效模式(performance excellence model, PEM)。

四、卓越绩效模式阶段

全球进入20世纪90年代以来,全面质量管理(TQM)发生了最重要的变化,其特征表现为发达国家及发展中国家开始关注质量对组织绩效的增值和贡献。并且,这种聚焦与日俱增。世界各国普遍认识到组织需要对质量和绩效、质量管理和质量经营的系统整合,组织的成功旨在引导组织追求"卓越绩效"。这个重要理念来自于成功组织的实践引发的"质量"概念的跨世纪蜕变。

21世纪的"质量"不再单纯代表狭义的产品、服务和工作质量,质量已经成为"追求卓越的质量经营"的代名词。"质量"在其中,以组织的①系统的观点,②远见卓识的领导,③聚焦顾客的卓越,④珍视人力资源,⑤组织学习与敏捷性,⑥聚焦成功,⑦创新导向的管理,⑧基于事实的管理,⑨承担社会责任,⑩道德与透明,⑪实现价值与结果,展开组织的核心价值观和理念。世界很多国家,包括中国都通过发布和实施《卓越绩效评价准则》国家标准,向各类组织提供非规定性的引导和管理指南,使其作为组织一种系统运营的卓越绩效模式。

卓越绩效模式(PEM)是20世纪80年代后期美国创建的一种世界级企业成功的管理模式(详见第九章第二节),其核心是强化组织的顾客满意意识和创新活动,追求卓越的经营绩效。卓越绩效模式得到了美国企业界和管理界的公认,该模式适用于企业、事业单位、医院、学校及非营利性组织。世界各国许多企业和组织纷纷引入实施,其中施乐公司、通用公司、微软公司、摩托罗拉公司等世界级企业都是运用卓越绩效模式取得出色经营结果的典范。

著名质量管理专家朱兰认为,卓越绩效模式(PEM)的本质是对全面质量管理(TQM)的标准化、规范化和具体化。由此可见,无论是美国的《波多里奇卓越绩效准则》,还是中国的 GB/T 19580《卓越绩效评价准则》,都是 ISO 9000 族质量体系基础管理的升华,其结果是世界质量管理理论与实践迈入了一个新时代。

综上所述,可以将质量管理的演变过程及特点归纳为以下几点。

(1) 质量管理的发展经历了四个阶段,各个阶段的基本特点如图 1.2.4 所示。

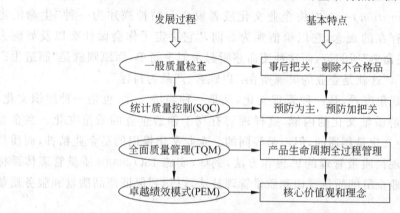

图 1.2.4 质量管理发展主要阶段的基本特点

(2) 在很多情况下,传统的质量检验是必要和有效的,但是也具有很大的局限性。

(3) 统计质量控制方法使质量管理由被动管理转变为主动管理。

(4) 从质量技术转向质量经营是全面质量管理的主要特征。

(5)《卓越绩效准则》的核心价值观和理念是卓越绩效模式(PEM)的灵魂。

第三节 质量文化

一、质量文化的含义

质量文化是企业在长期的经营活动中培育形成的,并遵循最高质量目标、核心价值标准的质量观念的行为规范。通常,它不仅直接显现为产品质量、服务质量、管理和工作质量,而且还从质量心理及质量意识形态等方面表现出企业的整体素质。长期以来,我国的许多企业始终不能解决低质量、高消耗的症结,在一定意义上说,受到落后的质量文化的制约是其重要原因之一。

在我国一些企业中,质量文化低层次,主要表现为:管理层盲目以利润为中心,严重缺乏对员工的教育培训,导致员工思想、技术素质低,责任感不强,工作质量差,整体质量意识和敬业精神淡薄;严重的表现为有令不行,有禁不止,不负责任,敷衍塞责,蒙混欺骗,唯利是图;甚至有法不依,发展到游离于质量法规之外的假冒伪劣的肆意妄为。

因此,从我国企业普遍的质量实际情况出发,迫切需要建设企业质量文化。这不仅是我国企业面临的问题,国外企业也都表现出同样的发展趋势。例如,在欧洲质量组织年会上,与会者普遍认为,当今质量管理的特点之一是:"全面质量管理从强调全员参加管理、强调最高管理者亲自领导,正逐步扩展到强调培育质量文化。"所以,企业质量文化建设已经受到世界各国的企业和全社会的关注。世界上成功的企业无一不是以其卓越的质量文化取胜,可以说,当今质量文化已经成为企业文化的重要组成部分,质量文化建设是企业卓越经营的基石。在以平等竞争为原则的发达市场经济条件下,尤其如此。例如,美国企业家赖利·费瑞尔(Larry C. Farrell)在他所著的《重寻企业精神——迈向21世纪成功的关键》(Searching for the Spirit of Enterprise—Dismantling the Twentieth-Century Corporation)一书中将企业文化或者说企业精神描述为一种"生命的走向",它是一种现实存在的观念,它以价值观为导向,"它决定了你会做什么以及如何去做"。总之,你被"使命感"所驱策,而这种使命感听起来似乎简单,而原则就是"制造生产使人们愉悦的产品","这就是企业的灵魂所在:以顾客、产品为目标"。

质量文化从微观角度看,是一种管理文化,又是一种经济文化,也是一种组织文化,这是从更深层去理解质量文化的内涵,这样理解有利于创造企业的质量文化。在企业中,质量文化与企业文化是相通的,但不是等同的。企业文化提倡的是企业精神,而质量文化则是着重提倡现代质量管理的思想和方法,例如,实施 ISO 9000《质量管理体系标准》,侧重于提高企业全员的质量意识和质量管理技法,以达到保证产品质量和服务质量的目的。

进入 21 世纪以来,质量文化的研究和实践领域不断拓宽,在世界范围内,正进行广义质量文化的研究。例如,对全员质量心理素质、企业质量行为、企业质量环境及消费者质量意识形态的研究。实际上,目前质量管理研究的范围已经深入和扩展,例如,涉及国家宏观质量管理、质量经营战略、质量组织行为、质量法规及国家经济发展质量评估、企业经济效益质量测评等问题的研究,从而使质量文化走上了更高的境界。显然,将更有利于企业文化的发展。

二、质量文化建设

1. 企业家是质量文化的创造者

在全社会和企业界,文化是由人们的价值观及信念所界定的。企业家们设定企业价值,并通过日常行为去强化它,他们的行为决定什么重要,应该去做以及什么事不重要,不应该去做。员工的行为表现、产品和服务的质量控制及对顾客的重视程度都由最高决策人,即企业家来决定。客观上,企业家的文化基于两个实际的准则:一是怎样做能创造最大竞争优势;二是企业如何能全心投入而不妥协。问题的答案代表了企业文化和企业质量文化的价值标准。对企业家来说,企业的质量文化必须直接强有力地支持顾客需求和产品策略,这正是企业策略的核心。

当然,如果你走进成功企业,面对企业家提出这样的问题:"你是如何创造质量文化的?"显然,他会一下子感到对这个术语不适应而不知从何谈起。那么,最好仔细观察和倾听他们在实践中是怎样做的,文化本身无法自行运作,而是要高层管理者的亲身投入,因此,在成功企业环境中,人们会强烈感觉到企业家的灵魂所在。

企业家也是质量文化的保护者,创造质量文化只是成功的一半,保持下去以至数代不变是十分艰难的。当企业处于困境中的时候,则更为艰难,企业承受巨大的压力和挑战,企业家能够在极恶劣的经济环境中经营,坚守质量文化的"座右铭",使员工也为企业"赴汤蹈火,在所不辞",这些已经为世界著名企业家的实践所证明。文化是组织的纤维。高度重视组织文化建设是所有获"卓越绩效"奖组织的共同特征。

2. 质量战略意识

质量经营战略,是指以顾客为导向、有可持续竞争优势、重视知识资产经营的战略。

今天,可以说企业的经营环境已经进入质量经营时代,企业的质量经营战略至关重要。随着全球经济一体化的进程,现代企业的经营理念发生了以下两个前所未有的根本性转移:

(1) 企业经营目标从追求企业利益最大化向体现企业的社会责任转移,这也充分体现了企业质量管理目标的转移。

(2) 企业经营活动的质量主体,从产品的设计质量和制造质量及工作质量向服务质量转移。无论是有形产品,还是无形产品,服务已经成为企业向顾客提供的最终产品形式。

据有关案例调查和资料显示,世界一流企业的管理层认为,追求企业利益最大化是企业的短期行为表现,而企业通过"顾客完全满意"(total customer satisfaction,TCS),对消费者的责任和义务以及对环境保护的承诺来体现企业的社会责任,才是企业经营的唯一的、最终的目标,参见图1.3.1。并且,他们基于这一理念对员工进行教育培训,以创造崭新的企业文化和质量文化。这一"目标转移"充分体现了时代经济的发展和人类社会的进步。

图1.3.1　企业经营目标及质量管理目标的转移

同国际一流企业相比较,我国企业的质量战略意识存在明显差距。根据笔者1987年对国内有一定代表性的企业案例调查和资料显示(参见表1.3.1),管理层和普通员工对经营理念的认识模糊,表现在对表1.3.1中的5项做出重要度排序时,选择的比率明显分散,尤其是对"体现社会责任"一项的选择,管理层所占比率明显比普通员工选择此项所占的比率低。从管理层对其他4项选择比率的横向比较可见,管理层对"体现社会责任"一项持明显不赞同态度。而普通员工有更为"超脱"的表现也是可以理解的。总之,一个企业无论规模大小,无论属于哪一种生产类型,只要走向"大市场",就必须要提供足够的证据,证明你是一个有社会责任感的组织。这已经是未来发展不可抗拒的必然趋势。

表 1.3.1 企业经营理念调查统计分析结果

项　目	扩大规模	追求利润	体现社会责任	最大竞争优势	顾客满意
管理层	19.08%	10.09%	5.22%	38.28%	27.33%
普通员工	11.06%	11.36%	21.18%	45.65%	36.82%

注：在问卷调查中，上述 5 项为多项选择因素。

现在，越来越多的企业认识到，即使是有形产品，顾客所购买的也并非"硬件"本身，而是产品价值。产品价值则是通过围绕产品的综合服务体现出来。例如，不妨提出这样的"荒谬"问题："你花钱买空调究竟买的是什么？"听者起初疑惑，然后恍然大悟，回答说："我买的是冷气和暖气。"空调机的价值体现就是满足顾客对冷气和暖气需求的综合服务。所以，可以说企业所经营的最终产品是服务。就有形产品而言，产品质量是从顾客需求识别开始，包括设计、制造、检验以及售前售中和售后服务的全过程。顾客满意度(customer satisfaction index，CSI)评价是对上述综合服务质量的最终评价。对以服务为特征的无形产品而言，则不难理解服务是企业向顾客提供的最终产品形式。

3. 质量竞争意识

竞争规律是市场经济的固有规律，竞争的重要基础之一是质量。WTO的所有规则都强调以市场经济为基础，自由竞争为基本原则。市场经济的竞争强调公平、公正、公开，优胜劣汰，产品的服务质量则是竞争的焦点，所以竞争意识也就是市场意识。为使我国企业逐步成为真正的市场竞争主体，无论是生产者或销售者，都必须履行好产品质量的责任和义务，培育健康的质量竞争意识，否则，将会在竞争中被淘汰。也可以说，企业的质量竞争意识是当代企业质量文化的特征之一。表 1.3.2 和表 1.3.3 的调查结果来自有一定代表性的企业案例调查统计分析。

表 1.3.2 质量竞争意识（企业成功关键因素）调查统计分析结果

项　目	技术先进	顾客满意	卓越领导	齐心协力	其他
管理层	28.26%	64.19%	53.78%	45.26%	0.32%
普通员工	27.25%	33.88%	39.65%	42.65%	15.52%

注：在问卷调查中，上述 5 项为多项选择因素。

表 1.3.3 质量竞争意识（企业赢得顾客原因）调查统计分析结果

项　目	产品质量高	价格合理	品牌优势	交货及时	服务到位	其他
管理层	28.06%	9.19%	75.26%	0.01%	36.38%	5.32%
普通员工	18.85%	8.88%	73.65%	3.05%	36.24%	0.02%

注：在问卷调查中，上述 6 项为多项选择因素。

4. 质量参与意识

质量参与意识，是指企业的高层管理者能主动参与，并带动企业的全体员工积极参与企业的质量管理，这也是企业质量文化的重要特征之一。质量文化的真正接受者和体现者是企业全体员工，没有他们的参与，没有他们的积极性、主动性和创造性，质量目标是无法实现的。但是质量的最终评判者是顾客,只有顾客满意的产品,才能算是真正优质的产品。所以,广大消费者的评判、监督和质量信息反馈,能促使企业不断改进和提高产品质量。现在,一些企业已经开始建立顾客情报系统,对自己的产品实行质量跟踪,了解产品在使用中的真实质量状况,包括及时、妥善处理顾客意见和投诉,并且,定期进行顾客访问调查,这也是顾客参与质量管理的重要形式。

关于企业培育和提高员工对质量的参与意识,通常主要依靠两个方面的工作:一是加强对全体员工的质量管理教育培训,首先是对企业高层经营管理者的教育,只有他们树立了质量的责任感和紧迫感,才能不遗余力地积极投入,并带领全体员工参与质量管理活动,从而增强企业的凝聚力。二是企业必须建立并不断调整完善沟通方式和渠道,在企业内部及外部形成一个简捷、有效的沟通网络,以利于企业的内部顾客和外部顾客全面参与企业的质量管理活动。

第四节 品牌效益经营战略

一个企业要具有旺盛的生命力,关键在于技术进步和产品质量的提高。可以说,企业的效益来自质量,而提高劳动生产率的巨大潜力也蕴藏于质量之中。企业的竞争力,在于创造满足顾客需求的高质量产品,企业的形象也依靠高质量的产品和服务的价值。众所周知,在基本流通过程中,将商品转化为增值的货币,称为一个"惊险的跳跃"。这个跳跃成功与否,就在于顾客是否接受卖主的产品、服务和价值,其关键还在于质量。

我国的经济建设已取得了举世公认的巨大成功,但是,不能不承认,我国的工业产品仍处于以廉取胜的数量效益型状态,真正以质取胜的国际品牌企业和国际品牌产品并不多,因而竞争能力明显不强。产品的高技术含量和附加值较低,服务业质量同国外先进水平相比较也仍有相当大的差距。一些发展比较快的行业、企业也还没有形成规模经营。总之,整体经济效益并不理想。国际上许多著名企业都成功开发了自己独具特色的名牌产品,它们不仅在市场上拥有较大的占有率,而且能持久畅销,誉满全球。并且,表现出拥有对品牌的创造、维持、保护和扩张的能力。例如,曾经美国的 IBM,日本的松下(Matsushita Panasonic)、索尼(Sony)、荷兰的飞利浦(Philip)、德国的奔驰(Bezn)、英国的马莎(Marks & Spencer St. Michael)等都可以称为世界经营管理的典范。实际上,在营销理论中,品牌是产品经营战略中的一个主要课题。目前,我国已有不少企业开始把创品牌产品提到了质量战略的高度,并付诸实施。

一、品牌效益经营战略的启示

纵观当今世界,质量的竞争乃至"名牌"(well-known brands)的竞争已成为经济竞争的焦点之一。品牌产品(包括服务),就是高质量、高信任度、高市场占有率、高经济效益的集中表现。我国要强盛,要振兴经济,就必须实施质量品牌战略,这是我国面临形势发展的需要。无论是中国还是外国,无论是过去还是现在,成功企业的经历都是一部辉煌的品牌创业史,都会走过创造品牌、巩固品牌和发展品牌的艰辛道路。

DHL 前副总经理赖利·费瑞尔在他所著的《重寻企业精神——迈向 21 世纪成功的

关键》一书中记载了日本顶尖企业家松下幸之助(Konosuke Matsushita)创业成功的启示。经历了75年的顽强拼搏,松下从一个以100日元投资于进口电子插座的"芝麻企业",发展成为今天世界最大的电子电器产品制造商。

中国香港瑞安集团前事务总经理谢家驹博士在所著《经营管理的典范——马莎百货集团剖析》(Marks & Spencer: Anatomy of Britain's Most Efficiently Managed Company)一书中记载了英国马莎集团创造圣米高(St. Michael)品牌百余年不屈不挠、锲而不舍的精神。

在经济全球化时代,品牌已经成为全球经济和科技竞争的制高点,是企业乃至国家核心竞争力的重要标志。因此,品牌提升应该成为国家战略。展望未来,中外企业的发展将继续证明,品牌效益型发展道路,将成为市场经济条件下企业良性循环发展的必然。

二、品牌的含义

1. 深意品牌(deep brand)

菲利普·科特勒(Philip Kotler)说:"一个品牌最持久的含义应是它的价值、文化和个性,它们确定了品牌的基础。"最好的品牌传达了质量保证,是深意品牌(deep brand),也就是名牌,名牌绝不是肤浅品牌(shallow brand)。

菲利普·科特勒认为,一个深意品牌能够表达出6个层次的含义,包括属性、利益、价值、文化、个性和使用者。

(1) 属性(attributes)

一个品牌向顾客展示出特定的一组特性。例如,发表在一份澳洲商业刊物《服装》上的调查报告中说:"马莎(Marks & Spencer)的独到之处见于其在过去93年历史的大部分历程中,都在谨慎经营那为人所乐道的美誉,那就是英国人不可能在别处花钱花得更有价值。……在此阶级壁垒仍然分明的社会,只能在马莎的店子里,才可见到劳动阶级和中层阶级跟富贵人家一起并肩购物,享受那些价钱合理而品质超群的货品。"

一百多年来,马莎经营着单一的品牌,即圣米高(St. Michael)。圣米高表现出价格合理、制作优良、工艺精良、方便、美观、耐用及令顾客满意的服务。这些特性令他人难以仿效和替代,更使马莎"家喻户晓"。

马莎的经营活动指导原则之一是:"为顾客提供一系列经过精挑细选的、品质优越、设计完美,同时是价格合理的圣米高牌货品。"这就是为了显示马莎的产品属性而精心设计的定位纲领。

(2) 利益(benefits)

事实上,顾客不是购买属性,而是购买利益。属性能够转化成顾客需求的物质和精神(情感)利益。例如:"马莎的时装,不但可体、易搭配,还使我感到自信。""这本适合我的身材,也更令人羡慕。"这种利益的最优体现是在顾客购买以后,对功能实现的高满意度和低精神耗损(假设顾客长时间羡慕而不能拥有,可以认为顾客所承受的精神耗损为最大值)。

(3) 价值(values)

品牌体现了经营者的某些价值观。马莎的服装以新颖大方的款式,优质的面料,精良的工艺制作以及普通工薪阶层能够接受的价格,使成千上万的顾客感到物有所值。而相对昂贵、舒适的别克汽车,经营者则必须在特定的市场环境中预测认同该品牌价值的汽车消费群体。

(4) 文化(culture)

品牌表达一定的文化特征。圣米高意味着英国文化的严谨;麦当劳意味着西方饮食文化的便捷;微软意味着高技术、绩效和成功。

(5) 个性(personality)

品牌代表了一定的个性。例如,麦当劳的"M"形金门商标,标准化的管理模式以及口感稳定的食品,这些都充分代表了品牌个性。

(6) 使用者(user)

最终,品牌的价值、文化和个性通过使用者表现出来。每个人都有可能光顾麦当劳,但是,在就餐者中青少年和上班族占较大比例。每位女士都可能光顾马莎,但是,其中知识型妇女占较大比例。

2. 品牌的经济现象

向顾客表达了质量保证的深意品牌就是名牌。所谓"名牌"也可以说就是"家喻户晓"的产品,例如海尔家用电器。2017年1月10日,世界权威市场调查机构欧睿国际(Euromonitor)正式签署发布的全球大型家用电器调查数据报告显示,2016年海尔大型家用电器品牌份额占全球的10.3%,实现八连冠。同时欧睿的数据还显示,2016年全球有超过6 800万人次选择海尔。而据海尔SCRM数据平台显示,2016年海尔新增用户中超过20%的人曾购买过3台以上的海尔家电。

名牌企业的品牌产品能创造巨大的经济效益。品牌本身也是一种无形资产。根据2017年7月20日发布的《财富》世界500强排行榜,排名前10家的企业如表1.4.1所示。其中,沃尔玛连续三年排名第一。2015年营业收入达4 821亿美元。前5位中有3家中国公司,国家电网排名跃升至第2位。苹果公司首次进入前10位,排名第9,2015年营业收入剧增27.9%。

表 1.4.1 《财富》世界 500 强前 10 强企业排名

2016年排名	2015年排名	公司名称	营业收入(百万美元)	利润(百万美元)	国家
1	1	沃尔玛(WAL-MART STORES)	482 130	14 694	美国
2	7	国家电网公司(STATE GRID)	329 601.3	10 201.4	中国
3	4	中国石油天然气集团公司(CHINA NATIONAL PETROLEUM)	299 270.6	7 090.6	中国
4	2	中国石油化工集团公司(SINOPEC GROUP)	294 344.4	3 594.8	中国
5	3	荷兰皇家壳牌石油公司(ROYAL DUTCH SHELL)	272 156	1 939	荷兰

续表

2016年排名	2015年排名	公司名称	营业收入（百万美元）	利润（百万美元）	国家
6	5	埃克森美孚(EXXON MOBIL)	246 204	16 150	美国
7	8	大众公司(VOLKSWAGEN)	236 599.8	−1 519.7	德国
8	9	丰田汽车公司(TOYOTA MOTOR)	236 591.6	19 264.2	日本
9	15	苹果公司(APPLE)	233 715	53 394	美国
10	6	英国石油公司(BP)	225 982	−6 482	英国

资料来源：2017年度"Brand Finance全球500强"报告。

Brand Finance是世界知名的品牌价值及战略咨询公司，每年都会评估全球数千个知名品牌，并在年度"Brand Finance全球500强"报告中列出最具价值的品牌。如表1.4.2所示，该机构公布2017年年度全球最具价值前20大品牌排名。并且阐明了在计算品牌价值时考虑了多重因素，其中包括"品牌强度"、品牌授权潜在价值、未来的销售额等。在排名的同时也考虑到了品牌未来收益的归属。在2017年度的评选中，Brand Finance公司是以"一家公司愿意就像未曾拥有其品牌一样为之付出"为计算值量，评选维度包括公众熟悉程度、忠诚度、推广活动、营销投资、员工满意度及企业声誉等。

表1.4.2　2017年全球最具价值20大品牌排名

2017年排名	2016年排名	品牌	行业	国家	2017年品牌价值（百万美元）	2017年品牌评级	2016年品牌价值（百万美元）	2016年品牌评级
1	2	谷歌 Google	科技	美国	109 470	AAA+	88 173	AAA+
2	1	苹果 Apple	科技	美国	107 141	AAA	145 918	AAA
3	3	亚马逊 Amazon.com	科技/零售	美国	106 396	AAA−	69 642	AA+
4	6	AT&T	电信	美国	87 016	AAA	59 904	AA+
5	4	Microsoft	科技	美国	76 265	AAA	67 258	AAA
6	7	Samsung Group	科技	韩国	66 219	AAA−	58 619	AAA
7	5	Verizon	电信	美国	65 875	AAA−	63 116	AAA−
8	8	Walmart	零售	美国	62 211	AA+	53 657	AA
9	17	Facebook		美国	61 998	AAA	34 002	AAA−
10	13	ICBC	银行	中国	47 832	AAA	36 334	AA+
11	9	China Mobile	石油	中国	46 734	AAA	49 810	AAA
12	11	Toyota	汽车	日本	46 255	AAA−	43 064	AAA−
13	10	Wells Fargo	银行	美国	41 618	AA+	44 170	AAA
14	14	China Construction Bank	银行	中国	41 377	AAA−	35 394	AAA
15	22	NTT Group	电信	日本	40 542	AA+	31 678	AA
16	12	McDonald's	饮食	美国	38 966	AAA	42 937	AAA
17	15	BMW	汽车	德国	37 124	AAA−	34 968	AAA
18	23	Shell	石油	英荷	36 783	AAA	31 665	AA+
19	18	T(Deutsche Telekom)	电信	德国	36 433	AA+	33 194	AA+
20	21	IBM	科技	美国	36 112	AA+	31 786	AA

资料来源：2017年年度"Brand Finance全球500强"报告。

如表1.4.3所示,2017年6月,由世界品牌实验室(World Brand Lab)发布了2016年度《中国500最具价值品牌》分析报告。在这份基于财务、消费者行为和品牌强度的监测报告中,国家电网以3 055.68亿元的品牌价值名列第1。名列前5名的还有腾讯(2 875.92亿元)、工商银行(2 748.32亿元)、中国人寿(2 536.28亿元)和海尔(2 218.65亿元),它们都是中国的"国民品牌",同时也都迈进了世界级品牌的行列。

报告显示,2016年"中国500最具价值品牌"的总价值为132 696.30亿元,比2015年增加24 564.74亿元,增加幅度为22.72%(见表1.4.3)。世界品牌实验室主席、诺贝尔经济学奖得主罗伯特·蒙代尔教授(Robert Mundell)说:"今年是世界品牌实验室编制中国品牌报告的第13个年头。2004年入选门槛仅为5亿元,前500名品牌的平均价值为49.43亿元。13年以后的2016年,入选门槛已经提高到22.65亿元;而前500名品牌的平均价值高达265.39亿元,增加幅度为436.90%。"

表1.4.3 2016年中国最具价值品牌排名(1~50名)(单位:亿元)

排名	品牌名称	品牌拥有机构	品牌价值(单位:亿元)	主营行业	影响力	发源地	上市
1	国家电网	国家电网公司	3 055.68	能源	世界	北京	否
2	腾讯	腾讯有限公司	2 875.92	信息技术	世界	广东	是
3	工商银行	中国工商银行股份有限公司	2 748.32	金融	世界	北京	是
4	中国人寿	中国人寿保险(集团)公司	2 536.28	金融	世界	北京	是
5	海尔	海尔集团	2 218.65	家电	世界	山东	是
6	华为	华为技术有限公司	2 196.45	通信电子	世界	广东	否
7	中化	中国中化集团公司	2 025.72	能源	世界	北京	否
8	CCTV	中国中央电视台	2 018.53	传媒	世界	北京	否
9	中国一汽	中国第一汽车集团公司	1 918.28	汽车	世界	吉林	否
10	中国移动	中国移动通信集团公司	1 875.23	通信服务	世界	北京	是
11	中国银行	中国银行股份有限公司	1 865.36	金融	世界	北京	是
12	阿里巴巴	阿里巴巴(中国)网络技术有限公司	1 862.37	信息技术	世界	浙江	是
13	苏宁	苏宁云商集团股份有限公司	1 582.68	零售	世界	江苏	是
14	中国石油	中国石油天然气集团公司	1 566.72	石油化工	世界	北京	是
15	联想	联想集团	1 351.92	信息技术	世界	北京	是
16	上汽	上海汽车工业(集团)总公司	1 302.54	汽车	世界	上海	是
17	中国建设银行	中国建设银行股份有限公司	1 297.36	金融	世界	北京	是
18	北汽集团	北京汽车集团有限公司	1 286.85	汽车	中国	北京	否
19	长虹	长虹控股公司	1 208.96	家电	世界	四川	是
20	中粮	中粮集团有限公司	1 182.37	综合	世界	北京	是

续表

排名	品牌名称	品牌拥有机构	品牌价值（单位：亿元）	主营行业	影响力	发源地	上市
21	茅台	中国贵州茅台酒厂(集团)限责任公司	1 175.45	食品饮料	世界	贵州	是
22	青岛啤酒	青岛啤酒股份有限公司	1 168.75	食品饮料	世界	山东	是
23	国航	中国国际航空股份有限公司	1 156.89	航空服务	世界	北京	是
24	中国石油	中国石油化工集团公司	1 152.39	石油化工	世界	北京	是
25	中航工业	中国航空工业集团公司	1 118.56	航空制造	世界	北京	否
26	五粮液	五粮液集团	1 106.19	食品饮料	世界	四川	是
27	中信	中国中信集团公司	1 102.46	综合	世界	北京	是
28	雪花	华润雪花啤酒(中国)有限公司	1 099.68	食品饮料	中国	辽宁	否
29	中国农业银行	中国农业银行股份有限公司	1 095.38	金融	世界	北京	是
30	交通银行	交通银行股份有限公司	1 083.24	金融	中国	上海	是
31	中国中车	中国中车股份有限公司	1 078.25	机械	世界	北京	是
32	南航	中国南方航空集团公司	1 026.15	航空服务	世界	广东	是
33	中国电信	中国电信集团公司	1 012.72	通信服务	中国	北京	是
34	福田汽车	北汽福田汽车股份有限公司	1 006.65	汽车	中国	北京	是
35	百度	百度在线网络技术有限公司	1 002.87	信息技术	世界	北京	是
36	东风	东风汽车公司	986.78	汽车	中国	湖北	是
37	招商银行	招商银行股份有限公司	975.64	金融	世界	广东	是
38	格力	珠海格力电器股份有限公司	926.71	家电	世界	广东	是
39	中兴	中兴通讯股份有限公司	906.13	通信电子	世界	广东	是
40	中国海油	中国海洋石油总公司	892.16	石油化工	世界	北京	是
41	宝钢	宝钢集团有限公司	887.73	钢铁	世界	上海	是
42	燕京	北京燕京啤酒股份有限公司	882.75	食品饮料	中国	北京	是
43	鄂尔多斯	鄂尔多斯集团	808.55	纺织服装、能源	中国	内蒙古	是
44	汉能	汉能控股集团有限公司	628.96	新能源	世界	北京	否
45	周大福	周大福珠宝集团有限公司	605.12	珠宝	中国	香港	是
46	北大荒	黑龙江北大荒农垦集团总公司	562.91	农业	中国	黑龙江	是
47	中国华信	中国华信能源有限公司	558.86	能源	世界	上海	是
48	国旅	中国国旅集团有限公司	449.85	旅游服务	中国	北京	是
49	中国平安	中国平安保险(集团)股份有限公司	449.72	金融	世界	广东	是
50	美的	美的集团股份有限公司	449.62	家电	中国	广东	是

资料来源：世界品牌实验室(World Brand Lab)分析报告，2017年6月。

如表 1.4.4 所示,2016 年度《中国 500 最具价值品牌》排名中,共有来自食品饮料、纺织服装、文化传媒、信息技术、家用电器等在内的 23 个相关行业的品牌入选。其中食品饮料业依然是入选品牌最多的行业,共有 75 个品牌入选,占总入选品牌数的 15%。入选数量位居第 2 名到第 5 名的行业分别是轻工(56 个)、建材(42 个)、传媒(38 个)、纺织服装(37 个)、汽车(37 个)。如表 1.4.5 所示,该年度共有 35 个中国品牌的价值超过 1 000 亿,比同期增加了 10 个。其中品牌价值在 2 000 亿元以上的品牌有 8 个;品牌价值在 1 000 亿元至 2 000 亿元之间的有 27 个。

表 1.4.4　2016 年《中国 500 强最具价值品牌》行业分布(前 10 名行业)

排名	行业	2016 品牌数量	2016 百分比(%)	2015 品牌数量	2015 百分比(%)	前三名	趋势
1	食品饮料	75	15.00	75	15.00	茅台、青岛啤酒、五粮液	→
2	轻工	56	11.20	43	8.60	周大福、中华、周大生	↑
3	建材	42	8.40	43	8.60	中国建材、金隅、北新建材	↓
4	传媒	38	7.60	40	8.00	CCTV、凤凰卫视、人民日报	↓
5	纺织服装	37	7.40	39	7.80	鄂尔多斯、魏桥、劲霸	↓
6	汽车	37	7.40	37	7.40	中国一汽、上汽、北汽集团	→
7	医药	28	5.60	28	5.60	海王、护佑、马应龙	→
8	金融	26	5.20	26	5.20	工商银行、中国人寿、中国银行	→
9	机械	23	4.60	27	5.40	中国中车、徐工、中联重科	↓
10	化工	20	4.00	22	4.40	中国石油、中国石化、中国海油	↓

资料来源:世界品牌实验室(World Brand Lab)分析报告,2017 年 6 月。

表 1.4.5　2016 年《中国 500 强最具价值品牌》价值范围分布

品牌价值	2016 品牌数	2016 百分比(%)	2015 品牌数	2015 百分比(%)	增长幅度(%)
2 000 亿元以上	8	1.60	2	0.40	+1.20
1 000 亿～2 000 亿元	27	5.40	23	4.60	+0.80
600 亿～1 000 亿元	10	2.00	16	3.20	−1.20
500 亿～600 亿元	2	0.40	7	1.40	−1.00
400 亿～500 亿元	31	6.20	12	2.40	+3.80
300 亿～400 亿元	22	4.40	20	4.00	+0.40
200 亿～300 亿元	76	15.20	55	11.00	+4.20
100 亿～200 亿元	149	29.80	136	27.20	+2.60
100 亿元以下	175	35.00	229	45.80	−10.80

资料来源:世界品牌实验室(World Brand Lab)分析报告,2017 年 6 月。

据世界品牌实验室分析,一个区域的竞争实力,主要取决于其比较优势,而品牌效益直接影响着地区比较优势的形成和发展。如表 1.4.6 所示,从调查统计分析 2016 年《中国 500 最具价值品牌》地区分布来看,北京有 105 个品牌入选,名列第 1,主要原因是盈利能力强的央企总部集中在北京。广东和山东分别有 79 个和 42 个品牌入选,位居第 2 名和第 3 名。根据入选品牌影响力范围大小,按照区域性、全国性和世界性对品牌进行划分。如表 1.4.7 所示,榜单中具有全国范围影响力的品牌有 443 个,占 88.60%;具有世界性影响力的品牌数为 44 个,这一数据比同期有所提高。

表 1.4.6　2016 年《中国 500 强最具价值品牌》区域分布(前 10 名省市)

排名	身份/地区	2016 品牌数	百分比(%)	2015 品牌数	百分比(%)	所属区域
1	北京	105	21.00	94	18.80	华北
2	广东	79	15.80	80	16.00	华南
3	山东	42	8.40	42	8.40	华东
4	浙江	39	7.80	39	7.80	华东
5	上海	37	7.40	39	7.80	华东
6	附件	34	6.80	33	6.60	华东
7	江苏	30	6.00	33	6.60	华东
8	四川	17	3.40	18	3.60	西南
9	河南	12	2.40	12	2.40	华中
10	湖北	10	2.00	12	2.40	华中

资料来源:世界品牌实验室(World Brand Lab)分析报告,2017 年 6 月。

表 1.4.7　2016 年《中国 500 强最具价值品牌》影响力范围分布

影响力范围	2016 品牌数	百分比(%)	2015 品牌数	百分比(%)	趋势
区域性	13	2.60	14	2.80	↓
全国性	443	88.60	443	88.60	→
世界性	44	8.80	43	8.60	↑

资料来源:世界品牌实验室(World Brand Lab)分析报告,2017 年 6 月。

3. 品牌的社会现象

历史上,许多产品不用品牌。例如,商店经营者把酒从酒桶里直接取出来销售,不需要向消费者提供任何辨认凭证。到了中世纪时期,经过行会的共同努力,开始要求一些手工业者把商标标示在他们的产品上,以保护他们自身利益不受侵害,同时保护消费者的利益。这就是历史上最早的品牌标记。

进入 20 世纪以来,品牌化的发展犹如核裂变,时至今日,品牌标记已经无处不在,包括苹果上也贴有品牌标记。由此引发的品牌效应和品牌竞争愈演愈烈。

创造自己的品牌,已经成为我国企业界和全社会的共识。我国的广阔市场早已在国外品牌企业的注视之下。加入 WTO 以后,大量国外著名企业的品牌产品涌入我国市场,而目前我国真正具有世界声誉的国际品牌还屈指可数,特别是与国际知名企业的实力相差还很悬殊。这就是我国企业面临的严峻形势。

假冒伪劣问题是许多国家市场经济早期发展阶段出现过的一种社会现象。在西方市场经济发展较早的一些国家,假冒伪劣也曾猖獗一时,被称为仅次于贩毒的世界第二大"公害"。在今天,也是我国经济和社会生活的"热点"问题之一。

据调查,到目前为止,我国几乎所有生产品牌产品的企业都曾受到过假冒的侵扰。假冒伪劣产品以非法手段充斥市场,这种"黑色经济"严重危及品牌产品企业的生存和发展。面临这种复杂环境,企业要增强自我保护意识,要善于运用行政和法律等手段打击假冒伪劣产品,保护品牌。

4. 品牌的文化现象

品牌的文化现象是指它的诞生和发展与文化密切相关,没有优良的企业文化,就不会有品牌产品;没有全社会的高度文明,也不会有众多的品牌企业。所以说,品牌产品代表着一种文明,或者说它是现代科学、文明的结合体。品牌产品往往继承了传统技艺和古代文明的宝贵遗产,吸取了最新科学技术成果和文化艺术的精华。消费者追求品牌产品,实际上就是追求享受当代物质文明和精神文明的结晶,这是当代消费文明的特征。

三、创造品牌

1. 以质量为核心

品牌企业的成功经验是创造品牌要坚持以质量为核心,质量是品牌经济发展的基础。那么,什么是质量?质量就是"客体的一组固有特性满足要求的程度"(ISO 9000:2015),满足规定和潜在的要求,包括符合性和适用性两个方面是最主要和最基本的要求。达不到规定的要求是不合格,满足不了"必须履行的需要和期望"产生缺陷,不合格和有缺陷的产品或服务谈不上是品牌。因此,追求精益求精、追求"零缺陷"(zero defects),是创造品牌的必要条件。

为了创造品牌产品,首先要有精良的设计。经过深入细致的市场调查,识别顾客的实际需要和使用的环境条件,跟踪掌握竞争对手的情报信息。例如,设计一辆新型汽车,有必要了解使用地区的自然环境,预测并界定消费群体。了解同类汽车的特点,以便使设计有良好的适用性和明显的差异性,特别是相比竞争对手有难以超越的优势。

无论是高档产品还是中低档产品,其质量都应该是优良的。中低档产品类型是针对市场细分化而设定的,精工细做,也能实现高质量。最终,质量可以通过顾客的相对满意度加以测定。

2. 以顾客为导向

市场永恒的原则就是永远处在变化之中,对企业来说,最"可亲"的是市场,最"可怕"的也是市场。坚持以顾客的要求为导向开发、制造产品,开展服务业务,才能在市场竞争中处于领先地位。以销定产是市场的基本经济规则,是被动地顺应市场。但是,单纯地跟在顾客后面走也是被动的,只有主动地创造市场、引导消费,才能领先于竞争对手。也就是说,不要盲目地维持已有的市场份额,而是要采用先进的科学技术,创造新的市场。以求变的生存法则面对变化的市场环境。

3. 坚持科技领先

今天,品牌的竞争,是高科技的竞争,也是产品质量、品种的竞争。企业应当加大科技投入,不断跟踪世界最先进科技,否则只能是低水平、原标准的徘徊,不可能使品牌有新的拓展。

品种、规格是产品质量的一项重要内容。品牌产品的一个重要特点是品种、规格齐全,产品不断升级换代,新产品不断出现,总是保持当代精品的魅力,满足不同顾客的各种需求。据统计,美国平均每天大约有三万多种各类新产品问世。随着科学技术的加快发展,一个明显的重要特征就是,一项新技术从发明到实际应用的周期大大缩短,因此,掌握新技术是创造品牌和延长品牌产品生命周期的关键因素之一。

品牌产品的重要特点之一是,品牌企业拥有高超或独特的、精良的工艺技术,包括专用工艺方法、工艺装备和工艺规范。这些都构成了品牌企业的有形资产和无形资产。

4. 坚持科学管理

品牌产品的诞生依赖于企业的科学管理,很难想象,一个混乱无序或者一个不合理的管理模式,能创造出品牌产品。

就微观的生产管理而言,品牌产品的生产过程一定是科学管理的过程。从产品开发设计到原材料进厂、投料、加工直到产品制成、包装、出厂为止的全过程,每一道工序、每一个环节都在进行着科学的管理和严格控制,通常是既要采用先进的专业技术(硬技术或固有技术),又运用科学的管理技术(软技术),相辅相成。

5. 追求卓越的服务质量

世界一流的服务质量是品牌企业和品牌产品的重要标志之一。在这一点上,制造业和服务业相比没有本质差异。

品牌产品不仅表现出质量性能好,而且提供优质的服务。其服务的个性化和差异化往往很难被模仿。无论是有形产品,还是无形产品,服务所创造的价值比重正在日益上升。品牌产品的服务功能实际上早已经成为名牌企业增值链上的一系列增值点。

6. 品牌权益管理

品牌权益管理是一个全球性的问题。品牌在市场上产生的价值和威力千差万别。菲利普·科特勒认为,根据阿克(Aaker)的观点,与品牌权益有关的因素包括:品牌的知名度、所认知的品牌质量、品牌忠诚和顾客情感的结合程度以及其他资产形式,例如专利、商标和关系渠道等。

品牌产品拥有高的品牌权益,菲利普·科特勒认为,高的品牌权益为企业提供了以下竞争优势:

(1)在顾客中,品牌的高知名度和忠诚度减少了企业的营销成本。

(2)在企业独立的供应链上,由于顾客的"旺盛"需求,增强了企业对中间商(分销商、零售商)的讨价还价能力。

(3)在顾客中,品牌的高信誉度使企业能更顺利地进行品牌拓展,包括品牌的新规格、新品种以及品牌组合等领域。

(4)在顾客中,高的认知质量使企业具有明显的价格优势。

(5)在激烈的价格战中,品牌具有较强的抵御能力。

由此可见,品牌需要认真地加以保护和良好的管理。许多品牌在全球领先了半个世纪以上的时间,至今仍然是品牌的领袖——名牌。原因在于这些名牌企业对自身的品牌权益不断地维持和改进,不断地投资和开发,使企业的资产价值不断增值,而不是"折旧"。

一些经济学家和企业家认为,品牌是企业的主要长久性资产。实际上,一个品牌代表了一类忠诚顾客群。所以,可以说"品牌权益作为基本的资产是顾客权益"。这一观点与有关法律原则完全一致。

7. 品牌的规模经济

品牌产品大多具有规模优势,今天,这样的成功案例比比皆是。某些品牌产品已经获得了全世界的认可,例如海尔、IBM、苹果、麦当劳和可口可乐。尽管它们的产量惊人,但是,当这些企业进入不同的国家时,也不会考虑使用不同的品牌名称。因为,它们始终注重品牌的规模经营。主要表现为一方面它们投资于产品线扩展的研究和实现;另一方面采用标准的包装、标志和促销,利用标准化的广告和媒体覆盖全球,并交替重复。总之,品牌企业的成功经验值得我国企业借鉴。品牌靠大批量的市场覆盖来奠定自己的地位。特别是一些有市场潜力、有技术优势的产品,如果不迅速形成规模经营,就会丧失基础优势,贻误发展时机。所以,企业在创造品牌的过程中必须努力实现规模经营,求得市场的高占有率和效益的最大化。

综上所述,中国品牌要全球化,首先要解决"可持续性"问题。即将品牌的可持续发展纳入我们的核心价值观,而不仅仅是将其当作次要问题来处理。消费者购买的是品牌产品,而不是阅读企业的社会责任报告。消费者会通过评估品牌是否有助于未来,由此而来决定品牌的未来。欧洲的数据表明,1985年以后的消费群体中,其中有90%的顾客希望品牌能体现出保护环境的责任。

品牌成功的前提是社会的成功和地球的健康。当世界各国在努力处理长期开采(矿产)和排放(气候变化)时,消费者也在努力想要过上健康的生活,而品牌必须寻求其基本的长期价值。通过慈善活动来提升品牌形象的日子早已结束了。企业转变思维模式,彻底实现工业流程变革,节约能源和资源,最终实现生态效益与可持续发展,从而真正地实现品牌的基业长青。

有证据表明,随着消费者受教育程度和知识水平的提高,越来越多的消费者开始谈论产品和品牌的可持续性。在消费者对肉制品和乳制品的信任逐渐减少的同时,他们对更为清洁、节能产品的信心却正在逐渐上升。中国市场的容量决定了为品牌制定一个可持续发展战略的重要性。例如,品牌的可持续性需要关注产品对经济、环境和社会相互联系和交融的影响。

一个伟大的品牌要想可持续发展,必须和社会、自然和道德紧密相连。可持续发展的核心思想是,经济发展、保护资源和保护生态环境协调一致。无论是制造能力、技术水平还是管理能力,"中国制造"和"外国制造"并没有天壤之别,但中国的设计和品牌,特别是品牌背后的价值观和道德观,与经济发达国家仍然有显著的差距,品牌成功的制高点是商业道德。为此,中国和世界都正在不懈努力(参见表1.4.8)。

表 1.4.8 消费者权益日历年主题

年份	中国主题	国际主题
1997	讲诚信 反欺诈	讲诚信 反欺诈
1998	为了农村消费者	为了农村消费者
1999	安全健康消费	安全健康消费
2000	明明白白消费	明明白白消费
2001	绿色消费	绿色消费
2002	科学消费	科学消费
2003	营造放心消费环境	营造放心消费环境
2004	诚信·维权	诚信·维权
2005	健康·维权	健康·维权
2006	消费与环境	消费与环境
2007	消费和谐	消费和谐
2008	消费与责任	消费与责任
2009	消费与发展	消费与发展
2010	消费与服务	消费与服务
2011	为消费者提供公平的金融服务	为消费者提供公平的金融服务
2012	消费与安全	消费与安全
2013	公平对待消费者	我的权益 我做主
2014	新消法 新权益 新责任	让消费更有尊严
2015	携手共治 畅享消费	携手共治 畅享消费
2016	新消费 我做主	新消费 我做主
2017	网络诚信 消费无忧	网络诚信 消费无忧

习 题

1. 试根据历史的经验和经济发展的规律,阐述质量对于人类社会,乃至一个国家、一个企业的生存与发展的重要意义。
2. 简述企业质量经营战略的基本原则是什么。
3. 试分析企业的质量经营策略主要应该包含哪几个方面。
4. 质量管理学科主要经历了哪几个发展阶段？各阶段的主要特点是什么？
5. 在质量检验和统计质量控制这两个质量管理发展阶段中都包含了"信息反馈"的功能,试分析在上述两个不同的阶段中的信息反馈有何区别。
6. 传统的质量检验有哪些局限性？
7. 试分析统计质量控制怎样实现"以预防为主"的原则。
8. 简要阐述全面质量管理产生的背景。
9. 试分析什么是企业的质量文化。
10. 企业的质量文化对企业的经营活动产生哪些影响？
11. 企业的质量文化有哪些主要特征？
12. 什么是品牌战略？

13. 怎样理解菲利普·科特勒所说的深意品牌(deep brand)和肤浅品牌(shallow brand)?

14. 怎样理解品牌的经济现象和社会现象?

15. 试分析企业应该怎样创造和维持品牌的可持续性。

附表a 质量管理发展历程简介

时 间	发 展 阶 段
1875年	(美)泰勒(F. W. Taylor)制诞生——科学管理的开端 检验活动与其他职能分离,出现了专职的检验员和独立的检验部门
1911年	泰勒出版《科学管理原理》
1924年	(美)休哈特(W. A. Shewhart)提出世界上第一张控制图——p控制图,并应用于生产过程
1925年	(美)休哈特提出统计过程控制(SPC)理论——应用统计技术对生产过程进行监控,以减少对检验的依赖,并最早发表关于质量管理的论文。 (英)费希尔(R. A. Fisher)出版《研究工作者的统计方法》
1929年	(美)道奇和罗米格(Dodge Romig)发表挑选型抽样检查方案
1931年	(美)休哈特出版《制造中的产品质量经济控制》
1935年	(英)费希尔出版《实验设计》 (英)皮尔逊(E. S. Pearson)出版《统计方法在工业标准化和质量管理中的应用》(BS600)
1939年	(美)休哈特出版《质量管理观点的统计方法》 美国航空委员会提出飞机事故率——最早的可靠性指标
1940年代	美国贝尔电话研究所应用统计质量控制技术成功
1941年	美国标准协会(ASA)制定出"Z1.1质量管理指南""Z1.2分析数据的管理图法"标准
1942年	美国标准协会(ASA)制定出"Z1.3在生产中控制质量的管理图法"标准
1944年	德国试制V-2火箭,提出火箭可靠度是所有元器件可靠度的乘积(认为系统是串联),最早的系统可靠性概念
1946年	国际标准化组织(ISO)在瑞士日内瓦正式成立 (美)格兰特(E. L. Grant)出版《统计质量管理》
1947年	美国费兰德雪尔研究所开始研究结构可靠性
1950年代	(美)戴明(W. Edwards Deming)提出《领导职责的十四条》,简称"戴明14要点",全球通用,称为20世纪TQM的重要理论基础
1950年	美国制定"MIL-STD-105A计数调整型抽样检查程序和表"军用标准
1951年	日本科学技术联盟(JUSE)设立日本戴明奖 (日)田口玄一在《品质管理》发表"实验设计法" (美)朱兰(Joseph H. Juran)出版巨著《质量控制手册》
1953年	(日)石川馨(Or. Kaorn Ishikawa)提出因果分析图
1956年	(中国)刘源张建立中国最早的质量管理研究组
1959年	美国军方制定了MIL-Q-8958A等系列军用质量管理标准,并在MIL-Q-8958A中提出了"质量保证"概念

续表

时间	发展阶段
1960年代初	（美）朱兰和费根堡姆（A. V. Feigenbaum）提出全面质量管理的概念 日本提出全面质量控制（TQC）的质量管理方法，包括统计分析表、数据分层法排列图、直方图、控制图、因果图、散布图，简称《QC七种工具》
1961年	（美）费根堡姆出版著作《全面质量管理》
1963年	北大西洋组织（NATO）制定了AQAP质量管理系列标准，引入了设计质量控制的要求 日本科学技术联盟（JUSE）设置质量管理小组总部，在仙台召开第一次质量管理小组大会
1966年	（日）田口玄一出版《统计分析》，介绍信噪（SN）比，提出"质量工程学"
1969年	世界首次质量管理会议（ICQC69-Tokyo）在日本东京召开
1970年代	日本质量管理学者提出准时制（JIT）、看板管理（Kanban）、质量改进（Kaizen）、质量功能展开（QFD）、质量工程学、新七种工具等管理方法和技术 美国费兰德雪尔研究所开始研究结构可靠性，扩展到机械产品，奠定了机械可靠性理论基础
1974年	美国制定"ISO 2859 计数抽样检查程序和表"军用标准，采用MIL-STD-105D标准
1978年	北京内燃机总厂与日本松下制作所交流，借鉴全面质量管理理论和方法 国家经委决定自1979年起每年9月为全国"质量月" 9月中国正式加入世界标准化组织（ISO）
1979年	美国制定 ANSI/ASQC Z 1.15，英国制定 BS 5750，加拿大制定 CSA CAN3-Z299 三项称为1987版ISO 9000标准的基础 克劳斯毕（Philiph Crosby）提出"零缺陷"概念，所著《质量免费》（Quality is Free）深入人心 中国质量管理协会成立
1980年	ISO/TC176成立 法国制定NFX50-110 国家经委颁布《工业企业全面质量管理暂行办法》
1982年	（中国）张公绪提出"两种质量诊断理论" 戴明所著《转危为安》提出"十四要点"，成为20世纪TQM的重要理论基础
1983年	有国际消费者联盟确定每年的3月15日是"国际消费者权益日"
1984年	中国消费者协会成立
1987年	第一版ISO 9000：1987《质量管理与质量保证》系列标准发布 Motorola开始"六西格玛管理" 中国确定每年的3月15日是"消费者权益日"，举办主题活动
1988年	美国依据《1987年马尔科姆·波多里奇（Malcolm Baldrige）国家质量提高法》（称《100-107公共法》）建立了波多里奇国家质量奖，倡导"追求卓越"（Quest for Excellence）的理念
1991年	国务院发布《关于开展"质量、品种、效益年"活动的通知》
1992年	欧洲质量基金会设立颁发欧洲质量奖 首次全国认证工作会议，决定中国等同采用ISO 9000标准

续表

时 间	发 展 阶 段
1993年	9月1日正式实施《中华人民共和国产品质量法》 正式发布 GB/T19000-ISO 9000 系列标准 ISO 成立 ISO/TC3207 环境技术管理委员会
1994年	《中华人民共和国消费者权益保护法》施行 第二版 ISO 9000:1994 系列标准发布 朱兰提出"21世纪是质量的世纪"的观点 中国质量体系认证机构国家认可委员会(CNACR)成立
1995年	中国认证人员国家注册委员会(CRBA)为创始成员参加国际审核员培训和认证协会(IATCA)
1996年	国务院发布《质量振兴纲要(1996—2010年)》的通知 ISO 制定 ISO14000 环境管理系列标准
1998年	中国(CNACR)首批签署国际认可论坛多边承认协议(IAF/MLA),成为 IAF/MLA 集团创始成员
1999年	《朱兰质量手册》第5版出版发行
2000年	第三版 ISO 9000:2000 系列标准发布 7月8日第一次修订,9月1日正式实施《中华人民共和国产品质量法》
2001年	启动《全国质量管理奖》评审 中国实行质量专业职业资格考试制度
2004年	中国发布《卓越绩效评价准则》国家标准(GB/T19580—2004) 第二版 ISO14000 环境管理系列标准发布
2005年	《卓越绩效评价准则》国家标准(GB/T19580)正式实施,《全国质量奖》评审采用该标准 ISO 9000 术语修正版发布
2006年	中国认证机构国家认可委员会(CNAB)和中国实验室国家认可委员会(CNAL)整合成立中国合格评定国家认可委员会(CNAS) 《全国质量管理奖》更名为《全国质量奖》(借鉴《美国国家质量奖》标准"波多里奇卓越绩效评价准则")引进"卓越绩效模式"
2008年	第四版 ISO 9001:2008 发布
2009年	第二次修订《中华人民共和国产品质量法》 第一次修订《中华人民共和国消费者权益保护法》
2011年	ISO 发布 ISO 9004:2009,取代 ISO 9004:2000 中国等同采用 ISO 9004:2009,发布 GB/T19004—2011 取代 GB/T19004—2000
2012年	国务院发布《质量振兴纲要》(2011—2020年) 《卓越绩效评价准则》国家标准(GB/T 19580—2012)修订版发布
2013年	首届中国质量奖发布 第二次修订《中华人民共和国消费者权益保护法》
2014年	《中华人民共和国消费者权益保护法》生效

续表

时间	发展阶段
2015年	ISO 9001:2015 发布,替代 ISO 9001:2008 ISO 9000:2015 发布,替代 ISO 9000:2008 第三版 ISO14000 环境管理系列标准发布 中国和国际"3·15消费者权益日"主题是"携手共治 畅享消费"
2016年	中国等同采用 ISO 9001:2015,发布 GB/T19001—2016 替代 GB/T19001—2008 中国等同采用 ISO 9000:2015,发布 GB/T19000—2016 替代 GB/T19000—2008 第二届中国质量奖发布 中国"3·15消费者权益日"主题是"新消费 我做主"
2017年	GB/T19000—2016 实施 GB/T19001—2016 实施 中国和国际"3·15消费者权益日"主题是"网络诚信 消费无忧"

全面质量管理

全面质量管理的基本原理与其他概念的本质差别就在于,它强调为了取得真正的经济效益,管理必须始于识别顾客的质量要求,终于顾客对他手中的产品感到满意。全面质量管理就是为了实现这一目标而指导人、硬件设施、信息的协调活动。

——费根堡姆(A. V. Feigenbaum)

第一节 质量概念的演变

一、什么是质量

1. 质量的基本定义

任何组织的基本任务就是提供能满足用户要求的产品,"产品"包括货物和劳务。这样的产品既能给生产该产品的组织带来收益,又不会对社会造成损害。满足用户要求的这一基本任务,给我们提供了质量的基本定义:质量就是适用性(fitness for use)。

——朱兰(J. M. Juran)

朱兰关于"质量就是适用性"的基本定义,其内涵超越了传统的"质量就是符合性"的概念。

适用性和符合性是在含义和范畴上本质完全不同的两个概念。参见图 2.1.1 所示。符合性是从生产者(producer)的角度出发,判断产品是否符合规格。一般,通过培训和积累经验,企业的管理部门将产品的合格性判断交给基层的现场操作人员去完成。他们遵照企业的产品检验制度,依据产品质量规格标准进行判断,如果符合规格就放行,流转到下一个地点。如果不符合规格,则根据其不符合规格的程度分别加以处理。

图 2.1.1 什么是质量

适用性是从顾客(customer)的角度出发,是指产品在使用期间能满足顾客的需求,见图 2.1.1。所以说,顾客最有资格对产品的适用性程度做出评价。而如何不断满足顾客对产品适用性的需求是企业永恒的目标。

实际上,企业的质量目标是实现产品的适用性。但是,企业的大多数员工的质量职责却是去符合产品的规格要求;除了少数研究和设计开发部门及人员之外,企业的大多数部门的质量职责也同样是去符合产品的规格要求。这是客观存在的矛盾和规律性,因为,企业在运作过程中,只能假设只要产品符合规格,产品就满足了适用性要求。而关键在于如何将经过顾客识别确认的适用性更加科学、准确可行地转化为在生产过程中可以验证的规格要求。可以想象,这是一个复杂的系统工程,对有形产品而言,从产品的生命周期起点开始,不但要强化顾客导向,而且要采用先进的技术手段将顾客对适用性的需求转化为符合性质量特性标准,也可以称为"代用特性"。只有通过这种工程上的代用质量特性标准才能真正实现产品的适用性。对无形产品而言(如服务),也包含同样的意义(参考第四章第二节的有关内容)。

2. 质量的术语定义

> **3.6.2 质量 quality**
> 客体(3.6.1)的一组固有**特性**(3.10.1)满足**要求**(3.6.4)的程度
> 注1:术语"质量"可使用形容词来修饰,如:差、好或优秀。
> 注2:"固有的"(其反义是"赋予的")意味着存在于客体(3.6.1)内。
> ——GB/T 19000—2016 idt ISO 9000:2015

其中"3.6.2"是指上述标准中的第三章第六节的第二个术语概念,以此类推,以下不再赘述。

在这里,质量的定义来自国际标准 ISO 9000:2015《质量管理体系基础和术语》(Quality Management System—Fundamentals and Vocabulary),属于"有关要求"的术语。所以,有必要深入理解其内涵。

(1) "固有特性"是指产品具有的技术特征,不是后来人为附加的内容。例如,汽车零部件的尺寸、发动机的功率、航空公司的准班率、速递公司的效率和差错率、物流配送公司的服务流程等。显然,产品的价格不属于"固有特性"范畴。可见,国际标准 ISO 9000:2015 中关于质量的定义以"固有特性"限定了产品的质量范畴,这样,使质量的概念更加明确了。可参见该标准文件中"3.10 有关特性的术语"。

(2) "满足要求的程度"是指将产品的固有特性和要求相比较,根据产品"满足要求的程度"对其质量的优劣作出评价。由此可见该质量定义的客观性、合理性和科学性。

(3) 在 ISO 9000:2015 中**要求**(3.6.4)requirement 是指**明示的、通常隐含的或必须履行的需求或期望**。参考该标准附录一相关章节的注释和其他相关的术语概念含义,有助于加深理解质量的定义。

(4) 该质量定义也包括以下三方面的内涵。

① 质量的动态性。随着科学技术的发展和顾客需求的不断改变,质量要求也应该适应上述变化,适时准确识别顾客的质量要求,修订规范、改进流程和方法、研究开发新产

品,以满足顾客的需求和期望。

② 质量的相对性。企业应该注意到市场需求的区域性差别,包括不同国家和地区的自然环境条件、经济发展水平、技术发达程度、文化传统习惯等诸多方面的因素。企业针对不同的目标市场应该能够提供具有不同性能的产品,使产品对环境有较好的适应性。

③ 质量的可比性。产品的等级高和产品的质量好是完全不同的两个概念。例如,一支高级的金笔可能质量很差,而一支普通的签字笔质量却很好。所以,在评价产品质量时,应该注意到将比较的对象限制在同一"等级"基础上,参见该标准附录一中"3.1.3 等级 grade"的含义。

二、什么是质量管理

简而言之,实现产品的适用性就是企业质量管理的基本任务。以下从质量管理的术语定义出发介绍什么是质量管理。

1. 质量管理的基本范畴

3.3.4 质量管理 quality management
　　关于**质量**(3.6.2)的管理(3.3.3)
注:质量管理可包括制定**质量方针**(3.5.9)和**质量目标**(3.7.2)以及**质量策划**(3.3.5)、**质量控制**(3.3.7)、**质量保证**(3.3.6)和**质量改进**(3.3.8)实现这些质量目标的过程(3.4.1)。
　　　　　　　　　　　　　——GB/T19000—2016 idt ISO 9000:2015

由此可见,质量管理的术语定义并不简单。为了给企业质量管理提供一个活动的基准,有必要对以下概念进行更深入的研究。如图 2.1.2 所示,质量管理是企业经营发展战略的一部分。最高管理者(top management)根据企业经营发展战略目标领导制定企业的质量方针。

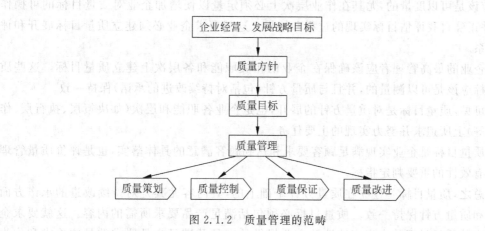

图 2.1.2　质量管理的范畴

> **2. 质量方针 quality policy(3.5.9)**
>   关于质量(3.6.2)的方针(3.5.8)
> 注1：通常质量方针与组织的总方针相一致，可以与组织的愿景(3.5.10)和使命(3.5.11)相一致，并为制定质量目标(3.7.2)提供框架。
> 注2：本标准中提出的质量管理原则可以作为制定质量方针的基础。

例如，宝山钢铁股份有限公司始终把争创世界一流实物质量水平，最大限度地满足用户需求作为企业的质量方针。

例如，上海大众汽车有限公司在发展中形成了公司的经营理念："向顾客提供最好的大众车和最好的服务，保持上海大众在中国轿车市场的领先地位。"同时，也形成上海大众的核心质量方针："质量是上海大众的生命。"

例如，cosfre 的质量方针是：cosfre 是经营国际货物运输代理业务的专业公司，以遍及全球的 COSCO 船队为依托，以布满全国各主要城市的业务网点为基础，为中外客户提供安全、快捷、经济、周到的一流服务。

> **3. 质量目标 quality objective(3.7.2)**
>   与质量(3.6.2)有关的目标(3.7.1)
> 注1：质量目标通常依据组织(3.2.1)的质量方针(3.5.9)制定。
> 注2：通常，在对组织(3.2.1)的相关职能、层次和过程(3.4.1)分别规定质量目标。

在这里，有必要说明企业建立质量方针和质量目标的目的和意义。在 ISO 9000 族标准中多处强调企业要建立正确的质量方针和适宜的质量目标，其战略意义和策略的重要性就在于方针和目标能成为企业可持续发展关注的焦点和前进的方向。质量方针为质量目标提供框架，而质量目标应该与质量方针保持一致。质量目标必须逐级展开，而且，应该是可以度量的，尤其在作业层次上必须定量以便增加企业对质量目标的可操作性，并正确自我评估目标实现的过程和结果。这就要求企业必须建立质量目标展开和评价体系。

企业的最高管理者应该确保在企业的相关职能和各层次上建立质量目标。这些质量目标应该是可以测量的，并且与质量方针(包括对持续改进的承诺)保持一致。

可见，质量目标是对质量方针的展开，也是企业各职能和层次(如决策层、执行层、作业层等)上所追求并努力实现的主要任务。

质量目标是企业实现满足顾客要求和达到顾客满意的具体落实，也是评价质量管理体系有效性的重要判定指标。

总之，质量目标是建立在质量方针基础上的，其内容尤其是对持续改进的承诺方面应该和质量方针保持一致。质量目标必须包括满足产品要求所需的内容。这就要求企业提出的质量目标的内容应该涉及企业提供的产品及满足产品要求的具体追求和作为目的的事项，否则，质量目标就无法实现。

4. 质量策划 quality planning(3.3.5)

质量管理(3.3.4)的一部分,致力于制定**质量目标**(3.7.2)并规定必要的运行过程(3.4.1)和相关资源以实现质量目标。

注:编制**质量计划**(3.8.9)可以是质量策划的一部分。

质量策划是企业为了满足顾客需要去设计开发产品和运作过程的活动。这是企业的基本管理过程,其主要步骤和内容可以概括为以下几个方面。

(1)制定质量目标

从上述"3.3.5 质量策划"的术语定义出发,我们可以将质量策划理解为:制定质量目标的活动和开发达到这些目标所要求的产品和过程。由此可见,质量策划是根据上述事实为基础的,不可能是脱离"活动"和"过程"抽象地策划,而是在"目标"制定了之后才能进行策划。

通常,将质量目标分为战略质量目标和战术质量目标。

① 战略质量目标(strategic quality goal)。战略质量目标是在企业经营战略的层面上的质量目标,是由企业最高层级制订的,并作为企业整体经营计划的一部分,而且是将质量作为企业目标中最优先级的目标。

- 产品质量创世界一流,最大限度地满足用户需求(宝山钢铁公司);
- 创世界名牌,成为国际化的海尔(海尔集团公司);
- 以世界级质量目标为标杆(大众汽车公司);
- 产品精美、过程精细、管理精益求精(海信电器公司)。

上述内容是不是战略质量目标?回答:不是。通常,战略质量目标更具可视性和展开性,更接近战术质量目标的可操作性。

- 将顾客满意度列为第一目标,在五年内使销售总额增加 1 倍(MTLA 公司);
- 5 年内降低不良质量成本 50%(THM 公司);
- 减少差错率 90%(FLDEP 公司);
- 使 GO/BE 车型在质量上达到最优级(FT 汽车公司)。

战略质量目标应该由最高管理者(高层经理)提出,他们是企业"质量委员会"的主要成员。通常,他们应该担负以下主要职责,也是他们必须完成的工作:

- 有计划、有目的地同顾客接触;
- 定期考核、评估质量目标的绩效;
- 执行高层经理的质量审核;
- 同行业、竞争对手高层经理接触。

② 战术质量目标。战术质量目标是由企业的中下层或工厂层级的职能部门来制定的质量目标。通常,企业的中下层都制定一系列的质量目标。这些目标主要是针对大量的顾客需求和附带的产品特征、过程特征。虽然,战术质量目标是由企业中下层制定的目标,但是,企业高层管理者也应该从总体上掌握制定战术质量目标的方法。包括如何参与策划,用有组织的团队方法代替传统的个人经验主义,培训策划人员等。

(2) 识别谁是顾客

从广义的概念出发,可以将顾客分为内部顾客和外部顾客。尽管对二者没有权威性划分标准,但是,企业根据自身特点和环境都不难加以区分。概括地说:

外部顾客是指非企业(组织)的组成部分,但是直接或间接受到企业经营活动影响的个人和组织。

内部顾客是指作为企业的组成部分,同时又直接受企业经营活动影响的个人和组织(部门、小组等)。

在实际中,外部顾客和内部顾客是相对而言的:

① 汽车制造商是汽车零部件供应商的外部顾客,二者作为经营联合体又互为内部顾客,而共同面对大市场的外部顾客。

② 企业的一名员工是企业的内部顾客,但是,他(她)作为社会的自由公民又是企业的外部顾客。

(3) 确定顾客需求

对顾客需求的分类有不同的角度和方式,朱兰将顾客需求分为以下五种类型:

① 表述的需求;

② 真正的需求;

③ 感觉的需求;

④ 文化的需求;

⑤ 可追踪到的非预期用途的需求。

朱兰对顾客需求的分类对我们研究和确定顾客需求是很有参考价值的。因为,这种分类很贴近实际情况。

例如,一个顾客说自己需要购买一台空调。事实上,"空调"就是顾客表述的需求,而顾客真正的需求是产品能够提供的服务。就空调而言,顾客的真正需求不是空调硬件本身,而是满足顾客需求的冷气、暖气,以及周到、及时的安装和保修服务。

企业应该特别关注顾客感觉的需求,能够反映顾客感觉需求的例子是十分丰富的。

例如,新鲜食品的封闭包装程度会引起顾客对产品的新鲜可靠性产生怀疑;酒店服务员的语言和表情直接影响顾客的情绪以及满意程度等。

顾客对文化的需求表现出更加深刻的内涵,在这里试图用几句话来概括是很困难的。

例如,企业内部顾客对文化的需求;不同社会阶层和群体对服务环境的需求等。

另外,现实生活中大量存在一类非预期用途的需求,往往也是可以追踪的需求。

例如,电热水瓶的预期用途是加热饮用水,但是,如果电热水瓶没有安装干烧断电器显然是不安全的;在炎热的夏天,酒店的中央空调运行正常,但是,坐在某个位置的女士需要酒店提供披肩也是正常的。

(4) 开发产品的特征

企业通过开发产品的特征对顾客的需求做出反应并给予满足。美国电报电话公司将产品形成的全过程称为"产品实现过程",福特汽车公司将这一过程称为"从概念到顾客"的过程,朱兰称其为"螺旋的一个循环"。如图 2.1.3 所示,质量螺旋(quality spiral)

包括 13 个环节,也称为质量环(quality loop)。

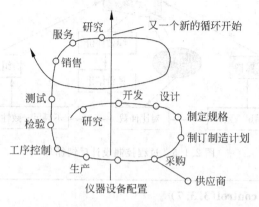

图 2.1.3　质量环

图 2.1.3 螺旋的初始进入点就是开发产品的特征,良好的开端即成功的一半。开发产品特征的过程包含着以适当的成本同时满足供应商和顾客的需求,这是一个优化的过程,并追求最优的结果。由于顾客和顾客需求是多维的且存在着多种组合形态,因此,开发产品的特征需要采取结构化的解决方案。如果将开发产品特征的成本作为重点,图 2.1.4 所示的两种不同模式的差异比较说明了结构化解决方案的优势。

(5) 开发满足顾客需求的产品生产过程

生产过程是产品"从概念到顾客"的实质性阶段,这个过程包括为了实现新产品目标所进行的过程设计及过程设计的优化;如何缩短生产周期;对过程能力的分析和评价等一系列为最终满足顾客需求和追求企业最优绩效的质量策划活动。

(6) 开发满足顾客需求的过程控制

企业产品形成过程的有效控制,是保持合格产品再现性的关键因素。概括地说,过程控制主要包括以下三项活动。

① 评价过程的实际绩效。企业应该有科学、有效的方法、手段,对过程进行自我评价,切实了解运行中的过程所处的状态,即达到的质量水平。

② 实际绩效与质量目标的对比分析。企业必须将自我评价的结果与顾客需求反应的质量目标进行定性和定量的对比分析,根据分析结果做出裁决。

③ 针对差距制定措施并采取行动。如果在上述对比分析结果中找到差距,就必须及时地纠正过程中的偏差,通过不断地调整使再次自我评价的绩效与目标趋于一致。如图 2.1.5 所示。

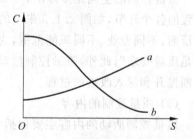

图 2.1.4　两种不同模式的差别

注:C——成本;
　　S——螺旋式模型中的各阶段;
　　a——非结构化质量策划;
　　b——结构化质量策划。

资料来源:朱兰著.朱兰论质量策划[M].北京:清华大学出版社,1999

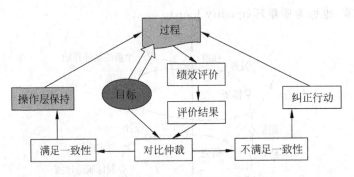

图 2.1.5　过程控制设计反馈循环

5. 质量控制 quality control(3.3.7)

质量管理(3.3.4)的一部分,致力于满足质量要求(3.6.5)。

(1) 质量控制的目的

质量控制的目的是确实保证产品和服务的质量能够满足顾客,包括与企业的绩效有利益关系的相关方(如合作伙伴、社会、政府等)等方面所提出的质量要求。

(2) 质量控制的空间

质量控制的空间是多维的,一方面,质量控制活动贯穿了产品和服务质量形成的全过程的各个环节,如图 2.1.3 朱兰的质量螺旋所示;另一方面,在企业的内部和外部的不同层面、不同专业、不同职能范围,为了质量控制的共同目标而组成学习型团队"致力于满足质量要求";此外,质量控制活动在产品和服务的整个生命周期中是一个周而复始、不断提升和深入改进的过程。

(3) 质量控制的内容

质量控制活动的内容主要包括专业技术和管理技术两个方面。

① 质量控制专业技术。在产品和服务质量形成的全过程中,为了满足质量要求所采用的质量控制专业技术是多种多样的。

- 在产品开发和设计阶段采用价值工程、QFD 等方法将识别顾客需求得到的产品概念转换成顾客需求的产品特征;
- 在制造业的生产线的关键控制点上,采用统计过程控制(SPC)的方法,通过监控生产过程状态达到保持合格产品再现性的目的;
- 根据服务业的服务流程特点建立顾客满意度(CSI)测评模型,对顾客满意度进行预测和跟踪。

② 质量控制管理技术。企业的质量控制活动是一系列有计划、有组织的经营管理活动。如图 2.1.5 所示,这个管理活动是一个运行、评价、对比、判断、反馈(包括纠正)的交叉、相容、反复的质量控制过程。

例如,在操作层面上,质量控制管理技术具体表现为首先要明确质量控制的对象,然后要明确"5W1H"。

- Why——为何做?

明确质量控制的目的和价值所在。尤其要明确质量控制执行与否对企业产品或服务总体质量的影响程度以及对企业整体绩效的影响程度。为了强调质量控制的重要性，在评价上述"影响程度"时，企业应该利用有价值的历史资料对其进行定量（如财务指数）评估。由此，可以达到以下两个目的：

第一，使用货币语言易于与高层管理者沟通，引起重视并获得投资支持；

第二，建立新的科学的质量控制目标和标准，使事后的验证和改进有了充分的依据。

例如，汽车传动轴的关键零件是双耳万向叉节，因此，汽车制造厂的传动轴分厂将双耳万向叉节的加工工位定为关键工位控制点。因为，这个零件的质量直接影响传动轴总成的质量，而传动轴部件的质量又直接影响到汽车的整体质量。

- What——做何事？

明确质量控制的具体对象。例如，要达到控制双耳万向叉节加工质量的目的，必须控制工序能力指数 C_p 值稳定地保持在满足质量要求的加工水平，通过保证加工精度来保证产品质量，从而达到满足顾客的需求。

- How——如何做？

明确质量控制的具体手段和方法。例如，为了达到监控 C_p 值的目的，在关键工位上设置控制点，根据统计推断理论，采用统计抽样的方法获得样本的统计量。然后，用样本统计量估计总体（加工的动态过程）的分布状态和趋势及工序能力 C_p 值。从而，判断该加工工位是否处于受控状态（in control），是否已经失控（out of control），以便及时发现异常状态，并采取措施加以纠正。

- When——何时做？

明确质量控制的具体时间和时间间隔是质量控制理论和方法与实际相结合，从而产生质量控制效果的重要问题。

例如，根据双耳万向叉节的加工过程特点和统计过程控制理论（SPC），确定随机抽样的样本容量和抽样的时间间隔，以及计算 C_p 值的具体时间要求。

- Where——何地做？

明确质量控制活动的具体地点。有时，一个过程可能需要设置多个控制点，包括固定位置和流动位置的控制点。例如，根据实际需要，确定在某个加工工位上的控制点，确定在某个工段或车间检验工作站上的控制点等。也包括企业设立的质量管理部门，如检测中心、检查站等。

- Who——谁来做？

明确质量控制活动的具体责任人。例如，在双耳万向叉节加工岗位上，是由操作者负责抽取样本，并记录测量结果的。显然，关键控制点上的操作者需要经过特殊的教育和培训。质量控制的专业技术人员负责开发设计 SPC 过程的方法和实施，通常，同时负责 SPC 效果的评价。因为，这些人比别人更透彻地了解 SPC 的机理在产品形成过程中的具体体现。

综上所述，"5W1H"的质量控制活动是按照 PDCA 的工作方式循环反复完成的。企业为了满足顾客的需求，不断地发现质量问题，确定质量控制的目标，制订质量控制计划和实施方式及方法，组织质量控制活动的实施，对实施的结果进行评价，通过总结和发现新的质量问题而实现持续改进。

> **6. 质量保证 quality assurance(3.3.6)**
> 　　质量管理(3.3.4)的一部分,致力于提供质量要求(3.6.5)会得到满足的信任。

(1) 质量保证的目的

质量保证有两层含义:

① 保证满足规定质量要求,这也是质量控制的基本任务;

② 以保证满足质量要求为基础提供"信任"是质量保证的基本任务。图 2.1.6 描述了质量保证主要应该向以下方面提供质量要求会得到满足的信任。

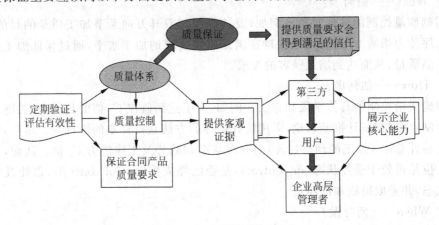

图 2.1.6　质量保证的含义

- 企业的用户;
- 第三方(如独立的认证机构);
- 企业的高层管理者。

(2) 质量保证的内容

① 企业应当保证质量体系的正常运行,以确保企业的总体经营质量。

② 企业应当保证合同产品的质量控制方案的正常实施和有效性。

③ 企业要对上述质量体系和质量控制方案的实施过程及成果进行阶段性验证和评价,以保证其有效性和效率。

④ 企业应当展示合同产品在设计、生产等各阶段的主要质量控制活动和内部质量保证活动的有效性,使用户、第三方及企业的高层管理者建立信心,相信本企业能够持续地提供满足质量要求的产品和服务。

⑤ 企业应当有计划地组织各类活动,向用户、第三方及社会展示企业的实力。包括企业的领导力、经营理念、资源能力、过程管理水平、信息管理水平,经营业绩等方面的卓越表现。

(3) 质量保证的特征

① 加价。通常,在用户向生产方要求提供质量保证时,生产方有权提出加价的要求。加价的幅度取决于用户要求提供质量保证证据的范围、方式和程度。同时,根据产品的

不同特点,要考虑外部质量保证成本和风险费。外部质量保证成本是在向用户提供所要求的客观证据时所支付的费用。一般包括特殊的和附加的质量保证手段、程序、数据、证实性试验和评定费用等。例如,由认可的独立试验机构对特殊的安全性进行试验的费用。

② 保险。在这里,"保证"一词的含义相当于我们所熟悉的"保险"一词的内涵。保证和保险都是为试图得到某种保护。在质量管理范畴,这种保护表现为以下二者必居其一:

- 使用户确信所提出的质量要求毫无疑问地能得到满足。例如,由于供方的质量体系正常运行,质量控制方案切实有效实施。供方的过程正在稳定地生产满足用户质量要求的产品。
- 向用户或企业高层管理者提供过程异常的征兆信息和故障可能性的早期警报,以利提前分析和决策,采取必要的行动,防止故障发生。

由此可见,质量保证的作用是,一方面,从外部(如用户或第三方)向企业的质量体系和质量控制系统施加压力,使其持续稳定地保证满足用户的质量要求,并向对方提供"信任";另一方面,企业的内部质量保证已经成为企业高层管理者的一种管理手段。企业高层管理者要求下属部门有计划、有步骤地展开提供证据的活动,使领导层确信本企业的过程运行正常;而且,所生产的产品能够满足质量要求。例如,企业高层管理者需要组织独立的专业人员,在美国被称为质量保证工程师。

---

7. 质量改进 quality improvement(3.3.8)

　　质量管理(3.3.4)的一部分,致力于增强满足质量要求(3.6.5)的能力。

注:质量要求可以是有关任何方面的,如**有效性**(3.7.11)、**效率**(3.7.10)或**可追溯性**(3.6.13)。

在这里,应该指出在 ISO 9000 国际标准中,我们仍然能感觉到"质量改进"这个术语概念是抽象的、不易理解的。一方面是由于质量改进所涉及的范围大都有很强的专业技术性,另一方面是由于术语定义本身的完善程度还存在某些缺陷,正因为如此,国际标准化组织(ISO)才定期对 ISO 标准进行修订。

(1) 质量改进的含义

概括地讲,质量改进是一种以显著地改进质量为目标的、有目的的改进活动。"显著"是指质量改进的过程将原有质量绩效提高到前所未有的水平。这一过程的结果是产生了一个飞跃,朱兰称其为"质量突破"(quality break through)。

例如,地毯公司在编织羊毛地毯的过程中,"梳毛"是一个关键工序。梳毛工序的简要过程如图 2.1.7 所示。在梳毛工序中,羊毛纤维进入供料箱,由供料箱定尺定量地输出到梳毛机上,在梳毛机上形成连续不断的薄毛网;这种连续不断的薄毛网再循回到梳毛机上,再由梳毛机将薄毛网切割成连续不断的毛条;再由卷轴将毛条缠成毛条卷,最后转送到毛纺工序纺成毛线。

显然,薄毛网羊毛纤维的均匀度直接影响切割后毛条羊毛纤维的均匀度,而毛条的均匀度必然影响毛线的均匀度。毛线的均匀度就是毛线重量("重量"按规定应称"质

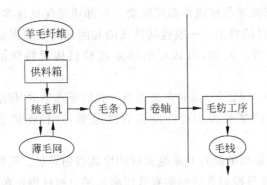

图 2.1.7 地毯公司的梳毛工序

量",为了与本书的"质量"区分,暂保留用"重量")的均匀性。如果毛线重量不匀,必然影响到纺线、染色和编织等下面的一系列工序的产品质量。可见,梳毛工序是影响地毯质量的关键工序。图 2.1.8 描述了地毯公司在梳毛工序中发现的问题。当它们在梳毛过程中选择随机时刻输出的 88 根毛条,将 88 根毛条每根截取等长的一小段,然后,分别按次序放在精密天平上称重,其结果是梳毛机上的毛条轻重不匀。它们将这 88 个样本统计量按照在梳毛机上的生成位置统计,其结果如图 2.1.8 所示,其重量分布呈彩虹状分布。显然,梳毛工序存在严重的质量问题,同时,也提供了质量改进的目标。

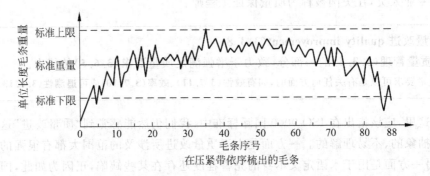

图 2.1.8 质量改进前毛条重量分布状态

资料来源:(美)朱兰.质量管理[M].第 4 版.北京:企业管理出版社,1986 年.

地毯公司的质量管理人员发现上述问题之后,经过对过程的诊断,最后通过设备的技术革新实现了如图 2.1.9 所示的质量改进。其结果使地毯公司的产品质量发生了根本性的变化,提高了产品的档次,降低了成本,更好地满足了顾客的要求。

(2) 质量改进的过程

可以这样讲,一个企业停止改进就等于开始倒退。改进是一个帮助企业接受变化并把继续改进作为一种企业生命中必要的生活方式的过程;改进的过程是一个能改变企业的管理特征和个性的极好的管理实践。

① 质量改进的基本活动。我们将众多企业成功实现质量改进过程的基本活动内容归纳为以下几个方面,应该不受企业规模和产品特点的限制,如图 2.1.10 所示。

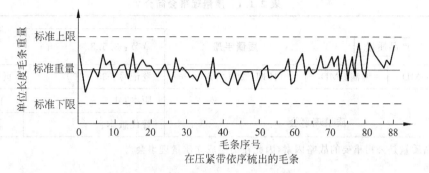

图 2.1.9　质量改进后毛条重量分布状态

资料来源：(美)朱兰.质量管理[M].第 4 版.北京：企业管理出版社,1986 年.

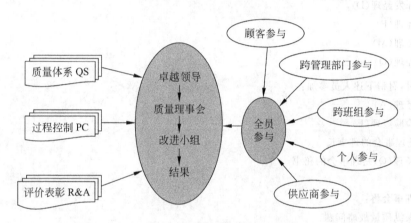

图 2.1.10　质量改进的基本活动

- 卓越的领导者

假设,一个企业的最高管理者说："我们必须不断地努力,超过自己或超过别人已经做过的一切,要做得比以前更好。"我们可以说,这就是"卓越的领导者"的表现。因为,质量改进的过程必须由企业的最高管理者发动,其过程的有效性和效率与最高管理者的投入成正比。可以设想,如果一个企业的最高管理者不相信或没有信心领导本企业比以往做得更好,那么,质量改进过程必定失败。

- 质量理事会

雷纳特·桑德霍姆(Lennart Sandholm)认为质量理事会(或称为质量委员会)是企业高层管理者有效领导和推动质量改进过程的最好平台。表 2.1.1 是关于质量理事会的简介。

实践证明,企业要在质量改进方面获得成功,除了需要如上所述"卓越的领导者"的远见卓识之外,企业还需要一个组织能作为高层管理者活动的平台,而质量理事会作为这样的平台是合适的。原则上,质量理事会由企业的高层管理者组成,通常,由总经理担任理事长,也称为管理主任,简称 MD,表 2.1.1 提供了一个实例。可见,企业的主要部门的经理通常是质量理事会的正式成员,使质量理事会成为领导和运作企业质量改进的有

表 2.1.1 质量理事会简介

产品质量		质量手册		章节：3.5.3	
批准：MD	编制：MD	日期：2002-06-06		登记号：35—1007	页号 1(1)
标题： 质量理事会				版本：1 替代版本：	附录：

产品质量是公司重要的战略因素，因此在高层成立质量理事会。

成员

质量理事会的正式成员：

管理主任(MD)

产品开发经理(D)

生产经理(P)

营销经理(M)

质量经理(Q)

需要时，召请下述人员参加：

行政经理(A)

最终检验经理(F)

MD 是理事会的理事长

质量经理(Q)是理事会的秘书

任务

质量理事会将：

——操纵质量战略问题

——制订质量方针，并在组织中全面传播

——制订质量目标，并对实现这些目标作简洁陈述

——制订长期质量工作规划，并提供实施这些规划必要的资源

——按照 ISO 9001 的要求跟踪质量体系的适宜性和有效性

——领导质量改进工作

工作实施

MD 召集质量理事会会议

Q 准备会议：提出会议议事日程、收集与分发要求的背景材料

质量理事会每年召开 4 次

效工作平台。质量理事会的成员不直接参与解决具体问题，他们的作用是要保证问题得到解决。他们的责任是根据每一项质量改进过程的情况，选择并授权最合适的、具有专长、能胜任的人(如一线部门经理)去承担该项任务，全权负责处理问题，并将处理的结果定期向质量理事会报告。质量理事会对质量改进过程的结果进行评价和表彰。

- 改进小组

如上所述，因为质量理事会没有时间也不具备必要的专长来解决实际问题，所以质量理事会代表企业将质量改进活动的任务授权给项目组，然后由项目组完成改进项目。项目工作一旦完成，该项目组就解体了。这种专门为完成某项质量改进任务而组成的有

时间阶段性的项目组称为质量改进小组。

实践证明,改进小组作为一个在一起工作的团队是解决质量改进问题的一个有效的方法,改进小组的成员来自影响质量的各个不同领域,小组成员所掌握的技能和经验决定了完成质量改进项目的有效性和效率。

- 全员参与

在质量改进的过程中,全员参与是质量改进的重要基本活动内容。如图 2.1.10 所示,"全员"是指企业的所有人,上到企业的最高管理者(总裁),下到执行层的普通员工都积极、明确地参与质量改进过程。

全员参与在卓越的领导者领导之下,其主要活动形式表现为以下五个方面。

第一,顾客参与

IBM 的高层经理对顾客参与质量改进过程有这样的观点:"IBM 的每一个人都有自己的顾客,不在公司内就在公司外,也就是使用他的工作成果的人(或组织)。只有每一个人都努力追求并达到无缺陷的工作,我们才能达到优质的目标。"

经验证明,改进小组必须与顾客一道工作,一方面使改进小组的成员了解顾客的要求,另一方面也利于确定如何衡量改进小组的工作结果满足顾客要求的程度。对改进小组工作结果的评价,是保证质量改进过程的成功和持续改进的重要因素。

第二,跨管理部门参与

通常,质量改进的过程是一个复杂的系统工程,涉及企业的几个部门甚至于所有部门。所以,企业的高层管理者必须从一开始就明确这样一个原则:企业的所有管理部门、所有的管理人员对改进过程的实施都负有责任。因此,为了使质量改进达到预期的结果,企业必须首先从管理部门开始自上而下地进行教育培训,使每一个部门的一线经理及每一个管理人员都清楚质量改进过程的目标、过程方法和技术。

第三,跨班组参与

我们知道,事实上即使是结构很简单的产品 Chenqi(GP-1001-0.5)中性笔也有 10 个以上部件组成,而产品实物质量的实现过程则远远超过 10 个工作环节。如果仅从企业内部考虑,生产流程中的跨班组参与是质量改进过程中有组织的改进行为。实践证明,跨班组的充分沟通也是保证质量改进过程成功实施的重要因素。

第四,个人参与

企业高层管理者不仅要重视团队参与,而且要同样重视个人参与。他们必须从质量改进过程的实际情况出发,提出一套制度或者一个经过反复研究讨论的改进流程及相应的标准。总之,改进小组的领导者要能够给所有个人一种方法,使他们能够实地操作,从而对质量改进做出自己的贡献。同时,领导者要对个人参与的贡献做出评价,并加以表彰。

第五,供应商参与

企业对外部的依赖是任何企业都不能忽视的共性问题。随着全球经济一体化的发展进程,企业之间的协作关系将更加密切和多元化。实践证明,企业的每一个成功的质量改进过程都离不开供应商的积极参与和贡献。

② 质量改进过程的保证体系

- 质量体系(QS)

企业质量体系的有效运行是质量改进活动成功的基本保证。因此,从长远的观点出发,企业为了持续地开展质量改进活动,以追求卓越的质量经营业绩,就必须建立和完善本企业的质量体系,并确保体系的有效运行。

- 过程控制(PC)

每一个质量改进过程,即使跨越许多不同的部门或者不同职能的机构,也必须有一个具体明确的人员对整个质量改进过程的全部操作和成功负全责,这一点是十分重要的。我们可以称这个人为质量改进过程控制经理,他由质量理事会授权领导或独立于改进小组。

- 评价表彰(R&A)

质量改进过程有效吗?是否成功?是否达到了预期的目标?质量改进过程的领导者必须回答这样的问题。所以,企业应该对改进的结果做出评价。这种评价应该是定量的,无论是在企业内部还是在企业外部,最终以货币的形式或以顾客满意度的水平证实质量改进过程结果的绩效。显然,企业需要一个科学的评价系统。

实质上,质量改进过程是要改变企业每一个人对差错、缺陷、故障等问题的态度。企业必须建立完善的表彰体系,根据评价的结果奖励那些达到了目标和对改进过程做出贡献的部门和个人(包括普通员工和经理),对他们取得的成绩加以表彰,并鼓励他们继续努力达到新的、更高的水平。

③ 质量改进的基本要求。实践经验证明,企业积极采用质量改进过程的方法是非常有效的。并且,按照以下要求开展质量改进活动有利于改进过程的成功。

- 要把顾客作为改进过程的最重要的关注环节;
- 要把质量改进作为企业可持续经营发展战略实施体系的组成部分;
- 改进过程必须由最高管理层亲自发动、领导和参与;
- 改进过程必须由全员参与;
- 要相信在任何时候都有改进的余地;
- 要从解决问题中解脱出来,预防问题的发生比发生了再解决要好;
- 要不断修改、制定和执行指导无差错工作的企业标准;
- 要引导供应商参与改进过程;
- 要对成功的质量改进给予表彰。

第二节　什么是全面质量管理

到目前为止,对于全面质量管理(total quality management,TQM)并没有权威性的定义。但是,这并不影响在全球范围内对于 TQM 的理解和达成共识。

全面质量管理,顾名思义,就是对全面质量的管理。

那么,全面质量是什么?

全面质量是,在卓越领导的参与下,发挥全体员工的潜能,以富有竞争力的成本不断满足顾客的需求和期望。

一、卓越领导

由上述全面质量的定义可见,任何一个组织都需要全面质量管理。全面质量管理是从组织领导人的头脑中开始的,组织的全面质量管理都需要有头脑的领导。有头脑的领导能够理解全面质量管理对于组织的长远发展,其真正意义所在,并能帮助和带领全体员工获得成功。因此,称其为卓越领导。卓越领导有以下三个明显的特点。

1. 全面质量管理的驱动者

卓越领导是指成功组织的领导者,也是组织创新全面质量管理的梦想家与驱动者。他们具有足够的影响力,不但能使一个组织脱胎换骨,并能说服全体员工,去接受因质量改进(quality improvement)所带来的阵痛。为了实现他们心中的质量目标,领导者能够生动具体地向员工说明企业未来的蓝图,带动每一个人让他们产生目标与使命感。卓越的领导者具有胸怀大志又不好高骛远的优秀品质。因为,一个成功组织的领导者必须要让员工明白,全面质量管理要求坚持不懈和脚踏实地。"领导者"应该名副其实,并不是发号施令的人,也不是单纯要求员工按照领导意愿行事的人,而是那种可靠的、"有志一同"的人。一个成功组织的领导者,不会强人所难,他们会描绘未来的蓝图,并说服员工,让他们不但心甘情愿,甚至满怀热情地接受因实现全面质量管理而带来的各种困难的挑战。最终由于领导者的信念与热忱,组织才得以引发员工潜藏的创造力,让企业有足够的动力沿着正确的方向,齐心协力去实现全面质量管理的艰巨而壮丽的蓝图。

2. 极大程度地向员工授权

(1) 卓越领导能极大程度地向员工授权,对员工的行动导向是在他们做出决策和计划之前,通常不把问题绝对化,而是充分发挥员工具有的灵活性,鼓励员工充分地进行创意性尝试和有助于实现公司质量目标的"冒险",支持、鼓励和保护员工对目标充满热情和执着的追求。事实上,也是在计划执行前做好充分的准备,以确保实现目标的可操作性、有效性和高效性。

(2) 卓越领导让全体员工都能理解和认同公司全面质量管理的理想目标,而极大程度地授权又使他们能自觉地去识别和解决随时可能出现的质量问题。他们也会从公司的全局出发,为公司的整体利益积极采取行动。因为,共同的目标能使员工产生一个明确的、强烈的期望,并且引导他们朝着一致的方向努力工作。

(3) 卓越领导努力使自己的公司成为学习型组织。在学习型组织中,跨职能的团队成为基本的单位。员工们一起工作确定需要和解决问题。事实上,学习型组织实现了向员工授权。卓越的领导者深知,学习型组织的成功经验是为员工提供丰富的学习机会。对员工进行大量有计划的培训,使员工懂得怎样经营,并授予员工根据自己的知识和经验进行决策的权利,从而激发员工的成就感。成功的组织领导者认为,公司希望员工把自己当作那部分业务的所有者。并且,用这种观念去思考、去工作。因为真正的所有者不需要别人告诉他们要做什么,他们可以自己整理出思路,并且信任他们会为公司的最佳利益而努力工作。同时,公司应该向员工提供他们进行决策所需要的知识和信息资源的共享平台。成功组织的领导者认为信息分享过多比信息分享过少要好。

(4) 卓越领导能将自己奉献给组织,使自己真正成为服务型的领导。那些服务型的领导认为:一个成功的公司,就像一个和睦的家庭那样去运作,因为我们认为那是人类活动中最有效的方法。

3. 顾客导向的核心价值观

卓越领导的核心思维方式是在超越利润的价值观和意识指导下的,其伦理准则是告诉员工真诚地关心顾客,关心他人,将企业的社会责任放在利润之前。卓越的领导者对组织的成功之路明察秋毫,所作出的最简单、最基本的决定是顾客导向。

二、顾客导向

1. 为什么要顾客导向?

一个企业没有顾客,就意味着失败。这是市场经济环境中的基本常识。因此,企业经营活动的基本准则是使顾客满意(customer satisfaction,CS)。顾客是当今企业参与竞争的重要因素。一个成功的企业,一定有一个令顾客满意的运作体系。这个体系始终约束着企业的经营活动要以顾客满意为宗旨,从顾客角度、以顾客的观点来分析和思考问题。

伴随全球化经济的进程,企业之间的竞争更加激烈,顾客的期望也在不断地提高。为了适应世界经济的发展,在国内和国际贸易中促进相互理解,国际标准化组织在 ISO 9000:2015 标准《质量管理体系——基础术语》(Quality Management System—Fundamentals and Vocabulary)的引言中,将"顾客导向"作为"质量管理原则"的首要原则:

> 原则一:以顾客为关注焦点
> 质量管理的主要关注点是满足顾客要求并且努力超越顾客期望。

香港工业署品质服务部(Industry Department Quality Services Division)在指导工商企业推行全面质量管理时,其中《全面优质手册》的引言特别强调:

> 大部分机构的生存有赖于顾客和股东,不断满足他们的需求就是生存及扩展之道。
>
>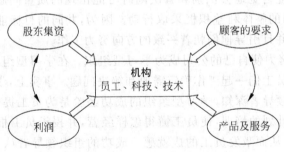
>
> 在现实的环境下,下列的因素使经营变得更具挑战性:
> - 顾客的期望不断提高;
> - 竞争越来越激烈;
> - 失败所付出的代价越来越大。

2. 谁是顾客

(1) 顾客的含义

根据顾客满意管理理论,顾客(customer)的概念是广义的、发散的。认为顾客就是消费者的理解是有局限性的。对一个企业来说,顾客应该包括内部顾客和外部顾客。如

图2.2.1所示，从CS(customer satisfaction)管理对顾客的研究思路出发概括了企业的顾客结构。可见，狭义的顾客(consumer)只是外部顾客中消费顾客的一部分，是指直接消费企业产品或服务的消费者(图2.2.2)。

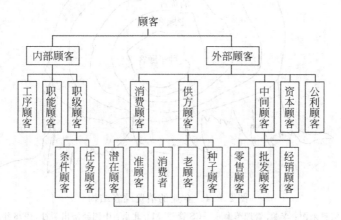

图 2.2.1　企业的顾客矩形结构

资料来源：李蔚.管理革命——CS管理[M].北京：中国经济出版社，1998.

因此得出以下结论：

广义的顾客含义是任何接受或可能接受产品和服务的对象。

其中，"可能"是指还没有发生产品或服务交换关系的潜在顾客。

顾客是相对于侍主而存在的，侍主是指为顾客提供产品或服务的组织或个人。侍主与顾客之间的纯经济关系如图2.2.3所示。

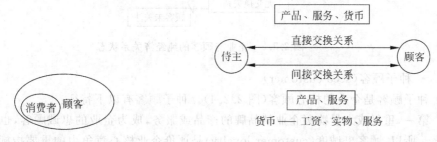

图 2.2.2　广义的顾客与消费者的关系　　　图 2.2.3　侍主与顾客的纯经济关系

（2）外部顾客

参见图2.2.1，根据CS管理理论，外部顾客是指在企业外部市场环境中，在流通领域与企业有(或可能会有)产品、服务和货币交换关系的组织(群体)或个人。主要包括消费顾客(consume customer)、供方顾客(supplier)、中间顾客(intermediate customer)、资本顾客(capital customer)和公利顾客(public-benefit customer)五种类型。

① 消费顾客(consume customer)。如前所述，企业依存于顾客。企业与消费顾客共生存的关系充分说明了这种依存性。如图2.2.4所示，企业就像一棵树，它依靠顾客的滋养才能生根、开花，结出丰硕的果实。

通常，从企业与顾客的纯经济关系状态(图2.2.5)出发，消费顾客主要包括种子顾客

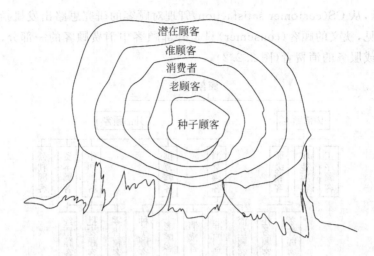

图 2.2.4　企业的消费顾客结构

资料来源：李蔚.管理革命——CS 管理[M].北京：中国经济出版社,1998 年.

(seed customer)、老顾客(patron)、消费者(consumer)、准顾客(subcustomer)和潜在顾客(potemtion customer)五种类型。

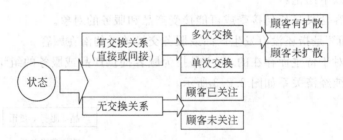

图 2.2.5　企业与顾客的纯经济关系状态

- 种子顾客(seed customer)

种子顾客是企业的核心顾客(图 2.2.4)。种子顾客有以下特征：

第一，重复或大量购买企业某品牌的产品或服务，成为企业的忠诚顾客，也就是种子顾客。所以，顾客忠诚度(customer loyalty)是评价企业核心竞争力的重要指标之一。它主要取决于顾客重复购买的可能性和顾客对价格变化的承受力。

第二，种子顾客由于对企业的某产品或服务感到满意而产生一定程度的忠诚，并具有一定的传播性。例如，主动向他人推荐该企业的产品或服务，为企业带来新顾客机会。

- 老顾客(patron)

老顾客也称为"常客"，他们对某企业的产品或服务感到满意，表现为重复购买等具体行为，成为企业的基本顾客群体，其中的一部分有可能演变为种子顾客。

- 消费者(customer)

通常，人们所称为"顾客"的狭义概念指的就是消费者。消费者是直接购买企业的产品或服务的庞大市场群体。如果企业能够使消费者(顾客)满意，他们中的一部分或大部分有可能变为老顾客或继续转化为种子顾客。所以，消费者是企业提高顾客忠诚度的源泉。

- 准顾客(subcustomer)

这类顾客对企业的产品或服务已经有一定的认识,但由于种种原因并没有购买行动,只是和企业的产品或服务"擦肩而过"的"过客"。可见,准顾客也是贴近企业的市场资源。

- 潜在顾客(potemtion customer)

潜在顾客构成企业最广阔的市场发展空间,企业对潜在顾客的研究,直接为产品策略提供科学的依据。

应当指出,本章中所讨论的顾客概念及其分类含义不是相对独立的,而是相互包含的概念。图 2.2.1 对顾客结构和分类的描述是为了有利于对广义顾客概念的深入理解。

② 供方顾客(supplier)。供方顾客也可以称为供方(supplier)。供方(supplier)在 ISO 9000:2015《质量管理体系——基础和术语》国际标准中是一个广义的概念。对于供方顾客应该从上述意义加以理解。供方可以是企业内部的或企业外部的。从企业外部出发,供方顾客也同样表现为种子顾客、老顾客、消费者、准顾客和潜在顾客等类型,如图 2.2.1 所示。ISO 9000:2015 国际标准总结了企业在长期生产经营活动中对"供方"的理解,因此,参考有关资料以利于对供方顾客的深入认识。

方框中文字的说明:

括号中的数字表示术语概念在国际标准 ISO 9000:2015 中的章节编号;查阅国际标准 ISO 9000:2015,可以获得与"供方"有关的一些重要概念。

(3.2.5)供方 provider(supplier)

　　提供产品(3.7.6)或服务(3.7.7)的组织(3.2.1)

示例:产品或服务的制造商、批发商、零售商或商贩。

注 1:供方可以是组织内部的或外部的。

注 2:在合同情况下供方有时称为"承包方"。

显然,从一定意义上说,"供方顾客"是一个复合性概念。

③ 中间顾客(intermediate customer)。中间顾客不属于内部顾客范畴,它是介于企业和消费顾客之间的顾客,如图 2.2.6 所示,两重性是中间顾客的基本特征。

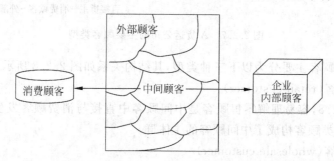

图 2.2.6　中间顾客的两重性

- 不直接消费企业的产品；
- 与企业直接发生产品和货币的交换关系；
- 比企业更接近消费顾客；
- 比消费顾客更接近企业；
- 拥有独立的市场；
- 拥有独立的价值取向。

如图 2.2.7 所示，A 货运公司的货运代理，简称"货代"，就是货运公司的中间顾客。在企业经营管理者的传统意识中，中间顾客只是"代理"，其需求价值往往被忽视。应当指出的是，尽管中间顾客不是产品的直接消费者，却因其独立的价值取向而对企业有更多的需求。正因为中间顾客比企业更接近消费顾客，所以，他们也比企业更了解消费顾客的需求。由此可见，中间顾客也是企业经营发展的重要资源。

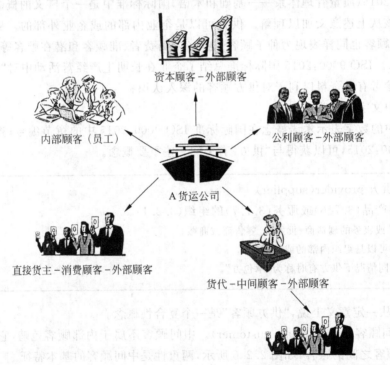

图 2.2.7　A 货运公司的主要顾客类型

通常，中间顾客主要分为以下三种类型，其结构关系如图 2.2.8 所示。

- 零售顾客（retail customer）

参见图 2.2.8，容易理解零售顾客是中间顾客中直接与消费顾客发生交易的一类顾客。应该说，这类顾客构成了中间顾客的主体群。

- 批发顾客（wholesale customer）

通常，批发顾客并不直接与消费顾客发生交易，如图 2.2.8 所示，而是通过二级中间

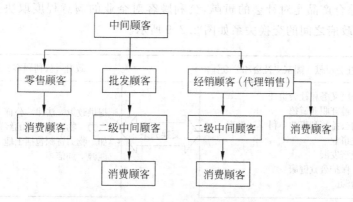

图 2.2.8　中间顾客结构关系示意图

顾客的购买行为间接接触消费顾客。"批发"的性质决定了该类顾客的交易量比零售顾客大。对于一个企业,如果批发顾客在中间顾客中占有显著的贡献率,那么,企业应该在客户关系管理(CRM)系统中特别加以关注和分析。

• 经销顾客(runsale customer)

如图 2.2.8 所示,经销顾客具有类似零售顾客和批发顾客的双重功能。一方面,经销顾客有机会直接和消费顾客发生交易;另一方面,经销顾客也通过二级中间顾客间接与消费顾客接触。经销顾客是一类最具个性的中间顾客,该类顾客最接近企业,在相当程度上代表企业的利益,表现出内部顾客的特征;而在企业的根本利益的销售保障流程环节上,经销顾客是实质上的外部顾客。

图 2.2.7 比较直观地反映了经销顾客这类中间顾客。货代是属于 A 货运公司的外部顾客,货代介于 A 公司和直接货主之间,多为经营进出口业务的贸易公司。他们通常既站在 A 公司立场向顾客推销 A 公司的服务,成为 A 公司服务的销售代理人,又站在客户的立场向 A 公司提出要求,成为直接货主的货运采购代理人。案例调查表明,A 货运公司已经摆脱了将货代视为销售代表的传统观念,建立了现代的营销观念,将货代视为自己的顾客。

事实上,货代是独立存在的,他们从 A 公司购买的不是服务本身,而是凝结在服务背后的赢利机会,服务只是赢利机会向效益转化的手段。所以,货代获得的赢利机会越多,效益越显著,他们的满意度也越高。同时,为了赢得顾客,货代也会根据直接货主(消费顾客)的具体要求来选择服务的提供者(企业),对于此类中间顾客,A 公司需要同时兼顾货代和货主的利益,通过使货主满意达到使货代也满意的目的。

④ 资本顾客(capital customer)。银行是企业的主要资本顾客,银行通过向企业放贷的方式购买资本增值效益。在企业与银行的交易过程中,企业出售的"产品"是企业的无形资本,包括信誉和资本增值的核心能力,而银行向企业提供的是金融资本。

⑤ 公利顾客(public-benefit customer)。政府是企业的公利顾客,因为政府代表着公众的利益,一方面向企业提供维持经营活动的基础资源,如图 2.2.9 所示;另一方面政府代表国家和公众利益要求企业自觉履行社会责任和公民义务,其中,企业以税收的形式为公众代表者——政府所提供的经营资源支付费用只是其中的内容之一。从某种意义

上讲,企业的综合产品是对社会的贡献,公利顾客对企业的满意程度取决于企业的社会贡献。企业与政府之间的交换关系如图2.2.9所示。

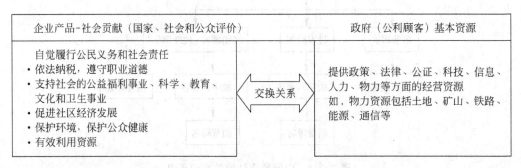

图2.2.9　公利顾客的含义与交换关系

(3) 内部顾客

内部顾客是一个广义的概念,包括企业内部从业人员,如基层员工、部门主管、经理,也包括股东。如图2.2.2所示,内部顾客主要分为以下三个类型。

① 工序顾客(work procedure customer)。在企业的生产经营活动中,生产和服务流程的各个环节之间存在着互为顾客的关系,由此产生了工序顾客的概念。图2.2.10是LB货运公司出口货物服务价值增值过程示意图,简要说明了该类企业生产经营活动中的服务流程关键节点,在每个节点上,上下工序互为顾客。

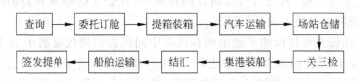

图2.2.10　LB货运公司出口货物服务价值增值过程

② 职能顾客(function customer)。图2.2.11为SH公司的组织结构示意图,其职能结构表现为矩阵管理模式,已经不是传统意义上的职能部门的概念。尽管分布在三个层次上的组织单元担负不同的职责,但是,从广义的"职能"(function)概念上讲,不同层次上的组织单元互为职能顾客,从而实现企业统一运作的整体优势。

③ 职级顾客(post scale customer)。在企业内部,可以将纵向上下级互为顾客的关系描述为具有以下两类特点的职级顾客。

• 任务顾客(task customer)

如图2.2.12所示,箭头表示下达工作任务的方向,描述了一个典型任务顾客阶梯。例如,质量管理者代表向质量检验处下达工作任务,那么,质量管理者代表就是质量检验处的任务顾客,以此类推。

• 条件顾客(condition customer)

如图2.2.13所示,箭头指向为完成工作任务提供条件的人或机构,描述了一个典型条件顾客阶梯。例如,在生产制造的业务流程上,车间为工段提供完成工作任务的必要条件,那么,工段就是车间的条件顾客,以此类推。

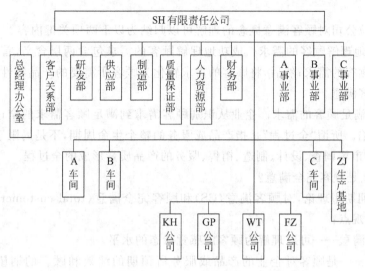

图 2.2.11 SH 公司组织结构

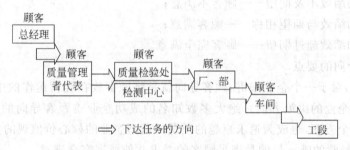

图 2.2.12 任务顾客阶梯

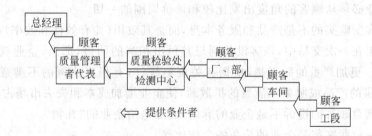

图 2.2.13 条件顾客阶梯

3. 顾客满意与顾客完全满意

(1) 什么是顾客满意

"顾客满意"(customer satisfaction,CS)顾名思义并不是一个新概念。近几年,在日益增长的国际竞争和日趋成熟的市场环境中,顾客满意正在成为企业的经营导向。摩托罗拉公司(Motorola)由于在质量方面的卓越表现获得首届美国波多里奇国家质量奖(Malcolm Baldrige National Quality Award,MBNQA),它们认为"所谓顾客满意,是成功地理解某一顾客与某部分顾客的爱好(需要),并着手为满足顾客需要作出相应努力的结果"。

摩托罗拉公司对顾客满意概念的理解可以归纳为以下两项关键内容。

① 成功地理解顾客的需求。成功地理解顾客的需求包含两层含义,首先,企业要能正确地识别顾客的需求;然后,将顾客的需求转化为顾客所需要的产品特性或服务特性,最终实现顾客满意。

② 努力满足顾客的需求。企业从识别顾客需求到满足顾客需求的全过程中应该始终追求无缺陷。所谓"全过程"是指产品或服务的整个生命周期,不是局限于售后服务阶段,而是贯穿市场调查、设计、制造、销售、服务的产品质量形成的全过程。

(2) 什么是顾客完全满意?

根据预期期望理论,对顾客满意(CS)和顾客完全满意(total customer satisfaction, TCS)有以下观点:

① 顾客满意——可以理解为顾客的感觉状态的水平。

② 水平——是顾客对企业的产品或服务所预期的绩效和顾客的期望进行比较的结果:

- 预期的绩效不及期望——顾客不满意;
- 预期的绩效与期望相称——顾客满意;
- 预期的绩效超过期望——顾客完全满意。

4. 顾客导向的要点

简而言之,对于一个企业来讲,顾客导向就是将顾客放在经营运作的中心位置,让顾客的需求引导企业的决策方向。绝大多数知名的成功企业将顾客导向的要点共同归纳总结为以下几个方面,也成为追求卓越的质量经营型企业的核心价值观的主要特征。

(1) 企业经营的唯一目的是满足顾客的需求并使顾客完全满意。

(2) 企业要以顾客的角度进行思考,以顾客的眼光评价本企业所提供的产品和服务。

(3) 企业必须从顾客的角度出发比较和评价周围的一切。

(4) 顾客所购买的不是产品和服务本身,而是其效用(如有效性和效率)和价值。

(5) 如果在一次交易中,顾客没得到与其付出相当的回报,那么,企业就增加了一个不满意顾客。更加严重的后果是,根据有关资料统计,有相当比例的不满意顾客将成为对企业所提供的产品或服务不满意的扩散源,使企业增加成本和失去市场占有率。

(6) 不满意顾客的投诉不是企业的麻烦,而是送给企业的"礼物"。

(7) 每一位顾客都是企业的长久的合作伙伴。

(8) 企业怎样对待自己的员工,员工就会怎样对待企业的顾客。

三、不断改进

1. 为什么要改进

如前所述,在今天的市场环境下,许多因素使企业的经营面临更大的挑战性。

因此,企业的经营活动有如逆水行舟,不进则退。詹姆斯·哈灵顿(H. James Harrington)曾任美国质量协会(ASQC)主席,在多年担任美国 IBM 公司质量经理的实践中奉行"改进哲学"。1986 年,他在一次中国高级经营者质量研讨会上作《论"改进"》的学术报告时说：

"• 您是否有办法增加50%的利润？
• 您打算如何减少废次品而增加正品？
• 您能否在不增添新设备和不造新厂房的情况下使产品增加20%？
• 您能否将付费的加班时间从30%降至2%？
• 您是否有办法使贵公司的雇员不仅在周末下班时而是每天工作时都面带笑容？

这些看来都不可能实现，但是世界上确有不少公司在上述各方面取得了卓越的成就。其秘诀就是制定了新的行为标准，并全力培训公司的全体成员，使他们知道怎样才能做得更好。'不断改进'已经成为这些公司的信条。"

从顾客的角度出发，詹姆斯·哈灵顿的生动阐述也深刻地说明了不断改进的哲学思想："有缺陷的产品在生活中变得常见了，我们曾经告诉供应商，我们不希望随意将次品部件提供给我们，其数量不能超过总量的1%，这就意味着购买者同意接受1%的次品，其结果就促使某些供应商在他们提供的产品中塞进了一部分次品部件，因为这是销售无用部件的一种方法。1984年美国政府在产品和服务方面的花费为7 850亿美元，这个1%就意味着大家接受78亿美元的废次品。我们为什么这样做？为什么我们不能期望得到100%好的部件？我们没有付1%的假钞票给供应商。为什么我们要接受1%的废次品呢？"

2. 谁来改进

在本章第一节中对质量改进（quality improvement）做了比较详细的阐述，其中图2.1.10能够直观地了解企业在不断改进过程中高层管理者和员工的作用与相互关系。在此不再赘述。

四、全员参与

1. 为什么要全员参与

企业的经营活动在顾客导向的原则下，需要全员参与不断改进。因为，全员参与是企业实施全面质量管理，持续达到顾客完全满意的四大支柱之一。如图2.2.14所示。

2. 谁来参与

这里所说的"全员参与"，是指为了满足顾客的需求，所涉及的企业内部和外部的全体人员的全面参与，包括供应商、代理商、分销商等外部顾客，参见本章图2.2.1所描述的人员范畴。

3. 如何参与

企业的实践证明，为了追求卓越的质量经营业绩，全员参与应该遵循以下基本原则。

（1）识别顾客的要求

企业要实现正确的全员参与，并取得良好的结果，首先必须站在自己的位置上明确"谁是你的

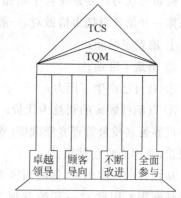

图2.2.14　TQM的四大支柱
资料来源：谢家驹.全面优质管理[M].香港：三联书店（香港）有限公司,1994年.

顾客",并通过咨询顾客了解"他们的要求是什么"。切记不能假设他们需要什么。

(2) 了解并改善与顾客和供应商的关系链

企业的经营活动是一个复杂的活动链,其中涉及许多人,而活动的成败往往取决于当事人的工作能力和素质。例如,企业的每个员工都面对依赖企业的其他员工(内部顾客)以及企业依赖的供应商(外部顾客),如图 2.2.15 所示。显然,只要当中有一个人出现差错,导致不能满足顾客的需求,那么,就会使整个关系链发生故障,其结果就是不能满足顾客的需求,必然直接影响企业的经营结果。因此,从全员参与的基本原则出发,每一个人都不要成为关系链中脆弱的一环,那么,企业的经营活动将实现良好的社会效益。

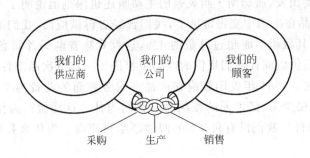

图 2.2.15 公司组织全员参与关系链

资料来源:《全面优质手册》,香港工业署品质服务部,1997年.

(3) 只做正确的事情

今天,任何一个企业都十分关心这样的问题:如何在工作中减少浪费?应该说,问题的答案十分简单,那就是企业中的每个人"只做正确的事情",其目的是以最低的成本带给顾客满意的产品和服务。

(4) 一开始就把事情做对

假如你认为只要最终将事情做好就是完成任务了,这种想法是不切实际的。因为,如果你一开始就没把事情做对,一般有以下结果:

① 浪费了时间;

② 制造了麻烦;

③ 对自己产生了压力;

④ 以牺牲顾客的利益为代价。

世界著名质量管理专家戴明(W. E. Deming)说:"犯错并不是没有代价的,有些人犯了错误,并因而自食其果。"

从顾客的角度出发,你的顾客为什么要接受因为你一开始没有把事情做对而带来的额外烦恼呢?因此,"一开始就把事情做对"是企业中每一个人唯一应该接受的工作标准。

(5) 评估所取得的成绩

今天,越来越多的企业开始关注如何在工作中评估自我改进的情况。因为,只有准确地评估所取得的成绩,才能真正了解企业是否在改进。而评估的过程可以概括为以下几个方面。

① 确定你的改进计划;
② 找出一个可以定量评估的科学方法;
③ 设立标杆,进行比较和评价;
④ 分享你的成功经验和成绩。

(6) 以不断改进为目标

无论企业取得多么惊人的业绩,也只能说明企业的过去经历。因为,我们的顾客一定会继续向企业提出更高的要求,而且,不管我们如何努力改进,我们的竞争对手也在不断改进。所以,我们不能因成功而故步自封,追求卓越是永无止境的。

(7) 高级管理者的领袖作用

如图 2.2.14 所示,"卓越领导"是 TQM 的四大支柱之一,而且是排在首位的。一个成功的 TQM 系统是从卓越领导的头脑中开始的。

(8) 培训是不可缺少的

如果你是企业的一员,甚至于你是某企业的供应商,总之,你是与企业经营活动有关的价值链上的一环。那么,你可以向自己提出以下问题:

① 谁是我的顾客?我的顾客需要什么?
② 我负责哪些工作?为什么?
③ 如何清楚我的工作结果是否符合要求?
④ 怎样才能一开始就把事情做对?
⑤ 如何有效地沟通?

由此可见,培训是使每个人不断地学习和提高,以适应变化的外界环境的有效途径。

(9) 采用有效的沟通方法

交流和沟通是人类行为的基础,因此,在企业经营活动中的每一个人都别无选择,只能进行沟通。而且,只有良好有效的沟通,才能使你们做的事情畅行无阻。在实际中,往往许多问题都是由沟通不当或缺少沟通而引起的,结果会不可避免地导致误传或误解。

(10) 表扬为成功所做出的努力

在全员参与的过程中,表扬为成功所做出的各种努力是十分必要的。当然,这些表扬应该是公平和真诚的。

无论是高层管理者,还是普通员工,都不应该"吝啬"对他人的赞许。这些赞许可以包括以下方面:

① 说一声"谢谢";
② 在团队中相互学习和肯定;
③ 在内部刊物或信息通道上公开表扬;
④ 各种形式的表彰和奖励。

第三节　TQM 的经典理念——专家之言

在过去的半个世纪,许多质量管理专家对质量管理理论与实践的发展作出了重大的贡献。到目前为止,世界质量领域公认,TQM 的理论基础深受几位著名质量管理专家的影响,其中有戴明(W. Edward Deming)、朱兰(Joseph H. Juran)、克劳斯毕(Philiph Crosby)和石川馨(Or. Kaorn Ishikawa)。下面对他们的主要观点作一简要介绍。

一、戴明(W. Edward Deming)的质量管理学说

质量是一种以最经济的手段,制造出市场上最有用的产品。

——戴明(W. Edward Deming)

戴明博士是世界著名的质量管理专家,他对世界质量管理发展做出的卓越贡献享誉全球。以戴明命名的"日本戴明奖",从 1950 年至今已经成为世界著名三大质量奖项之一,另外两项分别为美国波多里奇国家质量奖和欧洲质量奖。戴明作为质量管理的先驱者,戴明学说对国际质量管理理论和方法始终产生着异常重要的影响。

戴明学说简洁易明,其主要观点"十四要点"成为 20 世纪全面质量管理(TQM)的重要理论基础。

1. 戴明的"十四要点"

(1) 创造产品与服务改善的恒久目的

最高管理层必须从短期目标的迷途中归返,转回到长远建设的正确方向。也就是把改进产品和服务作为恒久的目的,坚持经营,这需要在所有领域加以改革和创新。

(2) 采纳新的哲学

必须绝对不容忍粗劣的原料、不良的操作、有瑕疵的产品和松散的服务。

(3) 停止依靠大批量的检验来达到质量标准

检验其实是等于准备有次品,检验出来已经是太迟,且成本高而效益低。正确的做法是改良生产过程。

(4) 废除"价低者得"的做法

价格本身并无意义,只是相对于质量才有意义。因此,只有管理当局重新界定原则,采购工作才会改变。公司一定要与供应商建立长远的关系,并减少供应商的数目。采购部门必须采用统计工具来判断供应商及其产品的质量。

(5) 不断地改进生产及服务系统

在每一活动中,必须降低浪费和提高质量,无论是采购、运输、工程、方法、维修、销售、分销、会计、人事、顾客服务及生产制造。

(6) 建立现代的岗位培训方法

培训必须是有计划的,且必须是建立于可接受的工作标准上。必须使用统计方法来衡量培训工作是否奏效。

(7) 建立现代的督导方法

督导人员必须要让高层管理知道需要改善的地方。当知道之后,管理当局必须采取

行动。

(8) 驱走恐惧心理

所有同事必须有胆量去发问、提出问题或表达意见。

(9) 打破部门之间的围墙

每一部门都不应只顾独善其身,而需要发挥团队精神。跨部门的质量圈活动有助于改善设计、服务、质量及成本。

(10) 取消对员工发出计量化的目标

激发员工提高生产率的指标、口号、图像、海报都必须废除。很多配合的改变往往是在一般员工控制范围之外,因此这些宣传品只会导致反感。虽然无须为员工订下可计量的目标,但公司本身却要有这样的一个目标:永不间歇地改进。

(11) 取消工作标准及数量化的定额

定额把焦点放在数量而非质量上。计件工作制更不好,因为它鼓励制造次品。

(12) 消除妨碍基层员工工作畅顺的因素

任何导致员工失去工作尊严的因素必须消除,包括不明何为好的工作表现。

(13) 建立严谨的教育及培训计划

由于质量和生产力的改善会导致部分工作岗位数目的改变,因此所有员工都要不断接受训练及再培训。一切训练都应包括基本统计技巧的运用。

(14) 创造一个每天都推动上述各项的高层管理结构

2. PDCA 循环

戴明博士最早提出了 PDCA 循环的概念,所以又称其为"戴明环"。PDCA 循环是能使任何一项活动有效进行的一种合乎逻辑的工作程序,不但在质量管理中得到了广泛的应用,更重要的是为现代管理理论和方法开拓了新思路。P、D、C、A 四个英文字母所代表的意义如下:

① P(plan)——计划。包括方针和目标的确定及活动计划的制订。

② D(do)——执行。执行就是具体运作,实现计划中的内容。

③ C(check)——检查。就是要总结执行计划的结果,分清哪些对了,哪些错了,明确效果,找出问题。

④ A(action)——行动(或处理)。对总结检查的结果进行处理,成功的经验加以肯定,并予以标准化或制定作业指导书,便于以后工作时遵循;对于失败的教训也要总结,以免重现;对于没有解决的问题,应提给下一个 PDCA 循环中去解决。

PDCA 循环有以下四个明显特点。

(1) 周而复始

PDCA 循环的四个过程不是运行一次就完结,而是周而复始地进行。一个循环结束了,解决了一部分问题,可能还有问题没有解决或又出现了新的问题,再进行下一个 PDCA 循环,依此类推,如图 2.3.1 所示。

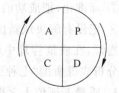

图 2.3.1 PDCA 循环的原理

(2) 大环带小环

如图 2.3.2 所示,类似行星轮系,一个企业或组织的整体运行体系与其内部各子体系的关系,是大环带动小环的有机逻辑组合体。

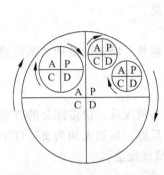

图 2.3.2　PDCA 循环的结构

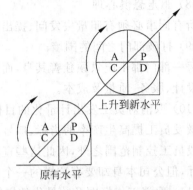

图 2.3.3　PDCA 循环的功能

(3) 阶梯式上升

PDCA 循环不是停留在一个水平上的循环,不断解决问题的过程就是水平逐步上升的过程,如图 2.3.3 所示。

(4) 统计的工具

PDCA 循环应用了科学的统计观念和处理方法。作为推动工作、发现问题和解决问题的有效工具,典型的模式被称为"四个阶段""八个步骤"和"七种工具"。四个阶段就是 P、D、C、A。八个步骤是:

① 分析现状,发现问题;
② 分析质量问题中各种影响因素;
③ 分析影响质量问题的主要原因;
④ 针对主要原因,采取解决的措施;
　　——为什么要制定这个措施?
　　——达到什么目标?
　　——在何处执行?
　　——由谁负责完成?
　　——什么时间完成?
　　——怎样执行?
⑤ 执行,按措施计划的要求去做;
⑥ 检查,把执行结果与要求达到的目标进行对比;
⑦ 标准化,把成功的经验总结出来,制定相应的标准;
⑧ 把没有解决或新出现的问题转入下一个 PDCA 循环中去解决。

通常,在质量管理中广泛应用的直方图、控制图、因果图、排列图、相关图、分层法和统计分析表等所谓"七种工具"如图 2.3.4 所示。

3. 质量无须惊人之举

戴明博士有一句颇富哲理的名言:"质量无须惊人之举。"他平实的见解和骄人的成就之所以受到企业界的重视和尊重,是因为任何一个组织如果能系统地、持久地将这些

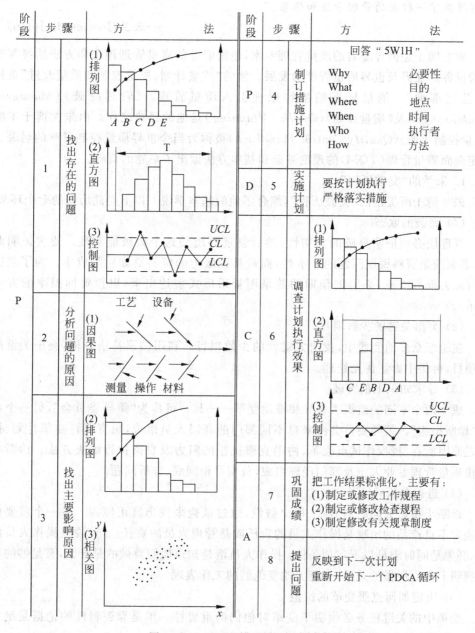

图 2.3.4 PDCA 循环的过程模式

观念付诸行动,几乎可以肯定这样的组织在全面质量管理方面就能够取得突破。

二、朱兰(Joseph H. Juran)的质量管理学说

"质量是一种适用性,而所谓'适用性'(fitness for use)是指使产品在使用期间能满足使用者的需求。""事实证明,TQM 带给企业一个强烈的呼声,一个新的工作动力,一种新的管理方法。为此,我们对 TQM 必须全力以赴,再接再厉。因为 TQM 给我们的企业

经营提供了一种新的管理方法和体系。"

——朱兰(Joseph H. Juran)

朱兰博士是世界著名的质量管理专家,他所倡导的质量管理理念和方法始终深刻影响着世界企业界及世界质量管理的发展。他的"质量计划、质量控制和质量改进"被称为"朱兰三部曲"。他最早把帕累特原理引入质量管理。《管理突破》(*Management Breakthrough*)及《质量计划》(*Quality Planning*)是他的经典之作。由朱兰博士主编的《质量控制手册》(*Quality Control Handbook*)被称为当今世界质量控制科学的名著。为奠定全面质量管理(TQM)的理论基础和基本方法做出了卓越的贡献。

1. 朱兰的"突破历程"

朱兰博士所提出的"突破历程",综合了他的基本学说。以下是此历程的七个环节。

(1) 突破的取态

管理层必须证明突破的急切性,然后创造环境使这个突破能实现。要去证明此需要,必须搜集资料说明问题的严重性,而最具说服力的资料莫如质量成本。为了获得充足资源去推行改革,必须把预期的效果用货币形式表达出来,以投资回报率的方式来展示。

(2) 突出关键的少数项目

在纷纭众多的问题中,找出关键性的少数项目。利用帕累特法分析,突出关键的少数项目,再集中力量优先处理。

(3) 寻求知识上的突破

成立两个不同的组织去领导和推动变革——其一可称为"策导委员会",另一个可称为"诊断小组"。策导委员会由来自不同部门的高层人员组成,负责制订变革计划、指出问题原因所在、授权作试点改革、协助克服抗拒的阻力及贯彻执行解决方法。诊断小组则由质量管理专业人士及部门经理组成,负责寻根问底、分析问题。

(4) 进行分析

诊断小组研究问题的表征、提出假设,通过试验来找出真正原因。另一个重要任务是决定不良产品的出现是操作人员的责任或是管理人员的责任。(若说是操作人员的责任,必须是同时满足以下三项条件:操作人员清楚知道他们要做的是什么,有足够的资料数据明了他们所做的效果,有能力改变他们的工作表现。)

(5) 决定如何克服变革的抗拒

变革中的关键任务必须明了变革对他们的重要性。单是靠逻辑性的论据是绝对不够的,必须让他们参与决策及制定变革的内容。

(6) 进行变革

所有要变革的部门必须要通力合作。每一个部门都要清楚知道问题的严重性、不同的解决方案、变革的成本、预期的效果以及估计变革对员工的冲击和影响。必须给予足够时间去酝酿及反省,并提出适当的训练。

(7) 建立监督系统

变革推行过程中,必须有适当的监督系统定期反映进度及有关的突发情况。正规的跟进工作异常重要,足以监察整个过程及解决突发问题。

2. 质量环（quality loop，也称为质量螺旋 quality spiral）

朱兰博士提出，为了获得产品的合用性，需要进行一系列工作活动。也就是说，产品质量是在市场调查、开发、设计、计划、采购、生产、控制、检验、销售、服务、反馈等全过程中形成的，同时又在这个全过程的不断循环中螺旋式提高，所以也称为质量进展螺旋，如图 2.3.5 所示，包括 13 个环节。

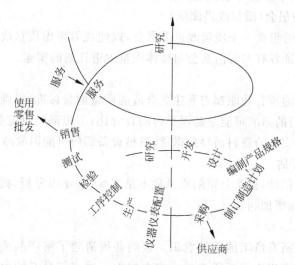

图 2.3.5　朱兰的质量环（quality loop）

资料来源：（美）J. M. 朱兰. 质量管理[M]. 北京：企业管理出版社，1986.

3. 朱兰的"8020 原则"

朱兰博士尖锐地提出了质量责任的权重比例问题。他依据大量的实际调查和统计分析认为，在所发生的质量问题中，追究其原因，只有 20% 来自基层操作人员，而恰恰有 80% 的质量问题是由于领导责任所引起的。在 ISO 9000 国际标准中，与领导责任相关的要素所占的重要地位，在客观上证实了朱兰博士的"8020 原则"所反映的普遍规律。

4. 生活质量观

朱兰博士认为，现代科学技术、环境与质量密切相关。他说："社会工业化引起了一系列环境问题的出现，影响着人们的生活质量。"随着全球社会经济和科学技术的高速发展，质量的概念必然拓展到全社会的各个领域，包括人们赖以生存的环境质量、卫生保健质量以及人们在社会生活中的精神需求和满意程度等。

三、克劳斯毕的质量管理学说

克劳斯毕（Philiph Crosby）是世界著名的质量管理专家，他不仅有丰富的实践经验，而且，还是质量管理概念和理论最杰出的传播者。他的著作不但深入浅出，而且具有感染力和说服力。正因为如此，他所著的《质量免费》（Quality is Free）深入人心，在全世界广为流传，许多公司以此作为行动的指南。

以下简要介绍克劳斯毕的"十四点真言"。

1. 管理层的决心（管理者认同）

最高管理层必须自己绝对相信质量改进是需要的，并将这种决心让公司内的每一个员工都知道。上述工作包括公布一份质量政策文件，其中一个重要的内容是：每一个员工都要不折不扣地根据质量要求来做事情，唯一的选择是向公司提出建议改变质量要求，因为改变质量要求能更好地满足顾客的需求。

2. 质量改进委员会（质量改进团队）

必须由部门主管组成一个质量改进委员会，以便统筹考虑质量改进计划。质量改进委员会的使命是保证各有关部门及公司整体质量改进计划的实施。

3. 质量度量

各个职能部门的所有功能都需要建立合适的质量度量标准，以确定哪些地方需要改进。例如，会计部门的标准可能是延误报告的百分比；工程部门可能是图纸的准确性；采购部门可能是因不完整的资料而导致退货；机械设备部门可能因故障而导致时间损失。

4. 质量成本评估

由财务部做出估计，整个公司的质量成本是多少，并加以分析，找出在哪些方面可以做出质量改进，从而增加利润。

5. 质量意识

必须大大提高所有员工的质量意识。他们必须清楚了解产品或服务符合规格需要的重要性以及不符合规格需要所造成的成本损失。这些信息必须由管理人员传达下去（当然是在他们接受培训之后），再通过其他途径（如录像带、小册子、海报等）来加以强化。

6. 补救行动

在上述第三项和第四项活动进行之后，通常会发现很多改进的机会。我们应该鼓励所发现的问题由基层管理人员负责解决，如有需要才提交更高层的管理者去采取行动。

7. "零缺点"计划

成立一个"零缺点"计划委员会，部分成员可以是质量改进委员会的成员，着手策划一个符合公司战略目标和公司文化的"零缺点"行动方案。

8. 督导员训练（主管培训）

在推行任何质量改进计划的早期，各级管理人员必须通过适当的训练，让他们知道自己的角色和任务。

9. "零缺点日"

定下一个"零缺点日"以郑重其事地让所有员工知道公司新的质量标准。

10. 目标制订

为了使承诺变为行动，每一个员工都要为自己和所属的部门制订改进目标。管理人员需要与下属员工讨论有关目标，并鼓励下属自订目标。在可能的范围内，将有关的目标在显眼的地方张贴，并在定期会议上检讨进展情况。

11. 消除导致错误的成因

应该鼓励所有员工，一旦发现任何导致错误的成因，立即向管理层报告。他们不一定需要直接采取行动，只是报告就可以了。管理层应该在接到报告后24小时内做出反应。

12. 表扬杰出贡献

对员工所做出的质量改进方面的杰出贡献,公司必须采用公开的、非金钱的认可及表扬。

13. 质量会议

组织一个有广泛代表性的质量会议,其成员包括质量管理专业人员和质量改进小组组长,以定期的方式分享经验、讨论问题和意见。

14. 重复进行以上 13 点

为了强调改进质量是一个持续不断的过程,以上 13 点必须重复进行。在从头再做时可以让新的同事参与,也可以重新肯定现有同事的承诺。

四、石川馨(Or. Kaorn Ishikawa)的质量管理学说

质量管理是一切产业理所应当进行的工作。

质量管理就是做理所应当做的事。

得不到效果的质量管理不是质量管理。

不要搞一味追求挣钱的质量管理。

质量管理始于教育,终于教育。

为了实施质量管理,从公司经理到操作人员都需要不断的教育。

用户是上帝,质量管理要充分掌握和满足用户的要求。

实行质量管理,谎言就会从企业消失。

——石川馨(Or. Kaorn Ishikawa)

石川馨教授是世界著名质量管理专家,他毕生从事质量管理的教育和企业实践的推动工作,曾获戴明奖、休哈特奖章等。他对日本的经济发展做出了卓越的贡献,开创并形成了日本质量管理的理论和方法;带动和培养了日本质量管理理论与实践人才使其后继有人。石川馨教授以自传形式著述的《日本质量管理》一书,以其丰富的实践经验和务实的科学作风,深入浅出地阐述和总结了日本质量管理的主要特点和成功的经验,是日本质量管理思想的代表作。

1. 自上而下的 QC(top down QC)

石川馨教授认为:"瀑布效应"领导的质量文化决定企业的发展,决定企业的产品质量。他有以下观点:

(1) 全公司质量管理必须由企业领导亲自抓。政策和策略不明确,质量管理就无法推进。

(2) 要明确责任和权限。

(3) 权限应下放,但是责任不能下放。

(4) 不说服中层干部,质量管理就无法推进。

(5) 要做个不在公司也可以的人,但要做个公司所离不开的人。

(6) 不会使用下级的人连半个人都算不上,会使用上级的人可算一个成熟的人。

2. 要开展全公司的质量管理（company-wide quality control，CWQC）

（1）质量管理是所有部门、全体职工的工作。

（2）全公司质量管理是团体竞赛，要团结协作，不要各干各的。

（3）全公司质量管理，只要从公司经理到操作人员、推销人员的全体人员齐心协力，就一定会成功。

（4）在全公司质量管理中，问题常常出在中层干部身上。

（5）质量管理小组活动是全公司质量管理的一部分。

（6）全公司质量管理不是马上见效的特效药，而是长期服用才能见效的、治根治本的中药。

3. 质量管理是经营思想的革命

（1）进行全公司质量管理，能够提高企业素质。

（2）质量管理是新的经营哲学。

（3）要奉行质量第一，谋求长期利益。

（4）全公司质量管理是依据事实进行的管理。

（5）企业经营要重视人的因素。

（6）质量管理是一门理论与实践相结合的科学。

4. 要不断完善和提高标准水平，力求用户满意

石川馨教授曾经指出："日本工业标准中没有一个令人满意的标准。"也就是说，由于质量分析进行得不充分，所以，质量特性欠缺，代用特性不足，质量水平低，没有充分满足消费者的要求。于是，他有以下观点：

（1）不能以国家标准和国际标准为目标来推行质量管理。

（2）国家标准和国际标准是用来参考的标准，必须超越这些标准。

（3）以消费者的需要和所要求的质量为目标推行质量管理。

5. 给"质量"和"质量管理"下定义

（1）质量管理的第一步是掌握消费者需求什么，是确定向消费者销售什么。

（2）不考虑成本便无法给质量下定义。

（3）要把隐藏着的不良和用户意见找出来。

（4）脑子里要经常考虑措施。

（5）理想的管理是不用核对的管理。

6. 质量管理小组活动

（1）只有工段长、班组长和操作人员对工序负起责任来，质量管理才会成功。

（2）生产第一线的人最了解事实。

（3）质量管理小组活动是公司经理、中层干部的一面镜子。

（4）质量管理小组活动适用于任何有人的地方。

（5）质量管理小组活动是全公司质量管理活动不可缺少的一部分。

7. 营销管理

（1）营销是质量管理的入口和出口。

（2）营销部门要起全公司质量管理的中心作用。

(3) 营销部门要切记自己是代表公司与顾客接触的。
(4) 不能适应消费者需求的企业不能生存。
(5) 商品要靠质量来销售,不能靠减价来销售。
(6) 消费者是上帝。很多消费者是盲目的。

8. 统计方法的应用

(1) 波动存在于一切工作之中。
(2) 没有波动的数据是虚假的数据。
(3) 没有统计分析(质量分析、工作分析),便搞不好管理。
(4) 质量管理始于管理图,终于管理图。
(5) 不进行分层,分析和管理便都无法进行。
(6) 企业中95%的问题可以用质量管理七种工具来解决。
(7) 统计方法是技术人员应掌握的常识。

以上四位专家之观点颇为一致,他们用通俗易懂的语言精辟而系统地论述了全面质量管理(TQM)的经典理念。可以概括为以下几个方面。

- 高层管理的决心和参与;
- 永不间断的质量改进活动;
- 全体员工的参与;
- 持续和有计划的教育培训;
- 对质量成本的认识和分析;
- 制定衡量质量的尺度标准;
- 满足顾客需要的长久目标。

习　题

1. 质量的含义是什么?
2. 简述企业质量管理的范畴。
3. 企业的全面质量管理的含义是什么?
4. 试分析广义的顾客与狭义的顾客在概念上有何区别。
5. 简述戴明的质量管理学说的主要观点。
6. 举例说明怎样理解 PDCA 循环的工作方式。
7. 朱兰的"管理突破"思想意义何在?
8. 简要阐述"质量环"的实质是什么。
9. 为什么说全面质量管理是企业依据事实进行的经营管理活动?
10. 举例说明石川馨关于"自上而下的 QC"观点的实际意义。

质量管理体系的标准化

第一节 ISO 9000 时代

一、前所未有的冲击——ISO 9000 现象

自从国际标准化组织 ISO(International Orgnization for Standardization)分别于 1986 年发布 ISO 8402《质量——术语》和 1987 年公布 ISO 9000 质量管理和质量保证系列标准以来,该系列标准在全世界产生了巨大的影响。到目前为止,全球已经有 100 多个国家向 ISO 中央秘书处证实广泛采用 ISO 9000 系列为国家标准。既包括发达国家,也包括发展中国家,使市场竞争更加激烈,产品和服务日益提高。事实证明,今天 ISO 9000 系列标准已经为提供产品和服务的各行各业所接纳和认可。拥有一个由世界各国及社会广泛承认的质量管理体系具有巨大的市场优越性。

随着全球经济一体化的进程,ISO 9000 系列已经成为企业加强科学管理,增强自身竞争能力的主要战略性措施,更是企业评估产品质量和合格质量管理体系的重要基础,也是许多国家的第三方质量体系认证注册计划的根本性基础。有关资料证实,目前,全球已有几十万家工业企业、政府机构、服务组织导入 ISO 9000 质量管理体系并获得第三方认证机构的认证证书。已经有数十个国家的认可机构签署了 IAF(International Accreditation Forum,质量体系认证的多边承认协议)。某些国际标准化专家称这种迅速"蔓延"的趋势为"ISO 9000 现象"。ISO 9000 的问世及应用与发展,对企业的经营管理模式,对现代质量管理学的系统理论和方法都产生了前所未有的冲击。应该指出,随着全球经济和科技的高速发展,即使在 ISO 9000 时代,质量标准也必然不断改进和创新。

二、国际标准化组织 ISO

国际标准化组织 ISO 成立于 1947 年,目前已经有 150 多个国家级标准团体参加了该国际组织,也是世界上最大的具有权威性的标准化机构。它与国际电工委员会 IEC(International Electrotechnical Commission)紧密配合,制定全球协调一致的国际标准,ISO 和 IEC 都是非政府组织,所制定的标准,本质上都是自愿性的。ISO 的宗旨是:在全世界范围内促进标准化工作的开展,以便于国际物资交流和互助,并扩大在文化、科学、技术和经济方面的合作。它的主要活动是制定 ISO 标准，协调世界范围内的标准化工作，报导国际标准化的交流情况及同其他国际性组织进行合作，共同研究有关标准化问题。目前，ISO 约有 900 个专业技术委员会 TC(technical committee) 和分技术委员会 SC，由各成员国代表在这些委员会中参与国际标准的制定，每年约制定和修定 800 个标准。目前，共颁布各种标准 1.6 万多个。1978 年，我国成为 ISO 的正式成员。

三、ISO/TC176（质量管理和质量保证技术委员会）

ISO 按专业性质设立技术委员会（TC）负责起草各种标准，各技术委员会根据工作需要设若干个分技术委员会（SC）和工作组（WG）。TC 和 SC 的成员分为 P 成员和 O 成员，P 成员是参加成员，而 O 成员是观察成员。P 成员可以参与 TC 和 SC 的技术工作，O 成员则不参与技术工作，但可以了解工作情况及获取有关的信息资料。ISO 9000 系列标准就是由 TC176 及相应的若干 SC 和 WG 起草的。1979 年，英国标准学会（BSI）向 ISO 提交正式提案，建议成立一个新技术委员会，负责制定有关质量保证技术和应用的国际标准。这个新技术委员会很快被批准建立，编号为 ISO/TC176，称为质量保证技术委员会，并确定了工作范围和秘书处。ISO/TC176 的工作范围覆盖了国际贸易中对产品或服务的质量管理和质量保证要求的 80%～90%。ISO/TC176 的正式成员国有 200 多个，我国于 1981 年参加了 ISO/TC176 技术委员会，现已成为正式成员。ISO/TC176 的组织结构如图 3.1.1 所示。

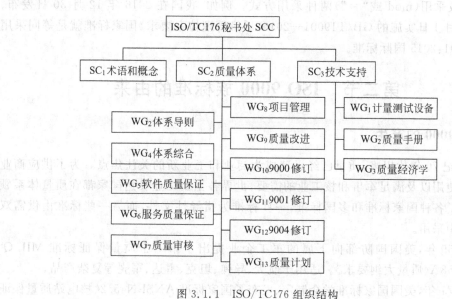

图 3.1.1　ISO/TC176 组织结构

四、ISO 9000 族国际标准的制定

国际标准制定的一般程序如图 3.1.2 所示。国际标准的采用一般分为以下三种方式。

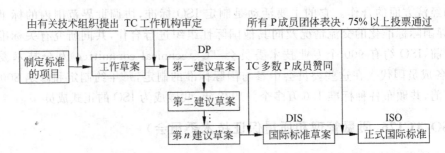

图 3.1.2 国际标准制定程序

1. 等同采用

等同采用国际标准通常用 idt(identical)或符号"≡"表示,是指国家标准在采用国际标准时,在技术内容和编写方法上和国际标准完全相同。

2. 修改采用

修改采用国际标准通常用 mod(modified)或等号"="表示,是指国家标准在采用国际标准时,在技术内容上存在差异,并标明这些差异产生的原因,包括适当的编辑性修改。

我国采用国际标准的含义基本上和国际惯例一致,具体规定为等同采用(idt 或"≡")、修改采用(mod 或"=")两种采用方式。例如,我国在 2016 年 12 月 30 日发布、2017 年 7 月 1 日实施的 GB/T19001—2016《质量管理体系要求》国家标准就是等同采用了 ISO 9001:2015 国际标准。

第二节 ISO 9000 族标准的由来

一、ISO 9000 的产生

20 世纪 70 年代以来,质量已经迅速成为商业和工业新的关注焦点。为了供应商业和工业的使用以及满足军事和核工业的需要,世界各主要工业发达国家都在质量体系领域制定出了各种国家标准和多国标准,一些标准为指导性文件,而另一些标准由供需双方在合同中采用。

- 1959 年,美国国防部向下属的军工企业提出了第一个质量保证标准 MIL-Q-9858A《质量大纲要求》。适用于航天、导弹、坦克、雷达、军舰等复杂产品。
- 1971 年,美国国家标准学会制定、发布了国家标准 ANSI-N45.2《核电站质量保证大纲要求》。
- 1971 年,美国机械工程师学会发布了 ASME-III-NA4000《锅炉与压力容器质量保证标准》。质量保证标准开始从军品向民品扩展。
- 1979 年,英国标准学会(British Standards Institution,BSI)发布了一族质量保证标准:
BS5750:Part1—1979《质量体系—设计、制造和安装规范》

BS5750 Part2—1979《质量体系—制造和安装规范》
BS5750 Part3—1979《质量体系—最终检验和试验规范》
由此可见,以上三个标准正是 ISO 9000、ISO 9001、ISO 9002、ISO 9003 的初型。

- 1981 年,英国标准学会发布了上述族标准的"使用指南"标准。
- 1979 年,加拿大制定了质量保证族标准,并于 1985 年修订了一族质量保证标准:CSACAN3—Z299.0《质量大纲标准的选用指南》。
- 1980 年和 1986 年,法国先后发布了法国国家标准 NFX-110-80《企业质量管理体系指南》和 NFX-110-86《质量手册的编制指南》。

这些不同的标准尽管在传统上有某些历史性的共同点,但在细节上还存在许多的不一致和差异,形成了贸易壁垒。因此,不能广泛应用于国际贸易。企业为了获得市场,往往不得不付出巨大的努力去满足形形色色的质量管理体系要求,而且在不同的标准中,在商业和工业实践中名词术语也不一致,甚至是混乱的。因此,ISO 9000 的产生成为必然。参见图 3.2.1。

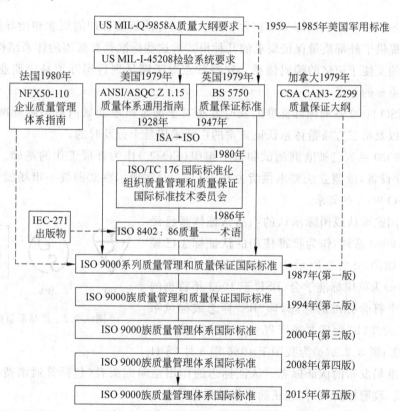

图 3.2.1 ISO 9000 族国际标准由来与发展简介

自 ISO/TC 176 成立以来,在总结各国质量保证经验的基础上,先后用了 5 年时间,于 1987 年 3 月,由国际标准化组织 ISO 正式发布了 ISO 9000、ISO 9001、ISO 9002、ISO 9003 和 ISO 9004 等国际标准。于 1986 年 6 月正式发布了 ISO 8402《质量——术语》国际标准。ISO 9000 系列及与之配合的 ISO 8402 术语标准带来了国际范围内的协调,并促进了作为国际贸易中的重要因素——质量因素的日益增长。ISO 9000 是在总结、协调各主要质量体系的基础上形成的,它与通常的工程标准,如计量、试验方法、产品规格等技术标准有很大不同。ISO 9000 的概念是管理工作的普遍特征可以实现有效的标准化,给供需双方都带来好处。所以,ISO 9000 的发布使质量管理和质量保证的概念、原则和方法统一在国际标准的基础上,它标志着质量管理和质量保证工作规范化、程序化和国际化的新阶段,满足了当今国际贸易中商业和工业应用的需要。所以,ISO 9000 一发布就被许多国家和地区所采用,迅速代替了以工业为基础的国家标准。正如本章第一节中提到的,迄今为止,世界上等同采用 ISO 9000 作为国家标准的已有 100 多个国家。包括发达国家及众多发展中国家。有资料证实,对西欧的 2 500 家公司进行调查的结果显示,ISO 9000 的知名度相当高。有 82% 的公司熟悉该标准,有 64% 的公司申请审核和注册,至少有 50 个国家建立的质量管理体系审核认证制度按 ISO 9000 开展第三方认证和注册服务。ISO 9000 在市场上取得成功的主要原因也表明了 ISO/TC 176 取得的两项重要成就:

(1) ISO 9000 系列国际标准包含了大量的综合性质量管理的概念和指导性文件(即指南),并提供了外部质量保证要求的几种模式。这些标准具有紧凑的体系结构,组合成一种协调的又便于记忆的编码体系。这些特点对于满足现行国际贸易中商业和工业的需要有着重要的意义。

(2) ISO 9000 系列国际标准的及时发布对于满足质量领域内对国际标准化日益增长的需要以及第三方质量体系认证方案的广泛采用是十分及时的。

ISO 9000 系列已被欧洲测试和认证组织(EOTC)作为开展工作的基础。在一些领域,如医疗设备,欧盟立法要求供货方按 ISO 9000 注册。在欧洲统一市场做生意,必须要符合 ISO 9000 的要求。

许多国家承认或国际承认的产品认证体系已经结合 ISO 9000 系列,作为批准使用的认证标志已经有许多。如图 3.2.2 所示为产品质量标志,其中图 3.2.2(a)为英国标准学会(BSI)于 1903 年首创的世界第一个符合标准的标志,即"BS"标志或称风筝标志;图 3.2.2(b)为日本通产省工业技术院标准部的 JIS 标志;图 3.2.2(c)为我国于 1986 年 3 月 28 日由国家标准局发布的认证标志。认证标志的作用是向购买者(包括普通消费者、制造企业、采购商、政府机构等)传递正确可靠的质量信息。

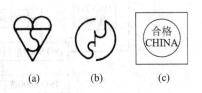

图 3.2.2　产品质量标志

许多大工业公司,特别是跨国公司已经制订了实施 ISO 9000 标准的战略性公司规划,如英国、新加坡、美国等许多国家的政府采购,都要求大的合同供应商注册 ISO 9000 标准。

由此可见,ISO 9000 标准已经产生了重大的世界范围的影响。

二、ISO 9000 标准的世界性趋势

1. 全球性竞争

ISO 9000 标准问世仅数年，其国际化已成为现实。ISO 9000 族标准的广泛应用达到了高潮，成为"ISO 9000 时代"。今天，人们已经发现除了规模极小和纯地方性的企业外，所有商业和工业企业的主要竞争对手也来自国外。因此，产品研制和市场决策必须着眼全球，必须慎重对待全球性竞争，而质量作为占领市场的成功因素，其重要性必然剧增。

在 ISO 9000 族标准的引言中概括了上述问题的总的趋势，即顾客对质量提出更严格的期望是一种世界范围的趋势。伴随着这种趋势必须要不断提高认识，不断改进质量才能达到和保持良好的经济效益。

ISO 9000 族标准和所有其他标准一样是一种工具，用以达到一个或一组目标。其主要目标是全面质量改进，这是当今社会各层次的人们所积极追求的。企业每一部门的业务工作重点已经从质量价格等式向质量倾斜。因为他们相信，为了保持本企业在今日全球市场上的竞争力，这样做是绝对必要的。许多政府和政治领导人也已经发动和实施国家质量政策，以提高本国生产力的竞争力和经济活力。甚至在一些非竞争领域，如政府的行政管理部门，也在推行质量而使人民满意。

一位 ISO 的主席曾概括说：质量是今日全球市场竞争的必需。他在引证自己在美国电话电报公司（AT&T）的工作经验时说：他们从来没有像今天这样认识到，必须提高和强化质量工作，他们确信 ISO 9000 族标准的重要性将继续增长。

2. 质量管理概念的演变

质量管理和质量保证的方法和工具演变至今日趋完善已有几十年的历程了。对此，世界领域的质量管理对人类社会做出了贡献。从早期文明到工业革命，质量是技工的责任，他们根据自己的设计或顾客的要求制造产品。工业革命初期，大量工人生产大量的相同产品，质量逐渐变成车间工长或监督员的责任，这些人通常是从有经验的工人中挑选出来的。

到了 20 世纪 30 年代，开始制造可互换的零件，企业就设立检验部门，其职能主要是选出合格的产品，检验部门的设立标志着质量和生产职能分离，随之带来了专业化的检验员和复杂的计量测试设备。

在 20 世纪 40 年代，由于战争原因生产猛增，为了减少检验工作的成本，预防故障发生，引进了统计质量控制技术。到 50 年代末，大多数制造厂都设立了质量控制部。

在 20 世纪 70 年代，日本发动了著名的质量革命，全面质量管理的概念获得广泛应用。人们开始认识到：质量是一个组织各部门大量相互影响的活动的结果，从确定顾客或消费者的需要开始一直到评定这些需要是否满足为止。各个不同阶段构成所谓"质量环"，如图 3.2.3 所示，为了与瑞典质量管理专家雷纳特·桑德霍姆（Lennart Sandholm）的质量环作一比较，参见第二章中的图 2.1.3 朱兰的质量环概念。质量管理赋予更宽的概念，质量保证被定义为"对某一产品式服务能满足规定质量要求，提供适当信任所必需的全部有计划、有系统的活动"。

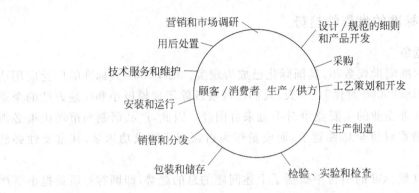

图 3.2.3　雷纳特·桑德霍姆质量环

这种质量管理概念的演变到了 20 世纪 80 年代,自然导致更加全面的、深入的发展。在 21 世纪的今天,我们所谈及的全面质量管理已能适用于任何组织,可理解为"对自己确定的质量政策、管理承诺和实施的总和"。它包括一个组织全部管理职能的各个方面。

3. 市场的急剧变化

质量与经济的关系日益密切,其重要原因之一可以归结为顾客对质量的需求不断提高,而且,顾客在购买商品时更加理性化。

最近在世界范围内对消费者购买心理的调查表明,全世界约 90% 的购买者在作出购买决定时,把质量看得比价格更为重要,而在 1979 年持这种观点的购买者仅占 30%～40%,就此预料,在 21 世纪,这种趋势将会更加明显。

另外,以往的高质量就意味着高价位。但今天,顾客可能以低价位同时获得高质量的产品和服务。因此,只有一个好的质量形象是不够的。如果一个企业为了达到和维持好的质量形象而导致内部成本很高,然后再以高价位去弥补成本费用,这样的运营方法其结果是难以预料的,很可能引起销售业绩下滑,进一步使企业处于竞争劣势。因此,质量是一个广义的概念,包括成本和交付期等丰富的内容。

4. 质量——竞争的第一要素

市场趋势的这种变化,已使质量成为竞争的首要因素。当今,世界上最成功的企业与同行相比,几乎都具有明显的质量优势,而许多失败的企业也往往是由于质量水平低所致。

从整体上看,目前的世界市场已经不再留有空白,买方市场的格局在世界上绝大多数国家和地区均已形成,包括在中国。因此,欲使经济持续、稳定、高速地增长,在生产和服务领域中,一方面要不断采用新技术,开发新产品,以满足社会新的需求,另一方面就是提高产品与服务的质量和档次,以扩大产品在国内外市场上占有的份额。

显而易见,不满意的顾客意味着给公司或企业带来麻烦。大约在 15 年前,英国曾做过一项调查研究表明,不满意的顾客中只有 4% 的人会抱怨,96% 的顾客不提意见,但有 91% 的人不再来你的公司购买了。而且,一位不满意的顾客平均会向其他 9 个人诉说他的不满意,13% 的不满意的顾客平均会向 20 个其他人说不满意的话。而寻找一个新顾客要比保留一位老顾客多开支 5 倍的费用,才能使新顾客确信产品或服务的质量是符合他们的期望的。然而,在今天的大数据网络时代,顾客的不满意信息将成指数级增长,扩散迅速。

此外,低劣质量给顾客带来的不良反应,也给产品的生产或服务增加了开支。我们不仅要关注不良质量的明显的成本支出,如返修或报废或声誉担保的开支,而且还要考虑管理和工程时间的浪费和不满意的顾客讨论问题的场所和时间,需要增加存货对付低质产品以及产品在销售过程中引起的一系列问题等。

综上所述,企业 ISO 9000 质量体系认证的实际意义主要有以下几点:

(1) 通过认证使企业具有了走向市场的通行证。

(2) 增进国际贸易,消除技术壁垒,与国际先进管理惯例接轨,融入一体化国际经济体系。

(3) 规范内部管理,强调全员参与,增强员工质量意识,提高运行效率和整体业绩。

(4) 增强质量管理的稳定性,保证产品质量的一致性,优化质量成本,减少质量损失,提高经济效益。

(5) 强调以顾客为关注焦点,满足顾客不断变化的要求和法律法规要求,提高市场占有份额。

(6) 强调持续改进,全面提高企业综合素质和整体水平,使企业不断发展壮大。

5. 欧洲联盟的统一市场目标

欧洲联盟为实现其统一市场的目标,始终在加紧实施自己的计划,希望成为世界上一支强有力的控制力量,这无疑对欧洲公司的贸易伙伴或竞争对手都是一个新的市场压力。欧盟决定使用 ISO/TC176 所制定的标准作为其质量体系注册和合格审核第三方认证方案的要求文件。

因此,凡希望和欧洲公司开展贸易,甚至要想在其他市场上同欧洲公司竞争的世界各地的公司或生产厂商,根据上述的认证方案,都要申请一个特别委任的独立的(第三方)注册机构来审核。如果该公司的质量体系文件编写和实施符合相应的 ISO 9000 系列国际标准的要求,则注册机构同意认证并将该公司列入其质量体系认证通过的公司注册簿中。这样,该公司产品的所有购买者将承认第三方认证,作为公司质量体系符合相应的 ISO 9000 系列标准要求的证明。

实践证明,第三方认证方案给公司或企业带来很大的利益。认证证明了公司为用户提供的产品和服务实施了适当的质量体系。由此,公司或企业获得了良好的内部支持,同时提高了用户的信任程度。

欧盟认为质量体系认证通常应该是产品认证或产品合格报告的先决条件。不仅如此,质量体系认证的结果是在相当多的商业和工业企业中提高了它们的质量能力。这一点,在当今世界许多国家和地区已成为共识。显然,对任何一个企业来说,减少由许多贸易伙伴进行的多次评定的费用都是重要的。实际上,用户方面通常只审核供方的质量体系的一部分。由于供方的质量体系认证,用户可以减少 80% 的重复性工作,因为那些供方已经通过了第三方认证机构审核。

应该指出的是,即使在第三方认证广为采用的市场环境下,质量保证也仍然是一种竞争手段。公司或企业可以用满足用户要求和高于 ISO 9000 系列标准的要求进行检验来取得竞争优势。除此之外,还可以建立由第三方检验的供需双方互利合作的伙伴关系,从而使质量继续提高,工艺不断改进。通常,供需双方的伙伴关系充分发展到要求普遍超过 ISO 9001 的合同标准时,第三方的作用将会减弱。

第三节 ISO 9000 族标准的结构及内容

一、ISO 9000 族标准修订的原因

ISO 9000 族国际标准是由国际标准化组织/质量管理与质量保证技术委员会(ISO/TC176)负责制定和修订。自 1987 年 ISO 9000 族标准发布以来,在该族标准的基础上已经做了多次重要的修订,参见图 3.2.1 所示。

ISO 9000 族标准修订的原因主要概括为以下几个方面。

1. 市场环境

当今,在全球经济一体化进程深入发展的新历史阶段,随着国际市场的不断开放,高科技、网络技术、大数据技术等的迅猛发展,全球范围内的市场竞争也日益激烈。如何以科学的观念和方法管理企业,不断提高自身的竞争力,是企业追求卓越绩效面临的机遇和挑战。ISO 9000 标准的修订正是为企业提供一个良好的环境、资源和条件,帮助企业努力提升自身的核心竞争能力,以适应不断变化的市场环境。

2. 质量管理体系与组织战略

(1) 当代社会正在由工业社会转向信息社会,经济体系也在由工业经济转向以信息和知识为基础的服务经济。

(2) 当代企业面临的环境特点突出,集中表现为市场全球化、竞争激烈化、企业国际化。

(3) 企业运营的特点突出,集中表现为运营虚拟化、战略短现化。

(4) 企业管理模式的发展趋势突出,集中表现为管理过程化、组织扁平化、职能综合化。

(5) 创新和变革正在成为世界经济和企业发展的永恒动力。

3. 组织客观认知:变是绝对的,不变是相对的

(1) 经济全球化使企业面对的竞争者和顾客范围浩瀚如海。

(2) 市场竞争的基础和层面多样化。

(3) 客户(顾客)要求多样化、个性化,需求瞬息幻变。

(4) 跟踪客户(顾客)对产品和服务能力的信任。

4. 组织发展需求

(1) 提高组织满足顾客的综合能力。

(2) 促进组织追求卓越的持续改进。

(3) 促进组织自我评价方法的形成和实践。

(4) 推动实现组织的卓越绩效。

5. 标准使用的需要

(1) 遵循"以顾客为关注焦点"的质量管理原则,要求 ISO 9000 标准以标准的使用者

为关注焦点,在标准的结构和内容方面应该追求更加广泛的通用性。ISO 9000 标准不但容易被使用者理解、通俗易懂和便于使用,而且,能够适用于不同类型和规模的组织。

(2) 加强顾客对基于 ISO 9000 标准的质量管理体系的信任。

6. 标准定期修订的需要

根据国际标准化组织(ISO)的有关规则,所有 ISO 的国际标准都应每 5~8 年进行评审,评审其适用性和适宜性。及时更新标准的内容,充分反映质量管理科学的新观念和新方法。提高 ISO 标准的标准性、兼容性以及使用价值和实际效果,更好地满足世界范围内的各类组织对标准市场的需求。

二、ISO 9000 族标准的结构

ISO 9000 族标准是指由 ISO 发布的有关质量管理的一系列国际标准、技术规范、技术报告、手册和网络文件的统称。其中主要约有 25 个文件,该族标准在动态需求中,分阶段由一些新文件或修订文件持续制定。ISO 9000 族标准的核心文件如表 3.3.1 所示。表 3.3.2 所示为 ISO 9000 族标准的补充标准概况。

在这里需要简要加以说明的是,从 2000 版 ISO 9000 族标准开始,其中:

(1) ISO 9000《质量管理体系——基础和术语》取代了原 ISO 8402:1994;

(2) ISO 9001:2000《质量管理体系——要求》取代了原 ISO 9001:1994、ISO 9002:1994 和 ISO 9003:1994 三个标准;

(3) ISO 9004:2000《质量管理体系——业绩改进指南》取代了原 ISO 9004:1994。

可见,从 2000 年年底开始 ISO 发布的 ISO 9000 族标准在结构上有了重大调整。族标准中所含标准的数量明显减少,标准的"要求"和"指南"却更加通用、方便,适用范围也更加广泛了。

ISO 遵循国际标准修订的原则,分别于 2008 年 1 月和 2015 年 9 月先后修订并发布了 ISO 9000:2015 族标准的核心标准,使该族标准日趋完善。参见表 3.3.1。

表 3.3.1 ISO 9000 族标准的构成简介

项	核 心 标 准	其 他 标 准
1	ISO 9000:2015 质量管理体系——基础和术语	ISO10012 测量设备质量保证要求
2	ISO 9001:2015 质量管理体系——要求	
3	ISO 9004:2009 组织持续成功的管理——一种质量管理方法	
4	ISO19011:2016 质量和(或)环境管理体系审核指南	
项	技术报告(TR)	小册子
1	ISO/TR 10006 项目管理指南	质量管理原则
2	ISO/TR 10007 技术状态管理指南	选择和使用指南
3	ISO/TR 10013 质量管理体系文件指南	ISO 9001 在小型企业的应用
4	ISO/TR 10014 质量经济性指南	
5	ISO/TR 10015 教育和培训指南	
6	ISO/TR 10017 统计技术在 ISO 9001 中的应用	

表 3.3.2　ISO 9000 族标准的补充标准概况

项	质量体系和质量保证标准	质量管理和质量体系要素
1	ISO 9000-2：ISO 9001\2\3 的实施指南	ISO 9004-2：服务指南
2	ISO 9000-2：ISO 9001 在软件开发与应用维护中的指南	ISO 9004-3：流程性材料
3	ISO 9000-2：可行性大纲管理指南	ISO 9004-4：质量改进指南
项	质量体系审核指南	测量设备的质量保证要求
1	ISO10011-1：审核	ISO10013：质量手册编制指南
2	ISO10011-2：质量体系审核员的资格标准	ISO10012-1：测量设备的计量确认体系
3	ISO10011-3：审核工作原理	

三、ISO 9000 族标准的内容

1. ISO 9000《质量管理体系——基础和术语》——是该族标准最基础的应用文件

涉及主要内容如下：

(1) 基本概念和质量管理原则；

(2) 建立质量管理体系的基本概念和原理；

(3) 术语和定义。

2. ISO 9001《质量管理体系——要求》——当前应用最广泛的标准之一

通常应用条件环境如下：

(1) 质量管理体系认证；

(2) 验厂，如供应商评价、3C/QS 现场审核等（参见本节备注）；

(3) 追求质量稳定；

(4) 追求风险预防；

(5) 追求顾客满意。

通常涉及主要内容如下：

(1) 质量管理体系策划需考虑的因素；

(2) PDCA 的方法；

(3) 风险控制。

3. ISO 9004《组织持续成功的管理——一种质量管理方法》——企业学习、改进的重要参考资料

该标准的参考价值概括如下：

(1) 便于理解 ISO 9001；

(2) 提出了超越 ISO 9001 基础要求的管理要求；

(3) 提供了可供选择的管理思路或建议；

(4) 强调业绩和效率，激发企业潜能。

通常涉及主要内容如下：

(1) 超出 ISO 9001 范围的成本和风险控制、财务管理等要求；

(2) 提供贯彻实施 ISO 9001 标准时参考；

(3) 相关方满意；

(4) 企业自我评定。

4. ISO19011《质量和（或）环境管理体系审核指南》——审核人员/检查人员/供方调查人员的重要参考资料

应用条件环境如下：
(1) 内审的策划和组织；
(2) 提供对供应商现场考察/评价工作的思路；
(3) 广泛用于某些有公正性要求的检查活动。

通常涉及主要内容如下：
(1) 审核原则；
(2) 审核方案策划；
(3) 文件审核和现场审核；
(4) 公正性要求；
(5) 审核人员管理。

5. ISO/TR 10013《质量管理体系文件指南》——体系文件策划、编写人员的重要参考资料

通常涉及主要内容如下：
(1) 体系文件的类型；
(2) 文件的目的和作用；
(3) 文件的层次；
(4) 文件的格式；
(5) 体系文件的审批和其他控制要求；
(6) 体系文件的编制方法。

四、ISO 9000 核心标准的机理

1. 组织持续成功的管理

企业的"持续成功"（sustained success）是企业长期实现和保持其目标的能力的结果；而"组织环境"（organizationg's environment）则是影响企业目标实现以及影响企业对相关方的行为的内外因素和条件的组合。持续成功是 ISO 9000 核心标准的目的所在，而取得持续成功必须考虑组织的环境，包括内部的和外部的。

2. 战略和方针

战略管理是企业经营管理的起点。企业应当以战略性的思维方式建立、实施和保持组织的使命、愿景（vision）和价值观。并要求企业的高层管理者有一种境界，不是去追求形式上的"满足"第三方认证和评审，而是在实现组织持续成功的过程中追求卓越绩效。

3. 资源管理

企业资源范畴突破了传统界定，不仅包含人、财、物，而且包含知识、信息和技术、供方和合作伙伴、基础设施、工作环境及自然资源等领域。

4. 过程管理

企业应该关注组织的全过程，包括外包过程，针对过程的策划和控制、过程职责和职

权等,而不仅仅只关注产品实现过程。过程管理运用"过程方法"和"管理的系统方法"是"质量管理体系方法"的重要内容。

5. 监视、测量、分析和评价

企业应该关注组织经营管理工作中的监视、测量、分析和评审工作的展开。包括对组织环境的监视;选择、制定和测量组织业绩的关键绩效指标(KPI);拓展内审深度,提出、制定和实施"自我评价"方法的应用;科学分析和有效利用所获得的数据信息。

6. 改进、创新和学习

持续的改进、创新和学习,实际上是企业新一轮前进的开始。其本质不局限于"改进",企业更要"创新和学习"。并把握创新时机进行创新策划以及实施创新过程和风险管理,且成为组织文化的重要组成内容。

五、ISO 9000 核心标准的特征

ISO 9000:2015 标准为企业明确了七项质量管理原则:
1. 以顾客为关注焦点　　Customer Focus
2. 领导作用　　　　　　Leadership
3. 全员参与　　　　　　Engagement of People
4. 过程方法　　　　　　Process Approach
5. 改进　　　　　　　　Improvement
6. 询证决策　　　　　　Evidence-based Decision Making
7. 关系管理　　　　　　Relationship Management

可见,ISO 9000 族标准的目的由上述七项质量管理原则充分表述:
(1) 鲜明地引导组织依赖顾客;
(2) 指导组织的最高管理者发挥领导作用;
(3) 指导组织全员参与,提高组织创造和提供价值的能力;
(4) 指导组织通过过程方法使组织优化其体系和绩效;
(5) 引导组织持续关注改进和追求卓越绩效;
(6) 指导组织基于事实、证据和数据等信息的分析作出决策;
(7) 指导组织与其相关方的关系管理,提高组织及其相关方的绩效。

应当指出,任何一个关注和使用 ISO 9000 族标准的企业,都有必要深刻领会上述七项质量管理原则,因为七项质量管理原则浸透了整个 ISO 9000 族标准。同时,也充分说明了 ISO 9000 族标准的基本目的是鼓励、帮助和指导企业建立、维持一个良好、有效的质量体系。

如图 3.3.1 所示,"组织成功战略金字塔"简洁地阐明了为提升竞争优势,提供共享成功战略的载体工具,奉献给客户不断提升的价值,需要设计、实施和评估组织管理整体业务运营过程的卓越绩效模式。

由图 3.3.1 可见 ISO 9000 族的核心标准机理。ISO 9000:2015 标准是族标准的基础理论标准,这个基础标准的重要内容除了七项质量管理原则以外,还规范了国际通用的专业术语,在世界质量领域,统一了国际交流和国际贸易的专业语言。

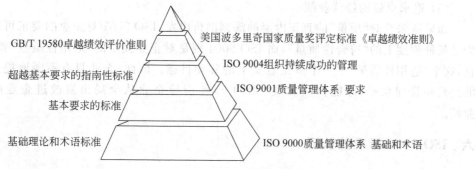

图 3.3.1 组织成功战略金字塔

从顾客的角度,ISO 9001:2015 标准是对企业提出最低要求的一个标准。如果企业的质量管理体系符合了 ISO 9001 标准的要求,则只能证实企业达到了使顾客满意的质量管理体系的最低要求。

由图 3.3.1 可见,ISO 9004:2009 标准是超越基本要求的指南性标准。如果企业希望超越已经拥有的 ISO 9001 的最低要求的能力,那么,ISO 9004 则为这样一些企业提供了业绩改进持续成功的管理指南。

我们有必要将 ISO 9004 和 ISO 9001 两个标准进行对比分析,上述两个标准可以考虑国家质量技术监督局发布的有关《中华人民共和国国家标准——质量管理体系标准》GB/T 19004—2011 和 GB/T 19001—2016 文件。经过对比分析和归纳,ISO 9004 主要从以下五个方面超越了 ISO 9001。

(1) 追求自我评价的境界

如前所述,ISO 9004 的基本目的不是引导企业满足顾客对质量管理体系能力的最低要求,而是指导企业不断地自我评价和自我改进,建立更加完善和更加成熟的质量管理体系。

(2) 追求全面质量

ISO 9004 指导企业关注全面质量,不仅包括产品和服务的基本特性,还包括顾客及相关方所期望的所有质量特性,例如产品的寿命、安全性、经济性、交货期等以及由于质量因素引发的涉及市场占有率、成本、运作周期、利润等方面的企业整体经营业绩。

(3) 追求使所有相关方受益

ISO 9004 强烈地指导企业关注相关方的利益,相关方(interested party)是指与企业的业绩或成就有利益关系的个人或团体。例如,顾客、所有者、员工、供方、银行、工会、合作伙伴或社会。而"团体"可以理解为一个企业或其中的一部分或者是由多个企业组成的"集团公司"等。总之,ISO 9004 这个关注焦点充分体现了族标准的质量管理原则。

(4) 追求效率和有效性

ISO 9004 在指导企业进行可操作性的持续改进时,不仅关注质量管理体系和过程管理的有效性,而且关注如何提高运作的效率。在这里值得注意的是,"效率"和"有效性"是本质上完全不同的两个概念(参见 ISO 9000 标准"有关结果的术语(3.7)"中的 3.7.10 和 3.7.11)。

(5) 追求卓越的经营业绩

如果从朱兰对"质量"的真正内涵的深刻剖析出发，ISO 9001 对企业的要求可以理解为是某种程度上的"符合性质量"，而 ISO 9004 则是对企业提出的"适用性质量"要求，而且，这个"适用性质量"是一个真正意义上的移动目标。因此，企业只有不断地提升自身的经营和管理水平，才能持续发展。ISO 9004 引导企业从全局出发改进企业的整体业绩。

六、ISO 9000 标准的认证

1. 质量认证的含义

"认证"是"为确信产品或服务完全符合有关标准或技术规范而进行的第三方机构的证明活动"。对一个企业来说，申请权威机构对其质量管理体系进行认证，使用国际公认的合格标志，其产品和服务就可以得到世界各国的普遍承认，并在国内外市场上获得顾客的信任，有利于扩大市场占有率，参与国际市场竞争。

质量认证是国际上通行的制度。产品质量认证是商品经济发展的产物。随着商品经济规模的扩大和经济多元化、国际化，为了提高产品信誉度，减少产品质量的重复检验，消除贸易技术壁垒，维护供方、需方、顾客、消费者诸方的利益，产生了第三方认证。这种认证已发展为一种世界性趋势，形成世界范围内广泛的国际认证。这种不受产、销双方经济利益支配，以公正、科学的工作态度为基础的第三方认证，已逐步树立起神圣的权威和良好的信誉，成为各国对产品和企业进行质量评价和监督的惯例。

当前，参加国际标准化组织(ISO)的 91 个成员国中已有 70 多个国家建立了本国的认证制度，参加国际电工委员会(IEC)的 42 个成员国都已实行产品安全认证制度。

2. 质量认证的构成

质量认证又称为合格评定(conformity certification)，由质量认证和机构人员认可这两部分构成。质量认证是合格评定的主体活动，它包含产品认证和质量管理体系认证。产品认证又包含合格认证和安全认证，质量管理体系认证又叫质量管理体系注册。1993 年 5 月 CASCO(合格评定委员会 Committee on Conformity Assesment)将质量管理体系注册称为"体系注册"。机构人员认可包含校准和检验机构、检查机构或审核机构、认证机构、检查员/评审员资格等的认可。评审员是实施对校准检验机构能力的检验，检查员是实施受审核企业质量管理体系能力的检验，机构人员认可是一种支持性活动。

质量认证是世界各国对产品质量和企业质量管理体系进行评价、监督、管理的通行做法和认证制度。

从质量认证的构成可以看出其本质是"直接或间接的用于确定有关要求得到满足的程序"。

ISO/IEC 指南 2"标准化认证和实验室认可的一般术语和定义"中，将合格评定定义为："由可以充分信任的第三方证实某一经鉴定的产品或服务符合特定标准或技术规范的活动。"

据此定义，质量认证有如下特点：

(1) 认证的基础是标准或技术规范。

产品认证的基础是产品技术规范或确定的标准；质量管理体系认证的基础是 ISO 9000 族标准。

(2) 认证的对象是产品，含硬件、软件、流程性材料和服务。

(3) 认证由第三方进行。

所谓第三方是指和第一方(供方)、第二方(需方)无行政隶属关系，在经济上无利害关系的认证机构或认证公司。第三方认证可体现公正、权威，得到政府承认，不失去认证机构存在的意义。

(4) 鉴定是证实的方法，证实的表示是证书和认证标志

体系认证获准的表示是认证机构给予注册，并以企业名录形式公布。

值得注意的是，国际惯例规定质量管理体系认证不能替代对产品的认证，故质量管理体系认证合格不等于产品认证合格。

3. 实例

XG 表业有限公司是钟表制造商，该公司具有设计、开发和制造的综合能力，主要生产高档模拟式钟表。该公司以向顾客提供可信赖的售后服务为一项重要的承诺。

前两年，公司已经按照大多数其他成功获取 ISO 9000 注册公司的类似申请程序，准备申请 ISO 9001 的注册。公司首先安排好各项资源，并且由公司董事总经理负责组织领导这项工作。目前，公司终于成为首家从中国香港品质保证局获得 ISO 9001 证书的钟表制造商。

公司曾参加中国香港钟表商会和香港生产力促进局联合筹办的"品质会所"，就制订香港钟表制造商通用质量手册进行研究讨论。从那时开始，公司实际上已经制订了一个行动计划，以在 12 个月内争取获准注册为目标。为了实现这个目标，公司着重在以下 11 个方面开展了工作。

(1) 邀请香港生产力促进局为公司顾问，协助公司修订质量手册，建立符合公司需要的质量管理体系。

(2) 聘请一名业务经理(或称营运经理)为公司(或称管方)代表，协助建立、执行和保持质量管理体系。

(3) 参加香港生产力促进局举办的 ISO 9000 标准培训课程。

(4) 组成"管理小组"，其成员包括董事总经理、董事和各部门的经理，以讨论建立质量管理体系期间每个部门遇到的每一个问题，通过不断研讨和沟通寻求解决问题的方法。

(5) 选择注册组织。

(6) 定稿公司质量手册，并且完善各项文件。

(7) 参加由生产力促进局举办的内部质量审核培训课程。

(8) 使各项文件生效并推行质量管理体系。

(9) 进行内部质量审核。

(10) 采取有效的修正措施。

(11) 邀请香港品质保证局进行鉴证审核。

公司在筹备注册获取证书期间曾遇到以下困难：

① 内部问题
- 一般性管理问题,例如人员的变动;
- 由顾问把 ISO 9000 标准应用在钟表制造业的可行性;
- 员工对 ISO 9000 标准要求的理解;
- 对额外工作的激励;
- 把工作程序以文件记录;
- 各部门之间操作上的灰色及重复地带;

② 外部问题
- 寻找认可实验所进行仪器校正工作,特别是防水测试仪器;
- 向供应商进行评审及测估。

公司在管方代表的承担和各部门经理的通力合作下,以上各种困难终能圆满解决。但是,他们的经验是外部问题比其他问题更难对付。

在质量管理和质量保证范畴,ISO 9000 只规定了应该做什么,没有规定如何去做,也没有说明为什么要去做。这是因为"如何去做"涉及许多因素,例如工业类别、组织规模及文化特征等。因此,ISO 9000 避开了有关"如何做"这个敏感问题。但是,在质量管理的实践中,困难的问题恰恰是"如何做",而不是"做什么"。

例如,在 ISO 9001 第 5.1 节中规定了"领导作用与承诺"如下:

1. 针对质量管理体系的领导作用与承诺

最高管理者应通过以下方面证实其对质量管理体系的领导作用与承诺。
(1) 确保质量方针和质量目标得到建立,并与组织的战略方向保持一致;
(2) 确保质量方针在组织内得到理解和实施;
(3) 确保质量管理体系要求纳入组织的业务运作;
(4) 提高过程方法的意识;
(5) 确保质量管理体系所需资源的获得;
(6) 传达有效的质量管理及满足质量管理体系、产品和服务要求的重要性;
(7) 确保质量管理体系实现预期的输出;
(8) 指导和支持员工参与对质量管理体系的有效性作出贡献;
(9) 提升持续改进和创新;
(10) 支持其他的管理者在其负责的领域证实其领导作用。

2. 针对顾客需求和期望的领导作用与承诺质量管理体系要求

最高管理者应通过以下方面证实其针对以顾客为关注焦点的领导作用与承诺:
(1) 可能影响产品和服务符合性、顾客满意风险等信息得到识别和应对;
(2) 顾客要求得到确定和满足;
(3) 以保持稳定提供满足顾客和相关法规要求的产品和服务为焦点;
(4) 以保持增强顾客满意为焦点。

可见,"领导作用与承诺"这条规定涉及的范畴都是一个企业全局性的问题。显然,实现这条规定要比明确规定困难很多。实际上,"如何做"正是 TQM 关于方法论的研究,而"为什么要做"则是 TQM 理论和方法的基础研究问题。这也正是在一定意义上,ISO

9000和TQM具有相同目标又不属于一个范畴的显著特点。

第四节 ISO 9000族标准的理论基础和术语

在ISO 9000族标准中,《质量管理体系——基础和术语》标准奠定了ISO 9000族标准的理论基础。该标准不仅统一了术语概念,同时,明确了ISO 9000族标准实施的方针和目标。

一、ISO 9000:2015标准的目的与应用

1. ISO 9000:2015标准的目的

ISO 9000:2015《质量管理体系——基础和术语》国际标准是质量管理体系族标准的基础标准,其目的在于帮助组织理解质量管理的基本概念、原则和术语,使组织能够有效和高效地建立和运行质量管理体系,实现满足其顾客和相关方需求和期望的目标。

ISO 9000:2015标准包含七项质量管理原则,针对每一项原则,分别阐明了以下四个方面:

(1) 该项原则的核心思想;

(2) 组织为什么要满足该项原则以及应该满足该项原则的"理论依据";

(3) 组织应用该项原则的结果——"获益之处";

(4) 组织应用该项原则所能够采取的措施——"可开展的活动"。

ISO 9000:2015标准包括了ISO/TC176起草的全部质量管理和质量管理体系标准及其他特定领域质量管理体系标准中应用的术语和定义。这些术语和定义按照概念的顺序排列,在该标准的最后提供了按字母顺序排列的术语的索引。其中标准文件的附录A是一套按概念次序形成的概念系统图。在ISO/TC176起草的质量管理体系标准的常用词指南中,某些常用词有不同于字典的含意,该词汇表可参见http://www.iso.org/iso/03terminologyusediniso9000family.pdf。

2. ISO 9000:2015标准的应用范围

ISO 9000:2015标准风靡全球,其原因是该标准适用于所有组织,无论其规模、复杂程度或经营模式。ISO 9000:2015标准给出的术语和定义适用于所有ISO/TC176起草的质量管理和质量管理体系标准。

该标准表述的质量管理的基本概念和原则普遍适用于以下几个方面:

(1) 组织希望应用质量管理体系达成组织的持续成功;

(2) 组织希望能够持续向顾客及相关方提供符合其要求的产品和服务,并使顾客和相关方信任组织具备这种能力;

(3) 组织希望在满足产品和服务要求的供应链中获得信任;

(4) 组织和相关方希望对质量管理中使用的术语达成共识,促进相互沟通;

(5) 组织希望依据ISO 9001:2015的要求进行符合性评价;

(6) 组织能够提供质量管理培训、评价和咨询;

(7) 组织能够起草相关标准。

二、质量管理体系的基本概念和原则

今天,组织的内外部环境瞬息万变。市场全球化以及互联网商业模式对所有企业的冲击前所未有,诸多因素对质量的影响已经超出了顾客满意的范畴。而 ISO 9000:2015 标准恰恰为组织拓宽了一种思考方式。这就使更多的企业认识到了 ISO 9000:2015 标准的质量管理概念和原则的确有助于帮助组织获得应对复杂环境及各种挑战的能力。

ISO 9000:2015 标准所有的概念、原则及其相互关系是一个整体,它们之间不是彼此孤立的。也就是说,其中没有哪一个概念或原则比另一个更加重要。对组织自身而言,能够适时地找到并应用其中最适合本组织质量管理体系的概念、原则和方法才是至关重要的。

1. 质量管理体系的基本概念

ISO 9000:2015 标准阐述了以下五个基本概念。

1) 质量

(1) 组织聚焦于质量,以提升其文化,影响其行为、观念、活动和过程,传递价值,满足顾客及相关方的需求和期望。

(2) 组织的产品和服务质量取决于满足顾客的能力以及利益相关方预期或非预期的影响。

(3) 产品和服务的质量不仅包括其预期的功能和性能,而且还涉及顾客对其价值和利益的感知。

2) 质量管理体系

(1) 质量管理体系包括组织识别其目标以及为获得所期望的结果所需的过程和资源。

(2) 质量管理体系管理为有关的相关方提供价值,并实现结果所需的相互作用的过程和资源。

(3) 质量管理体系能够使最高管理者通过考虑其决策的长期和短期影响而优化资源利用。

(4) 质量管理体系给出了在提供产品和服务方面处理预期和非预期后果所采取措施的方法。

3) 组织环境

(1) 将组织环境理解为一个过程。这个过程决定影响组织的宗旨、目标和可持续性的各种因素。它既需要考虑组织的价值观、文化、知识和绩效等内部因素,还需要考虑法律、技术、竞争、市场、文化、社会和经济的环境等外部因素。

(2) 组织的宗旨表达为:组织的"愿景""使命""方针"和"目标"等。

4) 相关方

(1) 相关方的概念超越了仅限于关注顾客的范围,考虑所有有关的相关方是至关重要的。

(2) 识别相关方是认知组织环境过程的组成部分。有关的相关方是指若其需求和期望未能满足,将对组织的持续发展产生重大风险的各方。组织需明确向有关的相关方提供何种必要的结果,以降低风险。

(3) 组织的成功有赖于获取、赢得和保持有关的相关方的支持。

5) 支持

(1) 质量管理体系必须得到最高管理者的支持,并通过全员参与,以便能够:

① 提供充分的人力和其他资源;

② 监视过程和结果;

③ 确定和评估风险和机遇;

④ 采取适当的措施。

⑤ 对资源应认真负责任地获取、分配、维护、改善和处置,以支持组织实现其目标。

(2) 人员

① 人员是组织内的重要资源。组织的绩效取决于体系内人员的工作表现。

② 在组织内,人员通过对质量方针和组织预期的结果的共同理解而积极参与并保持协调一致。

(3) 能力

当所有员工了解并应用自身发挥作用和履行职责所需的技能、培训、教育和经验时,质量管理体系是最有效的。为人员提供开发这些必要能力的机会是最高管理者的职责。

(4) 意识

当人员了解自身的职责以及他们的行为如何为实现目标做出贡献时才会获得意识。

(5) 沟通

有计划和有效的内部(如,整个组织内)和外部(如,与有关的相关方)沟通,可提高人员的积极参与程度并增进理解:

① 组织的环境;

② 顾客和其他有关的相关方的需求和期望;

③ 质量管理体系。

2. 质量管理原则

ISO 9000 标准的七项质量管理原则是 ISO 9000 族标准的理论基础,也是组织的领导者进行质量管理活动的基本准则。

1) 以顾客为关注焦点

质量管理的主要关注点是满足顾客要求并且努力超越顾客的期望。

(1) 理论依据

组织只有赢得顾客和其他相关方的信任才能获得持续成功。与顾客互动的每个方面,都提供了为顾客创造更多价值的机会。理解顾客和其他相关方当前和未来的需求,有助于组织的持续成功。

(2) 获益之处

潜在的获益之处是:

① 增加顾客价值;

② 提高顾客满意度;

③ 增进顾客忠诚;

④ 增加重复性业务;

⑤ 提高组织的声誉;

⑥ 扩展顾客群；
⑦ 增加收入和市场份额。
(3) 可开展的活动
可开展的活动包括：
① 了解从组织获得价值的直接和间接的顾客；
② 了解顾客当前和未来的需求和期望；
③ 将组织的目标与顾客的需求和期望联系起来；
④ 在整个组织内沟通顾客的需求和期望；
⑤ 为满足顾客的需求和期望，对产品和服务进行策划、设计、开发、生产、交付和支持；
⑥ 测量和监视顾客满意度，并采取适当的措施；
⑦ 在可能影响到顾客满意度的相关方的需求和期望方面，确定并采取措施；
⑧ 积极管理与顾客的关系，以实现持续成功。
2) 领导作用
各级领导建立统一的宗旨和方向，并且创造全员参与的条件，以实现组织的质量目标。
(1) 理论依据
统一的宗旨和方向，全员参与，能够使组织将战略、方针、过程和资源保持一致，以实现其目标。
(2) 获益之处
潜在的获益之处是：
① 提高实现组织质量目标的有效性和效率；
② 组织的过程更加协调；
③ 改善组织各层次、各职能间的沟通；
④ 开发和提高组织及其人员的能力，以获得期望的结果。
(3) 可开展的活动
可开展的活动包括：
① 在整个组织内，就其使命、愿景、战略、方针和过程进行沟通；
② 在组织的所有层次创建并保持共同的价值观、公平道德的行为模式；
③ 创建诚信和正直的文化；
④ 鼓励全组织对质量的承诺；
⑤ 确保各级领导者成为组织人员中的实际楷模；
⑥ 为人员提供履行职责所需的资源、培训和权限；
⑦ 激发、鼓励和表彰员工的贡献。
3) 全员参与
在整个组织内各级人员的胜任、授权和参与，是提高组织创造和提供价值能力的必要条件。
(1) 理论依据
为了有效和高效地管理组织，各级人员得到尊重并参与其中是极其重要的。通过表彰、授权和提高能力，促进在实现组织的质量目标过程中的全员参与。

（2）获益之处

潜在的获益之处是：

① 通过组织内人员对质量目标的深入理解和内在动力的激发实现其目标；

② 在改进活动中，提高人员的参与程度；

③ 促进个人发展、主动性和创造力；

④ 提高员工的满意度；

⑤ 增强整个组织内的相互信任和协作；

⑥ 促进整个组织对共同价值观和文化的关注。

（3）可开展的活动

可开展的活动包括：

① 与员工沟通，以增进他们对个人贡献的重要性的理解；

② 促进整个组织内部的协作；

③ 提倡公开讨论，分享知识和经验；

④ 授权员工确定绩效制约因素，并积极主动参与；

④ 赞赏和表彰员工的贡献、钻研和改进；

⑤ 能够对照个人目标进行绩效的自我评价；

⑦ 进行调查以评估员工的满意度，沟通结果并采取适当的措施。

4）过程方法

只有将活动作为相互关联的连贯系统进行运行的过程来理解和管理时，才能更加有效和高效地得到一致的、可预知的结果。

（1）理论依据

质量管理体系是由相互关联的过程所组成。理解体系是如何产生结果的，能够使组织优化其体系和绩效。

（2）获益之处

潜在的获益之处是：

① 提高关注关键过程和改进机会的能力；

② 通过协调一致的过程体系，得到一致的、可预知的结果；

③ 通过过程的有效管理、资源的高效利用及跨职能壁垒的减少，获得最佳绩效；

④ 使组织能够向相关方提供关于其一致性、有效性和效率方面的信任。

（3）可开展的活动

可开展的活动包括：

① 规定体系的目标和实现这些目标所需的过程；

② 确定管理过程的职责、权限和义务；

③ 了解组织的能力，并在行动前确定资源约束条件；

④ 确定过程相互依赖的关系，并分析每个过程的变更对整个体系的影响；

⑤ 将过程及其相互关系作为体系进行管理，以有效和高效地实现组织的质量目标；

⑥ 确保获得运行和改进过程以及监视、分析和评价整体绩效所需的信息；

⑦ 管理能影响过程输出和质量管理体系整个结果的风险。

5) 改进

成功的组织持续关注改进。

(1) 理论依据

改进对于组织保持当前的绩效水平,对其内、外部条件的变化做出反应并创造新的机会都是极其重要的。

(2) 获益之处

潜在的获益是:

① 改进过程绩效、组织能力和顾客满意度;
② 增强对调查和确定根本原因及后续的预防和纠正措施的关注;
③ 提高对内外部的风险和机遇的预测和反应的能力;
④ 增加对渐进性和突破性改进的考虑;
⑤ 通过加强学习实现改进;
⑥ 增强创新的驱动力。

(3) 可开展的活动

可开展的活动包括:

① 促进在组织的所有层次建立改进目标;
② 对各层次员工在如何应用基本工具和方法方面进行培训,以实现改进目标;
③ 确保员工有能力成功地筹划和完成改进项目;
④ 开发和展开过程,以在整个组织内实施改进项目;
⑤ 跟踪、评审和审核改进项目的计划、实施、完成和结果;
⑥ 将改进考虑因素融入新的或变更的产品、服务和过程开发之中;
⑦ 认可和奖赏改进。

6) 循证决策

基于数据和信息的分析和评价的决策,更有可能产生期望的结果。

(1) 理论依据

决策是一个复杂的过程,并且总是包含一些不确定性。它经常涉及多种类型和来源的输入及其解释,而这些解释可能是主观的。重要的是理解因果关系和潜在的非预期后果。对事实、证据和数据的分析可导致决策更加客观和可信。

(2) 获益之处

潜在的获益之处是:

① 改进决策过程;
② 改进对过程绩效和实现目标的能力的评估;
③ 改进运行的有效性和效率;
④ 提高评审、挑战以及改变意见和决策的能力;
⑤ 提高证实以往决策有效性的能力。

(3) 可开展的活动

可开展的活动包括:

① 确定、测量和监视证实组织绩效的关键指标;

② 使相关人员获得所需的所有数据;
③ 确保数据和信息足够准确、可靠和安全;
④ 使用适宜的方法分析和评价数据和信息;
⑤ 确保人员有能力分析和评价所需的数据;
⑥ 依据证据,权衡经验和直觉进行决策并采取措施。

7) 关系管理

为了持续成功,组织管理其与有关的相关方(如供方)的关系。

(1) 理论依据

有关的相关方影响组织的绩效。当组织管理其与所有相关方的关系以使相关方对组织的绩效影响最佳时,才更有可能实现持续成功。对供方及合作伙伴的关系网的管理尤为重要。

(2) 获益之处

潜在的获益之处是:

① 通过对每一个与相关方有关的机会和制约因素的响应,提高组织及其相关方的绩效;
② 对目标和价值观,与相关方有共同的理解;
③ 通过共享资源和能力以及管理与质量有关的风险,提高为相关方创造价值的能力;
④ 具有管理良好、可稳定提供产品和服务流的供应链。

(3) 可开展的活动

可开展的活动包括:

① 确定组织的相关方(如供方、合作伙伴、顾客、投资者、雇员或整个社会)及其与组织的关系;
② 确定并对优先考虑需要管理的相关方的关系;
③ 建立权衡短期利益和考虑长远因素的关系;
④ 收集并与有关的相关方共享信息、专业知识和资源;
⑤ 适当时,测量绩效并向相关方提供绩效反馈,以增强改进的主动性;
⑥ 与供方、合作伙伴及其他相关方确定合作开发和改进活动;
⑦ 鼓励和认可供方与合作伙伴的改进和成绩。

3. 建立质量管理体系的基本概念和原理

1) 质量管理体系模式

组织拥有许多与人一样的特征,是具有生命和学习能力的社会有机体。两者都具有适应能力并由相互作用的系统、过程和活动组成。为了适应变化的环境,均需要具备应变能力。组织经常通过创新实现突破性改进。组织的质量管理体系模式认识到并非所有的体系、过程和活动都可以被预先确定;因此,在复杂的组织环境,组织需要具有灵活性和适应能力。

(1) 体系

组织寻求了解内部和外部环境,以识别相关方的需求和期望。这些信息被用于质量管理体系的建立,以实现组织的可持续发展。一个过程的输出可成为其他过程的输入,并相互联接成整个网络。虽然看上去每个组织的质量管理体系通常是由相似的过程组成,但是,实际上每个质量管理体系都是唯一的。

(2) 过程

组织具有可被规定、测量和改进的过程。这些过程相互作用,从而产生与组织的目标和跨部门职能界限相一致的结果。某些过程可能是关键的,而另外一些则不是。过程具有内部相互关联的活动和输入,以提供输出。

(3) 活动

组织的人员在过程中协调配合,开展他们的日常活动。某些活动可被预先规定,并取决于对组织目标的理解。而另外一些活动则不是,它们通过对外界刺激的反应来确定其性质和实施。

2) 质量管理体系的建立

质量管理体系是一个随着时间的推移不断发展的动态系统。无论其是否经过正式策划,客观上每个组织都有质量管理活动。ISO 9000 标准为如何建立一个正规的体系管理提供了指南,以管理这些活动。有必要确定组织中现有的活动和这些活动对组织环境的适宜性。ISO 9000 和 ISO 9001 及 ISO 9004 一起,可用于帮助组织建立一个统一的质量管理体系。

正规的质量管理体系为策划、实施、监视和改进质量管理活动的绩效提供了框架。质量管理体系无需复杂化,而是要准确地反映组织的需求。在建立质量管理体系的过程中,ISO 9000 标准给出的基本概念和原则可提供有价值的指南。

质量管理体系策划不是一个孤立的活动,而是一个持续的过程。这些计划随着组织的学习和环境的变化而逐渐完善。这个计划要考虑组织的所有质量活动,并确保覆盖 ISO 9000 标准的全部指南和 ISO 9001 的要求。该计划应经批准后实施。

组织定期监视和评价质量管理体系计划的执行情况和绩效状况,对组织来说是非常重要的。应周密考虑这些指标,以便这些活动易于开展。

审核是一种评价质量管理体系有效性、识别风险和确定满足要求的方法。为了有效地进行审核,需要收集有形和无形的证据。在对所收集的证据进行分析的基础上,采取纠正和改进措施。由此,知识和经验的增长可能会带来创新,使质量管理体系的绩效达到更高的水平。

3) 质量管理体系标准、其他管理体系和卓越模式

ISO/TC176 起草的质量管理体系标准和其他管理体系标准以及组织卓越模式中表述的质量管理体系方法是基于共同的原则,这些方法均能够帮助组织识别风险和机遇并包含改进指南。在当前的环境中,许多问题,例如,创新、道德、诚信和声誉均可作为质量管理体系的参数。有关质量管理的标准(如 ISO 9001)、环境管理标准(如 ISO 14001)和能源管理标准(如 ISO 50001)以及其他管理标准和组织卓越模式已经开始解决这些问题。

ISO/TC176 起草的质量管理体系标准为质量管理体系提供了一套综合的要求和指南。ISO 9001 为质量管理体系规定了要求,ISO 9004 在质量管理体系更宽泛的目标下,为持续成功和改进绩效提供了指南。质量管理体系的指南包括:ISO 10001、ISO 10002、ISO 10003、ISO 10004、ISO 10008、ISO 10012 和 ISO 19011。质量管理体系技术支持指南包括:ISO 10005、ISO 10006、ISO 10007、ISO 10014、ISO 10015、ISO 10018 和 ISO

10019。支持质量管理体系的技术文件包括：ISO/TR 10013 和 ISO/TR 10017。在用于某些特殊行业的标准中，也提供质量管理体系的要求，例如 ISO/TS 16949。

组织的管理体系中各个部分具有不同作用，包括其质量管理体系，可以整合成为一个单一的管理体系。当质量管理体系与其他管理体系整合后，与组织的质量、成长、资金、利润率、环境、职业健康和安全、能源、公共安全以及组织其他方面有关的目标、过程和资源，可以更加有效和高效地实现和应用。组织可以依据若干个标准的要求，例如 ISO 9001、ISO 14001、ISO/IEC 27001 和 ISO 50001 对其管理体系同时进行整合及综合性审核。必要时，可参考 ISO 手册提供的《管理体系标准的整合应用》适用的指南。

三、ISO 9000：2015 标准的术语结构和概念图

1. 术语结构

ISO 9000：2015 标准第三章"3 术语和定义"中，如表 3.4.1 所示，分别从以下 13 个方面涵盖了 138 个术语（括号内为术语量）。

(1) 有关人员的术语(6)
(2) 有关组织的术语(9)
(3) 有关活动的术语(13)
(4) 有关过程的术语(8)
(5) 有关体系的术语(12)
(6) 有关要求的术语(15)
(7) 有关结果的术语(11)
(8) 有关数据、信息和文件的术语(15)
(9) 有关顾客的术语(6)
(10) 有关特性的术语(7)
(11) 有关确定的术语(9)
(12) 有关措施的术语(10)
(13) 有关审核的术语(17)

表 3.4.1 ISO 9000：2015 标准规定的术语一览表

类 别	数量	术 语	定 义
3.1 有关人员的术语	6	3.1.1 最高管理者	在最高层指挥和控制组织(3.2.1)的一个人或一组人
		3.1.2 质量管理体系咨询师	对组织(3.2.1)的质量管理体系实现(3.4.3)给予帮助、提供建议或信息(3.8.2)的人员
		3.1.3 参与	参加某个活动、事项或介入某个情境
		3.1.4 积极参与	参与(3.1.3)活动并为之做出贡献，以实现共同的目标(3.7.1)
		3.1.5 管理机构	技术状态控制委员会 被赋予技术状态(3.10.6)决策职责和权限的一个人或一组人
		3.1.6 争议解决者	<顾客满意>提供方(3.2.7)指定的帮助相关各方解决争议(3.9.6)的人。示例：员工、志愿者、合同(3.4.7)人员

续表

类别	数量	术语	定义
3.2 有关组织的术语	9	3.2.1 组织	为实现其目标(3.7.1),通过职责、权限和相互关系而拥有其自身职能的一个人或一组人
		3.2.2 组织环境	对组织(3.2.1)建立和实现其目标(3.7.1)的方法有影响的内部和外部因素的组合
		3.2.3 相关方	能够影响决策或活动、受决策或活动影响或感觉自身受到决策或活动影响的个人或组织(3.2.1)
		3.2.4 顾客	将会或实际接受为其提供的或应其要求提供的产品(3.7.6)或服务(3.7.7)的个人或组织(3.2.1)
		3.2.5 供方	提供产品(3.7.6)或服务(3.7.7)的组织(3.2.1)。示例:产品或服务的制造商、批发商、零售商或商贩。注1:供方可以是组织内部的或外部的。注2:在合同情况下,供方有时称为"承包方"
		3.2.6 外部供方	非组织(3.2.1)组成部分的供方(3.2.5)
		3.2.7 争议解决过程提供方	组织外部提供和实施争议(3.9.6)解决过程(3.4.1)的个人或组织(3.2.1)
		3.2.8 协会	<顾客满意>由成员组织或个人组成的组织(3.2.1)
		3.2.9 计量职能	负责确定并实施测量管理体系(3.5.7)的行政和技术职能
3.3 有关活动的术语	13	3.3.1 改进	提高绩效(3.7.8)的活动
		3.3.2 持续改进	提高绩效(3.7.8)的循环活动
		3.3.3 管理	指挥和控制组织(3.2.1)的协调的活动
		3.3.4 质量管理	关于质量(3.6.2)的管理(3.3.3)
		3.3.5 质量策划	质量管理(3.3.4)的一部分,致力于制定质量目标(3.7.2)并规定必要的运行过程(3.4.1)和相关资源以实现质量目标
		3.3.6 质量保证	质量管理(3.3.4)的一部分,致力于提供质量要求(3.6.5)会得到满足的信任
		3.3.7 质量控制	质量管理(3.3.4)的一部分,致力于满足质量要求(3.6.5)
		3.3.8 质量改进	质量管理(3.3.4)的一部分,致力于增强满足质量要求(3.6.5)的能力
		3.3.9 技术状态管理	指挥和控制技术状态(3.10.6)的协调活动
		3.3.10 更改控制	<技术状态管理>在产品技术状态信息(3.6.8)正式被批准后,对输出(3.7.5)的控制活动
		3.3.11 活动	<项目管理>在项目(3.4.2)工作中识别出的最小的工作项
		3.3.12 项目管理	对项目(3.4.2)各方面的策划、组织、监视(3.11.3)、控制和报告,并激励所有参与者实现项目目标

续表

类别	数量	术语	定义
3.3 有关活动的术语	13	3.3.13 技术状态项	满足最终使用功能的某个技术状态(3.10.6)内的客体(3.6.1)
3.4 有关过程的术语	8	3.4.1 过程	利用输入产生预期结果的相互关联或相互作用的一组活动
		3.4.2 项目	由一组有起止日期的、相互协调的受控活动组成的独特过程(3.4.1)，该过程要达到符合包括时间、成本和资源的约束条件在内的规定要求(3.6.4)的目标(3.7.1)
		3.4.3 质量管理体系实现	质量管理体系(3.5.4)的建立、形成文件、实施、保持和持续改进的过程(3.4.1)
		3.4.4 能力获得	获得能力(3.10.4)的过程(3.4.1)
		3.4.5 程序	为进行某项活动或过程(3.4.1)所规定的途径
		3.4.6 外包	安排外部组织(3.2.1)执行组织的部分职能或过程(3.4.1)
		3.4.7 合同	有约束力的协议
		3.4.8 设计和开发	将对客体(3.6.1)的要求(3.6.4)转换为对其更详细的要求的一组过程(3.4.1)
3.5 有关体系的术语	12	3.5.1 体系(系统)	相互关联或相互作用的一组要素
		3.5.2 基础设施	<组织>组织(3.2.1)运行所必需的设施、设备和服务(3.7.7)的体系(3.5.1)
		3.5.3 管理体系	组织(3.2.1)建立方针(3.5.8)和目标(3.7.1)以及实现这些目标的过程(3.4.1)的相互关联或相互作用的一组要素
		3.5.4 质量管理体系	管理体系(3.5.3)中关于质量(3.6.2)的部分
		3.5.5 工作环境	开展工作时所处的一组条件
		3.5.6 计量确认	为确保测量设备(3.11.6)符合预期使用要求(3.6.4)所需要的一组操作
		3.5.7 测量管理体系	为完成计量确认(3.5.6)并控制测量过程(3.11.5)所必需的一组相互关联或相互作用的要素
		3.5.8 方针	<组织>由最高管理者(3.1.1)正式发布的组织(3.2.1)的宗旨和方向
		3.5.9 质量方针	关于质量(3.6.2)的方针(3.5.8)
		3.5.10 愿景	<组织>由最高管理者(3.1.1)发布的组织(3.2.1)想成为什么的志愿和前景
		3.5.11 使命	<组织>由最高管理者(3.1.1)发布的组织(3.2.1)想成为什么的志愿和前景
		3.5.12 战略	实现长期或总目标(3.7.1)的计划

续表

类别	数量	术语	定义
3.6 有关要求的术语	15	3.6.1 客体	可感知或可想象到的任何事物
		3.6.2 质量	客体(3.6.1)的一组固有特性(3.10.1)满足要求(3.6.4)的程度
		3.6.3 等级	对功能用途相同的客体(3.6.1)所做的不同要求(3.6.4)的分类或分级
		3.6.4 要求	明示的、通常隐含的或必须履行的需求或期望
		3.6.5 质量要求	关于质量(3.6.2)的要求(3.6.4)
		3.6.6 法律要求	立法机构规定的强制性要求(3.6.4)
		3.6.7 法规要求	立法机构授权的部门规定的强制性要求(3.6.4)
		3.6.8 产品技术状态信息	对产品(3.7.6)设计、实现、验证(3.8.12)、运行和支持的要求(3.6.4)或其他信息
		3.6.9 不合格(不符合)	未满足要求(3.6.4)
		3.6.10 缺陷	与预期或规定用途有关的不合格(3.6.9)
		3.6.11 合格(符合)	满足要求(3.6.4)
		3.6.12 能力	客体(3.6.1)实现输出使其满足输出(3.7.5)要求(3.6.4)的本领
		3.6.13 可追溯性	追溯客体(3.6.1)的历史、应用情况或所处位置的能力
		3.6.14 可信性	在需要时完成规定功能的能力
		3.6.15 创新	实现或重新分配价值的、新的或变化的客体(3.6.1)
3.7 有关结果的术语	11	3.7.1 目标	要实现的结果
		3.7.2 质量目标	与质量(3.6.2)有关的目标(3.7.1)
		3.7.3 成功	<组织>目标(3.7.1)的实现
		3.7.4 持续成功	<组织>在一段时期内自始至终的成功(3.7.3)
		3.7.5 输出	过程(3.4.1)的结果
		3.7.6 产品	在组织和顾客(3.2.4)之间未发生任何交易的情况下,组织(3.2.1)产生的输出(3.7.5)
		3.7.7 服务	在组织(3.2.1)和顾客(3.2.4)之间需要完成至少一项活动的组织的输出(3.7.5)
		3.7.8 绩效	可测量的结果
		3.7.9 风险	不确定性的影响
		3.7.10 效率	取到的结果与所使用的资源之间的关系
		3.7.11 有效性	实现策划的活动并取得策划的结果的程度

续表

类别	数量	术语		定义
3.8 有关数据、信息和文件的术语	15	3.8.1	数据	data 关于客体(3.6.1)的事实
		3.8.2	信息	有意义的数据(3.8.1)
		3.8.3	客观证据	支持某事物存在或真实性的数据(3.8.1)
		3.8.4	信息系统	＜质量管理体系＞组织(3.2.1)内部使用的通信渠道网络
		3.8.5	文件	信息(3.8.2)及其载体
		3.8.6	形成文件的信息	组织(3.2.1)需要控制并保持的信息(3.8.2)及其载体
		3.8.7	规范	阐明要求(3.6.4)的文件(3.8.5)
		3.8.8	质量手册	组织(3.2.1)的质量管理体系(3.5.4)的规范(3.8.7)
		3.8.9	质量计划	对特定的客体(3.6.1),规定由谁及何时应用程序(3.4.5)和相关资源的规范(3.8.7)
		3.8.10	记录	阐明所取得的结果或提供所完成活动的证据的文件(3.8.5)
		3.8.11	项目管理计划	规定满足项目(3.4.2)目标(3.7.1)所必需的事项的文件(3.8.5)
		3.8.12	验证	通过提供客观证据(3.8.3)对规定要求(3.6.4)已得到满足的认定
		3.8.13	确认	通过提供客观证据(3.8.3)对特定的预期用途或应用要求(3.6.4)已得到满足的认定
		3.8.14	技术状态纪实	对产品技术状态信息(3.6.8)、建议的更改状况和已批准更改的实施状况所做的正式记录和报告
		3.8.15	特定情况	＜质量计划＞质量计划(3.8.9)的对象
3.9 有关顾客的术语	6	3.9.1	反馈	＜顾客满意＞对产品(3.7.6)、服务(3.7.7)或投诉处理过程(3.4.1)的意见、评价和关注的表示
		3.9.2	顾客满意	顾客(3.2.4)对其期望已被满足程度的感受
		3.9.3	投诉	＜顾客满意＞就其产品(3.7.6)、服务(3.7.7)或投诉处理过程(3.4.1)本身,向组织(3.2.1)表达的不满,无论是否明示或隐含地期望得到回复或解决
		3.9.4	顾客服务	在产品(3.7.6)或服务(3.7.7)的整个寿命周期内,组织(3.2.1)与顾客(3.2.4)之间的互动
		3.9.5	顾客满意行为规范	组织(3.2.1)为提高顾客满意(3.9.2),就其行为对顾客(3.2.4)作出的承诺及相关规定
		3.9.6	争议	＜顾客满意＞提交给争议解决过程提供方(3.2.7)的对某一投诉(3.9.3)的不同意见

续表

类别	数量	术语	定义
3.10 有关特性的术语	7	3.10.1 特性	可区分的特征
		3.10.2 质量特性	与要求(3.6.4)有关的,客体(3.6.1)的固有特性(3.10.1)
		3.10.3 人为因素	对考虑中的客体(3.6.1)有影响的人的特性(3.10.1)
		3.10.4 能力	应用知识和技能实现预期结果的本领
		3.10.5 计量特性	能影响测量(3.11.4)结果的特性(3.10.1)
		3.10.6 技术状态	在产品技术状态信息(3.6.8)中规定的产品(3.7.6)或服务(3.7.7)的相互关联的功能特性和物理特性(3.10.1)
		3.10.7 技术状态基线	在某一时间点确立并经批准的产品(3.7.6)或服务(3.7.7)特性(3.10.1)
3.11 有关确定的术语	9	3.11.1 确定	查明一个或多个特性(3.10.1)及特性值的活动
		3.11.2 评审	对客体(3.6.1)实现所规定目标(3.7.1)的适宜性、充分性或有效性(3.7.11)的确定(3.11.1)
		3.11.3 监视	确定(3.11.1)体系(3.5.1)、过程(3.4.1)、产品(3.7.6)、服务(3.7.7)或活动的状态
		3.11.4 测量	确定数值的过程(3.4.1)
		3.11.5 测量过程	确定量值的一组操作
		3.11.6 测量设备	实现测量过程(3.11.5)所必需的测量仪器、软件、测量标准、标准物质或辅助设备或它们的组合
		3.11.7 检验	对符合(3.6.11)规定要求(3.6.4)的确定(3.11.1)
		3.11.8 试验	按照要求(3.6.4)对特定的预期用途或应用的确定(3.11.1)
		3.11.9 进展评价	<项目管理>针对实现项目(3.4.2)目标(3.7.1)所做的进展情况的评定
3.12 有关措施的术语	10	3.12.1 预防措施	为消除潜在不合格(3.6.9)或其他潜在不期望情况的原因所采取的措施
		3.12.2 纠正措施	为消除不合格(3.6.9)的原因并防止再发生所采取的措施
		3.12.3 纠正	为消除已发现的不合格(3.6.9)所采取的措施
		3.12.4 降级	为使不合格(3.6.9)产品(3.7.6)或服务(3.7.7)符合不同于原有的要求(3.6.4)而对其等级(3.6.3)的变更

续表

类别	数量	术语	定义
3.12 有关措施的术语	10	3.12.5 让步	对使用或放行(3.12.7)不符合规定要求(3.6.4)的产品(3.7.6)或服务(3.7.7)的许可
		3.12.6 偏离许可	产品(3.7.6)或服务(3.7.7)实现前,对偏离原规定要求(3.6.4)的许可
		3.12.7 放行	对进入一个过程(3.4.1)的下一阶段或下一过程的许可
		3.12.8 返工	为使不合格(3.6.9)产品(3.7.6)或服务(3.7.7)符合要求(3.6.4)而对其采取的措施
		3.12.9 返修	为使不合格(3.6.9)产品(3.7.6)或服务(3.7.7)满足预期用途而对其采取的措施
		3.12.10 报废	为避免不合格(3.6.9)产品(3.7.6)或服务(3.7.7)原有的预期使用而对其所采取的措施
3.13 有关审核的术语	17	3.13.1 审核	为获得客观证据(3.8.3)并对其进行客观的评价,以确定满足审核准则(3.13.7)的程度所进行的系统的、独立的并形成文件的过程(3.4.1)
		3.13.2 结合审核	在一个受审核方(3.13.12),对两个或两个以上管理体系(3.5.3)同时进行的审核(3.13.1)
		3.13.3 联合审核	在一个受审核方(3.13.12),由两个或两个以上审核组织(3.2.1)所进行的审核(3.13.1)
		3.13.4 审核方案	针对特定时间段所策划并具有特定目标的一组(一次或多次)审核(3.13.1)
		3.13.5 审核范围	审核(3.13.1)的内容和界限
		3.13.6 审核计划	对审核(3.13.1)活动和安排的描述
		3.13.7 审核准则	用于与客观证据(3.8.3)进行比较的一组方针(3.5.8)、程序(3.4.5)或要求(3.6.4)
		3.13.8 审核证据	与审核准则(3.13.7)有关并能够证实的记录、事实陈述或其他信息
		3.13.9 审核发现	将收集的审核证据(3.13.8)对照审核准则(3.13.7)进行评价的结果
		3.13.10 审核结论	考虑了审核目标和所有审核发现(3.13.9)后得出的审核(3.13.1)结果
		3.13.11 审核委托方	要求审核(3.13.1)的组织(3.2.1)或人员
		3.13.12 受审核方	被审核的组织(3.2.1)
		3.13.13 向导	<审核>由受审核方(3.13.12)指定的协助审核组(3.13.14)的人员
		3.13.14 审核组	实施审核(3.13.1)的一名或多名人员,需要时,由技术专家(3.13.16)提供支持
		3.13.15 审核员	实施审核(3.13.1)的人员
		3.13.16 技术专家	<审核>向审核组(3.13.14)提供特定知识或专业技术的人员
		3.13.17 观察员	伴随审核组(3.13.14)但不作为审核员(3.13.15)的人员

2. 概念图

在术语学中,概念之间的关系建立在某类特性的分层结构上。因此,一个概念的最简单表述由命名其种类和表述其与上一层次或同层次其他概念不同的特性所构成。

ISO 9000 族标准中应用的术语不是相互独立的,术语概念之间的关系为三种主要形式:属种关系、从属关系和关联关系。如图 3.4.1(a)、(b)、(c)所示。

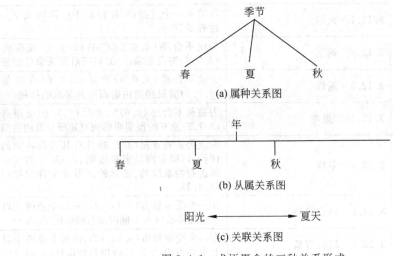

图 3.4.1 术语概念的三种关系形式

如图 3.4.2 所示,以有关"管理"的术语概念为例,使用概念图表示其中各个术语概念之间的关系。

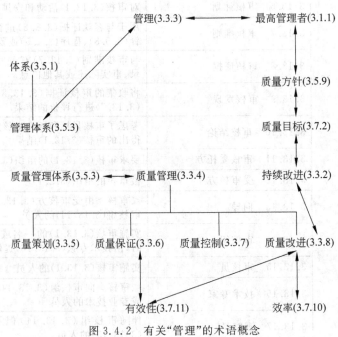

图 3.4.2 有关"管理"的术语概念

习 题

1. 简述 ISO 9000 族国际标准产生的背景。
2. 举例说明怎样理解七项质量管理原则。
3. 举例说明"以顾客为关注焦点"的含义。
4. 试述质量管理体系认证的意义。
5. ISO 9000 族标准对企业加强基础管理有何作用?

第四章 企业的质量主体

第一节 质量主体的概念

一、什么是企业的质量主体

企业的质量主体是指在企业的生产经营活动中,影响产品质量的主要组织过程,实际上,也是企业的核心活动过程。这个过程的特征不仅反映了企业的质量战略目标,而且也对企业质量目标的实现产生重大影响。例如,对有形产品类型的企业,尤其是大中型企业,质量主体的三个组织过程最为清晰,即产品开发设计质量,产品制造质量和顾客服务质量。质量主体过程结构模型如图4.1.1所示,描述了组织追求卓越绩效的核心价值观和理念,即"大质量时代"的"系统观点"。

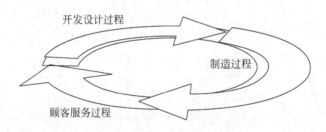

图 4.1.1 质量主体过程结构模型

二、质量主体的驱动力

1. 质量战略和质量主体目标

近年来,我国权威机构每年的定期抽样调查统计结果证实,我国企业平均产品质量水平基于纵向自我比较有了显著提高,但在横向比较上,与国际先进水平还有很大的差距。我国产品质量和服务质量的竞争力面临严峻的挑战。本章的目的不是要讨论我国整体产品质量和服务质量存在的诸多问题,而是从企业微观管理出发,探讨企业质量主体过程未能达到预期质量主体目标的主要原因。

在一个企业的复杂运作过程中,企业的质量战略和质量主体过程之间往往存在着一条鸿沟,使企业的质量战略和质量主体过程脱节,于是,产生了"鸿沟效应"。而消除这种"鸿沟效应"的唯一途径就是用质量主体目标将质量战略和质量主体过程有机地衔接起来。这正是企业核心过程——质量主体过程的战略价值。目前,世界上许多研究人员正在进行有关方面的理论研究和实践论证。他们的研究成果为企业实现有效的经营管理提供了重要依据。例如,G. Stulk,P. Evans 和 L. E. Shulmum 提出把企业过程(包括质量主体过程)看作是企业战略(包括质量战略)的对象,把"过程"和"战略"联系起来。他们认为企业战略实施的基本架构不是产品和市场,而是企业过程(包括质量主体过程)。

2. 顾客满意

显而易见,顾客满意是有效质量主体的另一个重要驱动力。在现代快速变化的市场中,时代正在追求无形的、个性化的满意感。从顾客的需求出发,新的质量概念是:质量是顾客的满意度——顾客对产品的满意度,对服务的满意度以及对企业(公司)本身的"感知"满意度。因此,企业将顾客满意作为对产品质量和服务质量,对质量主体过程质量,尤其是对企业经营的经济质量的最终评价。由此可见,有效的质量主体是企业持续实现最优经济质量目标的根本保证。

图 4.1.2 简要描述了一个有效质量主体驱动力的构成。

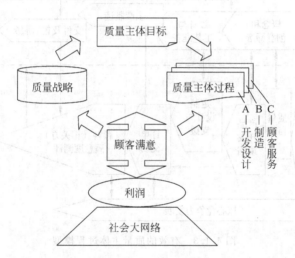

图 4.1.2 有效质量主体的驱动力构成

注:顾客满意是指"相关方"(参见 ISO 9000:2000 中的"3.3.7")满意。

狭隘的质量主体观念是质量主体导向,而不是顾客导向。这种质量主体导向的主要特征是以"职能"为中心,也称为"职能效应"。

例如,一个或一组设计人员习惯沉溺于独立的产品创意,并不考虑顾客的感受,而且极力鼓动与顾客需求脱节的设计方案的实现。正如 M. Hammer 所说:"对一个写作的人来说,面对一张白纸或是面对空白的电脑屏幕,大概是世上最令人兴奋同时也是最恐怖的一件事了。"

作业流程负责人的"通病"是以流程为导向,他们往往带领一群人一头栽进眼前的片断工作中,忽视了涉及制造质量(顾客要求)的作业流程系统性思考。例如,一个货运企业,业务人员长期在各港口、地区分散作业,按照惯例完成签发提单、订舱、报关、提箱、装船及货物交付等作业流程中各个环节的工作,而忽视了面向客户需求的作业流程的不断改进。当然,这主要是高层管理者的责任。

某些经营者以为产品一旦进入流通领域,就犹如"泼出去的水",不需再顾及了,"一叶障目,不见泰山"。他们拒绝在顾客服务领域开展业务,不设立顾客档案,不定期向顾客进行访问调查。通常的做法是被动地完成顾客投诉记录。服务业也另有表现,例如,一家酒店的服务准则挂在大堂前或者已经形成了文件。但是,这些是用来考核酒店员工的,据此来弥补企业分配制度的缺陷,而不是向顾客兑现服务承诺的。

总之,对于任何一个企业,从根本上说,顾客要有需求,质量主体过程才有起点,而一切的运作,也才有意义和价值。一个有效的质量主体过程模型如图 4.1.3 所示。从前面的图 4.1.1 也可以清楚地看到质量主体过程的结构,而这一环形结构,是以顾客为导向,以"顾客服务过程"为基础的。图 4.1.3 又将质量主体过程的结构和主要内容进一步分步细化。

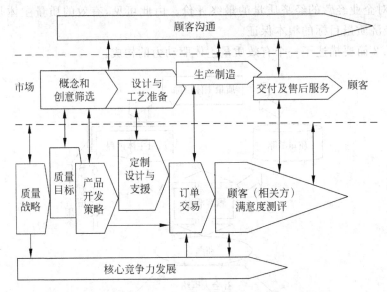

图 4.1.3 有效的质量主体过程模型

应当指出,本文中涉及"产品"一词时,其含义通常包括"服务"。因此,文中出现"产品"一词时,为简便起见,不再加以说明。

第二节 产品设计开发的质量

一、上升趋势——产品质量的源头

为了企业准备参与世界级的质量竞争,我们举下面的例子说明一个重要的事实:日本 K 公司的统计数据表明,在该公司用户索赔和意见中,属于设计问题部分约占 70%,剩下的 30% 才是属于制造、装运等其他的责任。如图 4.2.1 所示。

事实上,近年来世界发达国家的制造商已经将质量管理的重点由制造过程转移到设计过程。这是因为他们经过多年来的实践和统计分析发现,在由市场信息获取的索赔和意见的报告中,设计问题所占的比例呈明显上升趋势。这种倾向引起了国外制造商的密切关注，并取得了一致性观点——产品的设计开发是产品质量的源头。于是，在 20 世纪 80 年代以后，各国制造商们成倍地增加设计部门的人员，以保证产品设计开发阶段的质量。一些日本制造商在 80 年代就开始了"设计大战"，例如，当时的有关资料调查统计显示，日本 K 公司，曾在 6 年中，将设计开发部门人员增加到原来的 2 倍，经费投入也成倍地增加，占销售额的比例明显上升。

图 4.2.1　日本 K 公司用户索赔和意见统计比例

归纳总结世界著名企业和专家们的看法，他们认为 QM(quality management)重点由制造向设计转移的理由是：

(1) 以顾客为中心的观念日益增强。

(2) 统计资料中显示设计质量引起索赔所占的比例显著。

(3) 外部故障成本的含义被广泛认同。正如美国质量管理专家菲利浦·克劳斯比(Philip B. Closby)所说，"第一次就做好。返修的费用是很高的，带来极大损失，延误交货期"。

(4) 科学技术快速发展，顾客需求不断变化，产品生命周期越来越短。

(5) 通常，产品设计开发成本较高，而采用新的管理理论和方法，不仅改变了传统的设计开发过程，也能够有效地降低设计开发成本。

二、设计开发的任务——强化满足顾客需求的双向逼近过程

产品的设计开发是一个复杂的过程，同时要满足来自顾客和制造两个方面的双向要求，如图 4.2.2 所示。并且，根据 CS(customer satisfaction)理论，强化顾客的需求，以使顾客满意为最终目标。

图 4.2.2　满足顾客需求的双向逼近过程

1. 产品质量的识别

清楚了解什么样的顾客需要什么样的产品及服务；这些顾客将来可能需要什么。对一个企业来说，没有什么事能比这个更基本，更重要了。既然如此，产品设计开发质量目标的基本出发点就是满足顾客需求。为此，正确识别顾客的明确需求和期望是首要的，也是确定新产品设计开发的依据。识别的整个过程就是大量收集情报，并进行系统分析和验证的过程。

2. 识别的范畴和类别

(1) 社会动态、市场情报

① 国内和国外经济形势；

② 市场规模的变化趋势和市场预测；

③ 相关公司（企业）市场占有率比较分析；
④ 市场评价；
⑤ 安全及环境法规；
⑥ 新科学技术动态。
(2) 竞争对手的情报
① 产品开发动向；
② 未来发展战略及课题方向；
③ 竞争产品的性能、特征；
④ 与竞争对手产品的比较分析。
(3) 顾客的情报
① 顾客满意程度的测试；
② 顾客对同类产品生产厂家的评价；
③ 顾客对产品的改进意见；
④ 顾客对产品价格的期望值和承受能力；
⑤ 顾客使用环境和使用方法。

3. 外部扫描和自我评价

企业应该洞察未来几年外部市场的影响以及这些条件之间的关系，而企业质量战略规划者可以将其称为"影响商业环境的市场条件及环境的外部扫描"。重要的是这种"外部扫描"所得到的结果能够回答以下基本问题：

(1) 当前的产品为客户提供了哪些功能？
(2) 从现在起 3～5 年内，客户对于这些功能的需求程度如何？
(3) 3～5 年内，你需要什么产品支持这些功能？
(4) 3～5 年内，客户是否愿意为所需要或期望的功能买单？
(5) 未来有哪些法律或是监督环境会影响企业运营的改变？
(6) 3～5 年内，产品及其成本结构是否需要做根本性的改变？
(7) 3～5 年内，产品线或客户服务流程是否需要进行根本性的改变？
(8) 3～5 年内，支持性流程是否需要做根本性的改变？
(9) 对于所需改变的产品或过程，应当何时以及如何采取行动？

对于上述问题，应当每隔一段时期就要回答并梳理一次，最后将积累的答案绘制成走势图进行比较。事实上，这里要求企业必须能够检测出逐渐明朗、清晰的市场变化。

如果企业能够及早发现趋势，就能未雨绸缪，继而及早采取应对之策，这样才能确保企业对市场和客户的敏感性。如果企业能够足够快地检测出市场的基本变化，在竞争对手行动之前做出改变，就能获得更多的市场份额。这些活动不应该挂靠于某个特设的临时平台上，而是应该进行精心部署，以确保周期性的实施和开展。

值得注意的是，企业往往忙于应对迫在眉睫的危机而忽视了自我评估。综上所述，如果企业的外部扫描显示出需要做出根本性的改变，则下一步就要进行自我评估。对大多数企业来说，至少需要每 3～5 年进行一次自我评估，最好是缩短到至少每 1 年执行一次。这项并非可有可无的活动可以称为企业的"内部扫描"，有效的企业内部扫描有利于保持企业与市场的紧密相关度。

新产品开发的目标决策来自对市场调查信息的系统分析,这是一个识别和确认顾客的需求和期望的复杂过程。经营者追求新产品质量特性的准确界定和设计开发的新产品投放市场的最小风险以及为企业带来的最佳回报。

4. 逼近过程

经过识别确认的产品质量目标,明确产品设计的标准,即产品在性能、成本、安全性、可靠性、响应性、保证性、移情性、对环境的影响以及对法规的符合性等各方面都要不断追求满足顾客的需求和期望。实际上,要完全满足顾客的需求和期望是十分困难的。但是,企业在产品设计开发过程中必须努力逼近这一目标,只有这样企业才能保持竞争力。

顾客需求的最终实现是通过制造过程或服务流程完成的,因此,设计过程的另一重要质量特征是对过程要求的符合性,这也是一个动态的逼近过程。实现过程对设计的要求表现在以下方面:

(1) 产品结构的工艺性;
(2) 标准化水平(包括服务标准);
(3) 消耗及成本;
(4) 运作周期;
(5) 生产效率。

三、产品设计开发的过程

1. 传统的基本模式

产品设计开发的全部过程,就是产品的研制向生产运作转移的过程,这个过程通常经历四个阶段和八个步骤:

A:新产品策划→可行性研究→B:初步设计研制→试验→最终产品设计→C:试制(工艺设计)→生产转移→D:使用

以上过程阶段反映了产品设计开发的基本模式和内在规律性。当然,不同类型产品特点,其开发程序有差异,但本质是相同的。

2. 范例

(1) 我国新产品设计开发程序

以典型的机械、电子、军工产品为例,这类产品常称为装配性产品,其传统的开发程序分为六个阶段、十四个工作程序,如表 4.2.1 所示。

表 4.2.1　我国装配性产品开发程序

编号	阶段	程序号	程 序 内 容
1	策划阶段	1 2 3	新产品构思,市场调研,收集质量信息和技术情报,识别质量 投资预测,资金筹集,物资和人员的准备 对采用的新技术,新材料进行先行试验
2	样品设计阶段	4 5 6	产品初步设计,即方案设计及可行性报告(评审) 产品技术设计,即结构设计(评审) 工作图设计,即施工图设计(完成全部设计图纸和技术资料的编制)

续表

编号	阶段	程序号	程序内容
3	样品试制阶段	7 8 9	样品(机)制造(加工过程的跟踪和信息反馈) 样品(机)试验,按规范全面试验,作数据分析评价 样品(机)技术鉴定(评价)(性能参数,设计的正确性)
4	改进设计阶段	10	对样机进行改进(二次设计和改进计划或二次试验、鉴定和审批)
5	小批试制阶段	11 12	小批试生产和投产鉴定(检查工装、工艺、材料和供应的准备工作) 试销,加强顾客服务,收集故障和顾客意见的信息,反馈信息
6	批量投产阶段	13 14	批量投产,产品定型、鉴定(评价)(生产流程到位),分供方定点 指导技术服务,收集顾客信息,质量跟踪,顾客服务,信息反馈

(2) 日本企业新产品设计开发程序

日本企业新产品设计开发程序的基本模式如图 4.2.3 所示,一般分为四个阶段,并规定进行四次评价,其中包括二十个工作过程,如表 4.2.2 所示。

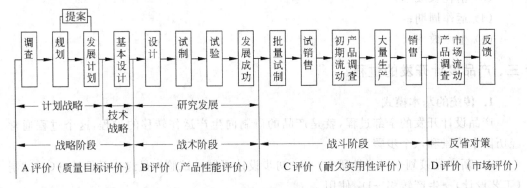

图 4.2.3　日本新产品设计开发程序基本模式

(3) 欧洲企业新产品设计开发程序

欧洲企业新产品设计开发程序的基本模式如表 4.2.3 所示,一般分为六个阶段,其中包括三十六个工作过程。

表 4.2.2　新产品设计开发阶段

类别	新产品开发阶段	负责部门						
		领导	营业	计划	设计	生产技术	制造	服务	质量管理
A	1. 收集情报资料		◯	◯	◯				◯
	2. 设计开发提案			◯					
	3. 审议批准设计方案	◯	◯						
	4. 制订规格、式样			◯					
	5. 规格式样评审	◯	◯	◯	◯				◯

续表

类别	新产品开发阶段	负责部门							
		领导	营业	计划	设计	生产技术	制造	服务	质量管理
B	6. 设计				○				
	7. 设计评审	○	○	○	○			○	○
	8. 试制				○				
	9. 质量评价		○	○					○
	10. 实用试验、可靠性试验				○				○
	11. 商品化标准	○	○		○				
C	12. 小批量试制、评价				○		○		○
	13. 提出销售资料		○						
	14. 销售人员、服务人员的教育		○					○	
	15. 试销售							○	
	16. 初期流动产品的调查							○	
	17. 投入批量生产						○		
	18. 销售		○					○	
D	19. 市场流动产品调查		○					○	
	20. 反馈		○					○	

四、风险意识和早期警报

1. 风险意识

新产品的设计开发是一个复杂的系统工程，要达到预期的质量目标，使新产品的设计能满足其功能特性要求，并且保证每一个零件或部件都满足产品设计指标，就必须预先考虑在新产品设计开发阶段可能偏离预定设计质量目标而发生失效的风险。因此，新产品设计阶段的质量管理活动始终是以减少风险为目标的。下面将讨论在新产品设计开发的全过程中所遇到的风险范围和减少风险的要点。

2. 早期报警

新产品设计开发过程中的风险以及产生的产品缺陷是很难避免的，如图 4.2.4 所示，它们有如漂浮在大海之中的冰山。为了保证新产品设计开发的质量，发现产品的明显缺陷，挖掘出潜在缺陷，使其具有很大的经济价值，需要进行早期报警。早期报警包括以下 6 个方面：

①投资风险分析；②设计评审；③故障分析；④实验室试验；⑤现场试验；⑥小批试生产。

表 4.2.3　欧美工业企业新产品的开发程序

活　动	市场研究	产品开发	生产准备	采购	制造	质量管理	销售	服务
方案构思阶段								
1. 确定用户的需要和愿望	××						×	
2. 研究条例和法规	×	×						
3. 确定新产品技术规范	×	×					×	
初步设计阶段								
4. 鉴定和试验零部件		××						
5. 制造样机		××	××					
6. 试验和分析样机		××						
7. 设计评审	×	××	×	×	×	×		
最终设计阶段								
8. 试验零部件（继续）		××				×		
9. 试验和分析样机		××				×		
10. 产品安全性分析	×	××				×		
11. 确定公差和特性分级		××			×	×		
12. 制订外观标准	×	××					×	
13. 制订零部件规格		××		×	×	×		
14. 设计评审	×	××	×	×	×	×	×	
试制阶段								
15. 生产准备		×	××		×			
16. 设计采购测试原材料		×	×	××		×		
17. 设计和采购控制装备		×	×	××		×		
18. 供应厂商的评价（质量）				××		×		
19. 选定供应厂商			×	××		×		
20. 交货检验的准备						××		
21. 工序检验和最终检验的准备			×		×	××		
22. 小批试制产品的检验			×			×		
23. 小批试制和小批生产产品鉴定		×	×			×		
24. 在试制和小批生产中加工总成		×	×					
25. 制订检验计划和检验						××		
26. 设备维修			×					
27. 编制使用说明书和备件目录		×						×
生产阶段								
28. 按制造工艺加工					××			
29. 按规定工序检验					×	×		
30. 偏离质量要求的处理		×			×	×		
31. 内部故障报告的分析					×	×		
32. 出厂产品的质量评审						×	×	
使用阶段								
33. 耐久性试验						×		×
34. 外部故障报告和分析						×	×	×
35. 解决质量问题委员会		×			×	×	×	
36. 质量成本报告和分析						×		

注：××——负主要责任；
　　×——负次要责任。

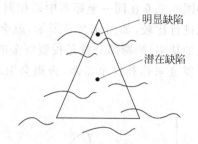

图 4.2.4　风险意识和早期报警图示

3. 投资风险分析

（1）投资风险范围

对新产品研制、试验和评价的投资不足，在新产品设计开发中经常是一个明显的、主要的风险。这种风险往往是由于拨款数量和拨款时机不当所引起的，以图 4.2.3 和表 4.2.2 为例，具体表现在以下两个方面。

① 如果在研制、试验和评价活动的早期资金不足，就会影响 A 评价和 B 评价的效果；

② 如果在研制后期的早期生产资金不足，就会影响 C 评价和 D 评价的效果。

实际上，企业做出研制的决定本身是对生产的许诺，这种生产必须有恰当的阶段性拨款作保障。

（2）降低投资风险的要点

保证为新产品设计开发项目提供足够的资金，也就是说，在开发的初期阶段就应该投入合理比例的资金。如图 4.2.5 所示，这是一个理想化的投资分布图。它描述了新产品设计开发过程不同阶段的资金投入比例 y 和时间变化的关系。如图 4.2.6 所示，是一个新产品设计开发项目资金初始阶段投入严重不足的典型投资分布曲线。企业应该预先做好合理的投资计划，并描述出投资分布曲线，根据投资总额对阶段性投资数量比例以及投资时机进行控制。如果有理由改变投资分布状况，企业必须评价投资改变对新产品开发向生产转移的影响。

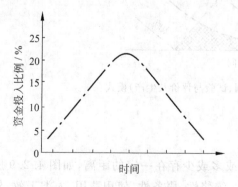

图 4.2.5　理想化的投资分布

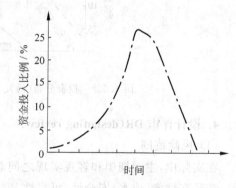

图 4.2.6　投入严重不足的典型投资分布曲线

如果我们把图 4.2.5 和图 4.2.6 在同一坐标系中以相同量纲进行对比，也就是将投资预期目标和实际投资状况进行比较，如图 4.2.7 所示，就会明显发现在新产品设计开发的初期投入阶段资金不足的缺陷，阴影部分就是投资资金的差距。应该指出的是企业并不可以用后续阶段的计划资金来弥补这个差距，否则会引起不利的连锁反应，使风险加剧。

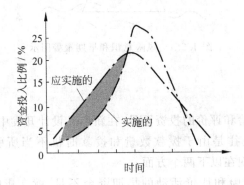

图 4.2.7　设想和实际的差距

新产品设计开发仍在进行过程中，就要考虑降低第二阶段的风险。例如，及时提供工装设备、先进材料和生产线正常运转的早期资金，这是新产品开发向生产转移的另一个关键环节，图 4.2.8 所示是这个环节投资的最佳控制模式。显然，过早或过晚向生产投资转移都是不利的，在转移到生产投资的区域时，客观存在着设计开发阶段的低风险区和实际应该控制的生产资金早期投入的数量比率规律和投入的时间分布状况，如图 4.2.8 中阴影部分。

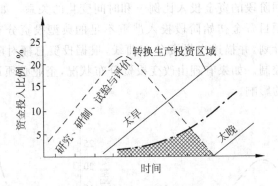

图 4.2.8　投资分布(研究、研制、试验与评价及生产)模式

4. 设计评审 DR(designing review)

（1）风险范围

在实际中，主观期望和客观实现之间总是或多或少存在一定的距离，如图 4.2.9 所示。产品在性能、成本、安全性、可靠性、生产性、维修性、服务性、使用费用、人类工效、外观、对环境的影响及符合法规等各方面充分满足顾客所期望的质量要求是完成一个成功产品设计的目标。显然，要达到这个目标就需要产品设计开发部门有很高的技术能力水

平，包括具备完善的技术标准和设计手册等文件，有足够的设计人员，他们都具有合理的知识结构和丰富的实践经验。但是，实际中以上各点很难完全满足，通常和实际要求之间存在一定的差距，这就必然引起产品设计开发过程中产生种种问题，形成产品缺陷，这是难免的。

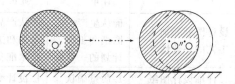

图 4.2.9 设计评审的推动作用

图例：　○表示顾客的期望质量；　　○'表示初始阶段设计质量；
　　　　○"表示实际设计质量；　　　→…表示不同阶段设计评审。

设计评审的目的是及时预防、发现和弥补差距，把产品缺陷产生的风险降为最低。

（2）设计评审范例

① 经历三次设计评审的范例。经历三次的设计评审通常用于简单产品和部分更新产品，其设计评审的实施阶段以及设计评审的主要内容如表 4.2.4 所示。

表 4.2.4　三次设计评审的实施阶段及主要内容

产品设计 开发阶段	设计评审的 实施阶段	设计评审的主要内容
策划阶段	1.初步设计评审	产品适用性、产品技术水平、开发生产能力、产品安全性、产品竞争能力、产品设计标准化程度、补充试验的必要性及周期、新设计方法、技术经济分析、法令和法规的符合性
样品设计阶段	2.技术设计评审	结构方案技术经济分析、工艺性、安全性、可靠性、维修性、操作方便性、故障分析、可诊断性、修复性、标准化落实程度、关键外购件及符合性、工艺措施落实
样品试制阶段	3.生产设计评审	工序能力调查、验收方案、安装性、工艺性、方便性、包装条件储存要求和寿命、危险性故障及预防、外观标准、标牌、使用说明书、故障跟踪卡、标准化程度、产品检验标准、图纸文件

② 经历五次设计评审的范例。经历五次设计评审常用于较为复杂的产品和大多数新技术产品等。其各阶段的评审目的和内容如表 4.2.5 所示。

（3）内部活动的人员组织特点及职能

① 特点。设计评审是在企业内部进行有组织、有计划的活动，也就是企业自身进行评价和审核。由于市场竞争十分激烈，企业在设计开发新产品时，一般是保密的，图纸和技术参数以及管理方法等方面都是"内控"的，这是商业性需要。因此，在评价中不请同行专家。

表 4.2.5 五次设计评审各阶段的评审目的和内容

阶段	新产品构思及初步设计阶段	详细设计及试制阶段		生产准备阶段	
项目	1. 构思评审	2. 试制工序评审	3. 生产前工序评审	4. 生产前工艺作业准备评价	5. 综合评审
评审目的	新产品初步设计与质量目标的一致性	设计图纸和加工工艺的一致性	确认生产图纸和工序计划的一致性	确认产品质量水平和工艺技术准备	批量生产前的技术、质量、经济性综合评价
评审内容	1. 初步设计和质量目标一致性比较分析 2. 同类竞争产品的分析 3. 评价产品实现的难易程度 4. 新工艺、新技术的研究开发计划 5. 阶段成本计划 6. 设计开发实施计划 7. 有关法令、法规符合性	1. 详细设计图纸 2. 确认质量计划（质量管理工作计划、产品质量计划） 3. 加工性评审 4. 设备评审 5. 工序能力检定 6. 试制成本评价、效益分析	1. 质量确认 2. 工艺准备计划审核 3. 工艺设定 4. 综合成本计划 5. 外协件的质量管理	1. 设计变更确认 2. 产品试运行计划 3. 质量特性指标确认 4. 工艺准备进度 5. 原材料、外协件到位计划	1. 生产流程体系综合确认 2. 产品质量确认 3. 故障、不良对策 4. 外协件质量控制 5. 经济效益分析 6. 投产初期质量管理

② 无关评审。设计评审委员会中的评审员是与设计开发没有直接关系的企业内部各有关领域的专家，他们具有全面的知识和丰富的经验，能够从不同的角度对设计提出符合实际情况的综合性意见以及具体的实施措施等。

③ 职能。评审员构成和职能分配如图 4.2.10 所示。

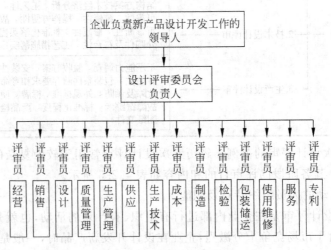

图 4.2.10 评审职能分配

在市场调查研究的基础上，企业通过对生产能力的核定和产品优化组合等技术经济分析以后，可将产品分为 A、B、C 三类，三类产品对企业的开发技术、利润计划、生产能力影响的权重不同。A类产品为主导产品,是最重要的一类,B类产品次之,C类产品更次之。因此,在设计评审中要求自然不同,对A类的主导产品一般要求进行五次评审,而B类和C类产品,则根据实际要求的设计质量和经济性而确定。

(4) 设计评审的实施过程

通常,设计评审的实施过程如表4.2.6所示。

表4.2.6 设计评审实施过程

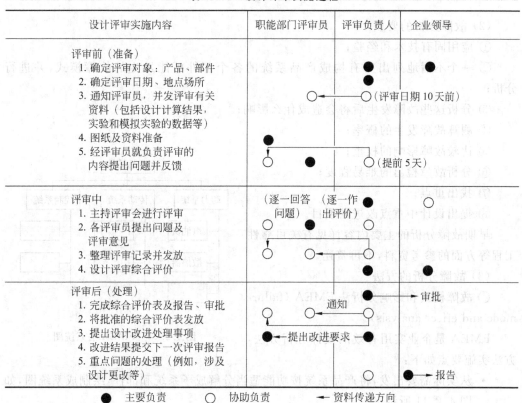

5. 故障分析

(1) 故障分析的含义

产品形成过程中的高故障率导致返工和废品费用增加,从而提高了生产成本。产品质量是故障变化量的函数,即故障种类数量越多,质量越低,反之亦然。缺少一个有效的故障信息早期报警系统,不但会增加生产成本,而且也会降低产品在使用中的性能。

所谓故障分析,就是为了预防产品缺陷发生,防止发生类似影响产品性能、可靠性、安全性的故障,对可能发生的故障和潜在的因素进行系统地分析研究,提前预防和消除隐患。通常,故障分析可以分为早期故障分析和失效分析两类,其含义如表4.2.7所示。

表 4.2.7 故障分析

故障分析类别	作　用	对　象	信息来源	时　态
早期故障分析	早期报警手段	产品缺陷	产品设计开发过程中的设计结构	未发生（可能出现的故障及原因）
失效分析	质量改进	失效残骸	产品在试验中或使用中	已经发生（试验中或使用中的失效分析）

(2) 故障分析的要点

① 应用固有技术和经验；

② 一个不漏地列出所有构成产品系统的各个部件可能发生的故障模式，并进行分析；

③ 分析这些故障发生后将会造成什么影响；

④ 测算故障发生的概率；

⑤ 比较故障影响的权重；

⑥ 分析故障检出的难易程度；

⑦ 找出重点；

⑧ 提出设计中重点改进的项目。

早期故障分析的主要内容详见有关可靠性工程等方面的参考资料，不再赘述。

(3) 故障分析的方法

① 故障模式和影响分析法 FMEA（failure mode and effect analysis）

FMEA 是企业实用有效的设计分析方法，方法实施要点如下：

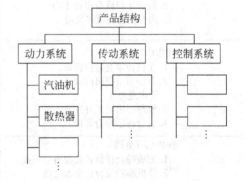

图 4.2.11　FMEA 法系统图

- 从实际需要出发，将产品系统按功能适当分解成子系统和部件，绘制成系统图，如图 4.2.11 所示；
- 按子系统和部件列出可能发生的故障模式，如短路等；
- 找出关键模式（涉及安全、损失费用大等方面）作为 FMEA 的目标；
- 由下至上逐一分析对系统功能的影响程度；
- 分析故障原因；
- 故障排序，对故障综合评价（发生概率、严重程度、检出力等）；
- 对高级故障提出预防对策、责任部门和完成时间。

② 失效分析法——故障树状分析法 FTA（fault tree analysis）

FTA 法就是一种系统图法，它从某个故障出现开始，以树状形式按因果关系对一切可能导致故障的原因一层一层地展开分析，直到找出存在于某个零部件上的故障根源，并且能够直接采取纠正措施为止。其实施要点如下：

- 将故障看作事件，FTA 是从最高层事件向下逐层分析；
- 直到能够直接采取措施加以预防和纠正为止；FTA 应用简例如图 4.2.12 所示

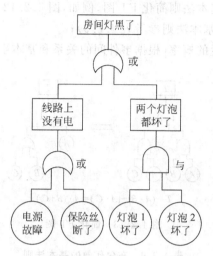

图 4.2.12 FTA 使用

(FTA 常用符号参见表 4.2.8);

表 4.2.8 FTA 所用的记号说明

No.	记号	名称	说明
1		事件 event	由基本事件组成一个个事件
2		基本事件 basic event	从上至下展开到最低层的基本事件,不能再往下展开了,基本事件的发生概率能单独求到
3		与门 "and" gate	只有输入的全部事件都发生时,输出的事件才能发生,概率积
4		或门 "or" gate	输入的事件中,只要有一个发生时,输出的事件就发生,概率和
5		制止门 inhibit gate	输入的事件,只有在此条件满足时,输出的事件才发生,条件概率
6		暂不开展事件 undevelopped event	由于情报和分析技术不足,事件不能再往下展开。但随着工作的进展,有可能再进行展开分析
7		房子型 house gate	表示常识认为是会发生的事件,例如在分析火灾发生的原因时,"空气存在"就属这类事件
8		移动记号 connecting symbol	表示向 FTA 图上有关的部分移动或连接。从三角形的顶上线进入
9		移动记号 connecting symbol	同 8,从三角形的边线出来

• 绘制 FT 图;

- 根据布尔代数的基本法则简化 FT 图,例如,图 4.2.12 的简化 FT 图如图 4.2.13 所示(布尔代数的基本法则参考表 4.2.9);
- 计算上层事件发生的概率(根据事件间的关系和基本事件发生的概率)。

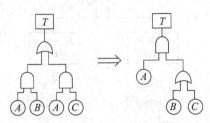

$$T = (A \cdot B) + (A \cdot C) = A \cdot (B + C)$$

图 4.2.13 简化 FT 图

表 4.2.9 布尔代数的基本法则

幂 等 律	$A+A=A$ $A \cdot A=A$
吸 收 律	$A+A \cdot B=A$ $A \cdot (A+B)=A$
分 配 律	$A+(B \cdot C)=(A+B) \cdot (A+C)$ $A \cdot (B+C)=A \cdot B+A \cdot C$

下面的实例能进一步说明 FTA 的基本原理和方法,如图 4.2.14 所示。

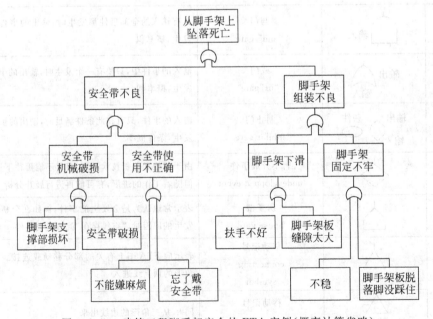

图 4.2.14 建筑工程脚手架安全的 FTA 实例(概率计算省略)

③ FMEA 和 FTA 的对比

FMEA 和 FTA 都是在产品设计开发阶段用于提高产品整体质量以及提高产品的安全性和可靠性的方法,但这两种方法有一些不同之处,参见表 4.2.10。

表 4.2.10 FMEA 和 FTA 的对比

特点	FMEA	FTA
分析方向	从产品基本构成部件自下而上,向子系统,以至系统层层展开	从产品(系统)整体出发,自上而下,通过 FT 图向产品基本构成部件层层展开
分析方式	列出构成部件的所有故障模式,然后对单一的潜在故障进行广泛分析	提出不希望发生事件的有关故障模式,向下深追原因
故障模式间的关系	不考虑故障模式相互间的关系,分别独立地考虑每个故障对上一层系统的影响	考虑故障模式之间的相互关系,用树形图表示输入和输出及相互关系、影响程度
故障模式类型	适合于单一故障模式的分析	适合于多重故障模式的相关性分析
分析对象	主要针对物进行分析,对人的差错等其他影响没有考虑	主要针对事件进行分析,对于其他影响也和输入事件一起进行分析
适用范围	适用于系统的功能和作用的分析	适用于有关人身安全、硬件破坏等安全事件的分析

6. 实验室试验

实验室试验也是设计质量早期报警手段之一,它的目的是为了获得新产品的某些技术原理和新材料、新的元器件、组件、部件以及新产品在质量特性、生产率、消耗等技术和经济方面的数据,作为评价和改进设计的重要依据。

实验室试验按其设计开发程序可分为

(1) 先行试验

对某些新的难度较大、复杂而又必须掌握的专题技术或参数,置于产品设计之前进行试验,以便为决策和产品设计提供依据。另外,为了缩短设计周期,也要安排先行试验。

(2) 中间试验

如样品(机)试验(单项或全部技术指标的试验)。是指在某些技术接近实用阶段时,在产品上试用或者扩大其试用的范围和规模,以便确认该技术是否最终在产品上采用。

实验室试验按其方法可分为:模拟试验,模型试验(小样试验),实物试验。

实验室试验按其内容可分为:规格、功能与性能试验,能源、资源消耗试验,模拟自然环境或工作环境试验,生产率试验,空运转、负荷、超负荷试验,强度试验,抗震、防腐、抗高温、耐低温试验,温升与热变试验,寿命试验,可靠性试验,安全性试验,可维修性试验,附件试验,渗漏试验,噪声试验,储存、搬运模拟试验,公害试验等。

7. 现场试验

现场试验也称为工业性试验,是指把试验物置于实际使用的现场或环境条件下所进行的实用性试验,这是最能直接评价产品适用性的手段。如药品的临床试验,汽车的道路试验,军用产品的实弹试验等。现场试验的含义还指进行实际工作对象和工作负荷的生产性试验。如机床对各种材料的切削试验和连续运转试验,汽车在不同道路环境下的重载运输试验,火车车体轴承磨损试验,核反应堆探测仪器防辐射试验等。

8. 小批试生产

小批试生产是大批投入正式生产的试运行,也能对投产后的潜在问题起到早期报警的作用。既是对产品设计的再次考验,也是对工艺放样的全面验收,又是对人员素质、生产组织、后勤保障等各方面对生产运行适应性的验证。

实践证明,小批试生产是产品设计阶段向大量生产转移的重要环节,可以想象,如果不进行小批试验就直接投入大量生产,一旦在设计或工艺方面出现问题,所涉及的范围就很大,无疑将造成严重的经济损失。因此,企业必须严格遵守这个程序,才能保证稳妥地正式投产。

五、改进的目标和策略

1. 改进的目标

朱兰说:"某些公司把'愿景'(vision)一词看成是他们最想做的事或者是他们希望未来成为什么样子。"朱兰把这种愿望描述为:

- 成为成本最低的生产者;
- 成为市场的领导者;
- 成为再创新的领导者;
- 成为质量的领导者。

也可以说,任何公司和企业始终追求的目标是:

如何在最短的时间内,用尽可能低的成本,开发出使顾客满意的新产品和服务。

(1) 缩短新产品开发设计周期

今天,在激烈的市场竞争中,新产品开发完成的时间期限大大缩短。事实上,许多公司和企业很可能同时关注某种新技术,并且产生出同样的新产品构思。然而,优胜者是属于那些行动迅速,并且努力压缩产品开发时间的人。另外,成功产品的生命周期也日益缩短,当一种新产品成功进入市场以后,通常,竞争者会很快地模仿。例如,某些电子产品被竞争者仿制仅需半年时间,显然,"残酷"的现实是,留给新产品开发商和制造商的时间已经很少了。

美国的 C. Steven, W. Wheel 和 K. B. Clark 认为新产品的生命周期如图 4.2.15 所示,t_0——新技术出现;t_1——获得机会;t_2——立项开发;t_3——产品设计;t_4——产品制造;t_5——第一个顾客满意;t_6——产品开始淘汰。从 t_0 时期开始有某一种新技术出现,新技术的出现常常引发新产品的诞生。但是,通常要经过一段时间,企业才能认识该项新技术的商业价值,并获得采用新技术的机会,如图 4.2.15 所示的从 t_0 到 t_1 时期。从 t_1 到 t_2 时期是企业从新产品开发前期准备工作到正式立项开发阶段。从 t_2 开始投入新产品开发资金,经过 t_3、t_4 产品设计和制造阶段,到 t_5 新产品的成熟期为止,完成了从新技术出现到第一个顾客满意的新产品开发设计阶段。到 t_6 阶段,所开发的新产品已经进入淘汰时期。

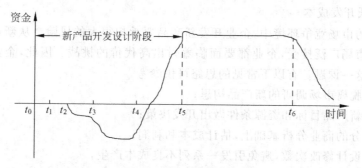

图 4.2.15 新产品生命周期

资料来源：菲利普·科特勒著.营销管理(第 9 版).上海人民出版社,1999.

菲利普·科特勒十分赞赏 Goldman 和 Muller 对产品生命周期形态的比较研究,称为"营销卓见"。

如图 4.2.16(a)和(b)所示,D_p——新产品开发期;I/G——引入期和成长期;M——成熟期;D——衰退期。前者说明了一个理想产品生命周期的形态。即新产品开发期(D_p)短,使企业的新产品开发成本低。而引入期和成长期(I/G)短,意味着比较快地达到顾客满意。成熟期(M)持续的时间很久,意味着企业持续获利时间长。衰退期(D)很慢,意味着利润下降趋势缓慢,产品不是陡然被淘汰。后者[图 4.2.16(b)]说明了一个最差的产品生命周期形态。新产品开发时间很长,成本很高;引入和成长期(I/G)很长;成熟期很短;衰退期很快。由此可见,缩短新产品开发设计时间是质量主体过程在该阶段的首要目标。

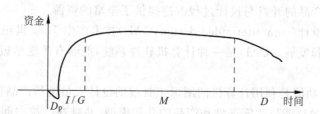

(a) 理想的产品生命周期形态

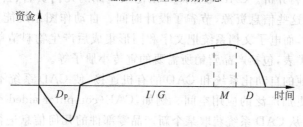

(b) 不理想的产品生命周期形态

图 4.2.16 产品生命周期形态比较

资料来源：菲利普·科特勒.营销管理[M].第 9 版.上海:上海人民出版社,1999.

(2) 降低开发成本

在激烈的市场竞争环境中,企业开发新产品要承担很大的风险。从新产品创意一直到新产品被市场广泛接受,企业都要面临着付出高代价的挑战。因此,企业必须研究降低开发成本这一课题。有以下常见的思路可供参考。

- 避免脱离市场调研的新产品构思;
- 根据新产品目标和资源条件做出开发决策;
- 在充分的商业分析基础上,估计成本和利润;
- 减少设计修改次数,避免引发一系列不良成本产生;
- 适当采用先进的新产品研究与开发设计技术;
- 改进传统的新产品研发组织模式,实现资源优化组合。

(3) 开发顾客满意的新产品和服务

一个企业的社会价值决定了企业的生存和发展,但是,其社会价值并不是企业为自己界定的,而是由顾客客观评价的。也可以说,企业只有为顾客创造价值,才能同时实现企业的自身价值。因此,顾客满意是任何新产品开发设计的最终目标。

2. 改进的策略

突破传统的设计开发思路和运作模式,改进和优化质量主体过程的各个阶段,是企业有效管理质量主体的重要内容。近年来,在世界范围广泛采用的典型改进策略有以下几种。

(1) 计算机管理信息系统和信息技术的应用

近十年,人们不难发现,产品的设计变化更加频繁,产品的生命周期也越来越短,令人目不暇接的新产品层出不穷。新产品快速进入流通领域的能力,正在改变着市场竞争的环境,对伴随新产品形成全过程的质量主体过程产生前所未有的冲击。现代信息技术和信息系统为新产品的开发与设计过程改进提供了丰富的资源。

计算机辅助设计(computer-aided design,CAD)技术产生于 20 世纪 60 年代,至今已经得到广泛应用和发展。CAD 是一种计算机软件系统,能够有效地缩短新产品开发设计周期。

CAD 的主要功能是利用计算机的图形工具辅助设计人员进行产品构思、修改和分析等。例如,利用 CAD 能建立零部件和产品的几何模型,并且在三维空间把不同的零部件拆开或局部放大以利分析。CAD 数据库可以记录产品的几何资料、公差和物料规格,使设计人员充分利用这些信息资源,节省了设计时间。自动作图系统能直接从 CAD 数据库中产生设计图纸,而电子文档系统把文字和图形集成后产生物料清单、装配图、操作程序手册、零部件分类表,包括产品营销所需要的宣传小册子等。

此外,一些其他的自动化系统和 CAD 的有机连接,使 CAD 系统不只局限于做图和文字处理,而有了更加广泛的应用空间。例如,CAE(computer-aided engineering),即计算机辅助工程直接从 CAD 系统获取某个新产品零部件的几何信息进行各种模拟试验和分析。CAPP(computer-aided process planning),即计算机辅助工艺计划和 CAD 系统连接,进行工序设计,包括工装、加工工具和设备的选择以及毛坯设计、加工方法设计、工艺路线设计、工时定额计算方法等。计算机辅助制造简称 CAM(computer-aided manufacturing),与 CAD 连接,能进行刀具路径的规划、刀位文件的生成、刀具轨迹模拟及数控加工(numberal control,NC)代码的生成等。

总之,CAD和上述自动化系统的集成,不仅大大缩短了新产品开发设计的周期,而且改进了新产品的设计质量,从而降低了新产品开发设计成本,为新产品顺利进入市场奠定了良好的基础。CAD系统应用于汽车产品的设计与开发是典型的成功之例。

(2) 质量功能展开(quality function deployment,QFD)

20世纪70年代初,QFD方法在日本出现,80年代,美国引进并开发了QFD方法,在产品研制中不断取得成功。1988年,美国国防部颁布了指令DODD5000.51"Total Quality Management",其中明确规定QFD为研制国防产品的承包商必须采用的技术,同田口的方法、试验设计并列成为重要的产品开发策略和技术手段。

QFD的基本工作原理是从质量保证出发,有目的地通过市场调研掌握顾客的需求。在识别顾客需求的基础上,采用矩阵图解法将顾客需求分解到产品开发的各个阶段和各职能部门中,并通过协调各部门的工作来达到保证最终产品质量的目的,使设计和制造的产品能真正满足顾客的需求。

QFD是一种顾客驱动的产品开发方法,是一种产品功能分析法,是一种在产品开发设计阶段进行质量保证的方法,也是使产品开发设计各职能部门协调工作的方法。其目的是使产品能以最短的时间,最经济的成本和最优的质量进入市场。

QFD方法通过质量功能展开,一方面将顾客的需要转化成产品特性以及相匹配的工程技术和工艺方法;另一方面采用价值分析方法对成本性能比进行多方案的比较研究,以获得合理的价值性能比。

总之,QFD的应用不但改进了产品开发设计阶段的新产品"概念",而且缩短了产品开发设计周期。

QFD的主体是质量屋(house of quality,HOQ),QFD的展开也就是质量屋的展开。QFD应用一系列矩阵图(即质量表)组成质量屋(也称联系屋),第一个矩阵图形成的质量屋是把顾客需求转化为产品设计特性,如图4.2.17所示。质量屋形似房屋,由六个要素组成。

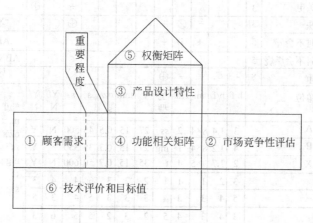

图 4.2.17 质量屋模型

资料来源:马建、黄丽华,企业过程创新概念与应用,三联书店(香港)有限公司,1998年.

① 左墙——顾客需求。顾客需求驱动整个QFD过程。这个部分描述的是产品设计特性,也就是列出在市场调查中所得到的顾客需求项目,质量屋的"烟囱"描述了顾客需

求的重要程度(图 4.2.17),重要度用 1~10 表示,数值越大表示越重要。

② 右墙——市场竞争性评估。参见图 4.2.18 家用蒸汽熨斗的质量屋,将企业准备开发设计的产品 X 的性能对应顾客的每一个需求,同竞争对手的产品 A 和产品 B 进行

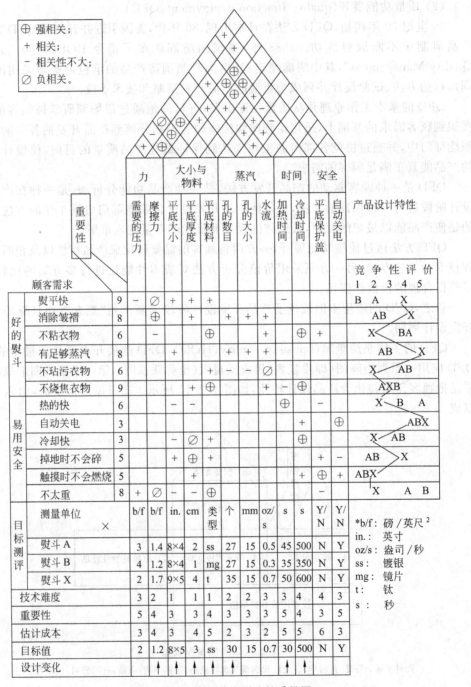

图 4.2.18　家用蒸汽熨斗的质量屋

资料来源:马建,黄丽华.企业过程创新概念与应用[M].香港:三联书店(香港)有限公司,1998.

比较分析,评估的数值用 1~5 表示,数值越大表示性能越好。从图 4.2.18 的右墙可见企业产品 X 的优势和劣势所在。

③ 天花板——产品设计特性。这部分描述产品设计为满足顾客对各项特性的需求,所必须采取的工程措施项目。

④ 房间——功能相关矩阵。这部分描述了顾客需求和产品特性的联系,即相关性和相关程度,有利于协调相互冲突的设计变化。

⑤ 屋顶——权衡矩阵。这部分能够反映在改变设计特性时对其他特性的影响,判断和识别相互矛盾或相互叠加的设计要求,以便在设计优化时加以考虑和权衡,达到多指标同时优化的目的。

⑥ 地板和地下室——技术评价和目标值。地板和地下室表示各项工程措施所要达到的具体指标,即设计目标的输出值以及各项工程措施指标实现的重要程度。也包括决定设计目标值的一些重要因素,如技术难度、重要性和成本等。

如图 4.2.19 所示,QFD 方法通过一系列相互关联的质量屋达到优化产品开发设计过程和制造过程的目的。

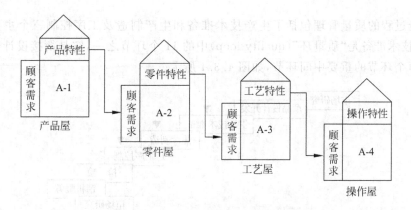

图 4.2.19 一系列相互关联的质量屋

资料来源:马建,黄丽华.企业过程创新概念与应用[M].香港:三联书店(香港)有限公司,1998.

QFD 的方法充分体现了质量管理"以预防为主"的思想原则。在新产品特性识别和确定以及由此所带来的相关性影响方面,投入更多的时间进行分析和研究,其结果是减少了设计修改的时间和成本损失,客观上缩短了新产品开发设计的时间。

总之,QFD 是一种有效的新产品开发设计改进策略。它的优势是:
- 有利于识别顾客需求;
- 有利于分析和确认设计变化;
- 有利于通过协调和沟通保证设计质量;
- 有利于减少设计修改;
- 有利于支持制造过程的产品质量;
- 有利于缩短产品开发设计周期;
- 有利于提高顾客满意度。

另外,支持 QFD 方法的重要的新产品开发改进策略还有并行工程(concurrent

engineering,CE)和可制造性设计(design for manufaction,DFM)等多种系统化新技术,在此不再赘述。

第三节 产品制造过程的质量

一、制造质量的含义

将一个理想的产品设计由图纸变成实物,是在生产制造过程中实现的。尽管当前不少企业的 TQM(total quality management)重点已经向设计和服务两个阶段转移,但产品的制造过程仍是产品质量形成的一个重要基础,而制造过程的目标是不偏离设计,是保证对设计的符合性质量。

具体地讲,制造过程质量管理的主要任务是建立一个控制状态下的生产系统。所谓控制状态(in control),就是生产的正常状态,即生产过程能够稳定地、持续地生产符合设计质量的产品。生产系统处于控制状态能够保证合格(符合规格标准)产品的连续性和再现性。

制造过程的质量管理包括了生产技术准备和生产制造及工序控制三个主要工作内容,生产技术准备是"质量环"(quality loop)中的 11 个环节之一,它是衔接设计开发和生产制造两个环节的重要中间环节,如图 4.3.1 所示。

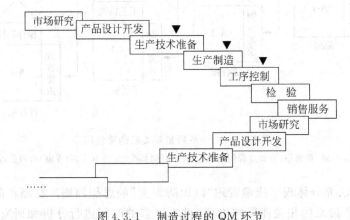

图 4.3.1 制造过程的 QM 环节

制造过程的质量管理活动内容如表 4.3.1 所示(第五章将详细讨论工序质量控制的原理和方法)。

二、生产技术准备的质量保证

生产技术准备历来是产品制造阶段一项重要的丰富的工作内容,没有必要和充分的生产技术准备就不能从根本上保证制造过程的质量,也就无法保证最终的产品质量。生产技术准备的主要职能活动如表 4.3.1 中所概括的内容,下面将加以简要介绍。

表 4.3.1 生产技术准备的主要职能活动

阶段	制造过程的质量管理活动内容
生产技术准备阶段	1. 人员准备 　　人员组织和技能培训，特殊工序操作人员的认定等。 2. 物资和能源准备 　　原材料，辅助材料，外购件，外协件及能源的组织供应等。 3. 装备准备 　　工艺生产设备的设计和选择，工艺装备（刃具、夹具、模具、量具、检具、辅助工具等）的准备。 4. 工艺准备 　　产品设计工艺性审查，制订工艺方案，工艺（工序）系统设计，单元工艺（工序）设计，编制工艺文件，制订工艺材料和工时定额，设计工艺装备图，新工艺的试验研究等。 5. 计量仪器准备 　　计量检测量具，仪器仪表，试验设备。 6. 设计组织生产方案 　　产品产量，组织生产方式。 7. 质量控制系统设计，质量职责确认 8. 验证工艺及装备
生产制造阶段	1. 现场文明生产管理（管理标准和评价方法） 2. 生产工序管理和工序质量改进（作业者技术培训，实施标准化作业，检验，关键工序管理） 3. 作业者自检（自检重点：首检、条件变化、第一次做终检、内控标准、自检结果的确认） 4. 工序审核 5. 不良品处理 6. 计算机辅助质量管理系统（包括监控仪器、设备）

1. 人员准备

一切事物中，人是最宝贵的。在产品的制造过程中，每个岗位上的每一个人都懂得应该做什么和如何去做这两件最基本的事情，那么产品质量就有了根本保证。

（1）操作人员培训

在新产品正式投产前，必须对承担该产品生产的操作人员，特别是关键工序的操作人员进行培训。培训的内容包括：岗位职责和责任感教育，必须掌握的工艺技术知识，产品的技术要求，技术要求和操作工序之间的关系，违反工艺设计规定的操作规程所产生的严重后果，预防缺陷和质量控制的方法等。

（2）操作人员的选择和配备

合理地使用人力资源也是企业科学管理的一项重要内容。企业要根据工艺设计对操作人员的要求以及工序的重要度，从工作责任心，考核的技术等级，实际操作能力等方面选择操作人员，并且按生产岗位制订和执行配备计划。

(3) 特殊工序操作人员的资格认定

对特殊工序(也称特种工艺)的操作人员,在新产品投产前必须进行培训,考试合格后颁发工艺操作证书后才能上岗操作。

2. 物资和能源准备

中国有句古话,"兵马未动,粮草先行",组织新产品生产就是一场战役,除了人员准备之外,物资准备和能源准备也是重要的环节。物资是指原材料、外购配套件、外协作。企业根据工艺设计制订的材料消耗定额和市场预测及用户订货的数据编制物资供应计划。

对物资(外购货品)的采购要进行严格的质量控制,将外购货品按对产品质量影响的程度分类进行质量认定(如关键类、重要类、一般类)。对供方和分供方要进行必要的选择和管理。

企业产品生产所需要的能源(一般包括水、电、风、气)就像人需要的空气一样,是绝对不可缺少的,企业进行能源准备,也是根据工艺设计所制订能源消耗定额和年产量来编制需求计划,其中降低能源消耗是质量管理的重点。

3. 装备准备

装备准备包括提供工艺生产设备和工艺装备两方面的内容。企业要根据工艺设计要求、工艺加工方法和工艺参数等,设计或选择工艺生产设备。另一方面,企业要按工艺设计配备足够的工艺装备,即工艺加工所需的刃具、夹具、模具、量具、检具、辅助工具等,根据工艺装备系数合理确定工艺装备的品种数。装备准备是组织产品投产的一项重要的物质基础,只有做好这项工作,才能从根本上保证产品的质量和数量。

4. 工艺准备

工艺准备是人员操作、生产、物资、劳动、质量检验、质量控制等管理的基础和依据,其主要活动内容包括表4.3.1中涉及工艺准备的几个方面。

(1) 产品设计工艺性审查

产品设计工艺性审查是指产品设计的可生产性审查,针对产品的结构,审查产品的性能保证、质量保证、结构的经济合理性,企业生产条件的符合性,零件材料选用是否适合,零件的几何形状、尺寸和配合是否合理,精度等级和尺寸链的标准合理性,零件和装配是否便于加工或操作等。

(2) 制订工艺方案

工艺方案即工序设计方案,指根据产品设计性质(如通用或专用,创新或仿制,基型或变型)、产品生产稳定程度(长期或短期生产)、产品生产类型等,对有关工艺加工方法等工艺要素的某些重大原则性问题,提出明确的规定和要求。可见,工艺方案是进行工序设计的纲领性指导文件,是编制工艺和工序控制文件的重要依据。

(3) 工艺系统设计

工艺系统设计就是工艺流程设计,它包括从采购原材料开始,经过加工到成品交库为止的全部生产过程。其中也包括中间半成品在加工工序中的转序方式和手段,图4.3.2为最简单产品的加工工艺流程,它能清楚地反映产品需要经过的加工工序。

由于产品的生产特点不同,工艺系统设计的特点也不同。装置性工业企业(如化工、

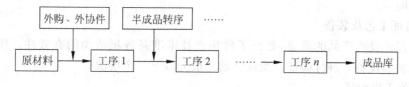

图 4.3.2　简单产品工艺流程示意图

制药等)的工艺系统设计在很大程度上决定了工艺生产方式和所需的生产设备。所以，工艺系统设计的先进性直接影响产品的质量、消耗、收益率等指标。而装配性工业企业(如机械、电子等)的工艺系统设计，主要是规定零部件加工和成品装配的流程和工序，将系统设计编制成"工艺路线卡"以及工艺定额等，指导企业组织生产，实施生产计划和生产调动，进行劳动组织等管理。

(4) 单元工序的工艺设计及工艺文件编制

单元工序的工艺设计及工艺文件编制，是指对产品的每一个加工单元(工序)进行加工方法的设计，规定采用的原材料，选择机器设备，设计工艺装备，进行工序分析，找出工序关键性要素及其变化规律。将上述内容编制成文件。例如，操作规程，作业指导书，工序质量表，自检表，检验指导书等，使工序标准化，以利于进行工序质量控制。

(5) 制订工艺材料定额和工时定额

在工艺准备期间，工艺人员和劳资部门定额人员根据工艺设计编制的工艺文件以及产品生产实践积累的资料，制订科学合理的工艺材料定额和工时定额，并且编制材料、工时定额表，以便加强管理。定额不是一成不变的，在工艺及管理的不断改进过程中，要不断加以修正，保持其科学性、合理性和经济性。

5. 计量仪器准备

计量检测量具、仪器仪表和试验设备是实施工艺设计的物质基础，也是工序质量控制的探测器。所以，企业在进行生产技术准备时，必须依照工艺设计要求提供计量检测量具、仪器仪表和试验设备，其中包括自行设计和自行制造的需要。

6. 质量控制系统设计，质量职责确认

企业在进行工艺过程的质量管理系统分析之后，再进行质量控制系统设计，主要使以下方面更加明晰：

(1) 质量信息和质量数据的来源、类型和数量；

(2) 关键工序和关键件的数据收集和质量控制方法及手段；

(3) 工序质量统计分析的目的和方法；

(4) 质量职责的确认和到位；

(5) 质量控制的监管制度等。

7. 设计组织生产方案

企业根据产品和生产特点设计组织生产方案，例如，装配性工业生产和装置性工业生产的差异；大批量生产和单件小批或成批生产的差异等。在不同的生产条件下，根据产品产量及组织生产方式设计组织生产方案。其主要内容包括：根据生产节拍和劳动工时定额决定工位数及位置，应设的质量检验点，半成品转序方式及投料量、占用量，产量和生产周期等。

8. 验证工艺及装备

为了保证投产产品的质量,必须了解生产技术准备各项活动的有效性。所以,企业应该对工装和设备等进行验证。验证活动一般分以下三个层次:

(1) 单工序验证

主要是对关键工序的工艺文件、工艺装备和生产设备进行验证。

(2) 零部件单条生产线的验证

在单工序验证的基础上,对零部件全过程生产线进行验证。重点是该线的质量控制系统和组织生产方案规定的内容,以保证投产后新产品零部件的质量水平。

(3) 产品全部生产线的验证

产品全部生产线的验证,是指对产品形成全过程生产线的验证,这是最大范围的验证活动。例如,对装配性工业企业,包括所有构成产品的零部件加工的生产线验证,是从全局出发,对产品的质量控制系统和组织生产方案进行验证,以确认其质量保证能力以及各生产线间的协调性。

三、现代文明生产管理

1. 文明生产管理的含义

企业的文明生产水平代表了企业经营管理的基本素质,良好的生产秩序和整洁的工作场所,是保证产品质量的必要条件,是消除质量隐患的重要途径。

企业文明生产是制造过程质量管理的重要内容,如图 4.3.3 所示。国内外成功企业总结其经验,都在坚持文明生产方面取得共识。

图 4.3.3 企业文明生产内容

另外,ISO 14000 环境管理系列标准赋予企业文明生产管理新的内涵。近年来,世界各国公众环境意识不断提高,对环境问题的关注也达到了前所未有的高度。"绿色消费"

浪潮促使企业在选择产品开发方向时越来越多地考虑人们消费观念中的环境原则。由于环境污染中相当大的一部分是由于经营管理问题造成的，因此，企业也越来越重视通过依据环境方针和目标来控制其活动、产品或范围对环境的影响，以实现和证实良好的环境行为。进入20世纪90年代以来，在市场经济的驱动下，世界上越来越多的企业根据自身的特点，建立了ISO 14001所描述的EMS体系（即环境管理体系environmantal management system的简称），并在EMS运行模式下不断改进。由此可见，以EMS为核心的现代企业文明生产管理模式已经成为企业可持续发展战略的重要组成部分。

2. 国外的经验

文明生产是TQM的重要内容之一，世界级的优秀企业无一不将文明生产作为企业长期经营发展的重要因素加以关注。进入21世纪以来，也是我国很多企业普遍存在的共性问题。为此，有必要学习和借鉴国外的成功经验，结合我国的实际情况加以应用。下面仅就日本企业的成功经验做以下简单介绍。

日本不少企业家认为，制造过程的质量管理，最基础的工作是"5s"活动。所谓"5s"是包含了以下五个方面内容的日语缩写：

（1）整理（seiri）——处理多余的事物，包括精减人员，终止不利的合约和订货等；

（2）整顿（seiton）——科学摆放用品，使用方便，节约时间；

（3）清扫（seisou）——经常打扫，保持卫生，尤其是地面干净，以利保证产品质量；

（4）清洁（seiketsu）——巩固整理、整顿和清扫的成果，保持工作现场任何时候都整齐、干净；

（5）行为美（sitsuke）——提高每一个人的文明道德水平，养成有礼貌、遵守各项纪律和规章制度的良好习惯。

日本有些企业，由于实施了"5s"活动，给工作者创造了一个安全、清洁、愉快的生产现场。因为每个人要在企业工作和生活8小时以上，环境对企业每个成员都是十分重要的。当然，"5s"活动的主要目的是在于保证质量、降低消耗、增加效益。正因为如此，日本很多企业对"5s"活动十分重视，他们并不把它看成是一时一事，而是下决心要长期坚持和保持下去，并且定期评价，在不断改进中形成适合本企业的"5s"管理标准。

四、制造过程的质量控制

在产品制造过程中需要哪些控制工作？我们常常要提出这样的问题。答案是所有生产过程都应在受控（in control）状态下进行（第五章将详细介绍工序控制的内容）。如果有任何生产步骤未被列入控制范围内，那就有机会制造不良品。

控制的内容有以下几个方面：

1. 技能培训

企业的员工通过适当的培训了解各项工作的要求，企业的工作归根结底是由人来控制的。因此，培训是永远需要的，特别是关键工序的技能培训是很重要的，如果出现问题，就会影响整机的产品质量。

2. 标准化作业

实施标准化作业是产品质量保证的关键，经过训练的员工了解了指导标准化作业的生产技术文件的要求,并严格施行,在实施中按规则进行检验,以保证作业实施的连续性和准确性,不间断地加以必要的改进,补充和制订新的作业标准。

生产作业技术文件包括以下内容:

- 质量要求目标文件
  - 产品图纸
  - 各种技术规范
  - 各种标准文件(材料,包装,内控等)
- 指导加工
  - 工艺过程卡
  - 作业指导书
  - 工艺守则(调整换刀卡、设备调整等)
- 检验
  - 自检表
  - 产品试验规范
  - 工序质量表
  - 检验指导书
  - 质量特性分析表

3. 检查

(1) 检查的作用

可以设想,如果我们把制造过程中的各种检查全部取消,那后果将是不堪设想的。所以,即使是在质量水平很高的日本企业也没有采取免检。事实证明,事后检查尽管是一种传统的管理方式,但是能沿用至今,充分说明了它的必要性和可行性。

日本企业常用一个公式表示事前预防和事后把关二者的关系:

$$优良的制造质量 = 预防管理 \times 检查$$

一方面在工序过程管理和改进中进行预防管理,另一方面,同时要进行必要的检查,实践证明预防和检查相结合能收到比较满意的效果。

(2) 自检

对欧美、中国和日本企业质量检查组织机构稍加研究,就会发现专职检查人员人数占企业总人数的比例有明显的差别(见表 4.3.2)。

表 4.3.2 专职检查人员人数占企业总人数的比例 单位:%

欧 美	10~15
中 国	10~20
日 本	1~3

那么就有一个问题,日本的制造过程只有极少甚至没有专职检查人员,又是如何实施检查职能以保证产品质量的呢?日本企业制造过程的检查工作是很扎实可靠的,但检查的形式发生了变化,由专职检查员为主的检验,转变为操作工人的自主检查,如图 4.3.4 所示。过去在日本企业内部制造部门只负责生产产品,质量由检查部门确认,后来逐渐认识到操作者对自己的工作结果要首先负责,才能从根本上保证产品质量。而且,检查工作本身并不创造附加价值,尽量减少检查人员和工作量可以降低成本。所以,目前日本绝大多数企业都实行操作者自主检查制度,只有那些特殊检查项目由专职检查人员确认质量的好坏,例如,那些需要特殊检验设备或仪器的检查项目等。

企业对自检的要求是预先规定的,在规定标准的指导下,操作工人一身两职,既是生产者,也是检验者。有趣的是,这种做法似乎颇富有"怀旧"色彩。因为在 20 世纪初,个

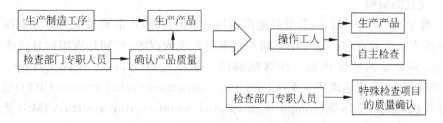

图 4.3.4　日本企业制造过程检查职能的转变

体皮鞋匠就是采用这种检查方式。今天这样做客观上提高了操作工人的主动性和责任心,能够及时发现制造中的问题,提高了检查的效率,压缩了整个产品生产周期。可以说,工人自检是从根本上减少或消除不合格品达到全数质量保证的重要措施。

(3) 内控标准

国内外企业广泛采用内控标准以控制制造和发运过程中的产品质量。内控标准比企业标准和国家标准或国际标准更加严格,目的在于确保产品经过运输后到达顾客手中时,仍能达到合同规定的质量标准要求。企业通常根据多年实践经验和反复试验,最后确定哪些产品的哪些质量特性需要制订内控质量标准。而且,这些内控质量标准都是保密的。

(4) 不合格品控制

任何生产过程都不可避免地会产生一些不符合技术规格的不合格品(即缺陷品)。为了把这些不合格品管理好,企业应该制订不合格品的管理制度,对识别、隔离和处理不合格品等做出明确规定。ISO 9000 族标准中明确指出"组织应确保不符合产品要求的产品得到识别和控制,以防止其非预期的使用或交付"。这些控制程序中应明确规定不合格品的标记、记录、评价、隔离、处理和部门质量职能、接口关系以保证实现,鉴别不合格品,确定不合格品存在的问题,将不合格情况写出书面记录,评价不合格品性质及严重程度,按规定对不合格品进行处置,将不合格品通知有关部门等工作。

当发现材料、毛坯、零部件、产品不能满足规定要求时应立即采取:对可疑的不合格品进行鉴别;对不合格品做出标记后进行隔离;进行不合格品评审,确定是否需要返修、返工、降级和报废;根据处理不合格品的书面程序,对不合格品进行处理;采取必要措施防止再发生不合格;建立不合格品档案,保持可追溯性,以利于质量改进。实践证明,控制不合格品的生产是企业降低成本增加效益的重要措施。

五、改进的目标和策略

1. 改进的目标

从分析制造过程的质量管理目标能够看到这一过程的改进是一个复杂的、庞大的系统工程。改进的主要目标包括:

- 缩短生产制造周期;
- 保证制造产品质量;
- 降低产品的生产成本;
- 增加制造系统的柔性。

2. 改进的策略

20世纪80年代中期,随着世界范围市场竞争的加剧,产品质量成为企业取得优势的战略性重点。企业在产品制造中不断积极采用先进的技术,特别是应用信息技术实现质量管理受到企业的广泛重视。计算机辅助质量系统(computer aided quality system,CAQ系统)和计算机集成质量系统(computer integrated quality system,CIQS)成为企业实现计算机集成制造系统(computer integrated manufacturing system,CIMS)及其他先进生产模式的基础和重要组成部分。

CIQS的目的是:在CIMS环境下,覆盖从市场分析、产品开发、制造过程到使用过程整个产品生命周期,运用质量管理自动化理论、方法、技术和集成技术。

1987年,美国Kapoor等人提出了CIQS的概念,认为CIQS具备以下特点:

- 覆盖产品的整个生命周期,同企业的各个层次相关联;
- 注重以企业长远质量目标为基础的质量计划;
- 注重从质量计划和质量控制目标出发的人力资源开发;
- 通过闭环("质量环")质量控制系统实现与质量有关的过程和资源的控制。

如图4.3.5所示,CIQS建立在一个三维集成空间的基础上,形成企业内部和外部相互协调的、有机的质量管理整体。纵向集成完成企业CIQS内部的计划、管理控制和执行的有效协调;在CIMS环境下,功能集成实现CIQS和CIMS的其他功能子系统的物理集成和信息集成。例如,CIQS与CAD系统的集成,CIQS与CAPP系统的集成。在准时制生产(just in time,JIT)的生产模式下,CIQS与物料需求计划(material requirement planning,MRP)和制造资源计划(manufacturing resources planning,MRP Ⅱ)的集成。过程集成是指产品生命周期各个阶段质量信息的集成,显然,有效的过程集成能够增强企业的核心竞争能力。

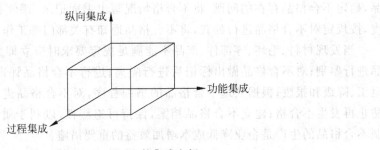

图4.3.5　CIQS的集成空间

通常,CAQ系统运用计算机实现质量数据采集、分析、处理、传递的自动化,实现质量控制、质量保证和质量管理系统的自动化。因为,企业的内部条件和外部环境千差万别,建立通用的CAQ系统是不现实的。一般,企业是根据自身特点和实际需求开发设计适合本企业的CAQ系统。通常,CAQ系统包括以下基本功能:

(1) 质量计划;
(2) 质量数据的收集;
(3) 质量检测和分析;

(4) 质量评价；
(5) 质量控制；
(6) 综合性质量管理。

图 4.3.6 所示是 GDG 机械公司 CAQ 系统功能模块图，它描述了在一个制造过程中 CAQ 可以完成的两个层次上的基本功能。

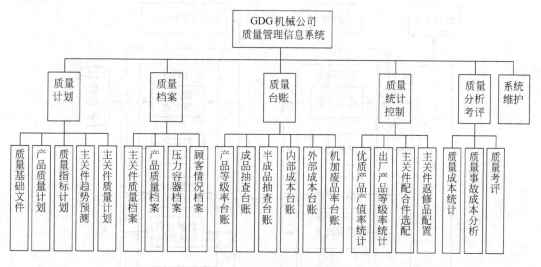

图 4.3.6 CAQ 系统功能模块

CAQ 系统中通过共享数据库来实现各功能模块之间数据、资源的共享。CAQ 系统的分布结构模型如图 4.3.7 所示。

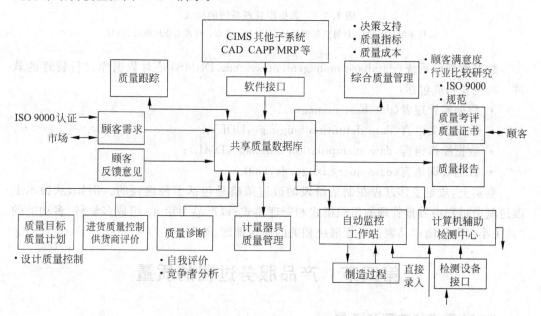

图 4.3.7 CAQ 系统分布结构模型

资料来源：林志航.计算机辅助质量系统[M].北京：机械工业出版社,1997.

CAQ 的数据库系统将逻辑上彼此相关的记录和文件组合起来,滤除冗余数据资料,将未来共享数据集中存储。使用时则通过对应独立的应用程序从数据库中调用所需要的数据资料。同时,利用综合分析质量信息的功能,更能够充分利用共享数据库的资源。如图 4.3.8 所示,可以看出数据库管理系统的构成及同外部的关联。

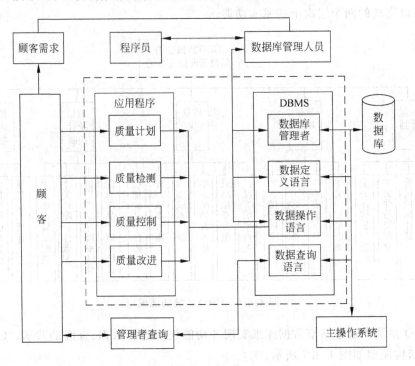

图 4.3.8　数据库管理系统的构成

资料来源:林志航.计算机辅助质量系统[M].北京:机械工业出版社,1997.

数据库管理系统(database management system,DBMS)是对数据库进行管理的软件。其主要构成包括:

- 数据库管理者(database manager);
- 数据定义语言(data definition language,DDL);
- 数据操作语言(data menipulation language,DML);
- 数据查询语言(data query language,DQL)。

事实上,质量主体过程在制造阶段的改进策略是包括多种途径的。例如,从根本上改进制造过程中质量管理的组织模式和管理模式;以产品为单元,组成多学科、多功能的"攻关小组",伴随产品制造过程解决相关的质量课题;等等。

第四节　产品服务过程的质量

一、TQM 重点的转移和延伸

世界范围的"质量战",使各国的产品质量不断提高,市场竞争的结果促使各国的产品质量差距越来越小。因此,服务营销质量的优劣已成为决定胜负的关键。当前,世界各国企业都深深感受到提高产品和服务质量的重要性,质量已成为贸易竞争的最主要因素。

从微观角度看企业经营策略,自 20 世纪 80 年代以来,TQM 的重点明显地由制造向设计和服务两侧延伸,如图 4.4.1 所示(由制造向设计的转移和延伸,在本章第二节已经讨论过了)。从宏观角度看,在当今国际贸易中,服务贸易正异军突起,以远远高于货物贸易的增长速度持续增长。进入 20 世纪 70 年代以来,国际贸易的平均增长率为 18.7%,目前已接近 10 000 亿美元,约占全球贸易总额的 1/5。美国、日本等发达国家认为,当今在质量、价格竞争日益激烈的全球市场上,制造业方面的竞争已减缓。企业只有千方百计在"服务"上下功夫,才能在竞争中脱颖而出。这种"服务"不仅包括制造业中所提供的各种服务,而且还包括服务业所提供的服务。因此,服务领域目前已成为各国企业的"兵家必争之地"。为此,关贸总协定(GATT)在 1986 年乌拉圭回合的多边贸易谈判中讨论了《服务贸易总协定》的问题。今天,WTO 已经提出了服务质量的新课题。1991 年,ISO/TC176 制定了世界上第一套关于服务业质量管理和质量体系的国际标准 ISO 9004-2《质量管理和质量体系要素——第 2 部分:服务指南》,为了适应企业发展的需要,进入 21 世纪以来,ISO 仍在继续对上述标准进行更加科学、合理的修订。应当指出,图 4.4.1 中的"销售服务"是一个广义的概念。例如,顾客买了一台空调,本质上是购买确保提供"冷气"或"暖气",而不是产品的"硬件"本身。

图 4.4.1 TQM 重点的转移和延伸

二、经营思想的转变

国际贸易和市场竞争趋势的急剧变化促使各国企业经营思想发生了根本的转变,以往营销的职能就是将企业的产品卖出去,今天,这种单纯的销售思想受到很大的冲击。企业经营者和销售人员以往只是无意识、无计划地去完成以下任务:

(1) 在销售过程中进行市场调查,收集市场信息;
(2) 完成售前和售后服务;
(3) 完成推销计划;
(4) 保证服务效果。

现在则不同,他们从无意识、无计划转变到有意识,而且是有计划地活动。因此,在产品质量本身和竞争对手无太大差异的情况下,往往由于服务质量的差距而受挫。例如,产品缺少清楚的使用说明书;提供的服务范围不明确;销售人员不了解本企业产品性能,不能和同类产品进行比较,并说明产品的使用方法等一系列问题。

企业传统经营思想的转变是企业在市场经济环境中全面素质提高的重要标志。企业开始明白"顾客是衣食父母"这个最简单和最现实的真理。美国普莱斯·瓦特豪斯(Price Waterhouse)管理顾问公司全面质量服务业务经理史丹利·布朗(Stanley Brown)

在他的《全面质量服务》(Total Quality Service)一书中,以顾客的口吻生动地描述了企业经营思想转变的根源:

——我很现实,比几年前更加现实。我已经习惯使用好东西,因为我有钱了。

——我是很自我、很敏感,又很骄傲的人。你们必须友善而亲切地招呼我,才不会伤害我的自尊。你们要感激我,因为我买你们的产品与服务,我是你们的衣食父母。

——我是一个完美主义者,我花钱就要得到最好的。你们的产品或服务令我不满意,我会告诉别人,影响他们。你们有缺点,才会令我不满意,所以你们必须找出缺点加以改进,否则留不住我这个顾客,甚至连我的朋友都不再向你们购买。

——我可不是忠心不二的顾客,其他公司正不断提供更好的服务,希望能赚到我的钱。为了维系我这位顾客,你们必须提供更好的服务。

——我现在是你们的顾客,但是你们必须不断让我相信,我选择你们是正确的,否则我会选择别人。

三、市场的贡献

市场的资源丰厚,企业销售服务人员在其间要充分利用市场条件,做好以下方面的工作:

1. 市场需求的调查

市场是消费者的集合,对市场需求的调查主要对象是消费者。调查内容包括对产品质量的评价、对产品价格的意见、对产品交货期的意见、流通过程(运输、储存、商业)各环节的问题和要求,新产品在投放半年内定期收集顾客意见,与竞争者进行比较,明确改进要求。

2. 评价尺度

(1) 索赔申请单的片面性

一般情况下,顾客对产品的意见,包括索赔情况的发生是同产品的单价以及产品的销量成正比的。也就是说,如果产品的单价很低,一般顾客不会提出意见或要求索赔的。由于不适销对路,因此销量极少,自然产品引起的索赔就少,如图 4.4.2 所示。因此,不能仅根据顾客意见或顾客索赔单来评价产品质量的好坏。所以,当前不少企业有计划地、定期地投入人力、物力和财力对顾客的满意度进行调查。

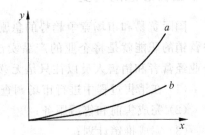

图 4.4.2 用户索赔和产品销量的关系
注:x——产品销售量(或产品单价);
y——用户索赔单数量(用户意见统计数量);
a——初始产品和服务质量;
b——改进后产品和服务质量。

(2) 顾客满意度的调查

顾客满意度的调查能获得很多信息,特别对设计开发新产品和原有产品的改进能提供有价值的依据,因此成为衡量产品使用质量的一种有说服力的尺度。同时,也成为企业自我评价经营质量的重要经济指标。调查的主要程序如下:

① 调查前的准备。明确调查目的,确定参与调查具体意见和方案(如问卷设计)的部门,例如,质量保证部门、经营部门、顾客服务部门、销售部门、设计部门及有关生产部门和其他与顾客直接接触的一线部门。选择或设计具体的定量评价方法,如建立顾客满意度指数模型等。

② 将方案报告公司总裁批准,由最高管理者负责。

③ 确定调查方式(例如,建立企业满意度指数评价体系或者委托消费者协会调查,等等)。

④ 调查特点。科学地确定调查的数量和覆盖面,定期对自身和竞争对手的产品和服务进行差异性比较研究,并调查顾客的潜在需求。

⑤ 调查信息的利用。调查所得的信息是一种宝贵的资源,企业用以改进产品的设计和制造,改进销售和服务体系,制订新的产品开发目标和策略。

当今,在广泛的顾客面前,质量不再是绝对的,不再是由企业自己评价。质量是相对的,是多样化的。企业要对不同的顾客提供不同要求的产品质量,要竭尽全力服务于顾客,使他们满意。应该指出,从本质上说服务与顾客满意不是装饰品,而是影响企业存亡的关键。顾客不满意所耗费的成本是一笔可怕的数字。据美国珊蒂公司(Sandy Corporation)的一份研究报告证实,该公司因顾客不满意所耗费的成本约占全年营业收入的10%。珊蒂公司曾计算过,以服务范畴的顾客流失率每年5%计算,损失一名顾客,就损失89美元的营业收入,再加上100美元的促销行销费用补充一名新顾客。每位不满意的顾客,公司将付出189美元的成本。假设该公司每年有454 000名顾客,那么损失将高达8 600万美元。顾客不满意的成本仅用这些数字还不足以充分表现顾客不满意的影响,因为还有许多间接的损失。产品的保证成本、法律诉讼费用、市场调查费用、广告费用都相应增加,还要付出更多的资金与资源,以防竞争对手抢入市场。

不满意顾客抱怨的扩散效应也是不容忽视的。据加拿大一家连锁旅店调查,如果顾客在其中一家旅店遇到不好的服务对待,平均他会在24小时之内向12位亲友诉说,平均在72小时内有23个人会知道,一星期之后,大约有72个人知道这家连锁旅店服务不好。这种涟漪效应是长期的,公司的良好形象逐渐被破坏。相反地,如果顾客感觉很满意,不仅会再度光临,也会告诉4~5位亲友。这份调查报告的结论令人惊讶,顾客不满意的影响,竟然高达一整年的营业收入,但是很多主管竟然毫不在意。

企业的经营者和全体员工都应该清楚,给予顾客良好的服务,可以带来更多的利润。从某种意义上说,顾客是最宝贵的资产。事实上,今天,已经有不少经济学家和管理学家开始研究"顾客终身价值"这一新课题。

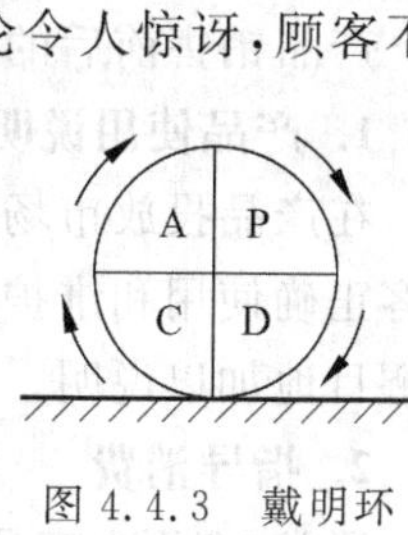

(3) 服务营销的 PDCA 循环

PDCA 循环的工作方式是 1950 年美国质量管理专家戴明(W. E. Deming)所提出的管理的哲学思想,后来被称为戴明循环圈,简称"戴明环",如图4.4.3所示。这种工作方式符合事物发展的客观规律,因此被广泛应用于质量管理和其他领域。市场调查每完成一个由"计划—实施—检查—处置"构

图 4.4.3 戴明环
注:P——计划(plan);
D——实施(do);
C——检查(check);
A——处置(action)。

成的 PDCA 循环,就将信息资源反馈到有关部门,这样不断地加以改进和创新,使企业的销售服务系统对任何变化都很敏感,能迅速反应,不断推出新产品或者减少顾客的不满意。

四、服务促销的作用

1. 服务促销计划

客观上适销对路的产品也会因促销不利而在投放市场后达不到预期的效果。顾客需要一种产品直到顾客认识所需要的产品,往往有一过程。尤其是新产品或复杂产品,真正为市场所接受,是要认真进行促销策划才能将产品成功地介绍给顾客。所以,企业的促销计划十分重要。其中包括产品销售对象的确定、产品销售量的预测、投放市场的时间、销售渠道及销售政策、宣传及广告策略、促销资料及促销人员培训等。

2. 促销人员培训

服务质量依赖于人的知识、能力、意识、期望等主观因素,而促销人员直接面向顾客,处于服务的第一线,使顾客感受服务质量的好坏。因此,促销人员的素质是十分重要的。促销人员的优良品质应该是:礼貌、热情、有知识(产品)、机敏、合作、尊敬、准确、诚实、掌握推销技巧等。这些优良的品质是需要培训教育的,优秀的促销员是企业的宝贵财富,他可以为企业开拓市场,保持老顾客、吸引新顾客,为企业获取更大的效益。

3. 销售服务目标分析

企业的销售服务目标分析是从销售服务计划开始的 PDCA 循环的最后两个阶段。假设企业完成了销售服务计划的 110%,应该分析成功的原因。相反地,如果完成了销售服务计划的 95%,则要分析服务失败的原因。分析原因的三个重点是产品质量、服务及价格,如果企业将"服务"作为一个重要的增值点,那么,就要分析服务标准的合理性,服务流程的科学性等方面所暴露出来的矛盾和问题。然后,根据分析的结果采取对策。使未来的销售服务计划减少盲目性,更切合实际,更具进攻性。

五、售前和售后服务

产品销售前后的服务主要包括以下几方面:

1. 产品使用说明书

在产品投放市场时,一份经过周密考虑的产品使用说明书是十分重要的。为了指导顾客正确使用和维护产品,使用说明书应该力求通俗易懂,对安全使用方面的问题要特别醒目地加以说明。

2. 指导消费

通常,有不少产品需要采用现场指导,例如,不同性质的化肥使用方法不同。如果使用不当,不但达不到施肥的效果,反而造成浪费。农用杀虫喷雾器、工业机床、电脑等产品,必要时应该为顾客进行现场培训或定期开办培训班,培训操作人员、技术人员和维修人员。对于大型产品,如化工、冶金、机械等工业的专用设备,除了在售前做整机试验之外,还要负责提供安装、调试以至正常运行的服务,使顾客能正确使用、维护、排除故障,方可离开使用现场。这些服务工作对保证产品的正确使用和扩大产品市场都有重要的作用。

3. 索赔处理

产品在顾客使用中出现问题，企业有责任为顾客免费修理、更换、降价或赔偿。这当然给企业造成经济损失，也会因此影响企业的信誉。但是，既然事情已经发生，无法挽回，就应该正确地处理，变坏事为好事。及时妥善地处理好顾客索赔事件，可以减少和消除顾客的不满和怨言，能有效地挽回企业的信誉。同时，认真分析质量问题，采取措施，防止再发生。企业应对本项工作制订工作标准，明确索赔处理工作的程序和具体要求。

六、服务保证

通常，企业对产品在交到顾客手中使用之前的搬运、包装和储存工作要加强管理。根据产品特点，制订业务规程和工作标准。例如，运输和储存中的环境要求（温度、湿度、尘埃、腐蚀等）；储存时间界限及合理摆放（先入先出）；包装箱标识要求（名称、规格、数量、附件），要注明运输、储存和开箱时有关质量、安全方面的注意事项；防止撞击和过大振动（在包装、搬运和运输中）。

随着顾客需求的不断变化和顾客需求差异的明显增加，企业达到顾客满意的服务保证内涵也发生了前所未有的深刻变化。越来越多的企业开始重视建立科学的服务管理体系，不断改进服务标准和服务流程。

总之，企业的竞争优势来自顾客对产品或服务的极高的质量评价。而且，正如本节开头所谈到的，当今世界，服务质量已经成为贸易竞争的新焦点，服务在工商业中所扮演的角色已成为全世界瞩目的问题。事实上，"服务"已经是近年来最热门的话题，也将成为 21 世纪最重要的企业文化特征。

七、改进的目标和策略

1. 改进的目标

从企业价值链出发，服务是产品价值的增值过程。优良的服务使顾客的价值得到提升，顾客能够体会到切身利益的体现。显然，这些直接影响顾客满意度。

通常，时间和成本是顾客感受最灵敏的两个方面。因此，企业根据顾客的要求，能够迅速做出反应，并以相对低的成本达到顾客满意。这就是服务改进的主要目标。

根据调查统计结果表明，顾客普遍关心的服务质量因素主要表现为以下几方面。

- 对顾客意见和咨询的反应速度；
- 对顾客投诉和紧急"事故"处理的及时性；
- 一线服务人员的服务态度；
- 服务人员的经验和技能；
- 维修的可靠性和彻底性。

2. 改进的策略

（1）根据个性化需求设计定制服务

如图 4.4.4(a)、(b)所示，这是典型的个性化服务改进策略。其中 W 公司是一家承运商，A 公司为一家制造商，B_1、B_2 和 B_3 为 A 公司的三家零部件供应商。W 公司为 A

公司承运 B_1、B_2 和 B_3 配套加工的零部件。

如图 4.4.4(a)所示,通常,W 公司根据 A 公司的生产进度计划和零部件配套计划的提前期,分别从 B_1、B_2 和 B_3 三个配套零部件供应商生产地,将零部件运到 A 公司的仓库,以备随时出库使用,保证及时供应,维持生产线正常运行。

如图 4.4.4(b)所示,W 公司改进服务模式以后,通过完善的服务信息网络,根据 A 公司对三种零部件需求的数量和时间,灵活多变地直接送到 A 公司的生产作业线。由于 W 公司改变了传统的供应途径,其结果是让供应商 B_1、B_2 和 B_3 更大程度地参与 A 公司的经营运作。大大地节约了 A 公司的库存和成本。

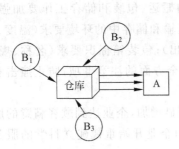
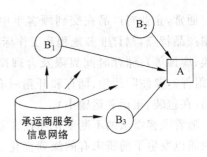

(a) W 公司传统的承运商服务模式　　　　(b) W 公司改进的承运商服务模式

图 4.4.4

图 4.4.5(a)和图 4.4.5(b)说明了另一个典型的改进服务模式的过程。D 公司委托 H 公司为采购成套计算机顾客送货。以往的做法是:H 公司根据 D 公司的要求将显示器运到计算机主机装配厂,然后,再将主机和显示器一起运到顾客手中,如图 4.4.5(a)所示。而现在的做法是:H 公司通过服务信息网络根据 D 公司合同规定,分别同显示器供应商、主机供应商及顾客联络信息,按照顾客的要求直接将显示器和主机运到顾客手中,如图 4.4.5(b)所示。H 公司的直销服务模式为 D 公司的运作减少了中间环节,缩短了供货时间,减少了 D 公司的库存和成本。

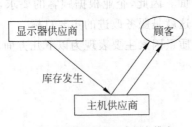
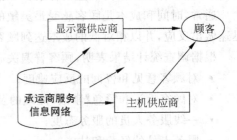

(a) H 公司传统的承运商服务模式　　　　(b) H 公司改进的承运商服务模式

图 4.4.5

在以上两个例子中,W 公司和 H 公司作为 A 公司和 D 公司的长期合作伙伴,由于他们改变了传统的承运商服务模式,使他们不再是简单的运输商,而是 A 公司和 D 公司供应链上的重要环节。作为"新型"承运商,他们能够完成个性化的"定制服务",关键是具有完善的网络信息系统。同时,也要具备快速反应能力和高素质的管理能力。

(2) 基于国际互联网/企业互联网(Internet/Intranet)的服务信息系统

现代信息技术和信息系统的迅速发展,为改进服务过程的质量管理提供了巨大的潜能。在这方面,越来越多的世界级跨国公司取得了成功的经验。

通常,很多企业的售后服务是按照区域划分来完成的。因此,利用 Internet/Intranet 将各个区域的服务中心联网,以实现网络沟通信息。并且,建立集成的顾客档案和顾客信息,产品的技术信息,备件的管理信息,服务信息和服务人员的管理信息等。利用这个网络系统,企业可以实现异地快捷的顾客服务。

今天,由于产品的换代升级很快,有些产品的技术复杂,而一线服务人员不可能精通所有的产品技术,熟知各种事故的原因和解决方案。所以,也可以借助故障诊断专家系统和故障案例库系统协助制订解决方案。如图 4.4.6 所示为 K 公司应用信息技术和信息系统改进的售后服务模式。

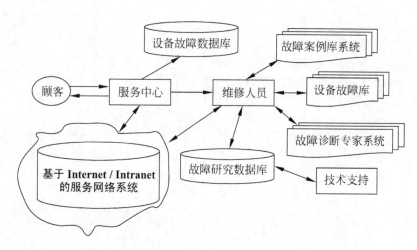

图 4.4.6　K 公司改进的售后服务模式

资料来源:马建,黄丽华.企业过程创新概念与应用[M].香港:三联书店(香港)有限公司,1998.

习　题

1. 什么是企业的质量主体?
2. 为什么说顾客满意是质量主体的驱动力?
3. 试分析新产品开发设计的主要程序。
4. 举例说明新产品开发设计失败的主要原因是什么。
5. 试结合具体产品分析新产品开发设计的改进策略。
6. 试分析制造过程质量管理的主要任务是什么。
7. 应该怎样理解企业文明生产?

8. 企业的质量主体过程在制造阶段的改进目标是什么？
9. 企业的质量主体过程在制造阶段的改进策略是什么？
10. 应该怎样理解售后服务的质量？
11. 试分析企业在提高服务质量领域可以实施的有效改进策略。
12. 试分析影响企业服务质量的主要因素有哪些。

过程质量控制

统计质量控制源于1924年美国贝尔电话研究所(Bell Telephone Laboratories)首次在产品质量管理上应用数理统计图表。经过将近一个世纪的实践和发展,应用概率论与数理统计的原理和方法研究质量变化的客观规律,已经成为过程质量控制的重要内容,也是研究质量波动理论的主要工具。

第一节 质量变异的统计观点

一、质量的变异性

人们早就发现,在生产制造过程中,生产出绝对相同的两件产品是不可能的。无论把环境和条件控制得多么严格,无论付出多大努力去追求绝对相同的目标,也是徒劳的。它们总是或多或少存在着差异,正像自然界中不存在两个绝对相同的事物一样。这就是质量变异的固有本性——波动性,也称变异性。

二、质量变异的原因

要达到控制质量的目的,自然要研究质量变异的原因,这样,控制才有针对性。所以,研究变异的原因,就是寻找变异的根源,确定控制的对象。

质量变异的原因可以从来源和性质两个不同的角度加以分析。

1. 质量变异来源的分类

引起质量变异的原因通常概括为"4M1E",即:材料(materials);设备(machines);方法(methods);操作者(man);环境(environment)。

2. 质量变异性质的分类

引起质量变异的原因按性质可以分为偶然性原因和系统性原因两类。

(1) 偶然性原因(chance cause of variation)

偶然性原因是一种不可避免的原因,经常对质量变异起着细微的作用,这种原因的出现带有随机性,其测度十分困难,因此不易消除。例如,同批材料内部结构的不均匀性表现出的微小差异,设备的微小振动,刀具的正常磨损以及操作者细微的不稳定性等。显然,它们是不容易识别和不容易消除的。在产品(包括无形产品)形成过程中会遇到大量偶然性因素的影响,因为现实中不可能有绝对完全相同的条件,那么,微小的变化就是不可避免的。所以,也称偶然性原因为正常原因。

(2) 系统性原因(assignable cause of variation)

系统性原因是一种可以避免的原因。在产品形成过程中,出现这种因素,实际上生产过程已经处于失控(out of control)状态。因此,这种原因对质量变异影响程度大,但容易识别,可以消除。例如,使用了不合规格标准的原材料,设备的不正确调整,刀具的严重磨损,操作者偏离操作规程等。这些情况容易被发现,采取措施后可以消除,使生产过程恢复受控状态。所以,也称系统性原因为异常原因。

应该说,偶然性原因和系统性原因也是相对而言的,在不同的客观环境下,二者是可以互相转化的。例如,科技的进步可以识别一些材料的细微不均匀性,那么这种可以测度的差异超过一定限度就被认为是系统性原因,视为异常,不再是正常的偶然性原因了。于是便可以在识别后加以纠正,当然要根据实际需要而划分二者的界限。

三、质量变异的规律

1. 质量变异的统计规律

我们在研究问题的时候,要善于应用统计的观点和统计的思考方法。例如,在观察个别的质量特性值的时候,它往往带有随机性,没有规律性。正如我们在加工前无法预测某根螺栓的准确长度一样,也只有在加工完之后才能最后确定下来。但值得注意的是,当我们加工了 110 根(或者更多)螺栓,在加工之后将它们的长度一一记录下来,如表 5.1.1 所示,并整理成表 5.1.2 的形式。但是,还看不出有什么规律性。继续将表 5.1.2 的数据由小到大进行分组,就明显地看出了质量特性值分布的规律性,分组后整理统计形成的频数分布如表 5.1.3 所示。然后,再根据表 5.1.3 绘制成直方图去描述这一规律性,如图 5.1.1 所示,就使这种规律性更加直观了。

表 5.1.1 螺 栓 长 度   单位/cm

2.559	2.556	2.566	2.546	2.561
2.570	2.546	2.565	2.543	2.538
2.560	2.560	2.545	2.551	2.568
2.546	2.555	2.551	2.554	2.574
2.568	2.572	2.550	2.556	2.551
2.561	2.560	2.564	2.567	2.560
2.551	2.562	2.542	2.549	2.561
2.556	2.550	2.561	2.558	2.556
2.559	2.557	2.532	2.575	2.551
2.550	2.559	2.565	2.552	2.560
2.534	2.547	2.569	2.559	2.549
2.544	2.550	2.552	2.536	2.570
2.564	2.553	2.558	2.538	2.564
2.552	2.543	2.562	2.571	2.553
2.539	2.569	2.552	2.536	2.537
2.532	2.552	2.575 大	2.545	2.551
2.547	2.537	2.547	2.533	2.538

续表

2.571	2.545	2.545	2.556	2.543
2.551	2.569	2.559	2.534	2.561
2.567	2.572	2.558	2.542	2.574
2.570	2.542	2.552	2.551	2.553
2.546	2.531 小	2.563	2.554	2.544

表 5.1.2　螺栓长度数据整理（取表 5.1.1 中数据末尾两位数字）

长度	签记	长度	签记	长度	签记
31		46		61	
32	|	47	|||	62	
33	|	48	|	63	||
34	||	49	||	64	
35		50		65	
36	|||	51	||	66	
37	|||	52	丅	67	
38	||	53	|	68	
39	|||	54	丅	69	
40		55		70	
41	|||	56	丅	71	
42	|||	57	|||	72	
43	||||	58	丅	73	
44	||	59	丅	74	
45	|	60		75	

如果我们把每根螺栓长度的出现作为随机现象来研究，那么这种大量（110 根或无穷多根）随机现象呈现的集体性规律就称为统计规律。显然，质量特性值作为随机变量客观上服从统计规律。统计规律不仅描述了质量变异的波动性，同时更重要的是描述了它的规律性或者说是某种稳定性。例如，我们仅从 110 根螺栓的长度统计分析中看出（参见表 5.1.3）螺栓的长度大量集中于 2.545 5～2.565 4 之间，而且 100% 地在 2.530 5～2.575 4 之间。正因为这种客观的相对稳定性，我们才可以遵循其规律研究和控制产品的质量。

表 5.1.3　螺栓长度频数分布表

边界值/cm	组内中心值/cm	频数	累积频数
2.530～2.535	2.533	6	6
2.535～2.540	2.538	8	14
2.540～2.545	2.543	12	26
2.545～2.550	2.548	13	39
2.550～2.555	2.553	20	59
2.555～2.560	2.558	19	78
2.560～2.565	2.563	13	91
2.565～5.570	2.568	11	102
2.570～2.575	2.573	8	110
总数		110	

如图 5.1.1 所示，直方图是表示变异情况的一种常用方法，也是质量管理中的一种

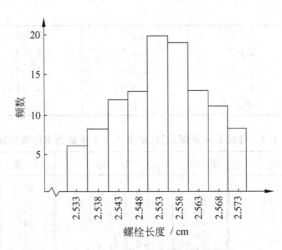

图 5.1.1 螺栓长度分布直方图

重要工具。因此,要掌握如何正确制作直方图。尽管目前已经有了比较成熟实用的标准统计软件,给我们的统计分析工作带来了很大方便。但是,如果要想能够灵活及时地分析处理现场实际问题,就必须了解和掌握直方图制作的基础原理。

通常,在制作直方图时,首先要对数据进行分组。如何合理分组?应该分成几组?组距是多少?这些是要事先确定的问题。

一般,分组是按组距相等的原则进行的。所以,分组数 k 和组距 h 这两个数字,同所要研究的某一批数据的变异范围有一定的数学关系。

设 S_{max} 为该批数据中的最大值,S_{min} 为该批数据中的最小值,则:

$S_{max} - S_{min}$ 为该批数据的变异范围。则可得到

$$h = \frac{S_{max} - S_{min}}{k}$$

由上式可知,k 越大,h 就越小。要说明的是,之所以要进行分组,是为了计算简便,组分得越细(即 k 值越大),越接近实际情况,但计算就越复杂。由于通常所取的数据总是有限的,一般少于甚至远少于总体的数量,而且所取得的各个数据,又常带有随机的性质,所以分组数 k 的大小还会影响到直方图的形状。如图 5.1.2 所示,同样一批数据的直方图,其形状随分组数 k 的大小而有所变化。我们的目标就是要合理地确定一个 k 值,以便按这个值进行分组而做出的直方图,尽量符合总体特性值的分布形状。至于如何合理地选择 k 值,目前还没有一个准确的计算公式,在实际工作中只能按经验数据或经验公式来选择 k 值的大小。一般地说,k 值的选取范围常在 6~25 之间,$k=10$ 是用得最多的。在确定 k 值时,应考虑具体情况,首先,要考虑到整批数据变异范围的大小。当整批数据最大值与最小值之差大于 20 时,应该进行分组,如小于 20 时,也可以不分组;其次,要看一批数据的多少,通常应保持按 k 值分组后,平均每组至少能分到 4~5 个数据为宜。表 5.1.4 的数据可供实用时参考。

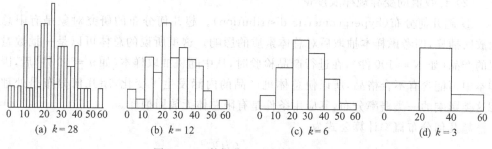

图 5.1.2 数据分组对直方图的影响

表 5.1.4

数据的数量 n	适当的分组数 k
50～100	6～10
100～250	7～12
250 以上	10～25

另外,按表 5.1.3 和图 5.1.1 所示,组内中心值(也称组中值)在直方图的统计分析中是一个重要的数字特征。在分组过程中,每一组的组内中心值可按下式求得

$$组内中心值 = \frac{该组上限值 + 该组下限值}{2}$$

2. 典型的变异规律及其度量

(1) 质量数据的类型

质量数据是用来定量描述质量特性值的数据,任何质量管理活动都应实施定量化,否则就是不科学的。因此,企业的质量管理活动也可以说是一种以数据为基础的经营活动。质量数据按数轴上数的基本属性可以分为两大类,即计数值和计量值,其中计数值根据质量特性值本身的特点,又可以分为计件值和计点值。

计数值是数轴上的整数形式,例如,在实际中统计产品的合格品及不合格品的件数,就用 0,1,2,⋯整数记录。假如有一批量 $N = 100$ 件的产品批,在未经检验之前,其中的不合格品件数是未知的。那么我们可以用 X 表示其中不合格品件数,则 X 的取值范围为 $X = \{0, 1, 2, \cdots, 100\}$,$X$ 在概率论中称为离散型随机变量,因为它的取值范围虽然明确,但取值具有随机性,只有在检验之后才能确定下来。如果我们检验的是铸件上的气孔数或布匹上的疵点数,那么所统计的计点值也是离散型随机变量。

计量值表现为数轴上所有点的形式,是连续的和稠密的,根本没有空隙。例如,只要测量的精度能够达到,而且也有必要进行精密测度,那么就可以将螺栓的长度测度到无限精确,其误差要多么小就有多么小。如果把螺栓长度作为随机变量 X,那么 X 称为连续型随机变量。

如上所述,质量数据分类可以概括如下:

质量特性值 ┬ 计数值 ┬ 计件值 — 离散型随机变量
　　　　　　│　　　　└ 计点值 — 连续型随机变量
　　　　　　└ 计量值

(2) 计数值的变异规律及度量

① 超几何分布(hypergeometric distribution)。超几何分布的研究对象是有限总体无放回抽样，即考虑样本抽取后对总体素质的影响。这里所说的总体可以是一批数量有限的产品(如 $N = 100$ 件)，在进行产品检验时，从中随机抽取样本(如 $n = 10$ 件)后，因为样本中可能含有不合格品，所以使总体批产品的内涵发生了变化，超几何分布是处理考虑这类影响的一类概率分布，其应用条件是有限总体无放回抽样。

超几何分布概率计算公式为

$$P(d) = \frac{C_D^d C_{N-D}^{n-d}}{C_N^n}$$

其中：N——产品批量；

D——N 中的不合格品数；

$N - D$——N 中的合格品数；

n——从 N 中随机抽取的样本大小；

d——n 中的不合格品数；

$n - d$——n 中的合格品数；

$P(d)$——在 n 中恰含有 d 件不合格品的概率；

C_D^d——不合格品的组合；

C_{N-D}^{n-d}——合格品的组合；

C_N^n——从 N 中随机抽取 n 件的组合。

例 5.1.1 将生产中的 12 个乒乓球放入一个盒中，如图 5.1.3 所示，其中有 3 个不合格品。现从中随机抽取样本大小为 $n = 4$ 的样本进行检验，试求发现其中有一个不合格的概率。

解 由已知得 $N = 12, D = 3, n = 4, d = 1$，如图 5.1.3 所示。

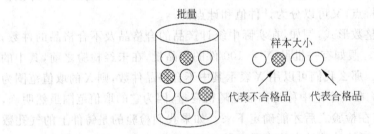

图 5.1.3

因为

$$P(d) = \frac{C_D^d C_{N-D}^{n-d}}{C_N^D}$$

所以

$$P(d=1) = \frac{C_3^1 C_9^3}{C_{12}^4} = 0.509$$

同理可以求出：

$$P(d=0) = 0.255$$
$$P(d=2) = 0.218$$
$$P(d=3) = 0.018$$

设事件 A 为必然事件，则根据概率的性质，则有：
$$P(A) = P(d=0) + P(d=1) + P(d=2) + P(d=3) = 1$$
验证：
$$P(A) = 0.255 + 0.509 + 0.218 + 0.018 = 1$$

当然，如果要知道样本中的不合格品数少于 2 个的可能性，则
$$P(d \leqslant 1) = P(d=0) + P(d=1)$$
$$= 0.255 + 0.509$$
$$= 0.764$$

如果要知道样本中的不合格品数多于 1 个的可能性，则
$$P(d \geqslant 2) = P(d=2) + P(d=3)$$
$$= 0.218 + 0.018$$
$$= 0.236$$

或根据概率的性质：
$$P(d \geqslant 2) = 1 - P(d \leqslant 1)$$
$$= 1 - 0.764$$
$$= 0.236$$

例 5.1.2 在产品验收检查中，将 20 个零件作为一批交验，如果从中随机抽取 4 件进行检验，由于各交验批的产品质量不同，其超几何概率分布也不同，假设连续交验的 4 批零件中所含不合格品数分别为 1 件、3 件、5 件和 7 件，试通过计算和图形说明它们的概率分布形态。

解

(a) 当 $N = 20, D = 1, n = 4$ 时，
$$P(d \leqslant 1) = P(d=0) + P(d=1)$$
$$= \frac{C_1^0 C_{19}^4}{C_{20}^4} + \frac{C_1^1 C_{19}^3}{C_{20}^4}$$
$$= 0.8 + 0.2$$
$$= 1$$

(b) 当 $N = 20, D = 3, n = 4$ 时，
$$P(d \leqslant 3) = P(d=0) + P(d=1) + P(d=2) + P(d=3)$$
$$= \frac{C_3^0 C_{17}^4}{C_{20}^4} + \frac{C_3^1 C_{17}^3}{C_{20}^4} + \frac{C_3^2 C_{17}^2}{C_{20}^4} + \frac{C_3^3 C_{17}^1}{C_{20}^4}$$
$$= 0.491 + 0.421 + 0.084 + 0.004$$
$$= 1$$

(c) 当 $N = 20, D = 5, n = 4$ 时，
$$P(d \leqslant 4) = P(d=0) + P(d=1) + P(d=2) + P(d=3) + P(d=4)$$
$$= \frac{C_5^0 C_{15}^4}{C_{20}^4} + \frac{C_5^1 C_{15}^3}{C_{20}^4} + \frac{C_5^2 C_{15}^2}{C_{20}^4} + \frac{C_5^3 C_{15}^1}{C_{20}^4} + \frac{C_5^4 C_{15}^0}{C_{20}^4}$$

$$= 0.282 + 0.469 + 0.217 + 0.031 + 0.001$$
$$= 1$$

(d) 当 $N = 20, D = 7, n = 4$ 时,
$$P(d \leqslant 4) = P(d=0) + P(d=1) + P(d=2) + P(d=3) + P(d=4)$$
$$= \frac{C_7^0 C_{13}^4}{C_{20}^4} + \frac{C_7^1 C_{13}^3}{C_{20}^4} + \frac{C_7^2 C_{13}^2}{C_{20}^4} + \frac{C_7^3 C_{13}^1}{C_{20}^4} + \frac{C_7^4 C_{13}^0}{C_{20}^4}$$
$$= 0.148 + 0.413 + 0.338 + 0.094 + 0.007$$
$$= 1$$

将上述计算的结果分别绘制成图 5.1.4 中的(a)、(b)、(c)、(d) 四个概率分布图,使产品质量和样本中的不合格数以及概率分布的关系更加直观。

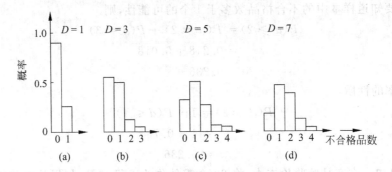

图 5.1.4　不同质量批的超几何分布($N=20, n=4$)

② 二项分布(binomial probability distribution)。二项分布的研究对象是总体无限有放回抽样,当研究的产品批量很大,例如 $N = 1\,000$ 件或者 $N \to \infty$(实际中的一个连续的生产过程作为总体)时,如果再用超几何分布去研究是十分困难或完全不可能的。然而,用二项分布解决这类问题就变为现实。

根据概率论与数理统计推断的基本原理,当 $N \geqslant 10n$ 时,可以用二项分布逼近超几何分布,其误差在工程上是允许的,有概率统计原理证明超几何分布的极限形式是二项分布。

根据贝努利定理(Bernouli),二项分布的概率计算公式为
$$P(d) = C_n^d p^d (1-p)^{n-d}$$

其中:n——样本大小;
$\quad\quad d$——n 中的不合格品数;
$\quad\quad p$——产品的不合格品率;
$\quad\quad q$——产品的合格率,即 $1-p$,($p+q=1$)。

二项分布规律主要用于具有计件值特征的质量特性值分布规律的研究。例如,在产品的检验和验收中,批产品合格与否的判断以及在工序控制过程中所应用的不合格品率 p 控制图和不合格品数 pn 控制图的统计分析。

例 5.1.3　今有一批产品,批量很大,$N = 1\,000$。产品不合格率 $p = 0.01$,现从中随机抽取 $n = 10$ 件,试求经检验后发现有 1 件不合格品的概率有多大? 至少有 2 件不合格

品的概率有多大？

解 (1) $P(d=1) = C_n^d p^d (1-p)^{n-d}$
$= C_{10}^1 (0.01)^1 (1-0.01)^9$
$= 0.091$

若考虑样本对总体的影响，则用超几何分布计算，即：

$$P(d=1) = \frac{C_n^d C_{N-D}^{n-d}}{C_N^n} = \frac{C_{Np}^d C_{N-Np}^{n-d}}{C_N^n} = \frac{C_{10}^1 C_{990}^9}{C_{1\,000}^{10}} = 0.092$$

显然用超几何分布计算是最准确的，但计算比较麻烦，而且由已知条件可知，$N \geqslant 10n$ 的条件满足，所以可以采用二项分布近似计算。

(2) $P(d \geqslant 2) = 1 - P(d < 2)$
$= 1 - P(d=0) - P(d=1)$
$= 1 - C_{10}^0 (0.01)^0 (0.99)^{10} - C_{10}^1 (0.01)^1 (0.99)^9$
$= 1 - 0.904 - 0.091$
$= 0.005$

例 5.1.4 有一交验批 N 很大，产品不合格率为 p，样本大小为 n，试绘图描述以下条件的二项分布规律，并加以分析。

(1) $p = 0.10$ $\begin{cases} n = 5 \\ n = 15 \\ n = 30 \end{cases}$ (2) $p = 0.05$ $\begin{cases} n = 5 \\ n = 15 \\ n = 30 \end{cases}$

解 (1) 相同质量水平的交验批，当样本大小 n 增加时，二项分布逐渐趋于一种对称分布，即正态分布(有大数定律和中心极限定理证明)。如图 5.1.5 和图 5.1.6 所示(计算从略)，以图 5.1.5 为显著。

(a) $\begin{cases} p = 0.10 \\ n = 5 \end{cases}$ (b) $\begin{cases} p = 0.10 \\ n = 15 \end{cases}$ (c) $\begin{cases} p = 0.10 \\ n = 30 \end{cases}$

(d) $\begin{cases} p = 0.05 \\ n = 5 \end{cases}$ (e) $\begin{cases} p = 0.05 \\ n = 15 \end{cases}$ (f) $\begin{cases} p = 0.05 \\ n = 30 \end{cases}$

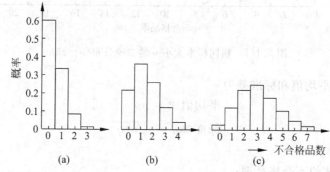

图 5.1.5 不同样本大小 n 的二项分布($p=0.10$)

(2) 相同的样本大小，不同质量水平的交验批，二项分布规律随不合格品率的增大而逐渐趋于一种对称分布，即正态分布(本节后面将加以介绍)，如图 5.1.5 和图 5.1.6 相比较所示。

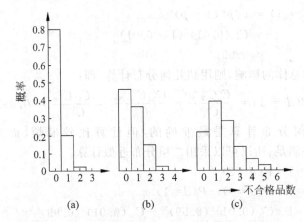

图 5.1.6　不同样本大小 n 的二项分布（$p=0.05$）

(f) $\begin{cases} p = 0.05 \\ n = 30 \end{cases}$　　(c) $\begin{cases} p = 0.10 \\ n = 30 \end{cases}$

在图 5.1.7 和图 5.1.8 所示的两族折线图中，能够更清楚地看出上述分析的趋势。同时，可以由图 5.1.7 中的 $p=0.1, n=50$ 以及图 5.1.8 中的 $p=0.25, n=25$ 得出以下结论：当 $N \geqslant 10n, p \leqslant 0.1$ 或 $np \geqslant 4 \sim 5$ 时，就可以用正态分布代替二项分布进行近似计算，实际上在一定的条件下，正态分布是二项分布的极限形式。

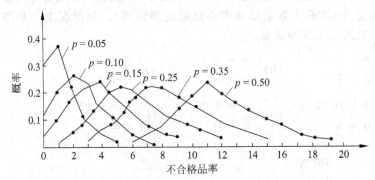

图 5.1.7　相同样本大小 n 的二项分布（$n=25$）

二项分布的平均值和标准差为

$$\text{平均值 } \bar{x} = np$$
$$\text{标准差 } \sigma = \sqrt{npq}$$

其中：n——样本大小；

p——总体的不合格品率；

q——总体的合格品率。

③ 泊松分布（Poisson distribution）。泊松分布研究的对象是具有计点值特征的质量特性值，如布匹上出现疵点的规律、机床发生故障的规律。自然界和生活中也有大量现象服从泊松分布规律，如每天超级市场的顾客人数，每分钟到达公共汽车站的乘客人

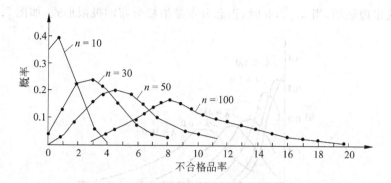

图 5.1.8 相同质量水平的二项分布($p=0.1$)

数等。

泊松分布的概率计算公式为

$$P(d=k)=\frac{\lambda^k e^{-\lambda}}{k!}$$

其中：$\lambda=np$；

n——样本大小；

p——单位不合格率(缺陷率)；

$e=2.718281$。

例 5.1.5 在产品的加工过程中，观察产品在装配中发生的缺陷，经统计每台产品的平均装配缺陷数 $\lambda=0.5$，试求在检验中发现恰有 1 个缺陷的概率。

解
$$P(d=k)=\frac{\lambda^k e^{-\lambda}}{k!}=\frac{0.5^1 e^{-0.5}}{1!}=0.303$$

上式可用计算器做计算或查书后附表 A 最为方便。查附表 A 得：
$$P(d=1)=P(d\leqslant 1)-P(d=0)$$
$$=0.910-0.607$$
$$=0.303$$

附表 A 中括号内的数为累积概率。

泊松分布的平均值和标准差为

平均值 $\bar{x}=\lambda(np)$

标准差 $\sigma=\sqrt{\lambda}$

例 5.1.6 利用例 5.1.3 中的条件，采用泊松分布计算。

解
$$\lambda=np=10\times 0.01=0.1$$
$$P(d=k)=\frac{\lambda^k e^{-\lambda}}{k!}=\frac{0.1^1 e^{-0.1}}{1!}$$

查附表 A 得
$$P(d=1)=0.091$$

实际上，当 $np<4$ 时，用二项分布和泊松分布计算可以得出几乎相同的结果，而用泊松分布计算显然更方便，可以查泊松分布表(书后附表 A)。

有泊松定理证明,当 $np \geqslant 5$ 时,正态分布是泊松分布的极限形式,如图 5.1.9 所示。

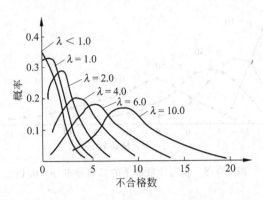

图 5.1.9 泊松分布变化规律($\lambda=np$)

(3) 计量值的变化规律及度量

① 正态分布的研究对象。在企业的生产和经营活动中,正态分布是应用最为广泛的一种概率分布。例如,在机械加工的生产活动中,当质量特性值具有计量性质时,就应用正态分布去控制和研究质量变化的规律,包括公差标准的制定,生产误差的计算和分析,生产设备的调整,工序能力的分析,产品质量的控制和验收等。因此,了解正态分布的基本参数和生产过程状态的关系是十分必要的。

② 正态分布概率计算。正态分布的概率计算公式为

$$F(X) = \frac{1}{\sqrt{2\pi}\sigma} \int_{-\infty}^{x} e^{-(x-\mu)^2/2\sigma^2} dx$$

其中：μ——总体平均值;

σ——总体标准差。

若随机变量 X 为计量质量特性值,并服从正态分布,则记作 $X \sim N(\mu, \sigma^2)$。当 $\mu=0, \sigma=1$ 时,正态分布称为标准正态分布,记作 $X \sim N(0,1)$。用标准正态分布研究实际问题是十分方便的,可以借助标准正态分布表(书后附表 B)计算分布概率。标准正态分布的概率密度曲线如图 5.1.10 所示,标准正态分布的概率计算公式为

$$F(X) = \int_{-\infty}^{x} \frac{1}{\sqrt{2\pi}} e^{-x^2/2} dx$$

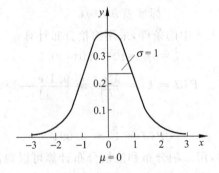

图 5.1.10 标准正态分布曲线

③ 正态分布的平均值和标准差。正态分布的平均值 μ 描述了质量特性值 x 分布的集中位置,如图 5.1.11 所示。而正态分布的标准差描述了质量特性值 x 分布的分散程度,如图 5.1.12 所示。μ 和 σ 为正态分布的两个重要基本参数,只要 μ 和 σ 二者确定下来,那么服从正态分布的质量特性值 x 的分布曲线就唯一确定了,这在实际应用中是十分重要的。如图 5.1.11 所示,例如 x 表示某加工零件的长度尺寸,假设 $\mu=0$ 的分布符合质量标准,也就是说,$\mu=0$ 的分布描述了一个生产过程的控制状态,那么 $\mu=3$ 就显示了零件长度尺寸偏长的一个失控的生产状态。如果根据生产过程收集的数据统计分析的结果为这种状态,就必须分析原因,采取措施,调整恢复到 $\mu=0$ 的控制状态,否则会出现大量的不合格品。而 $\mu=-2$ 的分布状态也是属于失控状态,此时描述的零件尺寸显然偏短。上述关于分布中心 μ 发生右的或左的偏移的状态,都属于生产过程的失控状态。可见,生产过程的失控状态是可以通过正态分布的平均值 μ 的变化显示出来的。

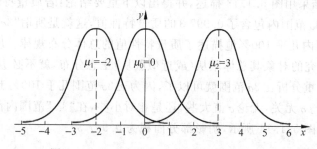

图 5.1.11　正态分布平均值 μ 的特性($\sigma=1$)

如图 5.1.12 所示,假设通过三次生产状态的统计分析,μ 没有发生变化($\mu=0$),然而 σ 出现了三种不同的情况,$\sigma_1=0.5$,$\sigma_2=1.0$ 和 $\sigma_3=1.5$。如果 $\sigma_2=1.0$ 是符合质量标准要求的,那么,$\sigma=1.5$ 的生产状态说明零件长度尺寸有更大的分散性。如果与公差界限比较,一定会出现超出上公差和下公差的不合格品,这也是一个失控状态,是不允许的。而 $\sigma_1=0.5$ 的情况说明零件尺寸长度分布更集中了,也就是加工的精度提高了。分析其原因,也许是采用了新技术、新工艺或新设备。可见 σ 的变化也描述了生产过程的状态。因此,不难想到,在实际中,如果质量特性值是服从或近似服从正态分布规律,那么可以通过 μ 和 σ 的变化控制生产过程状态,这就是工序质量控制的基本原理。

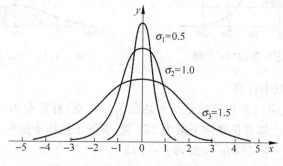

图 5.1.12　正态分布标准差 σ 的特性

④ "3σ"原则

根据标准正态分布规律可以计算以下概率：

$$\begin{aligned}\Phi(x) &= P(\mu - \sigma < x < \mu + \sigma) \\ &= P[-\sigma < (x-\mu) < \sigma] \\ &= P\left(-1 < \frac{x-\mu}{\sigma} < 1\right) \\ &= \Phi(1) - \Phi(-1)\end{aligned}$$

查书后附表 B 得

$$\Phi(x) = \Phi(1) - \Phi(-1) = 0.8413 - 0.1587 = 0.6826$$

同理，

$$P(\mu - 2\sigma < x < \mu + 2\sigma) = \Phi(2) - \Phi(-2) = 0.9546$$
$$P(\mu - 3\sigma < x < \mu + 3\sigma) = \Phi(3) - \Phi(-3) = 0.9973$$

将上述三个计算结果用图 5.1.13 描述，并得出以下重要结论：若质量特性值 x 服从正态分布，那么，在 ±3σ 范围内包含了 0.9973 的质量特性值，这就是所谓"3σ"原则。因此可以断言，在 ±3σ 范围内几乎 100% 地描述了质量特性值的总体分布规律。所以，在实际问题的研究中，已知研究的对象其总体服从（或近似服从）正态分布，就不必从 −∞ 到 +∞ 的范围去分析，只着重分析 ±3σ 范围就可以了，因为 ±3σ 范围几乎 100% 地代表了总体。应该指出"3σ"原则与 σ 无关，无论 σ 值大些，还是相对小些，在"3σ"范围内都包含了 0.9973 的质量特性值，如图 5.1.14 所示，阴影部分面积为 0.9973。

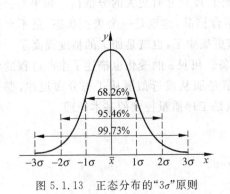

图 5.1.13 正态分布的"3σ"原则

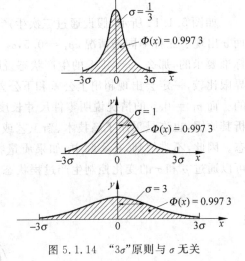

图 5.1.14 "3σ"原则与 σ 无关

⑤ 正态分布的概率计算

例 5.1.7 某儿童食品包装的重量平均值为 296 克，标准差为 25 克，假设该产品的重量服从正态分布，已知重量规格下限为 273 克，求低于规格下限的不合格品率为多少？

解 已知 $\mu \doteq \bar{x} = 296, \sigma = 25, x_L = 273$

设标准正态变量为 u，

则
$$u = \frac{x_L - \bar{x}}{\sigma}$$
$$\Phi(u) = \Phi\left(\frac{x_L - \bar{x}}{\sigma}\right) = \Phi\left(\frac{273 - 296}{25}\right) = \Phi(-0.92)$$

查书后附表 B 得：
$$\Phi(-0.92) = 0.1788$$

如图 5.1.15 所示，该生产加工工序低于下限的不合格率为 0.1788。

假设 $\bar{x} = 296$ 克是产品重量标准的公差中心，那么要减少不合格品率，提高产品质量，就是要提高包装的重量精度。也就是要采取有效措施减小 σ，使包装的重量更加集中，从而降低不合格品率，保护消费者的利益，提高企业的信誉。

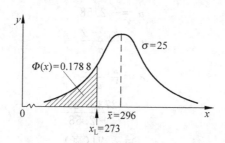

图 5.1.15 产品重量超出下限的不合格品率

假设 $\bar{x} = 296$ 克相对公差中心向左偏移，则需要采取措施使分布中心 $\bar{x}(\mu)$ 向右调整，则低于 x_L 的不合格率会下降。

例 5.1.8 已知 $x_L = 273$ 克，$\sigma = 25$，对例 5.1.7 的产品不合格率规定不得超过 0.01，试求 $\bar{x}$ 应控制的中心位置。

解 已知 $x_L = 273$ 克，$\sigma = 25$，允许不合格率 $p = 0.01$，根据正态分布的性质，超出质量标准上、下界限的不合格品率各为 0.005，故：
$$\Phi(u) = 0.005$$

查书后附表 B 得
$$u = -2.58$$

而
$$u = \frac{x_L - \bar{x}}{\sigma}$$

则
$$\bar{x} = x_L - u\sigma = 273 - (-2.58) \times 25 = 337.5(克)$$

因此，公差中心应定在 337.5 克，生产过程中将分布中心控制在 337.5 克，才能保证不合格品率不超过 0.01。调整后的生产过程状态如图 5.1.16 所示。

应当指出的是例 5.1.8 的情况只是一种假设，显然这种情况下公差 T 相对 $\bar{x}$ 太大了。因为
$$T/2 = \bar{x} - x_L = 337.5 - 273 = 64.5(克)$$

所以，$T = 129$。这意味着单件产品顾客和生产者都可能要承受最高可达 64.5 克的损失。

例 5.1.9 （利用例 5.1.7 和例 5.1.8 的分析结果）假设 $\bar{x} = 296$ 克为标准包装重量，即为公差中心 M，允许不合格率为 0.01，$x_L = 273$ 克，那么唯一的途径是提高包装的精度，即减小 σ，试根据以上条件计算 σ 值。

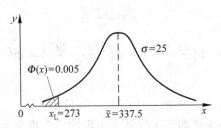

图 5.1.16　分布中心 $\bar{x}(\mu)$ 向右调整

解

$$\Phi(u) = 0.005$$

查书后附表 B 得：

$$u = -2.58$$

因为

$$u = \frac{x_L - \bar{x}}{\sigma}$$

所以

$$\sigma = \frac{x_L - \bar{x}}{u}$$

$$= \frac{273 - 296}{-2.58}$$

$$= 8.91（克）$$

提高包装精度以后的产品重量分布状态如图 5.1.17 所示。应该指出，在实际生产中对分布中心 $\mu(\bar{x})$ 的调整相对于对 σ 的调整容易得多。要将 σ 由 25 克调整到 8.91 克，也许要投入比较多的资金，对生产工艺和设备做比较大的改进，是否采用上述方案需要做可行性分析才能最后决定。

例 5.1.10　在例 5.1.7 的条件下，试求包装重量高于 346 克的概率。

解　如图 5.1.18 所示，根据概率分布的基本定义得

$$1 - \Phi(u) = 1 - \Phi\left(\frac{x_i - \bar{x}}{\sigma}\right)$$

$$= 1 - \Phi\left(\frac{346 - 296}{25}\right)$$

$$= 1 - \Phi(2)$$

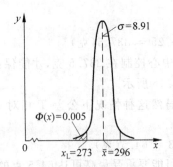

图 5.1.17　提高包装精度的效果

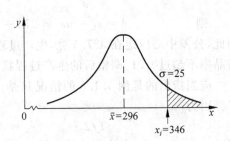

图 5.1.18　概率分布效果

查书后附表 B 得
$$\Phi(2) = 0.9773$$
所以
$$1 - \Phi(2) = 1 - 0.9773$$
$$= 0.0227$$
因此,有 2.27% 的产品包装重量多于 346 克。

例 5.1.11 某地区民用电压检测得到平均电压 $\bar{x} = 228.5\text{V}$,标准差 6 为 1.25V,求供电电压介于 226V 和 230V 之间的概率(见图 5.1.19)。

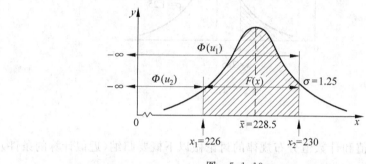

图 5.1.19

解 根据概率分布的基本定义和性质有
$$F(x) = \Phi(u_1) - \Phi(u_2)$$
$$= \Phi\left(\frac{x_1 - \bar{x}}{\sigma}\right) - \Phi\left(\frac{x_2 - \bar{x}}{\sigma}\right)$$
$$= \Phi\left(\frac{230 - 228.5}{1.25}\right) - \Phi\left(\frac{226 - 228.5}{1.25}\right)$$
$$= \Phi(1.2) - \Phi(-2)$$

查书后附表 B 得
$$F(x) = \Phi(1.2) - \Phi(-2)$$
$$= 0.8849 - 0.0183$$
$$= 0.8666$$

所以,有 86.66% 的电压值介于 226~230V 之间。

例 5.1.12 假设有 15% 的用户电压低于 225V,标准差为 1.25V,预测此时用户的平均电压为多少。

解 已知 $\Phi(u) = 0.15$,
查书后附表 B 得
$$u = -1.04$$
而
$$\Phi(u) = \Phi\left(\frac{x_i - \bar{x}}{\sigma}\right)$$
$$u = \frac{x_i - \bar{x}}{\sigma}$$

经整理得
$$\bar{x} = x_i - u\sigma$$

$$= 225 - (-1.04) \times 1.25$$
$$= 226.3$$

所以,控制平均供电电压为 226.3V,那么其中有 15% 的用户电压低于 225V,如图 5.1.20 所示。

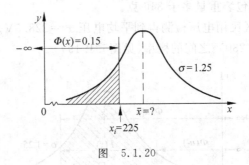

图 5.1.20

⑥ 小结

对上述关于计量值和计数值分布规律的讨论做以下概要归纳(近似计算的条件):

二项分布 $\quad \dfrac{N \geq 10n, p \leq 0.1}{或 \ np \geq 4 \sim 5} \to$ 正态分布

泊松分布 $\quad np \geq 5 \to$ 正态分布

可见,用正态分布研究质量变异的规律是十分方便的,所以正态分布在质量管理中有着特别重要的理论价值和实际价值。

第二节 生产过程的质量状态

以预防为主是一种主动管理方式,生产过程的质量控制其主要目的是保证工序能始终处于受控(in control)状态,稳定持续地生产合格品。为此,必须及时了解生产过程的质量状态,判断其失控与否。如前所述,这一目的是通过了解和控制 μ 和 σ 两个重要参数实现的。通常,在实际中对动态总体(生产过程)进行随机抽样,统计计算所收集的数据得到样本统计量,即样本的平均值 $\bar{x}$ 和样本的标准差 S,用 $\bar{x}$ 和 S 去估计 μ 和 σ,由 μ 和 σ 的变化情况与质量标准规格进行比较,做出生产过程状态的判断,这一过程的依据是数理统计学的统计推断原理。

一、生产过程状态

生产过程状态从 μ 和 σ 的情况出发可以分为以下两种表现形式:

控制状态(也称稳定状态)——μ 和 σ 不随时间变化,且在质量规格范围内;

稳定状态(也称假稳定状态)——μ 和 σ 不随时间变化,但不符合质量规格要求;

失控状态

不稳定状态——μ 和 σ 其中之一或两者随时间变化,但不符合质量规格要求。

1. 控制状态(in control)

如图 5.2.1 所示，μ_0 和 σ_0 是经调整后控制的理想状态，即符合质量标准要求。从图中可见随时间推移，生产过程的质量特性值或其统计量均在控制界限之内，且均匀分布。这就是所谓控制状态，也是生产过程控制的目的。

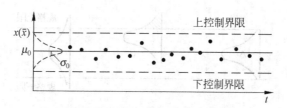

图 5.2.1　生产过程的控制状态

2. 失控状态(out of control)

（1）稳定状态（假稳定状态）

如图 5.2.2 所示，μ 和 σ 不随时间变化，但质量特性值（或其统计量）的分布超出了控制界限，图中所示为超出上限的情况，这时生产过程处于失控状态，需要采取措施，针对原因将 μ_1 调整恢复到 μ_0 的分布中心位置上来。这种情况是属于有系统性原因存在的表现形式。

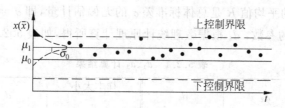

图 5.2.2　生产过程的失控状态

（2）不稳定状态

如图 5.2.3 所示，μ 随时间推移发生变化，图中为 μ 逐渐变大的情况。例如，在实际中由于刀具的不正常磨损使加工零件的外径尺寸变得越来越大。这种情况说明生产过

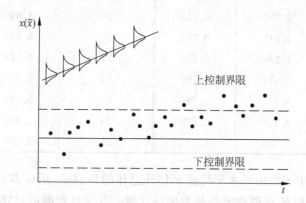

图 5.2.3　生产过程的失控状态（μ 变化）

程有系统性原因存在,所以发生失控,应该查明原因及时消除影响。使生产过程状态恢复到图 5.2.1 的受控状态,才能保证产品质量。又如图 5.2.4 所示,A 为控制状态;B 为 μ 变化、σ 未变的失控状态;C 为 μ 未变而 σ 变大的失控状态。其他失控状态的表现形式类似,不再赘述。

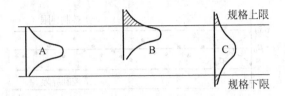

图 5.2.4　生产过程的状态比较

二、生产过程状态的统计推断

根据统计推断的参数估计原理,样本平均值 $\bar{x}$ 和样本极差 R 有以下重要性质:

(1) 样本平均值 $\bar{x}$ 的数学期望就是总体的均值 μ,即 $E(\bar{x}) = \mu$;

(2) 用样本平均值 $\bar{x}$ 估计总体的均值 μ,估计的精度与样本大小 n 成反比,与总体标准差 σ 成正比,即 $\sigma_{\bar{x}} = \sigma/\sqrt{n}$;

(3) 样本极差的平均值 $\bar{R}$ 是总体标准差 σ 的无偏估计量,即 $\hat{\sigma} = \bar{R}/d_2$。其中 d_2 是与样本大小 n 有关的参数,d_3 根据数理统计原理计算所得,如表 5.2.1 所示(计算从略)。

表 5.2.1　d_2、d_3 计算结果

样本大小 n	d_2	d_3	样本大小 n	d_2	d_3
2	1.128	0.853	14	3.407	0.762
3	1.693	0.888	15	3.472	0.755
4	2.059	0.880	16	3.532	0.749
5	2.326	0.864	17	3.588	0.743
6	2.534	0.848	18	3.640	0.738
7	2.704	0.833	19	3.689	0.733
8	2.847	0.820	20	3.735	0.729
9	2.970	0.808	21	3.778	0.724
10	3.028	0.797	22	3.819	0.720
11	3.173	0.787	23	3.858	0.716
12	3.258	0.778	24	3.895	0.712
13	3.336	0.770	25	3.931	0.709

所以,在实际中可以用样本平均值 $\bar{x}$ 估计总体的均值 μ,用样本极差 R 估计总体标准差 σ,统计量 $\bar{x}$ 和 R 在理论上都是无偏估计量。其统计推断的思路如图 5.2.5 所示。这样就解决了实际中的一个重要问题,那就是总体常常是未知的,生产过程状态作为总

体是动态的,因此在实际中去求得总体的 μ 和 σ 的真值往往是不现实或没有必要的。特别是概率论和数理统计原理指出,对任意分布,当样本大小 n 充分大时,其样本平均值 $\bar{x}$ 的分布就趋于正态分布。所谓 n 充分大,一般指 $n>30$ 就可以满足条件。关于 $\bar{x}$ 的分布随 n 的增大而变化的情况如图 5.2.6 所示。

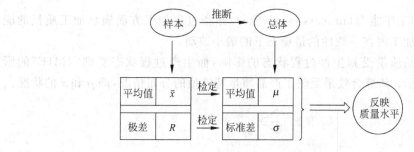

图 5.2.5 统计推断思路

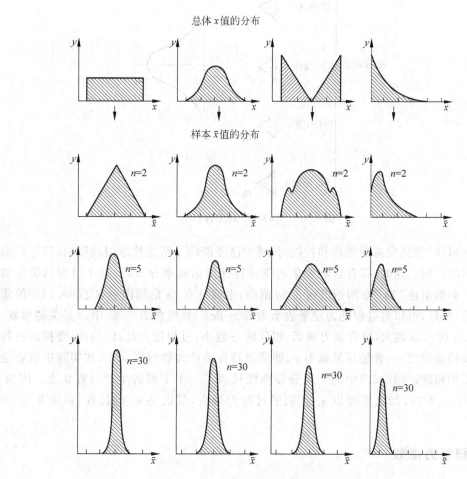

图 5.2.6 $\bar{x}$ 的分布随 n 增大而变化的情况

第三节 过程能力

一、过程能力的基本概念

过程能力也称工序能力(process capability),是指过程加工方面满足加工质量的能力,它是衡量过程加工内在一致性的最稳态下的最小波动。

如前所述,产品质量受到生产过程状态的影响,而生产过程状态受到"4M1E"的影响,如图 5.3.1 所示。其综合效果反映了产品质量特性值的分布情况,即 μ 和 σ 的状况。

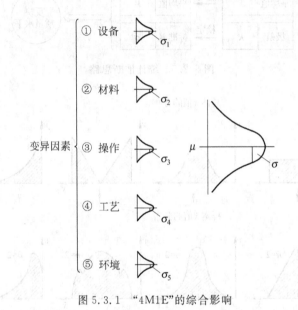

图 5.3.1 "4M1E"的综合影响

当"4M1E"受到完善的管理和控制时,通常已经消除了系统性原因的影响,仅存在偶然性原因的影响。这时,综合影响效果的质量特性值的概率分布,反映了过程的实际加工能力。如前所述"3σ"原则指出在 $\pm 3\sigma$ 范围,也就是在 6σ 范围内包含了 99.73% 的质量特性值,所以,可以将过程能力定量表示为 $B = 6\sigma$。显然在 $B = 6\sigma$ 中,σ 是关键参数,如图5.3.2所示,σ 越大,过程能力越低;相反地,σ 越小,过程能力越高。因此,要提高过程能力重要的途径之一,就是尽量减小 σ,使质量特性值的离散程度变小,在实际中也就是提高加工的精度。图5.3.2中的三条分布曲线代表了三个不同的生产过程状态。因为 $\sigma_1 < \sigma_2 < \sigma_3$,所以,加工精度以 σ_1 代表的过程为最高,其次是 σ_2 的过程,最次是 σ_3 的过程。

二、过程能力指数

1. C_p 的含义

过程能力能否满足客观的技术要求,需要进行比较度量,过程能力指数就是表示过程能力满足产品质量标准的程度的评价指标。所谓产品质量标准,通常指产品规格、工

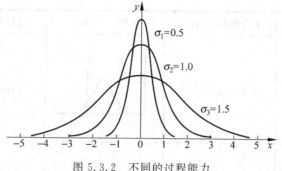

图 5.3.2 不同的过程能力

艺规范、公差等。过程能力指数一般用符号 C_p 表示,则

$$C_p = \frac{T}{6\sigma}$$

其中:T——公差;

σ——总体标准差(或用样本标准差 S)。

2. C_p 值的评价

C_p 值的水平需要有判断的准则,通常是根据实际情况综合考虑质量保证要求、成本等方面的因素。表 5.3.1 所示是过程能力指数 C_p 值评价标准的一般原则。应当指出,通常所谓过程能力不足或过高,都是指特定生产制造过程、特定产品的特定工序而言的,不应当理解为统一的模式。例如,化工、电子、机械等工业生产过程都具有自身的特点。表 5.3.1 所示,有助于说明过程能力评价的基本原理。

表 5.3.1

等级	C_p(或 C_{pk})	不合格品率 $p/\%$	图 例	过程能力评价	处理意见
特级	$C_p \geqslant 1.67$	$p \leqslant 0.00006$		过程能力过于充足	
一级	$1.33 \leqslant C_p < 1.67$	$0.00006 < p \leqslant 0.006$		过程能力充足	
二级	$1.00 \leqslant C_p < 1.33$	$0.006 < p \leqslant 0.27$		过程能力尚可	

等级	C_p 或 (C_{pk})	不合格品率 $p/\%$	图 例	过程能力评价	处理意见
三级	$0.67 \leqslant C_p < 1.00$	$0.27 < p \leqslant 4.55$		过程能力不足	
四级	$C_p < 0.67$	$p \geqslant 4.55$		过程能力严重不足	

3. C_p 值的计算

(1) 双向公差要求，μ 与 M 重合的情况

根据过程能力指数的基本计算公式：

$$C_p = \frac{T}{6\sigma} = \frac{T}{6S} = \frac{T_U - T_L}{6S}$$

其中：T_U —— 公差上限；

T_L —— 公差下限。

如图 5.3.3 所示，根据正态分布规律，可以计算超出公差上限 T_U 的不合格品率 P_U 和超出公差下限 T_L 的不合格品率 P_L。

例 5.3.1 某零件内径尺寸公差为 $\Phi 20^{+0.025}_{-0.010}$，加工数量为 100 件的一批零件以后，计算得 $\bar{x} = 20.0075, S = 0.005$，求该过程的过程能力指数 C_p，并根据过程能力指数评价的一般准则评价 C_p 值。

解 公差中心 $M = \dfrac{T_U + T_L}{2} = \dfrac{20.025 + 19.99}{2} = 20.0075$

又已知 $\mu = \bar{x} = 20.0075$

所以，分布中心 μ 和公差中心 M 重合，则

$$C_p = \frac{T}{6S} = \frac{20.025 - 19.99}{6 \times 0.005} = 1.17$$

查表 5.3.1 知，$C_p = 1.17$，属于二级过程能力 $1 < C_p < 1.33$ 的范畴，可以作出过程能力尚可的评价。通常值得关心的还有该过程的产品不合格率，实际上查正态分布表（附表 B），可以准确计算该过程的不合格品率，如图 5.3.4 所示，即：

$$P_U + P_L = 2\Phi\left(\frac{X_L - \bar{x}}{S}\right) = 2\Phi\left(\frac{19.19 - 20.0075}{0.005}\right)$$

$$= 2\Phi(-3.5) = 2 \times 0.00023 = 0.00046$$

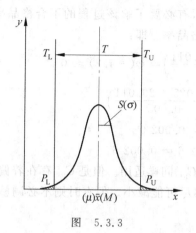

图 5.3.3

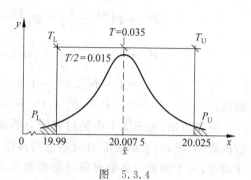

图 5.3.4

(2) 双向公差，μ 与 M 不重合的情况

当分布中心 μ 与公差中心 M 不重合而发生偏移的时候，要对 C_p 值进行修正。为了区别于 μ 与 M 重合情况下的 C_p 值，修正的过程能力指数记作 C_{pk}。C_{pk} 的近似计算公式为：

$$C_{pk} = C_p(1-k)$$

其中 k 为修正系数，且

$$k = \frac{|M-\mu|}{T/2} = \frac{|M-\overline{x}|}{T/2} = \frac{|E|}{T/2}$$

其中 E 称为偏移量，k 也称为偏移系数。

例 5.3.2 某零件内径尺寸公差为 $\Phi 20^{+0.025}_{-0.010}$，加工 100 件以后，得到 $\overline{x} = 20.011$，$S = 0.005$，求过程能力指数，并对 C_p 加以评价。

解 公差中心 $M = \dfrac{T_U + T_L}{2}$

$$= \frac{20.025 + 19.99}{2} = 20.0075$$

已知 $\overline{x} = 20.011$，

所以，$\overline{x} > M$，分布中心向右偏移，偏移量为

$$|E| = |M - \overline{x}| = |20.0075 - 20.011| = 0.0035$$

如图 5.3.5 所示。

则偏移系数

$$k = \frac{|E|}{T/2} = \frac{0.0035}{0.035/2} = 0.2$$

所以，

$$C_{pk} = C_p(1-k) = \frac{T}{6S}(1-k)$$

$$= \frac{0.035}{6 \times 0.005}(1-0.2) = 0.933$$

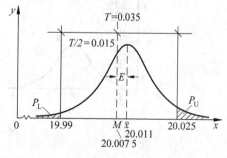

图 5.3.5

查表 5.3.1 知，$C_{pk} = 0.933$，在 $0.67 < C_p < 1.00$ 范围，属于三级过程能力，表现为过程能力不足，需要采取措施，找出原因，提

高过程能力以保证产品质量。通常在这种情况下,有必要了解该过程的不合格品率,查正态分布表(附表 B)可以准确计算该过程的不合格品率。即:

$$P_L = \Phi\left(\frac{x_L - \bar{x}}{S}\right) = \Phi\left(\frac{19.99 - 20.011}{0.005}\right) = \Phi(-4.2) \approx 0$$

$$P_U = 1 - \Phi\left(\frac{x_U - \bar{x}}{S}\right) = 1 - \Phi\left(\frac{20.025 - 20.011}{0.005}\right)$$

$$= 1 - \Phi(2.8) = 1 - 0.9974 = 0.0026$$

所以, $\qquad P = P_L + P_U = 0 + 0.0026 = 0.0026$

应当指出,表 5.3.1 中的过程能力等级,对于 C_{pk} 同样适用。但是 C_{pk} 存在着偏移系数的影响,所以,有时需要对设备进行调整,使偏移尽可能减小。但有时则不必调整或难于调整,关于调整设备的界限可参考表 5.3.2。

表 5.3.2

过程能力指数 C_p	偏移系数 k	对平均值 $\bar{x}$ 应采取的措施
$1.33 < C_p$	$0.00 < k < 0.25$	不必调整
$1.33 < C_p$	$0.25 < k < 0.50$	要注意
$1.00 < C_p < 1.33$	$0.00 < k < 0.25$	要注意
$1.00 < C_p < 1.33$	$0.25 < k < 0.50$	要采取措施

表 5.3.3 是根据 C_{pk} 的计算公式制成的,表中的数值是按 C_p 值和 k 值给出与之相对应的不合格品率 p 值。此表可由 k、C_p 和 p 三个数值中的任意两个数值查到第三个数值,使用方便。

(3) 单向公差要求 C_p 值的计算

在有些情况下,质量标准只规定单侧的界限,例如机电产品的机械强度,耐电压强度,寿命,可靠性等,要求不低于某个下限值,而上限越大越好,如图 5.3.6(a)所示。而有时又只有上限要求,例如机械工业产品的清洁度,噪声,形位公差(同心度、平行度、垂直度、径向跳动等),原材料所含杂质等,其下限越小越好,只要规定一个上限就可以了,如图 5.3.6(b)所示。

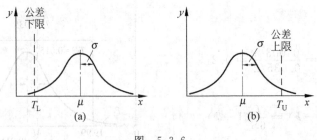

图 5.3.6

单向公差要求 C_p 值的计算公式是由双向公差要求 C_p 值的基本计算公式推导而来的,即

$$C_p = \frac{T}{6\sigma} = \frac{T_U - T_L}{6\sigma} = \frac{T_U - \mu}{6\sigma} + \frac{\mu - T_L}{6\sigma}$$

因为正态分布是对称分布,所以

$$T_U - \mu = \mu - T_L$$

所以只有下限要求的 C_p 值为:

$$C_{pL} = 2 \cdot \frac{\mu - T_L}{6\sigma} = \frac{\mu - T_L}{3\sigma}$$

同理得:

$$C_{pU} = 2 \cdot \frac{T_U - \mu}{6\sigma} = \frac{T_U - \mu}{3\sigma}$$

例 5.3.3 已知某厂生产的日光灯管寿命要求不低于 2 000 小时,现在从生产过程中随机抽取 100 根灯管进行试验,根据寿命试验的数据计算得:$\bar{x} = 2\ 350$ 小时,$S = 80$ 小时,试求过程能力指数。

解
$$C_{pL} = \frac{\bar{x} - T_L}{3S} = \frac{2\ 350 - 2\ 000}{3 \times 80} = 1.46$$

例 5.3.4 某液体原料在制成中要求单位体积含某种杂质不能高于 0.01mg,现在根据随机抽样的样本数据检测得,$\bar{x} = 0.004\ 8mg, S = 0.001\ 2mg$,试求过程能力指数。

解
$$C_{pU} = \frac{T_U - \bar{x}}{3S} = \frac{0.01 - 0.004\ 8}{3 \times 0.001\ 2} = 1.44$$

表 5.3.3 充分说明了 C_p、k 与 p 三者之间的密切相关关系,也可以说,C_p 值本身也代表了总体的不合格率。

表 5.3.3 根据过程能力指数 C_p 和相对偏移系数 k 求总体不合格品率 p 的数值表

单位:%

C_p \ k	0.00	0.04	0.08	0.12	0.16	0.20	0.24	0.28	0.32	0.36	0.40	0.44	0.48	0.52
0.50	13.36	13.43	13.64	13.99	14.48	15.10	15.86	16.75	17.77	18.92	20.19	21.58	23.09	24.71
0.60	7.19	7.26	7.48	7.85	8.37	9.03	9.85	10.81	11.92	13.18	14.59	16.81	17.85	19.69
0.70	3.57	3.64	3.83	4.16	4.63	5.24	5.99	6.89	7.94	9.16	10.55	12.10	13.84	15.74
0.80	1.64	1.69	1.89	2.09	2.46	2.94	3.55	4.31	5.21	6.28	7.53	8.98	10.62	12.48
0.90	0.69	0.73	0.83	1.00	1.25	1.60	2.05	2.62	3.34	4.21	5.27	6.53	8.02	9.75
1.00	0.27	0.29	0.35	0.45	0.61	0.84	1.14	1.55	2.07	2.75	3.59	4.65	5.94	7.49
1.10	0.10	0.11	0.14	0.20	0.29	0.42	0.61	0.88	1.24	1.74	2.39	3.23	4.31	5.66
1.20	0.03	0.04	0.05	0.08	0.13	0.20	0.31	0.48	0.72	1.06	1.54	2.19	3.06	4.20
1.30	0.01	0.01	0.02	0.03	0.05	0.09	0.15	0.25	0.40	0.63	0.96	1.45	2.13	3.06
1.40	0.00	0.00	0.01	0.01	0.02	0.04	0.07	0.13	0.22	0.36	0.59	0.93	1.45	2.10
1.50			0.00	0.00	0.01	0.02	0.03	0.06	0.11	0.20	0.35	0.59	0.96	1.54

续表

C_p \ k	0.00	0.04	0.08	0.12	0.16	0.20	0.24	0.28	0.32	0.36	0.40	0.44	0.48	0.52
1.60				0.00	0.01	0.01	0.03	0.06	0.11	0.20	0.36	0.63	1.07	
1.70					0.00	0.01	0.01	0.03	0.06	0.11	0.22	0.40	0.72	
1.80						0.00	0.01	0.01	0.03	0.06	0.13	0.25	0.48	
1.90							0.00	0.01	0.01	0.03	0.07	0.15	0.31	
2.00								0.00	0.01	0.02	0.04	0.09	0.20	
2.10									0.00	0.01	0.02	0.05	0.18	
2.20										0.00	0.01	0.03	0.08	
2.30											0.01	0.02	0.05	
2.40											0.00	0.01	0.03	
2.50												0.01	0.02	
2.60												0.00	0.01	
2.70													0.01	
2.80													0.00	

三、过程能力调查

1. 过程能力调查的目的

过程能力调查能及时掌握加工设备和过程的质量状态,是发现和解决质量问题的有效方法,也是确定和计算过程能力的重要准备。企业建立必要合理的定期过程能力普查制度,是保证生产制造阶段产品质量的重要措施。特别是对于关键过程和关键工位,要制订计划,分期进行过程能力调查,并对调查结果进行分析,加强过程控制管理。

应当指出,只有在受控过程状态下获得的数据,用以计算所得到的过程能力指数才对过程控制有指导意义。

2. 过程能力的定性调查方法

(1) 直方图法

直方图法是调查过程能力的常用方法。通过观察直方图的形状,可以大致看出生产过程的状态以及质量特性值分布的情况。通过直方图显示的分布范围 B 与公差 T 的比较以及分布中心 μ 与公差中心 M 是否重合或偏离的程度,可以判断过程能力能否满足质量要求。如图 5.3.7 所示,可以做出以下判断:

图(a),分布中心与公差中心基本重合,且 $T > B$,过程能力充足;

图(b),分布中心与公差中心发生偏移,尽管 $T > B$,但如不调整并加以必要的控制,分布继续左偏引起超出下限的不合格品发生;

图(c),分布中心与公差中心基本重合,且 $T \cong B$,相当于 $C_p = 1$ 的情况,过程能力没

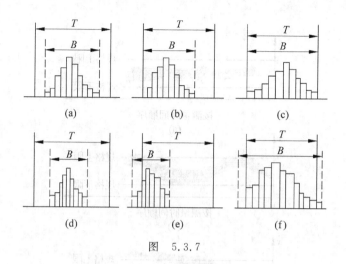

图 5.3.7

有富裕,应该提高过程能力,使发生不合格品的风险降低;

图(d),分布中心与公差中心基本重合,且 $T \gg B$,属于过程能力过高的情况,应该做经济性分析,充分利用这一资源;

图(e),分布中心与公差中心显著偏离,但 $T \gg B$,采取措施调整到(d)图的状态,具有降低成本的潜力;

图(f),分布中心与公差中心基本重合,但 $T < B$,估计 $C_p < 1$,表现过程能力不足。应查明原因,采取措施(改进工艺或设备等),提高过程能力。

(2) 管理图法

如前所述,直方图明确显示了质量特性值分布的范围大小以及 μ 与 M 偏离的程度,但仍不能看出质量特性值随时间变化的波动情况,而这正是反映生产过程稳定性以及是否处于受控状态的关键。为此,还可以应用管理图分析其变动情况。过程能力分析用管理图如图 5.3.8 所示。管理图的横坐标是时间 t,纵坐标是质量特性值 x。通常用公差上限和公差下限作为管理图的界限,将随时间变化抽检所测得的质量特性值用点记录在图上。通过观察点的集体性分布规律,可以判断生产过程状态及过程能力是否满足实际的要求。以下分六种典型情况加以分析:

图(a),生产过程处于控制状态,波动较小,质量特性值保持均匀分布在规格界限内,过程能力满足要求;

图(b),生产过程不稳定,有明显的周期性因素影响存在,属于系统性原因引起的失控状态,过程能力不足,应查明原因加以消除;

图(c),质量特性值随生产时间推移逐渐变大,有大量超出上限的趋势。如果不及时纠正,会产生大量不合格品,表现失控,过程能力不足;

图(d),质量特性值分布的离散性大,出现超出上限和下限的不合格品,过程能力明显不足;

图(e),生产过程稳定,但分布中心偏离标准,相对公差中心有较大的偏移,表现过程能力不足,必须查明原因,及时调整;

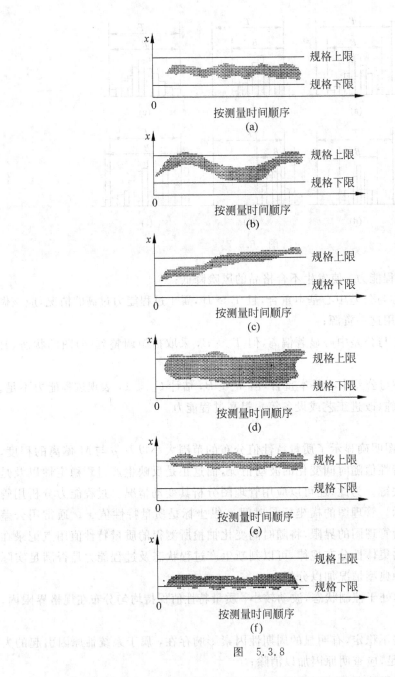

图 5.3.8

图(f)，生产过程稳定，但分布中心向下限偏移，与(e)图的情况相反。也造成大量超出下限的不合格品，呈现过程能力不足，应加以纠正。

应用直方图和管理图对过程能力进行调查，可以比较全面地了解过程状态，发现系统性原因和过程能力不足的现象。及时采取措施进行调整和纠正，消除异常因素的影响，使生产过程处于控制状态。只有这样，才能收集数据，计算过程能力指数，并用以指导过程控制。

3. 过程能力指数的定量计算方法

(1) 试切法

通过过程能力调查,确认生产过程进入控制状态以后,可以加工一批产品。为了减少用样本估计总体产生的误差,通常要加工 100 件以上。

例如,加工 $\Phi 8^{+0.10}_{-0.05}$ 的小轴 100 根,加工后测得小轴外径尺寸数据如表 5.3.4 所示,要求绘制直方图并计算过程能力指数。

表 5.3.4 小轴外径测量后的数据

38	30	18	25	23	30	20	29	22	25
30	25	13	25	27	20	25	28	18	38
38	30	25	25	27	24	30	30	22	22
14	30	26	25	27	25	26	35	25	15
24	25	28	27	23	29	23	30	25	18
29	18	24	20	22	22	20	38	20	27
28	20	22	22	23	25	29	25	29	35
20	18	23	27	29	30	30	24	22	31
18	28	15	23	31	26	25	30	30	19
23	28	19	25	22	18	22	35	30	22

注:以上数据均为 7.9 后的两位数字。

绘制直方图有以下几个步骤:

① 数据分组的组数及组距的确定。首先由表 5.3.4 中所列 100 个数据里找出最大值和最小值,即:$x_{\max} = 7.938$,$x_{\min} = 7.913$。分组的组数参考本章第一节表 5.1.4,取 $k = 9$,则组距为

$$h = \frac{x_{\max} - x_{\min}}{k} = \frac{7.938 - 7.913}{9} = 0.0028 \cong 0.003$$

② 数据分组

如表 5.3.5 所示,将 100 个数据以 0.003 为组距,从小到大分为 9 组,表中分组界限按以下方法确定:

第一组的下限值为:

$$x_{\min} - h/2 = 7.913 - 0.0015 = 7.9115$$

第一组的上限值为第一组的下限值加上组距即可:7.9115+0.003=7.9145

第一组的上限值 7.9145 即为第二组的下限值,而第二组的上限值为第二组的下限值加上组距即可:7.9145+0.003=7.9175

以此类推,得到表 5.3.5 中 9 组数据的上、下限值。为了绘图及方便研究,通常列出各组的组中值,组中值 $=\dfrac{\text{下限值}+\text{上限值}}{2}$,例如,第一组的组中值为

$$x_1 = \frac{7.9115 + 7.9145}{2} = 7.913$$

第五组的组中值为

$$x_5 = \frac{7.9235 + 7.9265}{2} = 7.925$$

表 5.3.5

分组号	下限值~上限值	组中值 x_i	频数统计表	数频 f_i
1	7.911 5~7.914 5	7.913	2	2
2	7.914 5~7.917 5	7.916	2	2
3	7.917 5~7.920 5	7.919	5 5 5 1	16
4	7.920 5~7.923 5	7.922	5 5 5 3	18
5	7.923 5~7.926 5	7.925a	5 5 5 5 3	23
6	7.926 5~7.929 5	7.928	5 5 5 2	17
7	7.929 5~7.932 5	7.931	5 5 5	15
8	7.932 5~7.935 5	7.934	3	3
9	7.935 5~7.938 5	7.937	4	4
合计				100

③ 绘制频数表。将100个数据逐一归入所属组限范围,如表5.3.5最后两列的形式将每组包含的数据统计记录在表中。由频数表可以看出质量特性值数据大量集中在第3组到第7组,而以第5组的频数最多,为了突出峰值,将其组中值记作 a。数据量的分布以 a 为中心向两边逐渐减少,呈正态分布规律。

④ 绘制直方图。根据频数分布表5.3.5所示的频数分布、组数、组界及组中值,绘制频数直方图就很方便而且容易了,如图5.3.9所示。应该注意直方图的完整标注,包括样本大小 n、样本平均值 $\bar{x}$ 和样本标准差 S。

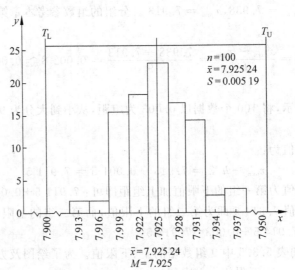

图 5.3.9 根据表 5.3.6 绘制的直方图

⑤ 计算样本平均值和样本标准差

根据表 5.3.4 中 100 个数据计算样本平均值 $\bar{x}$ 和样本标准差 S（计算从略）得

$$\bar{x} = 7.925\ 24,\ S = 0.005\ 19$$

⑥ 计算过程能力指数

因为

$$M = \frac{T_U + T_L}{2} = \frac{7.95 + 7.90}{2} = 7.925$$

中心偏移量 $|E| = |M - \bar{x}| = |7.925 - 7.925\ 24| = 0.000\ 24$

偏移系数

$$k = \frac{|E|}{T/2} = \frac{0.000\ 24}{0.05/2} = 0.009\ 6$$

所以，

$$C_{pk} = C_p(1-k) = \frac{T}{6S}(1-k) = \frac{0.05}{6 \times 0.005\ 19}(1 - 0.009\ 6) = 1.59$$

而

$$C_p = \frac{T}{6S} = \frac{0.05}{6 \times 0.005\ 19} = 1.605$$

在本例中，由于分布中心与公差中心很接近，所以 $C_{pk} \cong C_p$。

(2) SCAT 法(simple capability acceptance test)

在实际中，经常需要在短时间内判断过程能力的满足程度。例如，验收购进的设备，常常来不及采取试切法，因为那样做要等待加工至少 100 件样品，并一一检测后才能计算 C_p 值，有时这种情况是不可能做到的或者产品的检验是破坏性的，大样本会造成较大的成本。SCAT 法是一种快速的简易判断法，这种方法是把预先规定的过程能力是否合格的判断值（见表 5.3.7）同由样本得到的极差 R 进行比较，以判断过程能力是否满足要求。具体的程序步骤如图 5.3.10 所示。用表 5.3.6 进行判断时有两种取样方式，一种是每次取 8 个样品，最多连续取 4 次；另一种是每次取 4 个样品，最多连续取 8 次。因此，SCAT 法最多取 32 个样品，就能做出判断，如果取到 32 件，仍不能作出判断，就应当采用其他判断方法。

表 5.3.6 SCAT 法的判断基准

抽样次数	样品数 4 个		样品数 8 个	
	合格判断值	不合格判断值	合格判断值	不合格判断值
1		$(T \times 0.54) < R_i$	$(T \times 0.19) \geqslant R_i$	$(T \times 0.54) < R_i$
2	$(T \times 0.25) \geqslant \sum R_i$	$(T \times 0.80) < \sum R_i$	$(T \times 0.55) \geqslant \sum R_i$	$(T \times 0.90) < \sum R_i$
3	$(T \times 0.51) \geqslant \sum R_i$	$(T \times 1.06) < \sum R_i$	$(T \times 0.92) \geqslant \sum R_i$	$(T \times 1.26) < \sum R_i$
4	$(T \times 0.77) \geqslant \sum R_i$	$(T \times 1.33) < \sum R_i$	$(T \times 1.28) \geqslant \sum R_i$	$(T \times 1.63) < \sum R_i$
5	$(T \times 1.04) \geqslant \sum R_i$	$(T \times 1.59) < \sum R_i$		
6	$(T \times 1.30) \geqslant \sum R_i$	$(T \times 1.85) < \sum R_i$		
7	$(T \times 1.56) \geqslant \sum R_i$	$(T \times 2.11) < \sum R_i$		
8	$(T \times 2.10) \geqslant \sum R_i$	$(T \times 2.37) < \sum R_i$	错判率为 5%	

注：T——公差范围；R_i——极差。

例 5.3.5 假设需要快速检定一台用来加工轴径为 $\Phi 10^{\pm 0.05}$ 的某种零件的机床，是

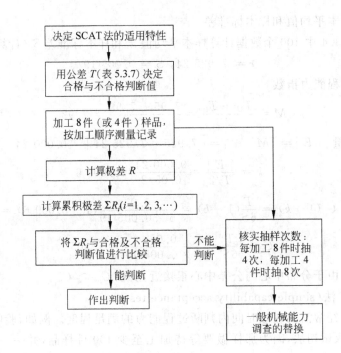

图 5.3.10

否满足过程能力的要求。

解 ① 选择 $n=8$ 的抽样方案,取 $n_1=8$,随机样本 n_1 经检验后其质量特性值为:9.98,9.99,10.02,10.01,9.99,10.00,10.01,10.01。

② 计算判断值表

根据公差界限 $\Phi 10^{\pm 0.05}$ 知,$T=T_U-T_L=10.05-9.95=0.1$,根据 SCAT 法判断基准表 5.3.6,计算得判断值表 5.3.7。

表 5.3.7 判 断 值 表

次数	判断值	合格判断值	不合格判断值
1		$0.019 \geqslant R_i$	$0.054 < R_i$
2		$0.055 \geqslant \Sigma R_i$	$0.090 < \Sigma R_i$
3		$0.092 \geqslant \Sigma R_i$	$0.126 < \Sigma R_i$
4		$0.128 \geqslant \Sigma R_i$	$0.163 < \Sigma R_i$

③ 计算样本 n_1 的极差 R_1

$$R_1 = x_{\max} - x_{\min} = 10.02 - 9.98 = 0.04$$

将 R_1 与表 5.3.7 中的判断值进行比较,因为 $0.019 < 0.04 < 0.054$,所以不能对过程能力作出判断。

④ 随机抽取第二个样本 $n_2=8$,经检验其质量特性值为:9.99,9.99,10.00,10.01,10.00,10.01,10.01。

得 $R_2 = x_{\max} - x_{\min} = 10.01 - 9.99 = 0.02$

根据表 5.3.7 的要求,计算极差的累积值:
$$\sum R_2 = R_1 + R_2 = 0.04 + 0.02 = 0.06$$
将 $\sum R_2$ 与表 5.3.7 中的判断值进行比较,因为 $0.055 < 0.06 < 0.090$,所以仍不能作出判断。

⑤ 取 $n_3 = 8$,经检验其质量特性值为:9.99,10.00,10.00,10.01,9.98,10.01,10.01,9.99。

得 $R_3 = 10.01 - 9.98 = 0.03$

则 $\sum R_3 = R_1 + R_2 + R_3 = 0.04 + 0.02 + 0.03 = 0.09$

将 $\sum R_3$ 与表 5.3.7 中的判断值进行比较,结果是:$0.09 < 0.092$。

因此,可以作出判断:过程能力满足质量要求。

应当指出,由于生产特点和产品特点不同,生产制造过程种类很多,所以过程能力调查和测定的方法也有差异。上述介绍的试切法和 SCAT 法是比较常用的两种方法。在实际中,应该根据具体情况和要求采用适宜的方法对过程能力加以判断,在此其他方法不再赘述。

四、过程性能指数

1. 过程性能指数的概念

过程性能指数(process performance index) P_p、P_{pk} 又称长期过程能力指数,它反映长期过程能力满足技术要求的程度。最早出现在美国福特、通用和克莱斯勒三大汽车公司指定的 ISO 9000 标准中,该标准将过程性能指数与过程能力指数并列,都称为量度过程的参数。过程能力指数反映了过程的固有能力,过程性能指数反映的是当时过程的性能满足标准与规范的程度,是对瞬时或实时过程性能的描述,通常记为 P_p、P_{pk}。

2. 过程性能指数的计算

过程性能指数 P_p、P_{pk} 与过程能力指数 C_p、C_{pk} 的计算公式类似。一般将 C_p、C_{pk} 等过程能力指数称为短期过程能力指数,而将 P_p、P_{pk} 等过程性能指数称为长期过程能力指数。

短期过程能力指数与长期过程能力指数归纳如表 5.3.8 所示。

表 5.3.8　短期过程能力指数与长期过程能力指数归纳表

系列	符号	名　称	计算公式	
C 系列过程能力指数	C_p	无偏移短期过程能力指数	$C_p = \dfrac{T}{6\sigma} = \dfrac{T_U - T_L}{6S}$	①
	C_{pk}	有偏移短期过程能力指数	$C_{pk} = (1-k)C_p = \dfrac{T - 2E}{6S}$	②
	C_{pU}	无偏移上单侧短期过程能力指数	$C_{pU} = \dfrac{T_U - \mu}{3\sigma} = \dfrac{T_U - \bar{x}}{3S}$	③
	C_{pL}	无偏移下单侧短期过程能力指数	$C_{pL} = \dfrac{\mu - T_L}{3\sigma} = \dfrac{\bar{x} - T_L}{3S}$	④

续表

系列	符号	名 称	计算公式	
P系列过程能力指数	P_p	无偏移长期过程性能指数	$P_p = \dfrac{T}{6\sigma} = \dfrac{T_U - T_L}{6 S_L}$	⑤
	P_{pk}	有偏移长期过程性能指数	$P_{pk} = \min(P_{pU} \cdot P_{pL})$	⑥
	P_{pU}	无偏移上单侧长期过程性能指数	$P_{pU} = \dfrac{T_U - \mu}{3\sigma} = \dfrac{T_U - \bar{x}}{3 S_L}$	⑦
	P_{pL}	无偏移下单侧长期过程性能指数	$P_{pL} = \dfrac{\mu - T_L}{3\sigma} = \dfrac{\bar{x} - T_L}{3 S_L}$	⑧

表 5.3.8 中：

T——给定的公差范围；

T_U——给定的公差上限；

T_L——给定的公差下限；

E——偏移量；

σ——总体标准差；

S——样本标准差，$S = \sqrt{\dfrac{1}{n-1} \sum_{i=1}^{n}(x_i - \bar{x})^2}$，用 $n-1$ 定义样本方差 S^2 时，样本方差 S^2 是总体方差 σ^2 的无偏估计量。当然，当样本容量 n 充分大时，$n \cong n-1$，其误差可以忽略不计。

μ——总体平均值（数学期望或均值）；

$\bar{x}$——样本平均值，$\bar{x} = \dfrac{1}{n} \sum_{i=1}^{n} x_i$。

（1）如表 5.3.8 所示，计算公式⑤是无偏移双侧规格情形下的过程性能指数 P_p 的计算方法。通常，式中的 S 是根据对过程统计量的观测值进行统计推断作出的无偏估计的样本标准差。

（2）如表 5.3.8 所示，计算公式⑥是有偏移双侧规格情形下的过程性能指数 P_{pk} 的计算方法。在存在偏移的情况下，对应规格上限和规格下限各有一个单侧过程性能指数，即 P_{pU} 和 P_{pL}，此时的过程性能指数 P_{pk} 利用二者中的最小值来反映当前的过程性能。显然，与 C_p 和 C_{pk} 一样，具有：$P_{pk} \leqslant P_p$。

（3）如表 5.3.8 所示，计算公式⑦是无偏移上单侧规格情形下的过程性能指数 P_{pU} 的计算方法，即只有规格上限的要求，而对规格下限无要求。

（4）如表 5.3.8 所示，计算公式⑧是无偏移下单侧规格情形下的过程性能指数 P_{pL} 的计算方法，即只有规格下限的要求，而对规格上限无要求。

通常，企业日常计算的是过程性能指数 P_p、P_{pk} 等，却往往误认为是过程能力指数 C_p、C_{pk} 等，形成了基本概念的混淆。因此，本节为了明晰相关基本概念和方法应用，通过对比分析了过程性能指数与过程能力指数的特点差异。

第四节　过程质量控制图

20世纪20年代,美国学者休哈特(W. A. Shewhart)博士首先提出了过程控制的概念和实现过程控制的方法。迄今为止,统计过程控制(statistical process control,简称SPC)的基本原理同前者并无本质上的差别。

近一个世纪以来,统计过程控制的理论和方法得到了广泛的应用。有关调查资料显示,在经济发达国家和发展中国家日益广泛地采用统计过程控制图的原理和方法,并且在提高产品和服务质量方面取得了明显效果。这不仅说明了类似这些企业的现代化管理水平正在不断提升,同时,也证实了控制图应用的广泛前景。

一、控制图的概念

控制图是控制生产过程状态,保证工序加工产品质量的重要工具。应用控制图可以对工序过程状态进行分析、预测、判断、监控和改进。如图5.4.1所示,是以单值控制图,即 x 图为例说明一般控制图的基本模式。

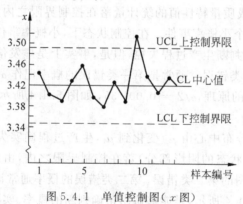

图5.4.1　单值控制图(x 图)

控制图的横坐标通常表示按时间顺序抽样的样本编号,纵坐标表示质量特性值或质量特性值的统计量(如样本平均值 $\bar{x}$)。控制图有中心线和上、下控制界限,控制界限是判断工序过程状态的标准尺度。

二、控制图的原理

1. 控制图的控制界限

通常控制图根据"3σ"原则确定控制界限,如图5.4.2所示,x 图的中心线和上、下控制界限为

中心线：$CL = \mu$(或 $\bar{x}$)

上控制限：$UCL = \mu + 3\sigma$

下控制限：$LCL = \mu - 3\sigma$

如图5.4.3所示 $\bar{x}$ 控制图的控制界限为

中心线：$CL = \mu$(或 $\bar{\bar{x}}$)

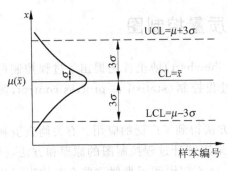
图 5.4.2 "3σ"控制图
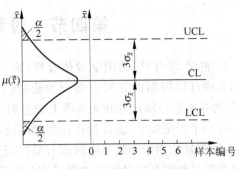
图 5.4.3 $\bar{x}$ 控制图

上控制限:$UCL = \bar{\bar{x}} + 3\sigma_{\bar{x}}$
下控制限:$LCL = \bar{\bar{x}} - 3\sigma_{\bar{x}}$

2. 控制图的两类错误

(1) 第一类错误

处于控制状态的生产过程,若以"3σ"原则确定控制界限,那么在抽样检验中,将有 99.73% 的质量特性值或质量特性值的统计量落在控制界限之内。而落在控制界限之外的概率为 0.27%,是一个小概率事件。在控制状态下,小概率事件一旦发生,就会因样本点落在控制界限之外而判断生产过程失控,但是,事实上是虚发信号,由此所做出的错误判断称为控制图的第一类错误。通常把第一类错误的概率记作 α,在"3σ"控制图中,$\alpha = 0.0027$。根据正态分布的原理,$\alpha/2 = 0.00135$,如图 5.4.4 所示。

(2) 第二类错误

如图 5.4.4 所示,分布中心由 μ_0 变化到 μ_1,生产过程确实失控,但是仍然有一定比例的质量特性值(如 μ_1 状态的阴影部分)落在控制界限之内,由此做出生产过程正常的错误判断,这就是控制图的第二类错误。第二类错误的概率通常记作 β。那么 $1-\beta$ 称为控制图的检出力,如图 5.4.4 所示,是能够做出正确判断的概率。实际中,β 值可应用正态分布规律进行计算。

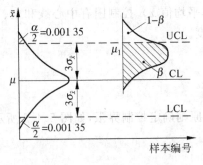
图 5.4.4 控制图的两类错误

3. 控制图的分类

控制图按质量数据特点可以分为计量值控制图和计数值控制图两大类,根据国家标准 GB 4091 常用控制图及主要特征如表 5.4.1 所示。

(1) 计量值控制图

计量值控制图的基本思路是利用样本统计量反映和控制总体数字特征的集中位置(μ)和分散程度(σ),如表 5.4.2 所示。计量值控制图对系统性原因的存在反应敏感,所以具有及时查明并消除异常的明显作用,其效果比计数值控制图显著。计量值控制图经常用来预防、分析和控制工序加工质量,特别是控制图的联合使用,如表 5.4.2 所示,能够提供比较多的信息,帮助综合分析工序生产状态,改进加工质量。在生产实际中,有许多产品加工的关键工序和关键工位都设立了控制点,采用计量值控制图对重要质量特性值严格控制,保持充足的过程能力,从而保证关键件的质量,达到整机的优良质量,实践证明是有效的。

表 5.4.1

特征值	分布	控制图名称	符号名称
计量值	正态分布	平均值-极差控制图	$\bar{x}$-R 控制图
		平均值-标准差控制图	$\bar{x}$-S 控制图
		中位数-极差控制图	$\tilde{x}$-R 控制图
		单值-移动极差控制图	x-R_S 控制图
计数值	计件值 二项分布	不合格品率控制图	p 控制图
		不合格品数控制图	p_n 控制图
	计点值 泊松分布	单位缺陷数控制图	u 控制图
		缺陷数控制图	C 控制图

计量值控制图除了表 5.4.2 中的类型之外,还有一些其他特殊形式的控制图。例如,对于装配性产品,在同类产品、同一质量特性值和同样公差要求条件下采用的组合式控制图;在装置性工业生产中(如化工、石油、制药等),为了对工序状态进行分析和控制,采用反映生产过程的连续变化的滑动控制图;在某些生产过程中,考虑其本身均匀变化趋势的趋势控制图等。

表 5.4.2

控制图名称	集中位置 μ	分散程度 σ
$\bar{x}$-R 图	样本平均值 $\bar{x}$	样本极差 R
$\bar{x}$-S 图	样本平均值 $\bar{x}$	样本标准差 S
$\tilde{x}$-R 图	样本中位数 $\tilde{x}$	样本极差 R
x-R_S 图	样本单值 x	样本移动极差 R_S

(2) 计数值控制图

计数值控制图是以不合格品数、不合格品率、缺陷数等质量特性值作为研究和控制的对象,其作用和计量值控制图相同。目的是分析和控制生产工序的稳定性,预防不合格品的发生,保证产品质量。常用计数值控制图分为两类:

$$\text{计数值控制图}\begin{cases}\text{计件值控制图}\begin{cases}\text{不合格品数控制图 } p_n \text{ 图}\\ \text{不合格品率控制图 } p \text{ 图}\end{cases}\\ \text{计点值控制图}\begin{cases}\text{缺陷数控制图 } C \text{ 图}\\ \text{单位缺陷数控制图 } u \text{ 图}\end{cases}\end{cases}$$

有关计量值和计数值控制图的统计量、系数及控制界限,见表 5.4.3。

表 5.4.3 计量值和计数值控制图的统计量系数及控制界限

分类	控制图名称	统计量	控制界限	控制界限修订	统计量及系数说明
计量值控制图	$\bar{x}$-R 图	样本平均值 $\bar{x}$ 样本极差 R	$CL=\bar{\bar{x}}(\mu)$ $UCL=\bar{\bar{x}}+A_2\bar{R}$ $LCL=\bar{\bar{x}}-A_2\bar{R}$	$CL=\bar{x}'$ $UCL=\bar{x}'+A\sigma'$ $LCL=\bar{x}'-A\sigma'$	$\bar{x}'=\bar{x}_{nw}=(\sum\bar{x}-\bar{x}_d)/(m-m_d)$ $\sigma'=\bar{R}_{nw}/d_2$ $\bar{R}_{nw}=(\sum R-R_d)/(m-m_d)$ m:原来的组数 m_d:剔除的组数 $\bar{x}_d$:剔除的样本组的平均值 R_d:剔除一组的极差 $A_1, A_2, d_2, D_1, D_2, D_3, D_4$ 是与 n 有关的参数,参见表 5.4.5
		R 图 样本极差 R	$CL=\bar{R}$ $UCL=D_4\bar{R}$ $LCL=D_3\bar{R}$	$CL=\bar{R}_{nw}$ $UCL=D_2\sigma'$ $LCL=D_1\sigma'$	
	$\bar{x}$-S 图	样本平均值 $\bar{x}$ 样本极差 R	$CL=\bar{\bar{x}}$ $UCL=\bar{\bar{x}}+A_1S$ $LCL=\bar{\bar{x}}-A_1S$	$CL=\bar{x}'$ $UCL=\bar{x}'+A\sigma'$ $LCL=\bar{x}'-A\sigma'$	$\sigma'=\bar{\sigma}_{nw}/C_2$ $\bar{\sigma}_{nw}=(\sum\sigma-\sigma_d)/(m-m_d)$ σ_d:剔除的样本组的标准差 $A_1, B_1, B_2, B_3, B_4, C_2$ 是与 n 有关的参数,参见表 5.4.2
		S 图 样本标准差 S	$CL=S$ $UCL=B_4S$ $LCL=B_3S$	$CL=\bar{\sigma}_{nw}$ $UCL=B_2\sigma'$ $LCL=B_1\sigma'$	
计数值控制图	p 图	不合格品率 p	$CL=\bar{p}$ $UCL=\bar{p}+\sqrt{\frac{\bar{p}(1-\bar{p})}{n}}$ $LCL=\bar{p}-\sqrt{\frac{\bar{p}(1-\bar{p})}{n}}$	$CL=p'$ $UCL=p'+\sqrt{\frac{p'(1-p')}{n}}$ $LCL=p'-\sqrt{\frac{p'(1-p')}{n}}$	$p'=\bar{p}_{nw}=(\sum np-np_d)/(\sum n-n_d)$ np_d:剔除的样本组内不合格品率 n_d:剔除的样本组的样本容量
	C 图	缺陷数 C	$CL=\bar{C}$ $UCL=\bar{C}+3\sqrt{\bar{C}}$ $LCL=\bar{C}-3\sqrt{\bar{C}}$	$CL=C'$ $UCL=C'+3\sqrt{C'}$ $LCL=C'-3\sqrt{C'}$	$C'=\bar{C}_{nw}=(\sum C-C_d)/(K-K_d)$ C_d:剔除的样本缺陷数 k_d:剔除的样本组数

三、控制图的设计

1. 计量值控制图的设计

在计量值控制图中,常用的典型控制图是平均值——极差控制图,即 $\bar{x}$-R 图,下面就以 $\bar{x}$-R 图为例说明计量值控制图的设计。

(1) 收集数据

假设从齿轮钻孔工序收集记录 100 个孔径尺寸数据,如表 5.4.4 所示。表中详细记录了收集数据的时间,样本大小 $n=4$($n=4$ 至 5 为宜),共收集了 25 组合计 100 个数据。并以表格形式规范化计算每组数据的 $\bar{x}$ 和 R,最后容易地得到 $\bar{\bar{x}}$ 和 $\bar{R}$。

(2) 确定控制界限

$\bar{x}$-R 控制图是一类联合使用的计量值控制图,其中包括平均值 $\bar{x}$ 控制图和极差 R 控制图两个控制图。

表 5.4.4　100 个孔径尺寸数据

样本组	日期	时间	测定值				平均值 $\bar{x}$	极差 R
			x_1	x_2	x_3	x_4		
1	12/23	8:50	35	40	32	33	6.35	0.08
2		11:30	46	37	36	41	6.40	0.10
3		1:45	34	40	34	36	6.36	0.06
4		3:45	69	64	68	59	6.65	0.10
5		4:20	38	34	44	40	6.39	0.10
6	12/27	8:35	42	41	43	34	6.40	0.09
7		9:00	44	41	41	46	6.43	0.05
8		9:40	33	41	38	36	6.37	0.08
9		1:30	48	52	49	51	6.50	0.04
10		2:50	47	43	36	42	6.42	0.11
11	12/28	8:30	38	41	39	38	6.39	0.03
12		1:35	37	37	41	37	6.38	0.04
13		2:25	40	38	47	35	6.40	0.12
14		2:35	38	39	45	42	6.41	0.07
15		3:55	50	42	43	45	6.45	0.08
16	12/29	8:25	33	35	29	39	6.34	0.10
17		9:25	41	40	29	34	6.36	0.12
18		11:00	38	44	28	58	6.42	0.30
19		2:35	33	32	37	38	6.35	0.06
20		3:15	56	55	45	48	6.51	0.11
21	12/30	9:35	38	40	45	37	6.40	0.08
22		10:20	39	42	35	40	6.39	0.07
23		11:35	42	39	39	36	6.39	0.06
24		2:00	43	36	35	38	6.38	0.08
25		4:25	39	38	43	44	6.41	0.06
合计							160.25	2.19
							$\bar{\bar{x}}=6.41$	$\bar{R}=0.09$

注：表中数据基本数为 6.00mm。

前面在讨论控制图原理时已经介绍过，$\bar{x}$ 控制图和 R 控制图上分别有以下三条控制界限，其含义是

中心值(也称平均值)CL(central line)

上控制限 UCL(upper central limit)

下控制限 LCL(lower central limit)

以上三条控制界限的位置，在 $\bar{x}$ 控制图上为

中心值 CL$=\mu$(或 $\bar{\bar{x}}$)

上控制限 UCL$=\bar{\bar{x}}+3\sigma_{\bar{x}}$

下控制限 LCL$=\bar{\bar{x}}-3\sigma_{\bar{x}}$

在 R 控制图上为

$$中心值\ CL = \bar{R}$$
$$上控制限\ UCL = \bar{R} + 3\sigma_R$$
$$下控制限\ LCL = \bar{R} - 3\sigma_R$$

根据参数估计原理,其中 $\sigma_{\bar{x}} = \frac{\sigma}{\sqrt{n}}$,$\bar{R} = d_2\sigma$,$\sigma_R = d_3\sigma$,所以,$\bar{x}$ 控制图的上、下控制界限为

$$UCL = \bar{\bar{x}} + 3\sigma_{\bar{x}} = \bar{\bar{x}} + 3\frac{\sigma}{\sqrt{n}} = \bar{\bar{x}} + \frac{3}{d_2\sqrt{n}}\bar{R} = \bar{\bar{x}} + A_2\bar{R}$$

$$LCL = \bar{\bar{x}} - 3\sigma_{\bar{x}} = \bar{\bar{x}} - 3\frac{\sigma}{\sqrt{n}} = \bar{\bar{x}} - \frac{3}{d_2\sqrt{n}}\bar{R} = \bar{\bar{x}} - A_2\bar{R}$$

其中,系数 $A_2 = \frac{3}{d_2\sqrt{n}}$,$A_2$ 值可以根据样本大小 n 由表 5.4.5 查得。

同理,R 控制图的控制界限为

$$UCL = \bar{R} + 3\sigma_R = d_2\sigma + 3d_3\sigma = (d_2 + 3d_3)\sigma$$
$$= (d_2 + 3d_3)\frac{\bar{R}}{d_2} = \left(1 + 3 \cdot \frac{d_3}{d_2}\right)\bar{R}$$
$$= D_4\bar{R}$$
$$LCL = \bar{R} - 3\sigma_R = d_2\sigma - 3d_3\sigma = (d_2 - 3d_3)\sigma$$
$$= (d_2 - 3d_3)\frac{\bar{R}}{d_2} = \left(1 - 3 \cdot \frac{d_3}{d_2}\right)\bar{R}$$
$$= D_3\bar{R}$$

其中,D_4 和 D_3 是系数,$D_4 = 1 + 3 \cdot \frac{d_3}{d_2}$,$D_3 = 1 - 3 \cdot \frac{d_3}{d_2}$。同理,$D_3$、$D_4$ 的值可以根据样本大小 n 由表 5.4.5 查得。

表 5.4.5 计算 3σ 控制界限参数表

样本大小	平均数控制图用			标准差控制图用					极差控制图用				
	A	A_1	A_2	C_2	B_1	B_2	B_3	B_4	d_2	d_3	D_1	D_2	D_3	D_4
2	2.121	3.760	1.880	0.564 2	0	1.843	0	3.267	1.128	0.853	0	3.686	0	3.267
3	1.732	2.394	1.023	0.723 6	0	1.858	0	2.568	1.693	0.888	0	4.358	0	2.575
4	1.500	1.880	0.729	0.797 9	0	1.808	0	2.266	2.059	0.880	0	4.698	0	2.282
5	1.342	1.596	0.577	0.840 7	0	1.756	0	2.089	2.326	0.864	0	4.918	0	2.115
6	1.225	1.410	0.483	0.868 6	0.026	1.711	0.030	1.970	2.534	0.848	0	5.078	0	2.004
7	1.134	1.277	0.419	0.888 2	0.105	1.672	0.118	1.882	2.704	0.833	0.205	5.203	0.076	1.924
8	1.061	1.175	0.373	0.902 7	0.167	1.638	0.185	1.815	2.847	0.820	0.387	5.307	0.136	1.864
9	1.000	1.094	0.337	0.913 9	0.219	1.609	0.239	1.761	2.970	0.808	0.546	5.394	0.184	1.816
10	0.949	1.028	0.308	0.922 7	0.262	1.584	0.284	1.716	3.078	0.797	0.687	5.469	0.223	1.777

续表

样本大小	平均数控制图用			标准差控制图用					极差控制图用				
	A	A_1	A_2	C_2	B_1	B_2	B_3	B_4	d_2	d_3	D_1	D_2	D_3	D_4
11	0.905	0.973	0.285	0.9300	0.299	1.561	0.321	1.679	3.173	0.787	0.812	5.534	0.256	1.744
12	0.866	0.925	0.266	0.9359	0.331	1.541	0.354	1.646	3.258	0.778	0.924	5.592	0.284	1.716
13	0.832	0.884	0.249	0.9410	0.359	1.523	0.382	1.618	3.336	0.770	1.026	5.646	0.308	1.692
14	0.802	0.848	0.235	0.9453	0.384	1.507	0.406	1.594	3.407	0.762	1.121	5.693	0.329	1.671
15	0.775	0.816	0.223	0.9490	0.406	1.492	0.428	1.572	3.472	0.755	1.207	5.737	0.348	1.652
16	0.750	0.788	0.212	0.9523	0.427	1.478	0.448	1.552	3.532	0.749	1.285	5.779	0.364	1.636
17	0.728	0.762	0.203	0.9551	0.445	1.465	0.466	1.534	3.588	0.743	1.359	5.817	0.379	1.621
18	0.707	0.738	0.194	0.9576	0.461	1.454	0.482	1.518	3.640	0.738	1.426	5.854	0.392	1.608
19	0.688	0.717	0.187	0.9599	0.477	1.443	0.497	1.503	3.689	0.733	1.490	5.888	0.404	1.596
20	0.671	0.697	0.180	0.9619	0.491	1.433	0.510	1.490	3.735	0.729	1.548	5.922	0.414	1.586
21	0.655	0.679	0.173	0.9638	0.504	1.424	0.523	1.477	3.778	0.724	1.606	5.950	0.425	1.575
22	0.640	0.662	0.167	0.9655	0.516	1.415	0.534	1.466	3.819	0.720	1.659	5.979	0.434	1.566
23	0.626	0.647	0.162	0.9670	0.527	1.407	0.545	1.455	3.858	0.716	1.710	6.006	0.443	1.557
24	0.612	0.632	0.157	0.9684	0.538	1.399	0.555	1.445	3.895	0.712	1.759	6.031	0.452	1.548
25	0.600	0.619	0.153	0.9696	0.548	1.392	0.565	1.435	3.931	0.709	1.804	6.058	0.459	1.541

由表 5.4.5 查得，当 $n=4$ 时，$A_2=0.729$，$D_3=0$，$D_4=2.282$。由表 5.4.4 计算得：$\bar{\bar{x}}=6.41$，$\bar{R}=0.09$。所以，$\bar{x}$ 图的控制界限为

$$CL = \bar{\bar{x}} = 6.41$$

$$UCL = \bar{\bar{x}} + A_2\bar{R} = 6.41 + 0.729 \times 0.09 = 6.48$$

$$LCL = \bar{\bar{x}} - A_2\bar{R} = 6.41 - 0.729 \times 0.09 = 6.34$$

同理，R 图的控制界限为

$$CL = \bar{R} = 0.09$$

$$UCL = D_4\bar{R} = 2.282 \times 0.09 = 0.2$$

$$LCL = D_3\bar{R} = 0$$

（3）绘制控制图

如图 5.4.5 所示为 $\bar{x}$-R 图的初始控制界限，并将样本统计量 $\bar{x}$ 和 R 逐一描点在图上，然后用折线连接起来。在实际中，常为使用控制图的工位预先设计标准的控制图表格，便于现场统计填写和绘制控制图。

（4）控制界限修正

由图 5.4.5 中的样本点状态显示：

① $\bar{x}$ 图中有第 4、第 9、第 20 号三个样本点出界；

② R 图中有第 18 号样本点出界；

③ 控制界限内的样本点排列多数偏于中心线以下。

在实际中对上述情况进行具体分析,结果确认第 9 号样本点出界是偶然性原因引起的,而第 4、第 18、第 20 号三个样本点出界是由于系统性原因引起的,应该加以剔除,然后利用剩余的样本统计量重新修正控制界限。具体修正如下：

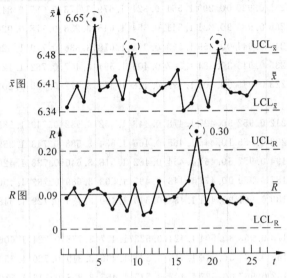

图 5.4.5　$\bar{x}$-R 图初始控制界限

首先按以下公式计算 $\bar{\bar{x}}_{nw},\bar{R}_{nw}$（参照表 5.4.4）,

$$\bar{\bar{x}}_{nw}=\frac{\sum \bar{x}-\bar{x}_d}{m-m_d}=\frac{160.25-6.65-6.51}{25-2}=6.40$$

$$\bar{R}_{nw}=\frac{\sum R-R_d}{m-m_d}=\frac{2.19-0.30}{25-1}=0.079$$

其中：$\bar{x}_d$——剔除的样本组的平均值；

m_d——剔除的样本组数；

R_d——剔除一组的极差；

m——原有的样本组数。

利用修正的 $\bar{\bar{x}}_{nw}$ 和 $\bar{R}_{nw}$ 确定 $\bar{x}'$ 和 σ' 值：

$$\bar{x}'=\bar{\bar{x}}_{nw}=6.40$$

查表 5.4.5,当 $n=4$ 时,$A=1.500,d_2=2.059,D_1=0,D_2=4.698$,而

$$\sigma'=\frac{\bar{R}_{nw}}{d_2}=\frac{0.079}{2.059}=0.038$$

所以,修正后的控制界限为(参照表 5.4.3)：

$\bar{x}$ 图　　CL $=6.40$

　　　　UCL $=\bar{x}'+A\sigma'=6.40+1.500\times 0.038=6.46$

　　　　LCL $=\bar{x}'-A\sigma'=6.40-1.500\times 0.038=6.34$

R 图　　CL $=\bar{R}_{nw}=0.079\cong 0.08$

　　　　UCL $=D_2\sigma'=4.698\times 0.038=0.18$

$$\text{LCL} = D_1\sigma' = 0 \times 0.038 = 0$$

将初始控制界限与修正后的控制界限加以比较,如图 5.4.6 所示,可见修正后的控制图的中心线下移,而且控制界限变窄。

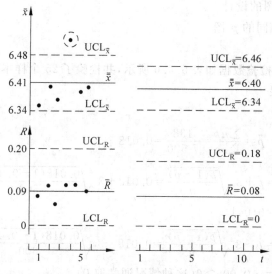

图 5.4.6 $\bar{x}$-R 图初始和修正的比较

(5) 控制图的使用和改进

如图 5.4.7 所示,经过修正的控制图投入使用后通常要继续改进,以保证和提高控制质量的能力和水平。图 5.4.7 中 2 月份的控制图的控制界限就是利用 1 月份控制图的数据重新进行计算得到的。如此继续下去,可以清楚地看到控制图的不断改进。图中显示的 7 月份控制图状况已经达到了比较好的控制效果。这时,如果认为目的基本达到,就不必再做控制图的每月修正,只做定期抽样检验判断工序状态的保持情况就可以了。

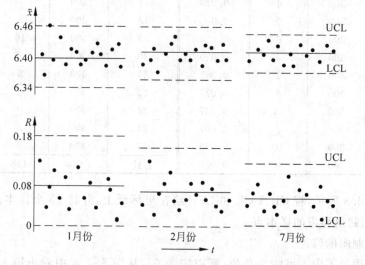

图 5.4.7 修正后的控制图投入使用和改进

其他类型的计量值控制图原理相同,具体设计和使用方法参考有关工序质量控制的专业书籍,在此不再赘述。

2. 计数值控制图的设计

(1) 计件值控制图的设计

① 样本大小 n 相同的 p 图

- 收集数据

某产品 5 月份的检验数据如表 5.4.6 所示,共检验了 25 个样本,样本大小 $n=300$。

- 确定控制界限

查表 5.4.1 得

$$CL = \bar{p} = \frac{\sum np}{\sum n} = \frac{138}{7\ 500} = 0.018$$

$$UCL = \bar{p} + 3\sqrt{\frac{\bar{p}(1-\bar{p})}{n}} = 0.018 + 3\sqrt{\frac{0.018(1-0.018)}{300}}$$
$$= 0.041$$

$$LCL = \bar{p} - 3\sqrt{\frac{\bar{p}(1-\bar{p})}{n}} = 0.018 - 3\sqrt{\frac{0.018(1-0.018)}{300}}$$
$$= -0.005 \cong 0 (这种情况通常取 0)$$

- 绘制 p 控制图

表 5.4.6 某产品 5 月份检验数据

样本号	样本数 n	不合格数 np	不合格率 p	样本号	样本数 n	不合格数 np	不合格率 p
1	300	12	0.040	14	300	3	0.010
2	300	3	0.010	15	300	0	0.0
3	300	9	0.030	16	300	5	0.017
4	300	4	0.013	17	300	7	0.023
5	300	0	0.0	18	300	8	0.027
6	300	6	0.020	19	300	16	0.053
7	300	6	0.020	20	300	2	0.007
8	300	1	0.003	21	300	5	0.017
9	300	8	0.027	22	300	6	0.020
10	300	11	0.037	23	300	0	0.0
11	300	2	0.007	24	300	3	0.010
12	300	10	0.033	25	300	2	0.007
13	300	9	0.030	合计	7 500	138	

如图 5.4.8 所示,将 CL、UCL 和 LCL 绘在坐标纸上,并将 25 个样本点逐个描在控制图上,标出超出界限的样本点。

- p 控制图的修正

由于 p 图的下限不可能为负值,所以定为 0。从图 5.4.8 中看出第 19 号样本点出界,经过分析是由于系统性原因引起的,所以要剔除,重新计算不合格品率的平均值。

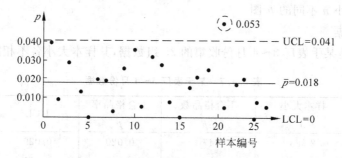

图 5.4.8 p 图的初始控制界限（n 相同）

因为
$$\bar{p}_{nw} = \frac{\sum np - np_d}{\sum n - n_d}$$

式中：np_d——剔除的样本中不合格品数；
n_d——剔除的样本大小。

得
$$\bar{p}_{nw} = \frac{138-16}{7\,500-300} = 0.017 \quad （参照表 5.4.6 的数据）$$

令
$$p' = \bar{p}_{nw}$$

所以，修正后的 p 图控制界限为（参照表 5.4.3）：

$$\text{CL} = p' = 0.017$$

$$\text{UCL} = p' + 3\sqrt{\frac{p'(1-p')}{n}}$$

$$= 0.017 + 3\sqrt{\frac{0.017(1-0.017)}{300}}$$

$$= 0.039$$

$$\text{LCL} = p' - 3\sqrt{\frac{p'(1-p')}{n}} \cong 0$$

- p 图的使用和改进

利用 5 月份收集的数据设计并修正的 p 控制图，在 7、8 两个月份仍然继续加以改进，如图 5.4.9 所示，直到控制的质量水平稳定且满足需要为止。然后，定期检验工序的控制状态，使其保持即可。图 5.4.9 清楚显示了不断改进的控制图能更好保证产品的质量。

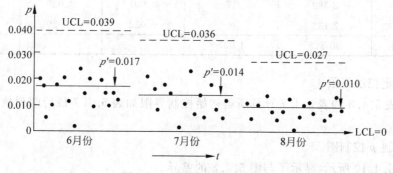

图 5.4.9 p 图的使用和改进

② 样本大小 n 不同的 p 图

• 收集数据

表 5.4.7 是某手表厂 3~4 月份收集的 25 组数据，其样本大小各不相同。

表 5.4.7 某手表厂 3~4 月份数据

样本编号	样本大小 n	不合格品数 np	不合格品率 p	UCL	LCL
3 月 29	2 385	47	0.020	0.029	0.011
30	1 451	18	0.012	0.031	0.009
31	1 935	74	0.038	0.030	0.010
4 月 1	2 450	42	0.017	0.028	0.012
2	1 997	39	0.020	0.029	0.011
5	2 168	52	0.024	0.029	0.011
6	1 941	47	0.024	0.030	0.010
7	1 962	34	0.017	0.030	0.010
8	2 244	29	0.013	0.029	0.011
9	1 238	39	0.032	0.032	0.008
12	2 289	45	0.020	0.029	0.011
13	1 464	26	0.018	0.031	0.009
14	2 061	49	0.024	0.029	0.011
15	1 667	34	0.020	0.030	0.010
16	2 350	31	0.013	0.029	0.011
19	2 354	38	0.016	0.029	0.011
20	1 509	28	0.018	0.031	0.009
21	2 190	30	0.014	0.029	0.011
22	2 678	113	0.042	0.028	0.012
23	2 252	58	0.026	0.029	0.011
26	1 641	52	0.032	0.030	0.010
27	1 782	19	0.011	0.030	0.010
28	1 993	30	0.015	0.030	0.010
29	2 382	17	0.007	0.029	0.011
30	2 132	46	0.022	0.029	0.011
合计	50 515	1 037			

• 确定控制界限

根据表 5.4.3 和表 5.4.7 计算所得初始控制界限如表 5.4.7 最后两列数据（计算从略）。

• 绘制 p 控制图

如图 5.4.10 所示，显示了与图 5.4.8 的差异。

• p 控制图的修正

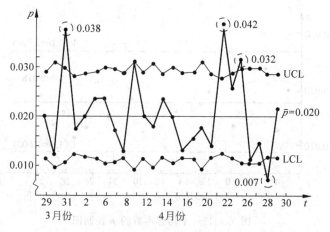

图 5.4.10 p 图的初始控制界限(n 不同)

如图 5.4.10 所示,31 日/3 月,22 日/4 月,26 日/4 月和 29 日/4 月的 4 点在控制界限之外,经分析 31 日/3 月和 22 日/4 月的两个样本点是异常点,应剔除。26 日/4 月是正常点,应保留,而 29 日/4 月是 p 图中的特别优良表现,也应保留。所以,新的不合格品率的平均值为

$$\bar{p}_{nw} = \frac{\sum np - np_d}{\sum n - n_d} = \frac{1\,037 - 74 - 113}{50\,515 - 1\,935 - 2\,678} = 0.018$$

然后再计算各样本组的修正界限(从略)。实际中,由于各样本组样本大小 n_i 不相同,在 n_i 的差别不大时,为了简化控制界限,也可以采用平均样本数 $\bar{n}$ 来代替各样本组的样本数 n_i,然后用 $\bar{n}$ 计算控制界限 UCL 和 LCL。

$$\bar{n} = \frac{\sum n}{m} = \frac{50\,515}{25} = 2\,020.5 \approx 2\,000$$

当 $\bar{n} = 2\,000$ 时,

$$\text{UCL} = p' + 3\sqrt{\frac{p'(1-p')}{\bar{n}}}$$
$$= 0.018 + 3\sqrt{\frac{0.018(1-0.018)}{2\,000}} = 0.027$$

$$\text{LCL} = p' - 3\sqrt{\frac{p'(1-p')}{\bar{n}}}$$
$$= 0.018 - 3\sqrt{\frac{0.018(1-0.018)}{2\,000}} = 0.009$$

如图 5.4.11 所示,其控制界限比图 5.4.10 显著简化了,但对明显靠近控制界限的样本点要单独计算其控制界限。例如,11 日/5 月,24 日/5 月,经分析确认 11 日/5 月是异常点,而 24 日/5 月是正常点,超出上界的 14 日/5 月也是异常点。

另外,在实际中可以根据实际情况设计如图 5.4.12 所示的不同样本大小 n、针对同一产品生产的不合格品率控制图,能够比较方便地统计、分析和判断生产过程的质量控制状态。

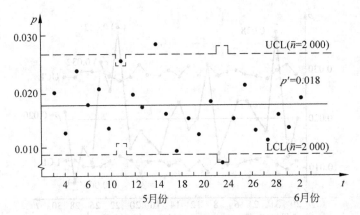

图 5.4.11 平均样本数的 p 控制图

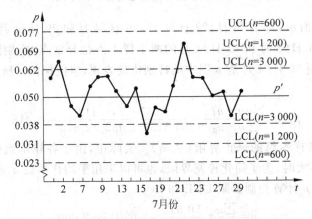

图 5.4.12 不同样本数的 p 控制界限

(2) 计点值控制图的设计(缺陷数 C 控制图)

① 收集数据。对某产品同一部位 $50cm^2$ 表面进行检验,记录其缺陷数。表 5.4.8 收集了 25 个样本的数据。

② 确定控制界限。根据表 5.4.3 和表 5.4.8 计算得 C 图的控制界限为

$$CL = \frac{\sum C}{m} = \frac{141}{25} = 5.64$$

$$UCL = \bar{C} + 3\sqrt{\bar{C}} = 5.64 + 3\sqrt{5.64} = 12.76 \approx 13$$

$$LCL = \bar{C} - 3\sqrt{\bar{C}} = 5.64 - 3\sqrt{5.64} = -1.48 \cong 0(取 0)$$

③ 绘制 C 控制图。将计算所得的控制界限 CL、UCL 和 LCL 绘在坐标图上,将 25 个样本点逐一标在图 5.4.13 上,并顺序连成折线图,特别标明出界点。

④ C 控制图的修正。由图 5.4.13 可知,第 5、第 11 和第 23 号三个样本点出界。经分析,第 5、第 23 号两个样本点是系统性原因引起的,应剔除,而第 11 号样本点是偶然性原因引起的,可以保留。根据以上分析结果对控制界限加以修正。

表 5.4.8 样本数据

样本号	样本量 cm²	缺陷数	评注	样本号	样本量 cm²	缺陷数	评注
1	50	7		14	50	3	
2	50	6		15	50	2	
3	50	6		16	50	7	
4	50	3		17	50	5	
5	50	22	表面粗糙	18	50	7	
6	50	8		19	50	2	
7	50	6		20	50	8	
8	50	1		21	50	0	
9	50	0		22	50	4	
10	50	5		23	50	14	外壳划伤
11	50	14		24	50	4	
12	50	3		25	50	3	
13	50	1		总 数		$\sum C = 141$	

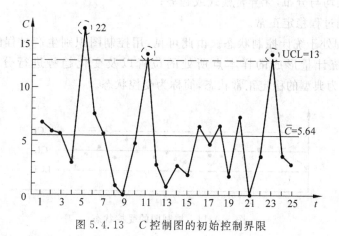

图 5.4.13 C 控制图的初始控制界限

新的样本缺陷数的平均值 $\bar{C}_{nw}$ 为：

$$C' = \bar{C}_{nw} = \frac{\sum C - C_d}{m - m_d} = \frac{141 - 22 - 14}{25 - 2} = 4.56$$

所以，$\text{CL} = C' = 4.56$

$\text{UCL} = C' + 3\sqrt{C'} = 4.56 + 3\sqrt{4.56} = 10.97 \cong 11$

$\text{LCL} = C' - 3\sqrt{C'} = 4.56 - 3\sqrt{4.56} = -1.85 \cong 0（取 0）$

修正后的控制图投入使用仍可继续得到较佳的 C' 值，然后利用所得的 C' 值再求新的修正界限，以应用于后续的产品质量控制中。如此推移，控制图不断改进（参见图 5.4.7 和图 5.4.9），产品质量不断提高，最后稳定在满足要求的水平上。而后，对这一状态定期检测，使其受控状态保持下去，达到合格质量的重复性和再现性。

应该指出，在计数值控制图中，还有不合格品数 p_n 控制图、单位缺陷数 u 控制图等，其设计原理和使用方法与上述控制图相同(见表 5.4.3),详细内容可参考有关专业书籍。

四、控制图的分析与判断

控制图是在过程处于稳定的正常状态,即点在界内且排列正常的假设下作显著性检验,点出界或点在界内但排列异常,则判为过程异常。用概率论与数理统计的语言描述,就是检验小概率事件是否发生。通常在正常情况下,小概率事件几乎不发生,即小概率事件发生的概率几乎为 0。当小概率事件一旦发生了,就可以几乎 100% 地判断过程异常。因此,利用控制图判断过程有无异常,实际上是要进行概率计算。

1. 受控状态

受控状态判断的准则就是接受过程处于稳定正常状态的假设,及小概率事件未曾发生。国家标准 GB/T 4091—2001《常规控制图》规定:收集 25 组随机样本,每组样本容量为 4~5 个随机样本,也称为子组(参见计量值控制图表 5.4.4 所示)。如果满足:

(1) 所有样本点都在控制界限之内;
(2) 样本点在中心线周围随机分布;
(3) 样本点均匀分布,无异常模式或趋势;
(4) 可预测过程稳定正常。

则说明过程处于统计控制状态。由此可见,用控制图识别生产过程的状态,主要是根据样本数据统计量形成的样本点所处的位置以及变化趋势进行分析和判断。如图 5.4.14 所示为典型的稳定正常状态,简称为受控状态。

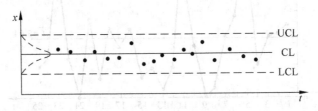

图 5.4.14　控制图的受控状态

2. 失控状态

失控状态表现在以下两个方面:
(1) 样本点超出控制界限;
(2) 样本点落在控制界限内,但样本点排列异常。

特别要指出的是:其中(2)说明样本点落在控制界限内,过程处于稳定状态。但稳定状态并不等于受控状态,如果其样本点排列异常,则该过程应判为失控状态。

可见,判断过程处于失控状态的准则是点出界以及点在界内非随机排列。实际上,判断过程失控就是拒绝过程处于受控状态的假设,使小概率事件发生。国家标准 GB/T 4091—2001《常规控制图》明确给出了判断过程处于失控状态的 8 个准则。为了应用这些准则,在上下控制限分别位于中心线之上与之下的 3σ 距离处,将控制图等分为 6 个区域,如图 5.4.15 所示。每个区宽 1σ,即在 $\pm 1\sigma$、$\pm 2\sigma$ 处增加了辅助控制限,从而将控制图以中心线对称划分为 A、B、C、C、B、A 的 6 个区域。假定质量特性的观测值服从正态分布，以下 8 个准则适用于 $\bar{X}$ 图和单值（X）图。

图 5.4.15　控制图的分区

准则 1：1 个点落在 A 区以外，如图 5.4.16 所示。

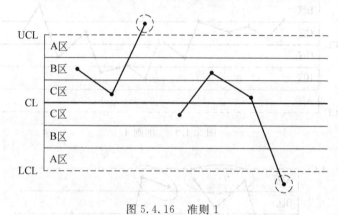

图 5.4.16　准则 1

准则 2：连续 9 点落在中心线同一侧，如图 5.4.17 所示。

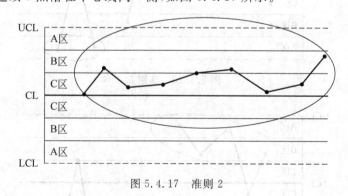

图 5.4.17　准则 2

准则 3：连续 6 点递增或递减，如图 5.4.18 所示。
准则 4：连续 14 点中相邻点上下交替，如图 5.4.19 所示。
准则 5：连续 3 点中有 2 点落在中心线同一侧的 B 区以外，如图 5.4.20 所示。
准则 6：连续 5 点中有 4 点落在中心线同一侧的 C 区以外，如图 5.4.21 所示。

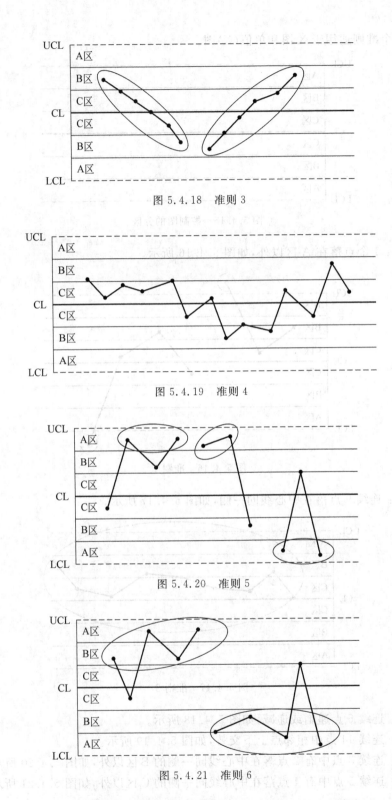

图 5.4.18 准则 3

图 5.4.19 准则 4

图 5.4.20 准则 5

图 5.4.21 准则 6

准则 7：连续 15 点落在中心线两侧的 C 区以内，如图 5.4.22 所示。

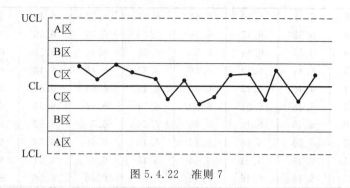

图 5.4.22　准则 7

准则 8：连续 8 点落在中心线两侧且无 1 点在 C 区以内，如图 5.4.23 所示。

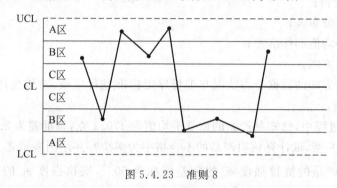

图 5.4.23　准则 8

多年来，由于控制图的理论研究和应用的发展，在休哈特控制图基本原理的基础上产生了许多种类的控制图。例如，多变量控制图，验收控制图，指数加权移动平均控制图，累积和控制图，通用控制图，准控制图以及极坐标控制图等。无论是哪一类型的控制图，在变化着的制造环境和服务环境中，它的有效性都是控制图研究与应用的关键所在。

习　题

1. 在生产过程的一个加工工序中，连续测量某个加工零件的外径尺寸(单位：mm)得到以下 8 个数据：31.2, 38.3, 40.5, 30.0, 37.1, 35.6, 36.6, 34.3。试计算 $\bar{x}$ 和 σ_{n-1}。

2. 已知某一种产品 10 件中有两件次品，现从中随机抽取 2 件，求 2 件产品中恰有 1 件次品的概率为多大？

3. 现有一批产品，批量很大，已知不合格率为 0.02，现从中随机抽取 10 件进行检验，求恰好发现有两件次品的概率为多大？

4. 设 $X \sim N(0,1)$，求：(1) $P(X \leqslant 2)$；(2) $P(X \geqslant -2)$。

5. 设 $X \sim N(1, 2^2)$，求：(1) $P(X \leqslant -2.5)$；(2) $P(1 < X < 3)$。

6. 已知加工钢板厚度标准为 6.28～6.60mm，现测定轧制的 100 张钢板厚度资料如下：

6.56	6.46	6.48	6.50	6.42	6.43	6.52	6.49	6.44	6.48
6.52	6.50	6.52	6.47	6.48	6.46	6.50	6.56	6.41	6.37
6.47	6.49	6.45	6.44	6.50	6.49	6.46	6.55	6.52	6.44
6.50	6.45	6.44	6.48	6.46	6.52	6.48	6.48	6.32	6.40
6.52	6.34	6.46	6.43	6.30	6.49	6.63	6.48	6.47	6.38
6.52	6.45	6.48	6.31	6.59	6.54	6.46	6.51	6.48	6.50
6.68	6.60	6.46	6.40	6.50	6.56	6.50	6.52	6.46	6.48
6.46	6.52	6.56	6.48	6.46	6.45	6.46	6.54	6.54	6.48
6.49	6.41	6.45	6.34	6.44	6.47	6.47	6.41	6.51	6.54
6.50	6.38	6.46	6.46	6.46	6.52	6.46	6.56	6.40	6.47

根据以上资料：

(1) 做频数分布表；

(2) 计算平均值和标准差；

(3) 绘制直方图；

(4) 根据直方图的数据分布状况与钢板厚度标准进行比较，对该生产过程的产品质量作出分析判断。

7. 在生产过程中，已知某产品的重量平均值为170.2克，标准差为2.4克，其验收标准规定为170±6克，试计算该项产品的不合格率为多少？并绘图表示之。

8. 已知某产品的抗拉强度 σ_b 的公差标准为 50^{+2}_{-7}，抗拉强度 σ_b 的平均值为 $\bar{x}=45.79$，样本标准差 $S=2.253$。试求：

(1) 若质量特性服从正态分布，绘出该产品总体质量分布图，并标出公差上限 S_U 和公差下限 S_L，$\bar{x}$ 和公差中心 M；

(2) 估计合格率为多少。

9. 从 μ 和 σ 两个重要参数考虑，绘图并描述生产过程中质量特性值可能发生的几类典型表现状态。

10. 分别举例说明受控状态和失控状态在生产过程中的主要表现。

11. 举例说明用样本分布估计总体分布的基本理论依据和思路。

12. 根据上述第8题的已知条件，回答以下问题：

(1) 计算 C_p 值和 C_{pk} 值；

(2) 评价过程能力指数。

13. 某厂应用控制图监控 A、B、C 三种零件的尺寸加工质量，假设，目前此三种零件的加工都在控制状态下，并根据随机抽样统计分析得知：

零件 A：$\mu_A=161.2$mm；$\sigma_A=2.2$mm；

零件 B：$\mu_B=212.4$mm；$\sigma_B=2.5$mm；

零件 C：$\mu_C=86.5$mm；$\sigma_C=1.4$mm；

现将 A、B、C 三个零件装配成部件 D，如图所示：

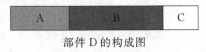

部件 D 的构成图

（1）计算部件 D 的平均值和标准差；

（2）设计 C_p 为 1.33 时的公差界限，并将其绘制在分布图形上。

14. 某厂有如下资料：

（1）某产品的主轴尺寸规格为 $\phi 50^{+0.035}$ mm，其最小测量单位为 1/1000；

组序	按尺寸分组（组距 h=3）	组中值 x_i	频数记号	频数 f_i	$u_i = \dfrac{x_i - a}{h}$	$f_i u_i$	$(f_i u_i)^2$
1	−1.5～1.5	0	一	1	−5	−5	25
2	1.5～4.5	3	一	1	−4	−4	16
3	4.5～7.5	6	正	5	−3	−15	45
4	7.5～10.5	9	正正正	14	−2	−28	50
5	10.5～13.5	12	正正丁	13	−1	−13	13
6	13.5～16.5	a=15	正正正正正丁	27	0	0	0
7	16.5～19.5	18	正正正下	18	1	18	18
8	19.5～22.5	21	正正丁	12	2	24	48
9	22.5～25.5	24	下	3	3	9	27
10	25.5～28.5	27	正	5	4	20	80
11	28.5～31.5	30	一	1	5	5	25
				100	—	—	353

（2）某日现场抽样测得 100 个样本的数据，经分组整理后得下表：

根据以上资料，计算过程能力指数，并说明过程能力对技术规格要求的满足程度。

15. 什么是控制图的两类错误？控制图是否只用于过程控制？

16. 试完成以下控制图的设计，并对工序状态作出判断。

（1）表 1 的数据是在生产过程处于稳定的控制状态下随机抽样获取的，试用表 1 中的 20 组数据设计 $\bar{X}$-R 控制图，并在图上打点验证。

（2）在以上所设计的控制图的基础上，根据表 2 提供的该工序连续生产中所测得的数据，在 $\bar{X}$-R 图上打点，并对工序状态做出判断。

表 1

组号	测定值					$\bar{X}$	R
	X_1	X_2	X_3	X_4	X_5		
1	75	91	92	97	93		
2	83	80	78	81	88		
3	91	88	88	85	78		
4	83	83	81	83	75		
5	81	86	91	78	84		
6	97	73	71	67	78		
7	85	91	83	76	80		
8	83	91	87	88	88		
9	80	83	83	95	81		
10	91	79	87	81	83		

续表

组号	测定值					$\overline{X}$	R
	X_1	X_2	X_3	X_4	X_5		
11	85	79	81	75	77		
12	77	77	84	88	83		
13	88	80	82	85	85		
14	89	83	88	95	96		
15	82	84	85	91	85		
16	76	71	77	80	85		
17	80	84	79	90	86		
18	86	77	73	83	71		
19	82	86	76	80	79		
20	88	86	83	87	83		

表 2

组号	测定值					$\overline{X}$	R
	X_1	X_2	X_3	X_4	X_5		
1	91	88	86	91	83		
2	79	80	84	84	86		
3	83	83	97	83	91		
4	77	89	86	76	88		
5	73	91	81	85	80		
6	85	88	82	80	82		
7	78	81	71	87	87		
8	84	83	77	73	83		
9	80	88	73	91	79		
10	77	83	71	77	86		
11	81	83	67	88	81		
12	88	95	80	83	87		

第六章 质量检验

第一节 企业生产中的质量检验

一、生产与检验

在早期的生产经营活动中,生产和检验本来是合二为一的,生产者也就是检验者。后来随着生产的发展,劳动专业分工的细化,检验逐渐从生产过程中分离出来,成为一个独立的职能。生产和检验是一个有机的整体,检验是生产中不可缺少的环节。例如,在企业的流水线和自动线生产中,检验本身就是工艺链中一个重要工序,没有检验,生产过程就无法进行。

现代工业生产是一个极其复杂的过程,由于主观和客观因素的影响,特别是客观存在的随机波动,要绝对避免不合格品的产生是难以做到的,因此就存在质量检验的必要性。很难设想,有一个生产系统根本不会产生不合格品,则质量检验及其相应的职能都可以撤销,实际上这种理想状态的生产系统是不存在的。

二、什么是质量检验

1. 质量检验的定义

朱兰认为:"所谓检验,就是这样的业务活动,决定产品是否在下道工序使用时适合要求,或是在出厂检验场合,决定能否向消费者提供。"

在国际标准 ISO 9000:2000《质量管理体系——基础和术语》中将"检验"(inspection)定义为"通过观察和判断,适当时结合测量、试验所进行的符合性评价"。

英国标准(BS)将"检验"定义为:"按使用要求来测量、检查、试验、计量或比较一个项目的一种或多种特性的过程。"

总之,质量检验是指借助于某种手段和方法,对产品和质量特性进行测定,并将测得的结果同规定的产品质量标准进行比较,从而判断其合格或者不合格。符合标准的产品为合格品,予以通过;不符合标准的产品为不合格品,根据具体情况予以返修、报废或者降级使用。

2. 质量检验的功能

检验的定义是从长期的生产实践中概括总结出来的,如果将检验的定义分解为检验活动,检验具有以下功能:

(1) 定标

明确检验的依据,确定检验的手段和方法。

(2) 抽样

采用科学合理的抽样方案,使样本能够充分代表总体(全数检验除外)。

(3) 度量

采用试验、测量、测试、化验、分析以及官能检验等方法,量度产品的质量特性。

(4) 比较

将测量的结果同有效的质量标准进行比较。

(5) 判定

根据比较得出的结论,判定被检验的产品检验项目、产品或一批产品是否符合质量标准。

(6) 处理

根据相关标准规定对不合格品做出相应处理,涉及重要的不合格品管理工作。例如,某单件产品是否可以流入下道工序或者某产品(或某批产品)是否准予出厂,以及对某批产品决定接收或拒收或者决定重检和筛选等。

(7) 记录

记录有价值的数据,做出分析报告,为企业自我评价和不断改进提供信息和依据。

总之,实现上述质量检验功能必须具备以下四个重要条件,也称为质量检验工作的"四大基本要素":

① 满足实际要求的检测人员;

② 先进、可靠的检测手段;

③ 明确、有效的检验标准;

④ 科学、严格的检验管理制度。

3. 质量检验的依据

质量检验的重要功能之一是将测试结果同质量标准进行比较,以便做出合格与否的判断。因此,质量标准是质量检验的主要判据。不同水平的质量标准对同一批产品,可能做出不同的判断。所以,可以说离开质量标准而言的质量检验是没有实际意义的。从这一点出发,质量检验的过程就是质量标准执行的过程。

质量检验主要依据有以下几类标准。

(1) 技术标准

① 产品标准。产品标准是指为保证产品的适用性,对产品必须达到的某些或全部要求所制定的标准。通常,包括对产品结构、规格、质量和检验方法所做的技术规定。是在一定时期和一定范围内具有约束力的技术准则,包括对产品结构、性能等质量方面的要求以及对生产过程有关检验、试验、包装、储存和运输等方面的要求。所以,在一定意义上说,产品标准也是生产、检验、验收、使用中的维护、合作贸易和质量仲裁的技术依据。

② 基础标准。基础标准是指在一定范围内作为其他标准的基础,具有通用性和广泛指导意义的标准。例如,在技术标准中,基础标准包括通用技术语言标准,即技术文件、图纸等所用的术语和符号等。也包括精度和互换性标准,如公差配合,还包括计量标准、

环境条件标准和技术通则标准等。

③ 安全、卫生与环境标准。包括有环境条件、卫生安全和环境保护等方面的要求。

（2）检验标准

检验标准主要包括检验指导书、检验卡、验收抽样标准等。例如，检验指导书的格式可以根据企业的产品类型和生产过程的复杂程度来制定，一般工序检验指导书的格式如本章第五节中的表 6.5.1 所示。

（3）管理标准

管理标准就是指企业为了保证和提高产品质量和工作质量，完成质量计划和达到质量目标，企业员工共同遵守的准则。例如：

① 质量手册和检验人员工作守则；
② 检验工作流程中的规则和制度；
③ 检验设备和工具的使用、维护制度；
④ 有关工序控制的管理制度和管理标准；
⑤ 有关不合格品的管理制度；
⑥ 有关质量检验的信息管理制度，等等。

4. 质量检验的三个重要特性

质量检验的三个重要特性是指检验的公正性、科学性和权威性。这也是对质量检验的基本要求。

（1）检验的公正性

检验的公正性是对质量检验首要的要求，没有公正性，检验就失去了意义，也就谈不上"把关"的职能。所谓检验的公正性，是指检验机构和人员在进行质量检验时，既要严格履行职责，独立行使质量检验的职权，又要坚持原则，不徇私情，秉公办事，认真负责，实事求是。

原则性是公正性的基础，坚持原则，就是要严格执行技术标准，严格执行检验制度，严格执行订货合同，严格执行质量责任制；是非清楚，奖罚分明，有法必依，执法必严，一切按原则办事。

按原则办事，关键在于碰到矛盾时，能否客观公正地处理问题，不受任何势力或人员的无理干扰，也不顾及任何人的求情或私人关系。例如，当产量和质量发生矛盾时，或者质量和交货期发生矛盾时，都应坚持质量第一。

在企业的经营活动中，质量争议是经常发生的，商业贸易中企业与用户之间，企业内部车间与车间、工序与工序之间，检验人员本身与生产工人之间，对同一产品质量会有不同的评价和看法。这些争议涉及双方的利益，小则争吵不休，大则诉诸法律。最后依靠第三方做出仲裁和判决，这种仲裁和判决是否正确，取决于通过检验提供充分有效的检验结果和检验数据。为此，要求检验人员要具有高度的思想素质，有高度的原则性和政策性，要在处理问题中，根据事实和客观标准做出公正的裁决。

此外，还有大量的质量审核、质量评价和抽查监督工作，离开检验的公正性，这些工作也会失去真实的意义。

(2) 检验的科学性

检验的科学性说的是要通过科学的检测手段,提供准确的检测数据,按照科学合理的判断标准,客观地评价产品质量、服务质量或工作质量。实践证明,要保证检验的科学性通常要做好以下几点:

① 对检验机构进行科学合理的定岗定编。也就是要根据企业自身的特点,确保每个岗位均有可以胜任的人员来承担检验或管理工作。

② 对检验和试验人员定期进行培训和资格认证。也就是要制订岗位培训计划,并予以实施。使每个检测和试验人员掌握必要的检测试验知识和能力,懂得必要的工艺和管理知识,具备检验人员必须具备的思想和技术素质,这是保证检验工作科学性不可缺少的要素。

③ 健全和完善质量管理信息系统和检验方面的规章制度。也就是要使检验工作科学化、制度化和规范化,切忌无章可循或有章不循的现象。

④ 要有明确无误的检验标准。标准是检验的重要依据。产品的适用性受到时间、地点、使用对象、社会环境、市场竞争等因素的影响。为保证质量,科学地判断产品是否符合使用要求,企业必须按现行标准生产,但同时又要不断地修改和完善标准。总之,只有按标准组织生产和检验,产品质量才有保证,企业才能不断发展。

⑤ 不断完善检测手段,提高动态检测水平。企业应不断提高检测能力,提高检测手段的精密度和准确度,积极采用自动化检测装置和先进技术,以消除人工检测的误差,减少错检与漏检的发生。

科学性与公正性是紧密相关的,没有检验的科学性也无法保证检验的公正性。

(3) 检验的权威性

检验的权威性是正确进行检验的基础。所谓检验的权威性实质上是对检验人员和检验结果的信任度和尊重程度。树立检验工作的权威是十分必要的,是保证产品质量和生产经营正常进行的重要条件。当前,许多企业的质检部门和质检人员,缺乏必要的权威,因此检验监督工作很难进行,不利于保证产品质量。

三、质量检验活动

通常,质量检验活动主要包括以下四方面内容。

1. 质量检验准备

通常质量检验准备工作包括制订检验计划,制定检验指导书,培训和配备检验人员,设计验收抽样方案以及确定检验设备和工具等。

2. 补充说明技术规定

对涉及质量特性不清楚的有关工艺规程、图纸、合同等文件做出明确的补充说明。

3. 正式检验

正式检验就是要度量质量特性值,并同标准进行比较后做出判断和处理。所度量的质量特性值分为计量值、计件值和计点值三类(参见第五章)。

4. 记录和统计分析报告

检验的结果不能只限于同标准进行比较,而必须做好记录,并采用先进的统计分析方法对记录的数据,加以统计分析,寻找和发现质量变异的规律,这是质量改进的重要依据。分析结果要分别反馈到有关质量的责任部门,以便采取改进的措施。长期的检验实践证明,质量是在记录(record)、分析(analysis)、反馈(feedback)、行动(action)的周而复始的活动中不断改进的,如图 6.1.1 所示。

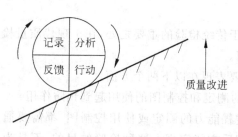

图 6.1.1　检验活动的质量改进过程

第二节　质量检验的组织与管理

一、质量检验机构

在市场经济环境中,随着企业外部环境和内部条件的变化,必然要求企业建立更加科学、严格的质量检验管理制度,并不断完善质量检验工作体系。

企业必须设置专职检验机构。检验机构的工作应该遵循以下五项原则:

(1) 高层管理者授权。高层管理者直接领导专职检验机构,使检验机构能独立而公正地行使职权。

(2) 完善的检验系统。建立完善的质量检验系统,使其适应企业内部和外部生产经营活动的需要。

(3) 改进质量检验工作流程。不断改进和完善检验流程、工作标准和检验制度。

(4) 满足检验需求的硬件设施。积极采用先进的检测方法,配置满足检验和试验需求的检测设备、计量器具、测试仪器等硬件设施。

(5) 明确的检验职责。必须明确部门和人员的检验职责,建立和完善检验工作质量考核体系。

二、质量检验职能

质量检验的基本职能,可以概括为以下四个方面。

1. 把关的职能

把关是质量检验最基本的职能,也可称为质量保证职能。这一职能是质量检验出现时就已经存在的,无论是过去和现在,即使是生产自动化高度发展的将来,检验的手段和技术有所发展和变化,质量检验的把关作用,仍然是不可缺少的。如前所述,企业的生产是一个复杂的过程,人、机、料、法、环(4M1E)等诸要素,都可能使生产状态发生变化,各个工序不可能处于绝对的稳定状态,质量特性的波动是客观存在的,要求每个工序都保证生产100%的合格品,实际上是不可能的。因此,通过检验实行把关的职能,是完全必要的。随着生产技术的不断提高和管理工作的完善化,可以减少检验的工作量,但检验仍然必不可少。只有通过检验,实行严格把关,做到不合格的原材料不投产,不合格的半成品不转序,不合格的零部件不组装,不合格的成品不出厂,才能真正保证产品的质量。

2. 预防的职能

现代质量检验区别于传统检验的重要之处,在于现代质量检验不单纯是起把关的作用,同时还起预防的作用。

检验的预防作用主要表现在以下两个方面:

(1) 通过过程能力的测定和控制图的使用起到预防作用

众所周知,无论是过程能力的测定或使用控制图,都需要通过产品检验取得一批或一组数据,进行统计处理后方能实现。这种检验的目的,不是为了判定一批或一组产品是否合格,而是为了计算过程能力的大小和反映生产过程的状态。如发现过程能力不足或通过控制图表明生产过程出现了异常状态,则要及时采取技术组织措施,提高过程能力或消除生产过程的异常因素,预防不合格品的产生,事实证明,这种检验的预防作用是非常有效的。

(2) 通过工序生产中的首检与巡检起预防作用

当一批产品处于初始加工状态时,一般应进行首件检验(首件检验不一定只检查一件),当首件检验合格并得到认可时,方能正式成批投产。此外,当设备进行修理或重新进行调整后,也应进行首件检验,其目的都是为了预防大批出现不合格品。正式成批投产后,为了及时发现生产过程是否发生了变化,有无出现不合格品的可能,还要定期或不定期到现场进行巡回抽查(即巡检),一旦发现问题,就应及时采取措施予以纠正,以预防不合格品的产生。

3. 报告的职能

报告的职能也就是信息反馈的职能。这是为了使高层管理者和有关质量管理部门及时掌握生产过程中的质量状态,评价和分析质量体系的有效性。为了能做出正确的质量决策,了解产品质量的变化情况及存在的问题,必须把检验结果,用报告的形式,特别是计算所得的指标,反馈给管理决策部门和有关管理部门,以便做出正确的判断和采取有效的决策措施。报告的主要内容包括以下几个方面:

(1) 原材料、外购件、外协件进厂验收检验的情况和合格率指标;

(2) 成品出厂检验的合格率、返修率、报废率、降级率及相应的金额损失;

(3) 按车间和分小组的平均合格率、返修率、报废率、相应的金额损失及排列图分析;

(4) 产品报废原因的排列图分析;

(5) 不合格品的处理情况报告;

(6) 重大质量问题的调查、分析和处理报告;

(7) 改进质量的建议报告;

(8) 检验人员工作情况报告,等等。

4. 改进的职能

质量检验参与质量改进工作,是充分发挥质量检验把关和预防作用的关键,也是检验部门参与质量管理的具体体现。

质量检验人员一般都是由具有一定生产经验、业务熟练的工程技术人员或技术工人担任。他们熟悉生产现场,对生产中人、机、料、法、环等因素有比较清楚的了解。因此对质量改进能提出更切实可行的建议和措施,这也是质量检验人员的优势所在。实践证明,特别是设计、工艺、检验和操作人员联合起来共同投入质量改进,能够取得更好的效果。

5. 监督验证的职能

质量监督和验证是市场经济和质量保证的客观要求,而这种监督和验证是以检验为基础的。从微观和宏观管理出发,质量监督主要分为以下五个方面。

(1) 自我监督

企业通过内部检验系统的正常运作,对原材料和外购件进行把关性的质量监督,对产品设计质量的监督,对产品形成过程的质量监督,对产品进入流通领域的质量监督等。

(2) 用户监督

企业通过建立和完善用户满意度评价体系,定期对用户进行调查和访问,取得产品进入流通领域之后,用户对质量的直接评价。从而,为企业不断改进目标和策略提供科学依据。

(3) 社会监督

企业通过各种形式和渠道,积极参与和配合消费者的民间团体组织,对自身产品和服务质量进行评价,以真正体现企业的社会责任。

(4) 法律监督

市场经济就是法制经济。企业通过认真学习和遵守法律制度正确地约束自身的经营行为和维护自身的合法权益。同时,消费者以及全社会通过《产品质量法》《食品卫生法》《药品管理法》《计量法》《民法通则》《经济合同法》《民事诉讼法》《行政诉讼法》《刑法》《反不正当竞争法》《消费者权益保护法》《仲裁法》等相关法律监督和规范社会各类质量行为,以保护国家和生产者、销售者以及广大消费者的合法权益。

(5) 国家监督

国家监督是指由国家授权的、以第三方公正为立场的机构所进行的质量监督。例如,国家商检部门对进出口产品的质量标准所进行的检查监督等。此外,国家对主要工业产品,例如,包括食品、生活日用品等实行定期和不定期的抽查监督,起到监督企业经营行为、保护消费者合法权益,维护社会经济秩序的重要作用。

三、质量检验的职责

在企业的经营活动中,表现在朱兰的"质量螺旋"上,许多环节涉及质量职能。质量职能落实到检验环节就是质量检验部门的职责。企业的最高管理者应该对整体质量负全部责任,但企业的每个部门的管理层和有关人员,也都应该严格履行各自的质量职责。其中,质量检验部门的职责尤为重要。

质量检验部门的基本职责主要有以下内容。

(1) 贯彻和执行质量方针和质量目标,严格执行技术要求和质量标准。

(2) 充分发挥把关、预防和监督等质量职能，确保产品和服务符合质量标准，保护顾客的利益。

(3) 负责制订质量检验计划，并监督实施和总结、评估。

(4) 参与制订和完善有关质量检验工作制度和各级检验人员的岗位责任制。

(5) 参与产品开发、研制、设计过程中的审查和鉴定工作，并参与工艺文件会签。

(6) 参与质量审核，负责审核中具体的测试工作，提供审核资料和质量审核报告。

(7) 负责正确制订各种检验记录表，编制检验技术文件。

(8) 负责确定关键工序和质量控制点，并负责跟踪改进。

(9) 负责收集、管理、分析和报告有关质量检验的信息资料。

(10) 负责质量检验的培训教育，制订科学、适用的培训计划和措施，并确保有效实施。

四、质量检验的方式和方法

1. 质量检验的方式

质量检验的方式按照方式的不同特征主要分为以下六种。

(1) 按检验的数量划分

① 全数检验。全数检验是指对一批待检产品100%地进行检验。这种方式，一般比较可靠，同时能提供较完整的检验数据，获得较全面的质量信息。如果希望得到100%的合格品，那就必须进行全检，而且是一次以上的全检。同时，还要考虑漏检和错检的可能。通常，全数检验的缺点是：

- 检验的工作量大；
- 检验的周期长；
- 检验的成本高；
- 要求检验人员和设备较多；
- 不可避免的漏检和错检。

由于长期重复检验的人员疲累，以及技术检验水平的限制，可能导致较大的漏检率和错检率。据国外统计，全检的漏检率和错检率有时达 10%～15%。

- 全检不适用于破坏性检验项目。

通常，全检适用于下面几种情况：

- 精度要求较高的产品或零部件；
- 对下道或后续工序影响较大的关键部位；
- 手工操作比重大、质量不够稳定的工序；
- 某些小批量，且质量无可靠保证的产品（包括零部件）和工序；
- 采用挑选型抽样方案时，对于不合格的交验的一批，产品要进行100%的重检和筛选。

② 抽样检验。抽样检验是指根据数理统计的原理预先制订的抽样方案。从交验的一批产品中，随机抽取部分样品进行检验，根据样品的检验结果，按照规定的判断准则，判定整批产品是否合格，并决定是接收还是拒收该批产品或采取其他处理方式。

抽样检验的主要优点是，明显节约了检验工作量和检验费用，缩短了检验周期，减少了检验人员和设备。特别是进行破坏性检验时,只能采取抽样检验的方式。抽样检验的主要缺点是存在一定的错判的风险。例如,将合格批错判为不合格批或把不合格批错判为合格批。虽然,运用数理统计理论在一定程度上减少了错判的风险,提高了判断的可靠性,但是,只要应用抽样检验方式,这种风险就不可能绝对避免。在第七章详细讲解了抽样检验的原理。

抽样检验适用于下面几种情况:

- 生产批量大、自动化程度高、质量比较稳定的产品或工序;
- 进行破坏性检验的产品或工序;
- 外协件、外购件成批进货的验收检验;
- 某些生产效率高、检验时间长的产品或工序;
- 检验成本较高的产品或工序;
- 漏检少量不合格品不会引起重大损失的产品或工序。

(2) 按质量特性值划分

① 计数检验。计数检验包括计件检验和计点检验,检验时只记录不合格数(包括不合格件数或点数),不记录检测后的具体测量数值。特别是有些质量特性本身很难用数值定量表示,例如,产品的外形是否美观,食品的味道是否可口等,它们只能通过感观判断是否合格。还有一类质量特性,如零件的尺寸,虽然可以用数值表示,也可以进行测量,但在大批量生产中,为了提高检验效率,节约人力和费用,常常只用"过端"与"不过端"的卡规检查其是否在公差允许范围内,也就是只区分合格品与不合格品,而不测量其实际尺寸的大小。

② 计量检验。计量检验就是要测量和记录质量特性的数值,并根据数值与标准之间的对比,判断其是否合格。这种检验在工业生产中是最常见的。

(3) 按检验性质划分

① 理化检验。理化检验就是借助物理、化学的方法,使用某种测量工具或仪器设备,如千分尺、千分表、验规、显微镜等所进行的检验。理化检验的特点,通常都是能测得具体的数值,人为的误差小,因而有条件时,要尽可能采用理化检验。

② 官能检验。官能检验就是根据人的感觉器官对产品的质量进行评价和判断。如对产品的形状、颜色、气味、伤痕、老化程度等,通常是依靠人的视觉、听觉、触觉和嗅觉等感觉器官进行检查,并判断质量的好坏或是否合格。官能检验又可以分为两类:

第一类,嗜好型官能检验。如美不美、香不香,这一类由人的感觉本身作为判断依据的检验。这种检验往往因人而异,因为每个人的嗜好可能不同,如每个人都有不同的审美观,对同一事物,其判断的结果可能有所不同。也就是说,这类检验往往有较强的主观意愿。

第二类,分析型感官检验。即通过人的感觉器官分析判断被检测对象的质量特性。例如,要检查某一设备运转后主轴颈发热的程度,如果没有适用的温度计,就要通过检验人员用手抚摸的触觉来判断大致的温度。在一定程度上是凭人的经验来做出判断。

图 6.2.1 及图 6.2.2 分别表示理化检验与官能检验的示意图。

图 6.2.1 官能检验

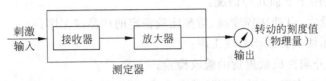

图 6.2.2 理化检验

(4) 按检验后检验对象的完整性划分

① 破坏性检验。有时,某些产品的检验是破坏性的,产品被检查以后本身就不复存在或不能再使用了。如炮弹等军工产品、某些产品的寿命试验、布匹或材料的强度试验等,都是属于破坏性检验。破坏性检验只能采用抽检方式。实现可靠性和经济性的统一,也就是要寻求既保证一定的可靠性又使检验数量最少的抽检方案,是优化抽样方案的目的。

② 非破坏性检验。非破坏性检验,就是检验对象被检查以后仍然完整无缺,不影响其使用性能。随着现代科学技术的发展,无损检查的研究和应用,使非破坏性检验的范围在不断扩大。

(5) 按检验的地点划分

① 固定检验。所谓固定检验,是指在生产现场设立固定的检验站。这种检验站可以是公共的检验站,各工段、小组或工作现场的产品加工以后,都依次送到检验站去检验;也可以设置在流水线或自动线的工序之间或终端。这种检验站则属于专门的,并构成生产线的有机组成部分,通常是负责某种固定专门的检验。

在现场设立固定公用的检验站,有优点也有缺点。固定的检验站,适于使用某些不便搬动的或精密的计量仪器,有利于建立较好的工作环境,有利于检验工具或设备的使用和管理。但固定的检验站,从心理学的观点看,容易引起检验人员与生产工人之间的对立情绪。同时在检验站内,容易造成待检与待检、待检与完检、完检与完检几类零件之间的存放混乱,占用较大的存放面积。所以是否采用固定式检验,要根据具体情况处理。

② 流动检验。

流动检验也称临床检验,就是由检验人员到工作现场去检验。流动检验有以下优点:

- 有利于加强检验人员与生产工人之间的沟通。检查人员到工作地去检验,通过友善地指出工人操作中的问题,减少了不合格品的产生,使生产工人体会到检查人员不只是检验工作,而是在为现场服务,体现了积极的互助合作关系,减少了由于出现废品而造成的经济损失。

- 主动的预防作用。检验人员按加工时间顺序到工作地进行检验,容易及时发现生产过程的变化,预防成批废品的产生。
- 节省了被检零件的搬运和取送的费用,避免了不必要的磕碰、划伤等损坏现象的发生。
- 提高了生产效率,节省了操作者在检验站排队等待检验的时间花费;
- 检验人员和生产工人的面对面检验,使操作者更容易了解所出现的质量问题,并容易相信和接受检验人员的检查结果,减少了不必要的纠纷,增强了信任感。

(6) 按检验的目的划分

① 验收性质的检查。验收性质的检验目的是为了判断被检验的产品是否合格,从而决定是否接收该件或该批产品。验收检验是广泛存在的方式,如原材料、外购件、外协件的进厂检验,半成品入库前的检验,产成品的出厂检验,都是属于验收性检验。

② 监控性质的检验。监控性质检验的直接目的,不是为了判定被检验的产品是否合格,从而决定是接收或拒收一批产品。而是为了控制生产过程的状态,也就是要检定生产过程是否处于稳定的状态。所以这种检验也叫作过程检验,其目的是预防大批不合格品的产生。如生产过程中的巡回抽检、使用控制图时的定时抽检,都属于这类检验。其抽查的结果只是作为一个监控和反映生产过程状态的信号,以便决定是继续生产还是要对生产过程采取纠正调节的措施。

2. 基本检验类型

(1) 进货检验

进货检验,主要是指外购原材料、外购配套件和外协件入厂时的检验。这是保证生产正常进行和确保产品质量的重要环节。为了确保外购物料的质量,入厂时的验收检验应配备专门的质检人员,按照规定的检验内容、检查方法及检验数量进行严格的检验。原则上说,供应厂所供应的物料应该是100%合格。在进货检验时,如果不适宜全检,而使用抽样检验时,必须通过双方协商等方式预先规定科学可靠的抽检方案和验收制度。

必须指出,凡是原材料、外购件、外协件进厂时必须有合格证或其他合法证明书,否则应不予验收。

通常,进货检验包括首件(批)样品检验和成批进货检验。

① 首件(批)样品检验。首件(批)样品检验的目的,主要是为对供应商所提供的产品质量水平进行评价,并建立具体的衡量标准。所以,首件(批)检验的样品,必须能代表供应商所提供的产品质量的平均水平和相对的稳定性,以便作为以后进货的比较基准。

通常,在供应商发生以下四种情况时,应对供应商进行首件(批)检验:
- 首次交货;
- 产品设计或产品结构有重大变化;
- 工艺方法有重大变化,如采用了新工艺或特殊工艺方法;
- 停产较长时间后重新恢复生产。

② 成批进货检验。成批进货检验是为了防止不合格的原材料、外购件、外协件进入企业的生产过程。对成批进货检验的对象,可按不同情况进行A、B、C分类,A类是关键的,必须全检;B类是重要的,可以全检或抽检;C类是一般的,可以实行抽检或免检。这

样，既保证了质量，又可减少检验工作量和花费。

成批进货检验可以在供应商一方所在地进行，也可在需方进行，但为了保证检验的工作质量，防止漏检和错检，一般应制定"入库检验指导书"或"入库检验细则"，其形式和内容可根据具体情况设计或规定。必要时，可以作为内控企业标准或 ISO 9000 程序文件。

进货物料经检验合格后，检验人员应做好检验记录并在入库单签字或盖章，及时通知库房收货，做好保管工作。如检验后不合格，应按不合格品管理制度办好全部退货或处理工作。

原材料、辅助材料的入厂检验，往往要进行理化检验，如分析化学成分、机械性能试验、金相组织鉴定等工作，验收时要着重检查材质、规格、炉批号等是否符合规定要求。

(2) 工序检验

工序检验的目的是为了防止连续出现大批不合格品，避免不合格品流入下道工序继续进行加工。因此，工序检验不仅要检验产品，还要检定影响产品质量的主要工序要素（如 4M1E）。工序检验主要有以下两种作用：

- 根据检测结果对产品做出判定，即产品质量是否合格；
- 根据检测结果对工序做出判定，即工序是否处于受控(in control)状态，从而决定工序是否继续进行生产。为了达到这一目的，在工序检验中常常与控制图的应用相结合。

工序检验通常有以下三种形式：

① 首件检验。首件检验也称为"首检制"，实践经验证明，首检制是一项尽早发现问题、避免产品成批报废的有效措施。通过首件检验，可以发现诸如工夹具严重磨损或安装定位错误、测量仪器精度变差、看错图纸、投料或配方错误等系统性原因的影响，从而，及时采取纠正或改进措施，必须防止批次性不合格品发生。

首件检验的主要项目如下：

- 图号与工作单是否符合；
- 材料、毛坯或半成品和工作任务单是否相符；
- 材料、毛坯的表面处理、安装定位是否相符；
- 配方配料是否符合规定要求；
- 首件产品加工出来以后，其实际质量特征是否符合图纸或技术文件所规定的要求。

通常，在下列情况下应该进行首件检验：

第一，一批产品开始投产时；
第二，设备重新调整或工艺有重大变化时；
第三，轮班或操作工人变化时；
第四，毛坯种类或材料发生变化时。

首件检验一般采用"三检制"，即操作工人实行自检，班组长或质量员进行复检，检验员进行专检。首件检验后是否合格，最后应得到专职检验人员的认可，检验员对检验合格的首件产品，应打上规定的标记，并保持到本班或一批产品加工完了为止。

对大批大量生产的产品而言,"首件"并不限于一件,而是要检验一定数量的样品。特别是以工装为主导影响因素(如冲压)的工序,首件检验更为重要。

② 巡回检验。巡回检验就是检验工人按一定的时间间隔和路线,依次到生产现场,用抽查的方式,检查刚加工出来的产品是否符合图纸、工艺或检验指导书中所规定的要求。在大批量生产时,巡回检验一般与使用工序控制图相结合,也是对生产过程发生异常状态实行报警,预防成批出现废品的重要措施。当巡回检验发现工序异常时,首先要查明工序不正常的原因,并采取有效的纠正措施,以恢复其正常状态;其次是对上次到本次巡检之间所生产的产品,全部进行重检和筛选,以防不合格品流入下道工序。

巡回检验是按生产过程的时间顺序进行的,因此,有利于判断工序生产状态随时间过程而发生的变化,这对保证整批加工产品的质量是极为有利的。为此,工序加工出来的产品应按加工的时间顺序存放,这一点很重要,但常被忽视。

③ 末件检验。主要靠模具或装置来保证质量的轮番生产的加工工序,建立"末件检验制度"是很重要的。即一批产品加工完毕后,全面检查最后一个加工产品,如果发现有缺陷,可在下批投产前把模具或装置修理或调整好,以免下批投产后才被发现,因此而影响生产。

工序检验是保证产品质量的重要环节,但如前所述,工序检验的作用不是单纯的把关,而是要同工序控制密切地结合起来,判定生产过程是否正常。例如,通常要把首检、巡检同控制图的使用有效地结合起来,如图 6.2.3 所示。

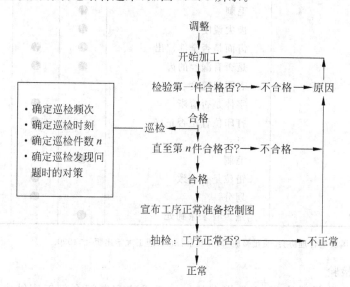

图 6.2.3　首检、巡检与控制图的结合使用

工序检验不是单纯的把关,而是要不断地进行质量改进,把检验结果变成质量改进的重要信息资源,从而采取质量改进的行动。必须指出,在任何情况下,工序检验都不是单纯地剔出不合格品,而是要同质量控制和质量改进紧密结合起来。

在工序检验中要充分注意两个问题:首先是要熟悉"工序质量特性分析表"(参见表6.2.1)中所列出的影响加工质量的主导性因素;其次是要熟悉工序质量管理对工序检验

的要求。

"工序质量特性分析表"是工序管理的核心,也是编制"检验指导书"的重要依据之一。"工序质量特性分析表"一般并不直接发到生产现场去指导生产,但应根据"工序质量特性分析表"来制定指导生产现场的各种管理图表,其中包括检验计划。

对于确定为工序管理点的工序,应作为工序检验的重点,检验人员除了应检查监督操作工人严格执行工艺操作规程及工序管理点的规定外,还应通过巡回检查,检定质量管理点的质量特性的变化及其影响的主导性因素,核对操作工人的检查和记录以及是否正确使用控制图表,协助操作工人进行分析和采取改正的措施。

表 6.2.1 工序质量特性分析表

车间:××	产品名称:××	编定日期:××			
生产线或部门:	零件号及名称:	编定者:			
工 序	缺 陷	影 响 因 素			
		设备	工装	材料	操作者
10 下料	材料及成分,厚度			●	●
	尺寸		●		
20 铣齿	毛刺	●	●		
	齿距		●		
	齿深		●		
	毛刺	●			
	齿尖锐度	●			
30 锉齿	齿面是否全部锉出	●	●		●
	是否有漏锉的齿	●	●		●
40 抛光	表面粗糙度		●		●
50 腐蚀印字	字体是否清晰		●		
	打印位置是否正确		●		
60 冲压	尺寸		●		
	毛刺	●			
70 齿部错位	错位是否一致		●		
	划分		●		
80 清洗涂塑	是否有未涂到处	●			

资料来源:中国质量管理协会.质量检验[M].北京:北京理工大学出版社,1990.

(3)完工检验

完工检验又称最后检验,它是指在某一加工或装配车间全部工序结束后的半成品或成品的检验。对于半成品来说,往往是指零部件入库前的检验。半成品入库前,必须由专职的检验人员,根据情况实行全检或抽检,如果在工序加工时生产工人实行100%的自检,一般在入库前可实行抽样检验,否则应由专职检验人员实行全检后才能接收入库,但在实行抽样检验时,如发现不合格,也要进行全检,重新筛选。

成品检验是对完工后的产品进行全面的检验与试验。其目的是预防不合格品进入流通领域,对顾客和社会造成危害。对于制成成品后立即出厂的产品,成品检验也就是出厂检验；对于制成成品后不立即出厂，而需要入库储存的产品，在出库发货以前，尚需再进行"出厂检验"。成品检验的内容包括：产品性能、精度、安全性和外观。只有成品检验合格后，才允许对产品进行包装。

3. 检验站的设置

检验站的合理设置直接影响质量检验工作的有效和效率，根据企业的具体情况，对质量检验站的设置有不同的要求和考虑。

（1）设置检验站的原则

设置检验站通常应遵循以下原则：

① 检验站应设置在质量把关的关键环节。为了加强质量把关，保证下道工序或顾客的利益，必须在一些关键部位设置检验站。例如，在企业外购物料进货处、产成品的出厂处、车间之间、工段之间、半成品进入半成品库之前、成品进入成品库之前，一般都应设立检验站。其次，在关键零件、关键工序之后或生产线的最后工序处，也必须设立检验站。

② 满足生产过程的需要。在流水生产线和自动生产线中，检验通常是工艺链中的有机组成部分，因此在某些重要工序之后，在生产线某些分段的交接处，应设置必要的检验站，这种检验站，就可按其工艺顺序设置在生产线中。

③ 检验站要有合适的环境。检验站要有便于进行检验活动的空间，要有合适的存放和使用检验工具、检验设备的场所，要有等待检验的产品进行存放的场地，检验人员和操作人员的联系要方便，使生产工人送取检验产品时行走的路线最短，检验人员要有较广的视域，能够很清楚地观察到大部分操作工人的生产活动情况等。

④ 要考虑降低检验成本。检验站和检验人员要有适当的工作量负荷，检验站的数量和检验人员过多，容易导致工作效率和设备、场地利用率低；检验站和检验人员过少，也会造成等待检验时间过长，影响生产运作效率，甚至增加错检与漏查的损失。

因此，合理地设置检验站，不仅是一项科学细致的组织工作，也是一个经济性的问题。

（2）检验站划分的方式

根据企业的具体情况，检验站的划分方式大致有以下几种情况：

① 按产品类别划分检验站。这种方式就是按同类产品划分检验站。其优点是，检验人员对产品的结构和性能要求容易熟悉和掌握，有利于提高检验效率和检验质量，站内检验人员便于业务交流和工作安排。

② 按车间或工艺特点划分检验站。通常，每个车间设立一个检验站，检验站内可分别按工段或工艺分设检验小组。这种方式比较灵活方便。目前，大多数企业采用这种方式。

③ 按班次划分检验站。对于像纺织、化工等属于连续生产性质的企业，设备需要不停地运转，因此，宜于按班次设立跟班运转的检验站或检验小组。

④ 按检验工作性质和特点划分检验站。有些检验工作要有特殊的技术要求或专门的测试设备，甚至要有专门的检验室，因此应该建立单独的检验站，如有些企业建立液压检验站、电器设备检验站等。

(3) 检验站设置的特点和要求

① 进货检验站。进货检验通常有两种形式,一是设在需方验收厂,这是比较普遍的形式。物料进厂后由进货检验站根据规定进行验收检验,合格品接收入库,不合格品退回供货单位或另作处理。二是在供应商所在地进行检验,这对某些产品是非常合适的,如重型产品运输比较困难,一旦检查不合格,可以就地返修,就地处理,如果运到使用单位,检验后发现不合格,将造成许多困难。

② 工序检验站。工序检验基本上也有两种不同形式,第一种是分散的,即按工艺顺序分散在生产线流程中,如图 6.2.4(a)就是检验站分散在生产线中的例子。第二种是集中式的检验站,如图 6.2.4(b)所示,零件 A、B、C 三条生产线的末端有一个公共的检验站。这说明三个零件在工序中实行自检有时还可能有巡检,全部完工后,都送同一检验站进行最后的完工检验。图 6.2.5 是另一种形式的集中检验站,该检验站负责车、铣、刨、磨、钻等各工段加工后的检验工作。分散式的检验站多用在大批、大量生产的车间,而集中式的检验站多用在单件小批生产的车间。

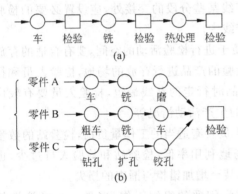

图 6.2.4 生产中的检验站设置形式

图 6.2.5 单件小批生产的检验站

③ 完工检验站。完工检验站是指对半成品或成品的完工检验而言。也是指产品在某一生产环节,如生产线、工段或加工车间全部工序完成以后的检验。对于半成品来说,完工检验可能是入半成品库前的检验,也可能是直接进入装配前的检验;对于成品来说,可能就是出厂检验,也可能是进入成品库以前的检验。无论是半成品或成品的完工检验,都可按照以下三种形式组织检验站:

• 图 6.2.6(a)所示称为开环分类式检验站,这种检验站的作用是将合格品和不合格品分开,以防止不合格品流入下一生产环节或进入流通领域。

• 图 6.2.6(b)所示称为开环处理式检验站。这种检验站的工作特点,就是对于一次检查后被拒收的不良品,还应进行重新审查,审查后决定代用或返修,返修后再重新检验,并作出是拒收还是接收的决策。

• 图 6.2.6(c)所示称为闭环处理式检验站。这种检验站的特点,就是对一次检测后的拒收品,要进行仔细的分析,查出不合格的原因,这种分析不仅要决定是否可进行返修处理,而且要分析标准的合理性,分析加工中存在的问题,并采取改进加工的措施,反馈到加工中去,防止重复出现已出现过的缺陷。显然,最后一种形式的检验站,对生产来说具有明显的优越性。

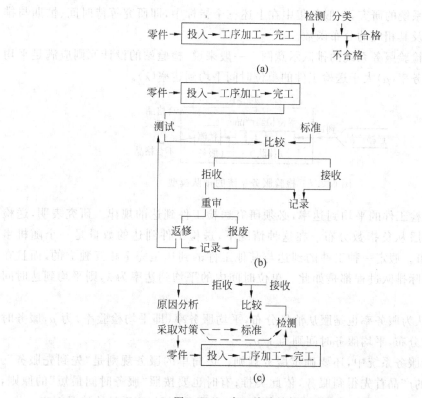

图 6.2.6　完工检验站的几种形式

4. 检验站设计的排队模型

为了合理设计检验站,一般都要研究检验站的排队模型问题。检验工作的排队过程是以检验站为中心而产生的,生产工人将生产后的产品,一个一个或一批一批送到检验站,大部分情况都要排队等待检验。显然,为了减少等待时间,可以增加检验站和检验人员的数量,即增加服务能力。但这样做,某些时候又可能导致检验站和检验人员大量闲置和增加费用支出的逆效益。要合理解决这个问题,就要通过排队的规律和理论,用数理统计的方法,把等待和闲置两方面的损失,以最小的费用损失加以解决。

从本质上说,检验站就是一个随机的服务系统,这个系统的主要指标有三个,即:

(1) 等待时间

等待时间即从送检产品到达检验站时起,直到产品开始接受检验的时间间隔,当然,这段等待时间越短越好。

(2) 忙期

忙期是指检验站连续工作繁忙的时间,这段时间关系到检验工人的工作强度和承受能力。

(3) 排队长度

排队长度是指等待检验的产品数量。这是检验工人和生产工人都非常关心的问题,因为它不仅影响生产工人的作业,而且关系到检验站存放产品的空间,存放面积太小,无法存放;存放面积太大,又可能造成浪费。

对随机服务系统的研究,一般都集中在上述三个指标中,即研究等待时间、忙期与排队长度的平均数及其相应的分布函数。

图 6.2.7 是检验服务系统的排队示意图。一般来说,检验站的设计原则应满足平均检验率或平均服务率(μ)大于送检工件的单位时间平均到达率(λ)。

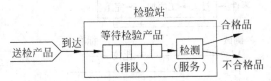

图 6.2.7　检验服务系统的排队模型

为了研究送检工件的平均到达率,必须研究送检工件到达的规律。研究表明,送检工件的到达规律服从负指数分布。在这种情况下,送检工件到达的数量是一个随机事件,服从泊松分布。假定一种工件的到达与其他工件的到达是完全相互独立的,而且在任何情况下的实际排队过程都是如此。单位时间内的平均到达率为 λ,则平均到达时间为 $1/\lambda$。

同样,可以认为服务率也是服从泊松分布,平均服务率(即平均检验率)为 μ,服务时间则服从负指数分布,平均服务时间则为 $1/\mu$。

在研究检验服务系统中,还要确定服务规则。最简单的服务规则是"先到先服务"。即,第一个到达的产品首先得到服务,依此类推;有时也要按照"服务时间最短"的原则,即检验时间最短的最先检验,依此类推。采用哪一种服务原则,要看具体情况而定。

在上述与实际基本相近的假定情况下,通过计算可以得出如下结果:

① 平均等待检验的工件数为 L_q,则

$$L_q = \frac{\lambda^2}{\mu(\mu-\lambda)}$$

② 系统中(即检验站内)的平均工件数(包括正在检验的)为 L,则

$$L = \frac{\lambda}{\mu-\lambda}$$

③ 平均等待检验时间为 W_t,则

$$W_t = \frac{\lambda}{\mu(\mu-\lambda)}$$

④ 在系统中(检验站内)平均停留时间(包括检验时间在内)为 W,则

$$W = \frac{1}{\mu-\lambda}$$

⑤ 系统中(检验站)排队数量为 n 件的概率为 P_n,则有

$$P_n = \left(1-\frac{\lambda}{\mu}\right)\left(\frac{\lambda}{\mu}\right)^n$$

故无工件排队的概率为

$$P_0 = \left(1-\frac{\lambda}{\mu}\right)\left(\frac{\lambda}{\mu}\right)^0 = \left(1-\frac{\lambda}{\mu}\right)$$

有一件排队等待检验的概率为

$$P_1 = \left(1 - \frac{\lambda}{\mu}\right)\left(\frac{\lambda}{\mu}\right)^1 = \left(1 - \frac{\lambda}{\mu}\right)\left(\frac{\lambda}{\mu}\right)$$

有两件排队等待检验的概率为

$$P_2 = \left(1 - \frac{\lambda}{\mu}\right)\left(\frac{\lambda}{\mu}\right)^2$$

依此类推。

⑥ 设检验站使用率为 p,则有

$$p = \frac{\lambda}{\mu}$$

故检验站闲置率为

$$p_0 = 1 - p = 1 - \frac{\lambda}{\mu}$$

例 6.2.1 假定送检工件平均到达率为每小时 60 件,即 $\lambda = 1$ 件/分钟。检验站平均每分钟可检验 1.5 个工件,并采用"先到工件先检验"的服务原则,则可计算出各项有关数据。

① 平均等待检验的工件数为

$$L_q = \frac{\lambda^2}{\mu(\mu - \lambda)} = \frac{1}{1.5(1.5 - 1)} = 1.33(件)$$

② 检验站内平均工件数为

$$L = \frac{\lambda}{\mu - \lambda} = \frac{1}{1.5 - 1} = 2(件)$$

③ 平均等待检验时间为

$$W_t = \frac{\lambda}{\mu(\mu - \lambda)} = \frac{1}{1.5(1.5 - 1)} = 1.33(分钟)$$

④ 包括检验时间在内,工件在检验站内平均停留时间为

$$W = \frac{1}{\mu - \lambda} = \frac{1}{1.5 - 1} = 2(分钟)$$

⑤ 检验站不同数量工件等待检验的概率为

不排队的概率 $\qquad P_0 = \left(1 - \frac{1}{1.5}\right) = 0.33$

一个工件在排队的概率 $\qquad P_1 = \left(1 - \frac{1}{1.5}\right)\left(\frac{1}{1.5}\right)^1 = 0.22$

两个工件在排队的概率 $\qquad P_2 = \left(1 - \frac{1}{1.5}\right)\left(\frac{1}{1.5}\right)^2 = 0.15$

…… ……

⑥ 检验站使用率 $\qquad p = \frac{\lambda}{\mu} = \frac{1}{1.5} = 0.66$

检验站闲置率 $\qquad p_0 = 1 - p = 1 - 0.66 = 0.34$

例 6.2.2 汽车挡风玻璃在生产线上加工完毕后,要由检验员进行检验,它的缺陷是表面划伤、污点等。这些挡风玻璃在检验员面前排队等待检验,它的到达率由流水线节

拍决定,假定每小时为 x 件,其服务时间即为检验时间,试求:

① 假定每块玻璃所需检验时间为 15 秒,对只有一个检验员的检验站来说,到达率为多少时,检验站的闲置率为 0.05?

② 等待检验的平均排队长度是多少?

③ 如果到达率增加一倍,服务率要做怎样的调整,才能使检验站的闲置率仍为 0.05,即保持不变?

解 由于系统的闲置率为 $p_0 = \left(1 - \dfrac{\lambda}{\mu}\right)$,已知服务时间为每块玻璃 45 秒,即 $\mu = 80$ 块/小时。故有

$$0.05 = 1 - \frac{\text{平均到达率}(\lambda)}{80}$$

则平均到达率 $\lambda = (1 - 0.05) \times 80 = 76$ 块/小时

等候检验的平均排队长度为

$$L_q = \frac{\lambda^2}{\mu(\mu - \lambda)} = \frac{76^2}{80(80 - 76)} = 18.05 \approx 18 (件)$$

由于闲置率

$$p_0 = 1 - \frac{\text{平均到达率}(\lambda)}{\text{平均服务率}(\mu)}$$

当到达率增加一倍时,即 $\lambda = 76 \times 2$ 块/小时,而 p_0 仍为 0.05,故可求得服务率(μ)为

$$\mu = \frac{2 \times 76}{1 - 0.05} = \frac{152}{0.95} = 160 \text{ 块 / 小时}$$

根据以上分析和计算,应该考虑增加一个检验站,包括适当增加检验人员和检测设施或使检验效率提高一倍。但是,通常这是比较困难的。

第三节 质量检验制度

在长期的生产经营活动中,企业从产品和服务形成的客观规律出发,积累总结了一些有效的质量检验管理原则和制度。使各项质量检验活动标准化、规范化、程序化和科学化,同时,也提高了质量检验的工作质量和工作效率。以下介绍几项主要的常用质量检验制度。

应该指出,企业的质量检验制度,应由企业最高管理者负责制定,并监督实施和改进。

一、三检制

三检制,就是实行操作者的自检、操作者之间的互检和专职检验人员的专检相结合的一种检验制度。这种三结合的检验制度是企业长期质量检验工作的经验总结,是行之有效的。因此,被广泛采用。

1. 自检

自检就是生产者对自己所生产的产品,按照图纸、工艺或合同中规定的技术标准自

行进行检验,并作出是否合格的判断。这种检验充分体现了生产者必须对自己生产的产品质量负责。通过自我检验,使生产者充分了解自己生产的产品在质量上存在的问题,并能主动地寻找出现问题的原因,进而采取改进的措施,这也是企业员工参与质量管理的重要形式。

2. 互检

互检就是操作者相互之间进行检验。互检主要有:下道工序对上道工序流转过来的产品进行抽检;同一机床、同一工序轮班交接时进行的相互检验;小组质量员或班组长对本小组成员加工出来的产品进行抽检等。这种检验不仅有利于保证加工质量,防止疏忽大意而造成批量废品,而且有利于班组团结协作,创造员工之间良好的群体关系。

3. 专检

专检就是由专业检验人员进行的检验。专业检验是现代化大生产劳动分工的客观要求,它是互检和自检不能取代的。而且三检制必须以专业检验为主导,这是由于现代生产中,检验已成为专门的工种和技术,专职检验人员无论对产品的技术要求、工艺知识和检验技能,都比操作者精通,所用检测量仪也比较精密,检验结果通常更可靠,检验效率也相对较高;其次,由于有时操作者有严格的生产定额,所以容易产生错检和漏检。实践证明,完全依靠自检,取消专检,是既不科学,也不符合实际情况的。

应当指出,ISO 9000族国际标准把质量管理体系、过程和产品的测量作为企业中一种重要的质量保证基本要求,对质量检验提出了严格的要求和规定。

二、重点工序双岗制

重点工序是关键零部件或关键部位的工序,也可能是服务顾客的关键环节。以机械制造业为例,可以是作为下道或后续工序加工基准的工序,也可以是工序过程的参数或结果无记录,不能保留客观证据,事后无法检验查证的工序。对这些工序实行双岗制,是指操作者在进行重点工序加工时,还同时应有检验人员在场,必要时应有技术负责人或用户的验收代表在场,监视工序必须按规定的程序和要求进行。例如,使用正确的工夹量具、正确的安装定位、正确的操作顺序和加工用量。工序完成后,操作者、检验员或技术负责人和用户验收代表,应立即在工艺文件上签名,并尽可能将情况记录存档,以示负责和以后查询。

三、留名制

留名制是一种重要的技术责任制,是指在生产过程中,从原材料进厂到成品入库和出厂,每完成一道工序,改变产品的一种状态,包括进行检验和交接、存放和运输,责任者都应该在工艺文件上签名,以示负责。特别是在成品出厂检验单上,检验员必须签名或加盖印章。操作者签名表示按规定要求完成了这套工序;检验者签名,表示该工序达到了规定的质量标准。签名后的记录文件应妥为保存,以便以后参考。

四、质量复查制

一些生产重要产品(如军工产品)的企业,为了保证交付产品的质量或参加试验的产品的高可靠性,在产品检验入库后的出厂前,要求与产品有关的设计、生产、试验及技术部门的人员进行质量复查。查图纸、技术文件是否有错,查检查结果是否正确,查有关技术或质量问题的处理是否合适。这种做法,对质量管理体系还不够健全的企业是十分有效的。

五、追溯制

目前,很多企业都很重视产品的追溯性管理,甚至实行跟踪管理制度。在生产过程中,每完成一个工序或一项工作,都要记录其检验结果及存在问题,记录操作者及检验者的姓名、时间、地点和情况分析,在适当的产品部位做出相应的质量状态标志。这些记录与带标志的产品同步流转。产品标志和留名制都是可追溯性的依据,在必要时,都能查清责任者的姓名、时间和地点。职责分明,查处有据,可以大大加强员工的责任感。产品出厂时还同时附有跟踪卡,随产品一起流通,以便用户把产品在使用时所出现的问题,及时反馈给生产厂商,这是企业进行质量改进的重要依据。

六、管理点检验制

(1) 检验员应把建立管理点的工序作为检验重点。在管理点上,首先应检查监督操作者严格执行工艺及工序管理点的规定。

(2) 检验员在巡回检验时,应检查管理点的质量特性及影响质量特性的主导性要素。在检验中发现问题时,应协助操作者及时找出影响质量的原因,并协助采取措施,加以解决。

(3) 检验员要清楚了解管理点的质量要求及检测、试验方法,按"检验指导书"进行检验。

(4) 检验员应熟悉管理点所用的图表及其使用和分析方法,并通过抽检来核对操作的记录和打点是否正确。

(5) 检验员应指导操作者做好操作者自检的记录,并计算其自检率和自检准确率,按时公布或上报。

(6) 检验员应按规定做好管理点的抽检和验证工作。

在管理点上,必须准备管理点检验明细表,这个明细表要详细标明管理点的工序号、技术要求、检测方式、检测工具、检测频次、质量特性分级等内容,作为自检与专检的依据。以制造业为例,如表 6.3.1 所示。

表 6.3.1 工序管理点检查明细表

序号	零件号及名称	工序号	管理点编号	管理点名称	技术要求	检测方式	检测工具	检验频次	质量特性分级 A	质量特性分级 B	质量特性分级 C	管理手段
1	活塞	1	①	材料化学成分	厂标	专检		抽检		●		数据表
2		1	②	低倍组织	厂标	专检		抽检		●		数据表
3		1	③	材料淬透性	2.0～3.0m/m	专检		抽检	●			数据表
4		2	④	中频炉加热温度	即奥氏体晶粒度≥5级 1 050℃±50℃	自检、专检	光学高温计	抽检	●			数据表
5		3	⑤	球化处理金相组织	2～4级	专检	金相显微镜	抽检	●			数据表

续表

序号	零件号及名称	工序号	管理点编号	管理点名称	技术要求	检测方式	检测工具	检验频次	A	B	C	管理手段
6		3	⑥	球化硬度	HB(窝径)≥4.35	自检、专检	布氏硬度计	抽检		●		数据表
7		4	⑦	φ23.5尺寸精度	+0.28	自检、专检	样柱	抽检		●		
8			⑧	φ23.5孔深	−0.46	自检、专检	量规	全检	●			
9		5		60°锥面、R12、φ24粗糙度	4.0	自检、专检		全检		●		
10		8	⑰	淬火硬度	HRc60~64	自检、专检	硬度计	抽检	●			控制图
11		8	⑱	硬化层深度	厂标	专检		抽检	●			数据表
以下略												

资料来源：中国质量管理协会.质量检验[M].北京：北京理工大学出版社,1990.

七、检验站检验制

检验站是进行检验活动的主要场所,检验站必须做好以下检验工作。

（1）明确检验站负责检验的工序或环节以及需要检验的产品和零部件或项目。

（2）备齐检验文件,如检验工作所必需的产品图纸、检验规范、工艺规程、技术标准及所有必须的技术文件等。

（3）供应成套的进行检验活动所必须的检验工具、装置和设备,并制定相应的使用、保管和维护制度,重要量具由专人负责管理。

（4）实施企业抽样标准,并参与改进和制订合理的抽样方案,明确质量特性的严重性分级,了解测试方法。

（5）对于检验的不合格范围,规定明确的标准。

（6）备齐检验所用的图章、检印、检验报告单、检验数据记录、统计分析表,明确信息反馈路线。检验所用的印章有规定的使用保管制度。

（7）制订详细的检验程序和操作步骤,建立完善的日常检验工作制度。

（8）做好检验站人员的组合和班次的安排。

八、抽样检验制

抽样检验制度和方法是企业质量管理体系的重要组成部分,对企业的经营管理活动产生直接的影响。因此,企业应该从以下几个方面做好基础管理工作：

（1）在生产流程（或服务流程）的关键环节,建立和完善抽样检验制度。

（2）从企业生产经营的实际出发,设计合理的抽样方案,形成企业标准,并不断改进,追求先进的国家标准、国际标准和企业标准。

（3）企业应作为重要工作制度,定期补充正在实施中的各类抽样方案的合理性。这些抽样方案主要包括以下几类：

① 统计过程控制（SPC）抽样方案；

② 内部常规管理验收抽样方案；
③ 自我评价抽样方案；
④ 第二方评审抽样方案；
⑤ 第三方评审抽样方案。
有关抽样方案的原理和方法将在第七章详细讨论。

九、不合格品管理

不合格品管理是质量检验以致整个质量管理过程中的重要环节。为了区别不合格品和废品这两个不同的概念，通常把不合格品管理称为不良品管理。不合格品（或称不良品），其中包括废品、返修品和回用品三类。

在不合格品管理的实践中，企业积累总结了以下主要经验：

1．"三不放过"的原则

一旦出现不合格品，则应：

① 不查清不合格的原因不放过。因为不查清原因，就无法进行预防和纠正，也不能防止重复发生。

② 不查清责任不放过。这样做，主要是为了帮助责任者吸取教训，以利及时纠正和不断改进。

③ 不落实改进的措施不放过。查清不合格的原因和查清责任者，其目的都是为了落实改进的措施。

"三不放过"原则，是质量检验工作中的重要指导思想，坚持这种指导思想，才能真正发挥检验工作的把关和预防的职能。

2．两种"判别"职能

检验管理工作中有两种"判别"职能：

（1）符合性判别

符合性判别是指判别生产出来的产品是否符合技术标准，即是否合格，这种判别的职能是由检验员或检验部门来承担。

（2）适用性判别

适用性和符合性有密切联系，但不能等同。符合性是相对于质量技术标准来说的，具有比较的性质；而适用性是指适合顾客要求。不合格品不等同于废品，它可以判为返修后再用或者直接回用。这类判别称为适用性判别。由于这类判别是一件技术性较强的工作，因此，检验部门难以胜任，通常是由不合格品审理委员会审理决定。这类审理委员会称为 MRB(material review board)，一般是由设计、工艺、质量、检验、计划、销售和顾客代表共同组成，重要产品应有严格的审查程序和制度。

3．分类处理

对于不合格品通常有以下处理方法：

（1）报废。对于不能使用，如影响人身财产安全或经济上产生严重损失的不合格品，应予报废处理。

（2）返工。返工是一个程序，它可以完全消除不合格，并使质量特性完全符合要求。

通常,检验人员就有权作出返工的决定,而不必提交"不合格品审理委员会"审查。

(3) 返修。返修与返工的区别在于返修不能完全消除不合格品,而只能减轻不合格的程度,使部分不合格品能达到基本满足使用要求。

(4) 原样使用。原样使用也称为直接回用,就是不加返工和返修,直接交给顾客。这种情况必须有严格的申请和审批制度,特别是要将实际情况如实告诉顾客,得到顾客的认可。

4. 不合格品的现场管理

不合格品的现场管理主要包括以下几个方面:

(1) 不合格品的标记

凡经检验为不合格品的产品、半成品或零部件,应当根据不合格品的类别,分别涂以不同的颜色或做出特殊的标志。例如,在废品的致废部位涂上红漆,在返修品上涂以黄漆,在回用品上打上"回用"的印章等办法,以示区别。

(2) 不合格品的隔离

对各种不合格品在涂上(或打上)标记后应立即分区进行隔离存放,避免在生产中发生混乱。在填写废品单后,应及时放于废品箱或废品库中,严加保管和监视。隔离区的废品应由专人负责保管,定期处理销毁。

图 6.3.1 所示为不合格品处理流程图。

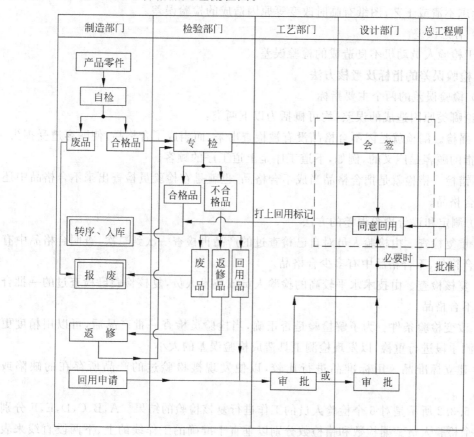

图 6.3.1 不合格品处理流程

十、质量检验的考核

1. 检验误差及其分类

在质量检验中,由于主客观因素的影响,产生检验误差是很难避免的。据有关资料统计,对缺陷的漏检率可以高达 15%～20%。

企业对检验人员的检验误差应该有科学的正确的认识,认为只要通过检验合格的产品,一定就是合格品,这是不符合实际的,因为还存在检验误差。检验误差可以分为以下几类:

(1) 技术性误差

技术性误差,是指检验人员缺乏检验技能造成的误差。例如,未经培训的新上岗检验员,由于缺乏必要的工艺知识,检验技术不熟练等原因所造成的。

(2) 情绪性误差

由于检验员工作不细心造成的检验误差。例如,检验人员精力不集中或生产任务紧、时间急等原因引起情绪波动所造成的检验误差。

(3) 程序性误差

由于生产不均衡、管理混乱所造成的误差。如生产不均衡待检产品过于集中,存放混乱,标志不清或工艺、图纸有临时改变等原因造成的检验误差。

(4) 有意误差

由于检验人员动机不良造成的检验误差。

2. 检验误差的指标及考核方法

(1) 检验误差的两个主要指标

不论哪类原因造成的误差,均可概括为以下两类:

① 漏检。漏检就是因不合格品没有被检查出来,而当成了合格品,使顾客遭受损失。这里所指的顾客是广义的,例如,下道工序是上道工序的顾客。

② 错检。错检就是把合格品当成不合格品,也就是在检验员检查出来不合格品中还有的是合格品。

(2) 测定和评价检验误差的方法

① 重复检查。由检验人员对自己检查过的产品再检查一次到二次,查明合格品中有多少不合格品,不合格品中有多少合格品。

② 复核检查。由技术水平较高的检验人员或技术人员,复核检验已检查过的一批合格品和不合格品。

③ 改变检验条件。为了解检验是否正确,当检验员检查一批产品后,可以用精度更高的检测手段进行重检,以发现检测工具造成检验误差的大小。

④ 建立标准品。用标准品进行比较,以便发现被检验过的产品所存在的缺陷或误差。

图 6.3.2 所示是对 6 个检验人员的工作进行复核检验的结果。A,B,C,D,E,F 分别代表 6 个检验人员。漏检数和错检数分别以垂直于准确的工作线的上、下两段直线来表示。由图 6.3.2 可以明显看出,检验员 D 的漏检量和错检量都是最小。所以,相比较而

言,检验员 D 的检验误差最小,检验水平最高;检验员 A 次之,其错检量比检验员 D 要大;而检验员 B 的漏检量与 A 和 D 相当,但他的错检量却明显地大;检验员 C 和 F 的错检量尽管和 C、D 二人相当,但是,他们的漏检量却明显地大;检验员 E 的漏检量和错检量都明显地大,因此,检验员 E 的检验误差最大,检验水平最低。

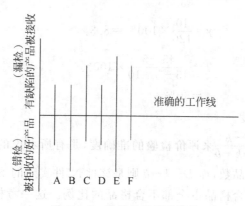

图 6.3.2　质量检验复核结果

复核的程序如图 6.3.3 所示,由此可得漏检率及错检率的计算公式:

$$漏检率:\gamma = \frac{b}{G} \times 100\%$$

$$错检率:\delta = \frac{k}{D} \times 100\%$$

其中:γ——漏检率;
　　　δ——错检率;
　　　G——检验后合格品数;
　　　b——检验后 G 中的不合格品数(漏检);
　　　D——检验后不合格品数;
　　　k——检验后 D 中的合格品数(错检)。

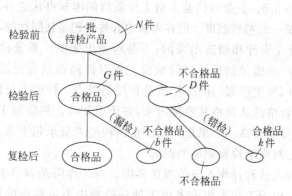

图 6.3.3　漏检及错检复核

由漏检数和错检数可以综合得出检验人员的检验准确度 T:

$$T = \frac{D-k}{D-k+b} \times 100\%$$

例如,当 $G=120, D=45, k=5, b=10$ 时,则有

$$\delta = \frac{5}{45} \times 100\% = 11.1\%$$

$$\gamma = \frac{10}{120} \times 100\% = 8.3\%$$

$$T = \frac{45-5}{45-5+10} \times 100\%$$
$$= 80\%$$

其中:T——检验准确度。

此外,采用 $T = \frac{D-k}{D-k+b}$ 来评价检验的准确度,是有所考虑的,式中 $D-k$ 是被检验人员检查出来的不合格品数,而 $D-k+b$ 则是该批 N 件实际的不合格品数,因而公式 T 表示的是检查出来的不合格品占全部不合格品的比例。这一考核指标的缺点是使检验人员容易产生宁错勿漏的倾向。为了克服这一缺点,也可以采用误检率 p 来考核检验人员的工作质量。

$$p = \frac{b+k}{N} \times 100\%$$

如上例当 $N=150$ 时,则有

$$p = \frac{10+5}{150} \times 100\% = 10\%$$

其中:N——检验前待检产品数量;
p——误检率。

据有关文献资料调查显示,在企业综合考虑合理保护生产者和消费者双方利益的情况下,国外企业比较多地倾向于采用检验准确度 T 对检验误差水平进行考核。

(3) 考核

根据企业的实际情况,企业对检验人员工作质量的考核办法也各不相同,不可能采用统一的计算公式和统一的考核制度。但在考核中有些问题是共同性的,必须加以明确。

第一,产品质量是设计和制造出来的,不是检验出来的。质量检验部门和人员不能承包企业或部门的产品质量指标。尽管检验工作对提高质量有促进作用。但产品质量主要决定于设计部门和生产部门的工作质量和控制能力。检验人员的主要职能是把关,是把已经发生的不合格品从合格品中挑出来,并予以剔除。剔除越干净越好,漏检越少,检查人员的工作质量就越高。如果把产品质量由检验人员承包下来,就无益于检验人员自己考核自己,这是对质量检验职能的误解。

第二,分清检验人员和操作人员的责任界限。责任界限是容易引起争议的焦点。如某工序的检验人员,由于工作失职或者由于抽样检验中不可避免的误判风险,造成一批半成品需要返工或报废。在这种情况下,如何区分检验人员和操作人员的责任呢?如果工艺明确,又无其他不正常客观原因时,操作者应负直接的主要责任,检验人员应承担失职责任;如工序操作要求不够明确,而检验人员又发生漏检,从而造成了损失,检验人员

应承担直接的主要责任。当工序采用抽样检验方案,由于不可避免的误判风险,造成返工或报废,其主要责任应由操作者承担,而不应追究检验人员的责任。

十一、质量统计和分析

1. 质量统计

质量的统计和分析是质量报告和信息反馈的基础,也是最高管理层决策和进行综合性质量考核的依据。根据市场环境和企业的质量目标,质量检验部门可提出质量考核指标体系建议。由最高管理者和有关部门审核批准实施。例如,车间生产计划部门应按月提供完成工时、产品数量、品种规格、零部件半成品完成数量等统计资料;质量检验部门负责质量检验结果及数据的统计、汇总,并按期向厂部和主管部门上报质量月报、季报和年报。质量检验部门还要提供其他各种质量情况的统计资料,质量统计资料一定要数据准确,分类整理,按规定项目和格式填写。

2. 质量指标

质量指标可以分为两类:一类是上级管理部门对企业考核的质量指标;另一类是企业自行考核的质量指标。质量指标由于企业的产品和生产类型的不同而有所不同,本书主要以具有典型代表意义的机电工业企业为例,说明通常应予考核的质量指标体系。

(1) 上级规定的考核指标

① 品种抽查合格率 q_1

品种抽查合格率是从已经检查合格入库的产品中随机抽出若干件,按品种为单位进行合格率的计算。其公式为

$$q_1 = \frac{k_1}{K} \times 100\%$$

其中:q_1——品种抽查合格率;

k_1——合格品种数;

K——考核品种数。

合格品种数 k_1 是指抽查合格率达到规定指标的品种数量,当产品成品抽查合格率 q_2 达到 100% 时,才称为合格品种。按年度考核时,某一品种四个季度抽查全部合格,或三个季度抽查合格(其中必须包括第四季度),才能称为合格品种。

② 成品抽查合格率 q_2

其计算公式为

$$q_2 = \frac{g_1}{N_1} \times 100\%$$

其中:q_2——成品抽查合格率;

g_1——合格品数(台、套、件);

N_1——产品抽查总数(台、套、件)。

抽查时应从经检查合格并入库的成品中随机抽取。

③ 品种一等品率 q_3

其计算公式为

$$q_3 = \frac{k_2}{K} \times 100\%$$

其中：q_3——品种一等品率；

k_2——一等品品种数。

④ 成品一等品率 q_4

其计算公式为

$$q_4 = \frac{g_2}{N_2} \times 100\%$$

其中：q_4——成品一等品率；

g_2——一等品数（台、套、件）；

N_2——成品总数（台、套、件）。

成品一等品率一般作为上级主管部门对企业考核的重要指标，通常是按日常检查统计的累计数字计算的，因此，每一产品检验后都应将合格品与一等品分别记录统计。

⑤ 成品检查一等品率 q_5

其计算公式为

$$q_5 = \frac{g_2}{N_3} \times 100\%$$

其中：q_5——成品检查一等品率；

N_3——成品抽查总数（台、套、件）。

该指标一般用于对企业季度产品质量等级进行核对。这里的一等品数是指全年四个季度或三个季度（必须包括三、四季度）都达到一等品的产品。轮番生产的产品，是指两个季度以上（必须包括最后两个季度）抽查达到一等品的产品。

⑥ 主要零件主要项目合格率 q_6

其计算公式为

$$q_6 = \frac{k_3}{K_1} \times 100\%$$

其中：q_6——主要零件主要项目合格率；

k_3——主要项目合格数（项）；

K_1——主要检验项目总数（项）。

(2) 企业自行考核的质量指标

根据本企业的实际情况，除考核上级规定的质量指标外，通常，企业还增加一些质量考核指标，来考核企业正在运作中的质量情况。常用的指标有：

① 成品装配的一次合格率 q_7

其计算公式为

$$q_7 = \frac{g_3}{N_4} \times 100\%$$

其中：q_7——成品装配的一次合格率；

g_3——第一次检查产品合格数（台、件）；

N_4——第一次送检产品总数（台、件）。

第一次检查产品合格数,是指从全部合格品数中减去返修后达到合格的产品数。

② 机械加工废品率 p_1

其计算公式为

$$p_1 = \frac{t_1}{t_0 + t_1} \times 100\%$$

其中：p_1——机械加工废品率；

t_1——机械加工废品工时；

t_0——机械加工合格品工时。

③ 返修率 p_2

其计算公式为

$$p_2 = \frac{d_1}{N_5} \times 100\%$$

其中：p_2——返修率；

d_1——计划期内返修产品数(台、套、件)；

N_5——计划期内生产产品总数(台、套、件)。

第四节 质量检验计划

一、为什么要制订质量检验计划

1. 质量检验活动的特点

现代企业的质量检验是一项复杂的系统工程。通常,一个企业的检验活动形成一个庞大的系统和网络。质量检验工作的一个显著特点就是要将检验活动分散在各个生产环节中进行,检验人员必须能够独立地进行工作。并且,要求这些工作和活动要同企业的生产组织和生产计划密切配合,以便保证生产全过程的顺利完成。因此,检验人员对检验的内容、要求,检验的具体方法和手段,检验的地点以及检验者职责等,都必须预先明确。因此,为了保证检验及时而准确地完成,避免发生错检、漏检和重复检验等质量检验事故,必须制订质量检验计划。

从企业的实际出发编制检验计划,可以使检验活动更加条理化、科学化和标准化;有利于明确所承担的责任,充分发挥检验人员的作用,提高质量检验活动的有效性和效率。

2. 质量检验计划是签订合同的重要条件

在企业的生产经营活动中,顾客(这里是指广义的顾客)要求供应商提供质量检验计划已经是一种普遍的做法。进入 20 世纪 90 年代以来,越来越多的顾客不仅要求供应商对所提供的产品或服务质量本身作出承诺,更重要的是关注他们的"过程"质量。例如,要求供应商通过 ISO 9000 族质量管理体系国际标准认证,以保证供应商达到顾客所要求的质量的能力。其中,质量检验计划是 ISO 9000 质量管理体系程序文件中的重要文件之一。在实际中,一些顾客要求按照检验计划亲自在某些生产的关键环节或者检验点上随机检验,以审核检验计划的有效性。可见,质量检验计划已经成为供需双方签订合同的重要条件。

应当指出,对于一些产品或生产系统比较简单的小型企业,也同样需要制订科学的检验计划。也就是说,在任何情况下,即使对最简单的产品或服务,在没有质量检验的条件下,面对顾客的要求,要达到质量保证的目的是很困难的。因此,企业必须制订与自身运作特点相适应的质量检验计划,其详细和周密程度可以有所不同。

二、质量检验计划制订的原则

以下主要结合制造业来讨论有关质量检验计划的问题。如前所述,在任何组织系统中都应该制订相应的质量检验计划。

1. 质量检验计划制订的主要原则

(1) 实现质量检验的目的

质量检验的目的主要包括两个方面,一是尽量防止出现不合格的产品或服务,二是保证检验结果的可靠性。有效的质量检验计划应充分体现这两个方面的作用。

(2) 质量检验计划对质量检验活动的指导作用

质量检验计划必须对检验项目、检验方式和手段等具体内容有明确的规定,并保持在各项管理文件和技术文件中的相容性和一致性。这样,才能保证所制定的质量检验计划对质量检验活动有真正的指导作用。

(3) 关键的质量检验环节的优先级

在质量检验计划中,对关键的零部件、关键的质量特性和关键的质量指标或者关键的服务节点,必须优先考虑和保证,在内容上应当保证准确无误。并且,在发现问题时应及时修订和改进。

(4) 对质量检验计划定期评审

当企业的过程或活动发生变动时,例如,产品结构或工艺有重大变化,在这种情况下,质量检验计划也应作相应的变化,并需要重新进行审核。

另外,在合同环境下,供需双方应定期对质量检验计划进行评审。这样,才能保护双方的共同利益。

(5) 质量检验计划的经济性

在质量检验计划中,应当设计和选择不仅科学、合理,而且简便易行的、经济的检验方案,对企业的质量检验活动来说,这是一个永恒的研究课题。

2. 质量检验计划制订的依据

企业的质量检验计划同企业的生产计划和质量控制计划有密切的关系。如图6.4.1所示,它描述了制订质量检验计划的基本思路。可见,生产计划和质量控制计划是制订检验计划的重要依据。通常,质量控制计划指出在生产过程中进行检验的环节或位置,以及控制的目标,但并不包括检验活动的详细指导。这些细节的工作指导都在检验计划的有关文件中加以规定。

综上所述,质量检验计划的制订是一项复杂的工作。原则上,质量检验计划的制订是质量检验部门的主要职责。但是,由于质量检验活动涉及生产组织和管理、生产技术、工艺流程以及产品设计等多领域,所以,质量检验计划的制订应当明确职责和"全员参与"才能达到预期的目的。

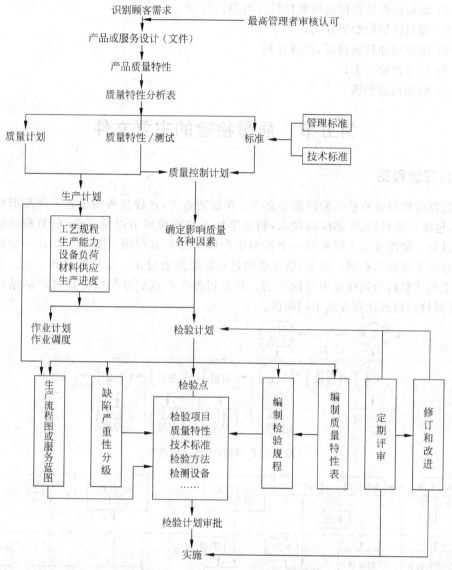

图 6.4.1　制订质量检验计划的基本思路
资料来源：中国质量管理协会.质量检验[M].北京：北京理工大学出版社,1990.

三、质量检验计划的主要内容

质量检验计划是产品或服务形成前必须做好的重要准备工作，它是指导检验人员或检验站进行质量检验的规定依据。

质量检验计划的主要内容包括正式检验前的技术准备和组织准备等方面。

(1) 设计质量检验流程图；
(2) 选择检验方式，设立检验站；
(3) 确定质量特性缺陷严重程度的分级；

（4）编制检验站使用的质量特性分析表；
（5）编制质量检验指导书；
（6）编制增加检测仪器、设备计划；
（7）设计抽检方案；
（8）编制检验手册。

第五节　质量检验的主要文件

一、过程流程图

过程流程图是质量检验的重要文件。在制造业中，过程流程图描述了产品形成的全过程，包括从原材料、零部件的投入，到各个加工和检验环节以及运输、包装和存储等一系列过程。如图 6.5.1 所示是一个衬衫生产简化过程流程图。图 6.5.2 是一个货运代理企业服务流程示意图。可见，服务业的过程流程图也包含一系列的服务节点。在关键节点上的质量检验同样是不可缺少的。只是根据生产或服务的特点以及产品结构的不同，质量检验的方式和方法不同而已。

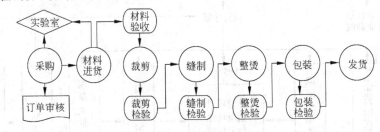

图 6.5.1　衬衫生产过程流程

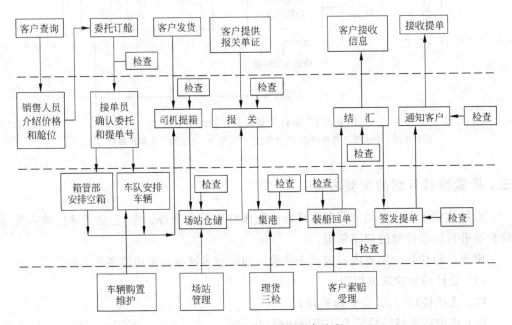

图 6.5.2　货运代理企业服务流程

过程流程图是质量检验的系统性管理的基础,任何一个组织,无论大小或者存在复杂程度的差异,都同样可以依据其业务过程流程图制定和执行检验计划和整个检验工作流程。

二、质量特性分析表

以制造业为例,为了使检验人员充分了解和掌握产品的各项质量特性要求及其与最终产品的关系,了解产生缺陷的主要因素,应该在过程流程图的基础上,由检验部门根据产品图纸、工艺等文件和资料编制"质量特性分析表",以指导质量检验活动。通常质量特性分析表是按产品(包括零件或部件)编制的。参见本章第二节表6.2.1,表中应详细列出各道工序所需检验的质量特性,并指出这些特性的主要影响因素,以此作为检验人员进行检验的依据。制定质量特性分析表的主要参考文件有:

(1) 产品图纸或技术规格;
(2) 工序质量要求及工艺规范;
(3) 工序管理点要求;
(4) 与顾客或下道工序要求变更有关的质量指标文件。

三、质量检验指导书

质量检验指导书的主要作用,是使检验人员按检验指导书规定的检验项目、检验要求和检验方法进行检验,保证质量检验工作的有效性,以防止错检、漏检等情况发生。

质量检验指导书的格式,通常根据企业的不同生产类型、不同检验流程等具体情况进行设计。表6.5.1为某汽车制造分厂在质量检验计划管理标准中提供的一份实用的产品质量检验指导书格式样本。

表 6.5.1 产品质量检验指导书

产品名称		零件号	
零件名称		使用单位	
项目号	质量特性要求	检查方法	检查频次
编制		校对	批准

表6.5.2为某零件的质量检验指导书。由表6.5.2清楚可见,质量检验指导书也是检

验规程,它相当于传统质量检验管理中的"质量检验卡"。通常,对建立质量控制点的工序以及关键和重要的零件都必须编制"检验指导书"。检验指导书应对被检验的质量特性提出明确具体的要求,并规定检验方法、抽样方案、所需量具、仪表以及检验示意图等。

表 6.5.2 产品质量检验指导书

零件名称	零件件号	检验频次	发出日期
TTA1	B×30-02-100	全 检	

| 注意事项 | 1. 测量前清除毛刺和硬点。
2. 在使用杠杆卡规检验时,活动脚需松开进出,防止零件表面划伤。
3. 需用量块校准尺寸,并清除量块误差。
4. 在检验接触精度时,需保持塞规清洁,防止拉毛、起线。
5. 在使用各种量仪时,应具备有效期内的合格证。 ||||

序号	检验项目	检验要求	测量器具	检验方法、方案	重要度
1	尺寸公差:配合间隙	<0.01	内径千分尺、量块、杠杆卡规	与100件研配,莫氏锥孔处允许略小	2级
2	粗糙度:φ60外圆	0.1	样板比较	目 测	
3	粗糙度:φ60$_{-0.10}^{-0.05}$ 处	0.4	样板比较	目 测	
4	粗糙度:莫氏#4锥孔	0.4/8	样板比较	目 测	
5 *	圆度:φ60外圆	0.002	杠杆卡规	H3—4	2级△
6 *	平行度:	0.002	杠杆卡规	1—2	2级△

(以下略)

注: *为关键项目,不得申请回用。
△为工序质量控制点。

1. 编制质量检验指导书的主要要求

(1) 列出所有质量特性,并对质量特性的要求要明确、具体,使操作者和检验人员容易掌握和理解。包括缺陷的严重性分级、尺寸公差、检测秩序、检测频率、抽样方案等有关内容。

(2) 针对质量特性不同的要求,合理选择适用的测量工具或仪表,并在检验指导书中标明其型号、规格和编号,说明其使用方法。

(3) 采用抽样检验时,应正确选择并说明抽样方案。根据具体情况及缺陷严重性分级确定 AQL 值,正确选择检查水平,抽样方案应尽量采用先进的国际标准和国家标准。

2. 质量检验指导书主要类型

(1) 原材料、外购件、外协件以及配套产品的入厂检验;
(2) 生产工序或服务业务流程的过程检验;
(3) 装配检验;
(4) 最终产品检验等。

四、质量缺陷的严重性分级

质量缺陷的严重性分级最早是由美国贝尔电话公司首先提出的。最初的质量缺陷严重性分级是在设计人员对质量特性严重性分级的基础上并在一个跨部门组织指导下进行的,这些分级除考虑功能性质量特性外,还必须包括外观、包装等因素。

1. 缺陷严重性分级的依据

以典型的制造业为例,产品质量缺陷的分级是在产品设计人员对质量特性重要性分级的基础上进行的。但在具体划分等级时,必须特别着重考虑对顾客使用的影响。同时,还要根据企业的实际情况和不同的产品工艺。通常,采用的分级不宜过多过繁,一般 3~5 级就足够了。目前,较为普遍的是把缺陷严重性分为四级,也有些企业把缺陷严重性分为三级。每一级都规定了相应的缺陷值,缺陷值的划分大致如表 6.5.3 所示。

表 6.5.3 缺陷的严重性分级的缺陷值

序号	分级	缺陷的严重性	缺陷值		
1	A 级	致命缺陷	100	100	240
2	B 级	严重缺陷	50	50	10
3	C 级	一般缺陷	25	10	4
4	D 级	轻微缺陷	5	1	1

资料来源:中国质量管理协会.质量检验[M].北京:北京理工大学出版社,1990.

参见表 6.5.3,其中最常用的缺陷值是 100→50→10→1。实践证明,尽管人为的划分比较硬性,也不够科学,但却比较实用。表 6.5.4 所示为贝尔系统的有关缺陷严重性分级原则。

表 6.5.4 贝尔系统缺陷的严重性分级原则

A 级——非常严重(缺陷值 100)
  a. 必然会造成部件在使用中运转失灵,并在现场难以纠正,如继电器线圈的断开;或
  b. 必然会造成间歇的运转故障,在现场难以确定其位置,例如连接不紧;或
  c. 会使部件完全不合用,例如拨号指盘在运转后不回复到正常状态;或
  d. 在正常使用情况下,易于造成人员伤害或财产损失,例如露出部分有锐利边缘。
B 级——严重(缺陷值 50)
  a. 可能会造成部件在使用中运转失灵,并在现场难以纠正,例如同轴插塞的保护涂层缺损;或
  b. 必然会造成部件在使用中运转失灵,但在现场易于纠正,例如继电器接触不良;或
  c. 必然会造成那种尚未严重到运转失灵程度的麻烦,像次于标准运转之类麻烦,例如保安器组不能在特定电压之下运转;或
  d. 必然会导致增加保养次数或减短寿命,例如单接点圆盘缺漏;或
  e. 造成大大增加顾客安装上的困难,例如安装孔错位;或
  f. 极严重的外形或涂层上缺陷,如涂层颜色与其他部件不能匹配——需要重涂。
C 级——中等严重(缺陷值 10)
  a. 可能会造成部件在使用中运转失灵,例如接触低于最低限度;或
  b. 可能造成那种尚未严重到运转失灵程度的故障,像次于标准运行之类故障,例如振铃不在特定范围内运转;或
  c. 可能导致增加保养次数或减短寿命,如接触肮脏;或
  d. 造成顾客安装上的小困难,如安装托座歪曲;或
  e. 较大的外形、涂层或工艺缺陷,例如涂层有明显的划痕,标志漏缺或模糊。
D 级——不严重(缺陷值 1)
  a. 不影响部件在使用时的运转、保养或寿命(包括对工艺要求上的小偏差),例如套管太短;或
  b. 外形、涂层或工艺上小毛病,例如涂层轻微划痕。

资料来源:中国质量管理协会.质量检验[M].北京:北京理工大学出版社,1990

2. 缺陷严重性分级的原则

质量缺陷一般分为四级,如表 6.5.3 所示分别为 A、B、C、D。如果分为三级,则往往把 C 级与 D 级统称为轻微缺陷。其分级原则如表 6.5.5 所示。据有关统计资料表明,目前,采用三级分类的趋势有所上升。

表 6.5.5 质量缺陷分级的一般原则

缺陷等级代码	缺陷等级	对产品和服务本身的影响	对顾客和社会的危害	责任表现
A	致命缺陷(临界缺陷)	影响产品的功能	危害很大,包括对环境、生命安全及重要的技术性能	承担法律责任,并造成信誉和经济损失
B	严重缺陷(主要缺陷)	影响产品的效用	比较大	造成信誉和经济损失
C	轻微缺陷(次要缺陷)	基本不影响产品的功能	比较小	不会造成信誉和经济损失

质量缺陷等级的划分,根据不同行业、不同企业和不同的产品和服务而有所不同。如表 6.5.6 所示,某厂根据本身的特点将质量缺陷划分为三级。

表 6.5.6 某厂的机械产品缺陷分级表

缺 陷 内 容	缺陷分级		
	A	B	C
(一)包装质量			
1. 包装箱外部尺寸不符合规定			△
2. 包装箱箱面不正确、不清晰			△
3. 包装箱底架不牢固		△	
4. 包装箱底座或框架缺少元件		△	
(略)			
(二)外观质量			
1. 机床上各种标牌歪斜、不平整、不牢固			△
2. 机床结合面边沿、缝隙超过规定			△
3. 外露加工面有明显磕碰、生锈			△
4. 错装、漏装标牌		△	
(略)			
(三)结构性能质量			
1. 液压系统漏油、影响液压性能		△	
2. 进给手轮、工作台手轮、液压操作手柄超过规定力		△	
3. 各连锁动作失灵、砂轮架快速进退动作错乱;会造成安全事故	△		
4. 机床噪声超过规定值		△	
(略)			

资料来源:中国质量管理协会.质量检验[M].北京:北京理工大学出版社,1990.

A 级：致命缺陷，指质量缺陷将危害生命安全或影响产品重要技术性能。
B 级：严重缺陷，指不符合主要测试项目要求，但不影响生命安全的缺陷。
C 级：轻微缺陷，指不符合次要测试项目要求，但基本不影响产品性能的缺陷。

在实际中，凡是不符合明确的质量要求中的任何一项，例如，不符合技术标准、工艺文件、图纸或服务标准所规定的任何要求，都构成产品的一个缺陷。如前所述缺陷按其影响大小或严重程度分成不同的等级。质量缺陷分级的作用是：

(1) 明确质量检验的重点

通过质量分级明确各类缺陷对产品适用性影响的严重程度，使质量检验把握重点，提高质量检验的有效性和效率，更好地保证产品质量和服务质量。

(2) 有利于对产品验收选择更好的抽样方案

在采用国际和国外先进标准或者采用国家标准时，对于 AQL 值的确定及不合格批的判断和处理，都必须根据缺陷严重性的级别作出相应的规定。(有关 AQL 的概念将在第七章中详细讨论)

表 6.5.7 是 CH 汽车制造厂 CH_6 分厂产品缺陷的分级原则。

表 6.5.7　CH_6 分厂产品缺陷的分级原则

缺陷分级	缺陷表现特征
致命缺陷	对性能有严重影响的缺陷，对整车有致命影响的缺陷
重要缺陷	不构成致命影响，但构成故障或严重降低产品实用性能的缺陷
轻微缺陷	不构成重要缺陷，只对产品实用性能有轻微影响或几乎无影响的缺陷

在汽车零部件的使用中，合格质量水平(AQL)按照安全性分为保安件、重要件和一般件，按照缺陷分为致命缺陷、重要缺陷、轻微缺陷以及按照质量特性值重要性分级，根据上述三种分级确定抽样检查中的合格质量水平(AQL)。通常，对于零件的致命缺陷如质量特性重要性为一级的项目不规定 AQL 值，进行 100% 的检查。参见表 6.5.8。

表 6.5.8　合格质量水平(AQL)参照表

AQL(%) 质量特性值 零件分级	致命缺陷 △	重要缺陷 A [2]	重要缺陷 B [3]	轻微缺陷 C [4]
保安件	全检	0.65	1.0~1.5	2.5
重要件	全检	1.0	1.5~2.5	4.0
一般件			2.5~4.0	6.5

(3) 便于对产品质量进行综合评价

通过产品缺陷的分级，可以对产品质量特性的缺陷进行综合的评价。例如，将产品的检查结果进行记录统计，以最低一级轻微缺陷为基数，其余各级按严重程度加权计算。这种方法可以把某个操作者或某一产品的实际缺陷，以同一基数为准进行综合比较分析。

可见，对质量缺陷进行严重性分级有利于企业的全面质量管理。

五、质量检验手册

企业编制质量检验手册是为了使质量检验工作标准化和规范化,并不断改进。实践证明,质量检验手册提高了质量检验计划执行的有效性和效率。质量检验手册是对产品和工序检验具有共同指导性作用的,以机械制造业为例,质量检验手册主要包括以下内容。

1. 检验程序

(1) 进货检验;

(2) 工序过程中的检验;

(3) 成品检验;

(4) 计量控制;

(5) 产品审核或鉴别;

(6) 检验标志的发行和控制;

(7) 质量信息的反馈和纠正行动;

(8) 处理不符的材料和不良品等的程序。

2. 检验规范

(1) 缺陷严重性分级计划;

(2) 抽样的标准计划,适用的抽样方案和方法的标准;

(3) 控制图设计、使用、分析的方法和标准;

(4) 各种材料的规格和标准;

(5) 工序规范、巡视检验的路线及有关标准;

(6) 产品规格和有关技术资料;

(7) 样品标准;

(8) 试验规格,如工业标准和内控标准等;

(9) 组织计划,如检验组织结构图、检验职责说明等;

(10) 索引和术语。

应当指出,任何一个组织,无论是制造业还是服务业,质量检验都是必不可少的。上述质量检验手册中所规定的内容会有所不同,但质量检验手册都是检验人员进行质量检验活动应该遵守的准则和重要依据。

习　题

1. 简述质量检验的主要功能及依据。
2. 试述企业质量检验的主要方式是什么。
3. 举例说明质量检验的基本类型。
4. 举例说明质量检验制度的重要作用。
5. 为什么要制订质量检验计划?
6. 举例说明企业常用的质量检验文件。

抽样检验理论

第一节 基本概念

一、抽样检验的特点

无论是在企业内部还是在企业外部,供求双方在进行交易的时候,对交付的产品(如原材料、半成品、外协件等)验收时,经常要进行抽样检验,以保证和确认产品批或过程的质量。

验收抽样检验的具体做法通常是:从交验的每批产品或过程中随机地抽取预定样本容量的产品数目,对照标准逐个检验样品的性能。如果样本中所含不合格品数不大于抽样方案预先最低规定数,则判定该批产品或过程合格,予以接收;反之,则判定该批产品或过程不合格,予以拒收。验收抽样检验同样适用于产品缺陷数的检验。为了简练起见,这里主要讨论不合格品数的验收抽样方案。

在许多情况下,验收全数检验是不现实或是完全没有必要的。例如,产品的破坏性检验,批量很大检验时间长,生产效率高或检验费用高等,都不适宜全数检验。

本章主要讨论的计数验收抽样检验方案是以数理统计原理为基础,适当兼顾了生产者和消费者双方风险损失的抽样方案,具有科学的依据,并提供一定的可靠保证。

二、抽样检验的常用术语

1. 检验(inspection)

检验是指为确定产品或服务的各质量特性是否合格,测量、检查、测试产品或服务的一种或多种质量特性,并且与规定要求进行比较的活动。

2. 单位产品(item)

单位产品是指实施抽样检验的基本产品单位或称为个体。其划分是广义的,并带有随意性,通常视具体情况而定。例如:一个有形的实体,一定量的材料,一项服务、一次活动或一个过程,一个组织或个人,也包括上述项目的任何组合。

3. 批(lot)

批是指汇集在一起的一定数量的某种产品、材料或服务。在抽样检验中,"批"是特指提交检验的批,它可由几个生产批或生产批的一部分组成,通常也称为交验批。

4. 批量(lot size)

N 交验批中所包含的单位产品的个数称为批量,通常记作 N,N 或称为总体。

5. 样本(sample)

取自一个批并且能提供该批信息的一个或一组产品。

6. 样本量(sample size)

样本量是指样本中所包含的单位产品的个数,也称作样本大小或样本容量,通常记作 n。

7. 合格判定数 A_c(acceptance number)

在抽样方案中,预先规定的判定批产品合格的那个样本中最大允许不合格数,通常记作 A_c 或,也称为接收数 C。

8. 不合格判定数 R_e(rejection number)

抽样方案中预先规定判定批产品不合格的样本中最小不合格数,通常记作 R_e 或 C,也称为拒收数。

9. 批不合格率 p(lot percent defective)

批不合格率就是批中不合格品数 D 占整个批量 N 的百分比,即

$$p = \frac{100D}{N}(\%)$$

10. 过程平均(process average)

在规定的时段或生产量内质量水平的平均。通常,过程平均是过程处于统计控制状态期间的质量水平。例如:过程平均不合格率。

过程平均不合格率是指数批产品首次检查(不包括返修或剔除不合格)时得到的平均不合格率。假设有 k 批产品,其批量分别为 $N_1, N_2, \cdots, N_k$,经检验,其不合格品数分别为 $D_1, D_2, \cdots, D_k$,则过程平均不合格率为

$$\bar{p} = \frac{D_1 + D_2 + \cdots + D_k}{N_1 + N_2 + \cdots + N_k} \quad (k \geq 20)$$

可见,要得到 $\bar{p}$ 的真值必须要等全部产品加工出来后再进行全检。如前所述,这是不现实或不必要的,所以,通常是进行抽样检查对 $\bar{p}$ 估计。假设从上述各批产品中依次抽取 $n_1, n_2, \cdots, n_k$ 个样本,经检验发现样本中的不合格品数相应地为 $d_1 d_2, \cdots, d_k$ 个,则利用样本估计的过程平均不合格率 $\bar{p}$ 为

$$\bar{p} = \frac{d_1 + d_2 + \cdots + d_k}{n_1 + n_2 + \cdots + n_k}$$

计算过程平均不合格率是为了了解交验产品的整体质量水平,这对设计合理的抽样方案,保证验收产品质量以及保护供求双方利益都是至关重要的。

11. 合格质量水平 AQL(acceptable quality limit)

合格质量水平也称为可接收质量水平或接收质量限,是可接收的连续交验批的过程平均不合格率上限值,是供方能够保证稳定达到的实际质量水平指标,当一个连续系列批被提交验收抽样时,是用户所能容忍的最差过程平均质量水平。

12. 批最大允许不合格率 LTPD(lot tolerance percent defective)

批最大允许不合格率是指用户能够接受的产品批的极限不合格率值。LTPD 的合

理确定直接影响用户(消费者)的利益。

13. 生产者风险 PR(produce's risk)

生产者(供方)所承担的合格批被判为不合格批的风险,风险概率通常记作 α。

14. 消费者风险 CR(consumer's risk)

消费者(用户)所承担的不合格批被判为合格批的风险,风险概率通常记作 β。

15. 初次检验(original inspecting)

初次检验是指按照检验的规定对批进行的第一次检验(区别于未接收批所提交的再次检验)。

16. 计数检验(inspecting by attributes)

计数检验是指基于规定的一个或一组要求,仅将单位产品划分为合格或不合格或者仅计算单位产品中不合格数的检验。

17. 不合格(nonconformity)

不合格是指单位产品的任何一种或多种质量特性不满足规范的要求。按照质量特性的重要性或不合格的严重程度,通常将不合格分类,例如:

A 类—是指认为最被关注的一种类型的不合格。即单位产品的最重要的质量特性不合格或单位产品的质量特性严重不合格。在验收抽样中,将给这种类型的不合格指定一个很小的接收质量限 AQL 值。

B 类—是指认为关注程度比 A 类稍低的一种类型的不合格。如果存在第三类(C 类)不合格,可以给 B 类不合格指定比 A 类不合格大但比 C 类不合格小的 AQL 值。

C 类—是指单位产品的一般质量特性不合格或单位产品的质量特性轻微不合格。其余不合格类型依此类推。

在验收抽样中,如果增加质量特性和不合格分类,通常将影响产品的总接收概率。不合格分类的项目和不合格类型的归属以及各项不合格类型接收质量限(AQL)的选择,应适合特定情况的质量要求。

18. 缺陷(defect)

缺陷是指不满足预期的使用要求。

通常是指从使用角度,而不是从是否符合规范的角度来评价产品或服务的质量特性。从其法律内涵出发,与产品责任问题相关。因此,区分缺陷与不合格的概念是重要的。

19. 不合格品(nonconforming item)

不合格品是指具有一个或一个以上不合格的产品。例如:

A 类不合格品—是指包含一个或一个以上 A 类不合格,同时还可能包含 B 类和(或) C 类不合格的产品。

B 类不合格品—是指包含一个或一个以上 B 类不合格,同时还可能包含 C 类等不合格,但不包含 A 类不合格的产品。

C 类不合格品—是指包含一个或一个以上 C 类不合格,但不包含 A 类和 B 类不合格的产品。

20. 抽样方案(sampling plan)

抽样方案是指样本量和批接受准则的组合。例如:

一次抽样方案是样本量、接收数和拒收数的组合,二次抽样方案是两个样本量,第一样本的接收数和拒收数及联合样本的接收数和拒收数的组合;抽样方案并不包括如何抽取样本的规则;在抽样检验中,要区别抽样方案、抽样计划和抽样系统的不同概念。

21. 正常检验(normal inspection)

当过程平均优于接收质量限 AQL 时,所使用的一种能保证批以高概率接收的抽样方案的检验。

22. 加严检验(tightened inspection)

使用比相对正常检验抽样方案接收准则更严厉的接收准则的一种抽样方案的检验。

23. 放宽检验(reduced inspection)

使用样本量比相对正常检验抽样方案的样本量小,接收准则和正常检验抽样方案的接收准则相差不大的一种抽样方案的检验。

第二节 验收抽样方案的基本思路

为了更加清晰地阐述抽样方案的基本思路,以下按照抽样方案的抽样次数(一次、二次和多次),分别举例加以说明。

一、单次抽样方案

单次抽样方案(single sampling inspection)是最简单的计数验收抽样方案。单次抽样方案也称为一次抽样方案,通常用 (N,n,C) 表示。即从批量为 N 的交验产品中随机抽取 n 件进行检验。并且预先规定一个合格判定数 C 或记作 A_c,也称为接收数。如果发现 n 中有 d 件不合格品,当 $d \leqslant C$ 时,则判定该批产品合格,予以接收;当 $d > C$ 时,则判定该批产品不合格,予以拒收。当拒收时,C 或记作 R_e,也称为拒收数。单次抽样方案的程序如图 7.2.1 所示。

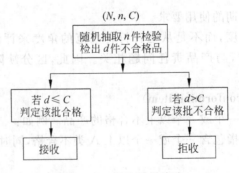

图 7.2.1 单次抽样检验

例 7.2.1 当 $N=100, n=10, C=1$,则这个单次抽样方案表示为 $(100,10,1)$。其含义是指从批量为 100 件的交验产品中,随机抽取 10 件,检验后,如果在这 10 件产品中不合格品数为 0 或 1,则判定该批产品合格,予以接收;如果发现在这 10 件产品中有 2 件以上不合格品,则判定该批产品不合格,予以拒收。如图 7.2.2 所示。

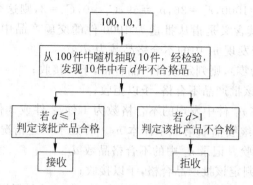

图 7.2.2 (100,10,1)的单次抽样检验程序

二、双次抽样方案

双次抽样方案(double sampling inspection)也称为二次抽样方案。如前所述,单次抽样方案涉及三个参数,即(N,n,C)。而双次抽样方案则包括五个参数,即$(N,n_1,n_2;C_1,C_2)$。

其中:n_1——抽取第一个样本的大小;

n_2——抽取第二个样本的大小;

C_1——抽取第一个样本时的不合格判定数;

C_2——抽取第二个样本时的不合格判定数。

双次抽样的操作程序为:在交验批量为N的一批产品中,随机抽取n_1件产品进行检验。若发现n_1中的不合格数为d_1,则:

若$d_1 \leqslant C_1$,判定该批产品合格,予以接收;

若$d_1 > C_2$,判定该批产品不合格,予以拒收;

若$C_1 < d_1 \leqslant C_2$,不能判断。在同批产品中继续随机抽取第二个样本n_2件产品进行检验。若发现n_2中有d_2件不合格品,则根据(d_1+d_2)和C_2的比较做出如下判断:

若$d_1+d_2 \leqslant C_2$,判定该批产品合格,予以接收;

若$d_1+d_2 > C_2$,判定该批产品不合格,予以拒收。

双次抽样的操作程序如图 7.2.3 所示。

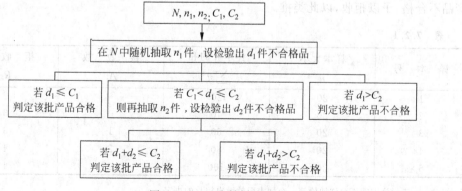

图 7.2.3 双次抽样检验

例 7.2.2 当 $N=1000$,$n_1=36$,$n_2=59$,$C_1=0$,$C_2=3$,则这个双次抽样方案表示为 (1000,36,59,0,3)。其含义是指从批量为1000件的交验产品中,随机抽取第一个样本 $n_1=36$ 件进行检验,若发现 n_1 中的不合格品数为 d_1:

若 $d_1 \leqslant 0$,(实际为零),则判定该批产品合格,予以接收;

若 $d_1 > 3$,则判定该批产品不合格,予以拒收;

若 $0 < d_1 \leqslant 3$(即在 n_1 件中发现的不合格数为1件、2件或3件),则不对该批产品合格与否做出判断,需要继续抽取第二个样本 n_2。若处于上述情况,则从同批产品中随机抽取 $n_2=59$ 件进行检验。记录 n_2 中的不合格品数 d_2:

若 $d_1+d_2 \leqslant 3$,则判定该批产品合格,予以接收;

若 $d_1+d_2 > 3$,则判定该批产品不合格,予以拒收。该双次抽样操作程序如图7.2.4所示。

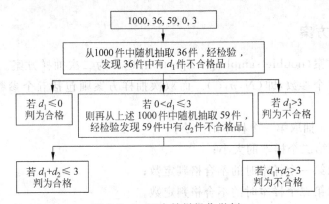

图 7.2.4 双次抽样操作举例

三、多次抽样方案

如前所述,双次抽样是通过一次抽样或最多两次抽样就必须对交验的一批产品做出合格与否的判断。而多次抽样则是允许通过3次以上的抽样最终对一批产品合格与否做出判断。多次抽样方案(multiple sampling inspection)也规定了最多抽样次数。如表7.2.1是一个5次抽样方案,其操作程序如图7.2.5所示。在上述方案中规定了合格判定数 A_c 和不合格判定数 R_e。例如,在第三次抽样检验后,若三个样本的累积不合格数 $(r_1+r_2+r_3) \leqslant 1$ 时,则判定该批产品合格,予以接收;若 $(r_1+r_2+r_3) \geqslant 3$ 时,则判定该批产品不合格,予以拒收,以此类推。

表 7.2.1

样本号	样本大小 n	样本 n 的和 $\sum n$	接收数 A_c	拒收数 R_e
1	20	20	*	2
2	20	40	0	3
3	20	60	1	3
4	20	80	2	4
5	20	100	2	4

注:* 表示该方案不允许抽检第一个样本后就做出接收的决定。

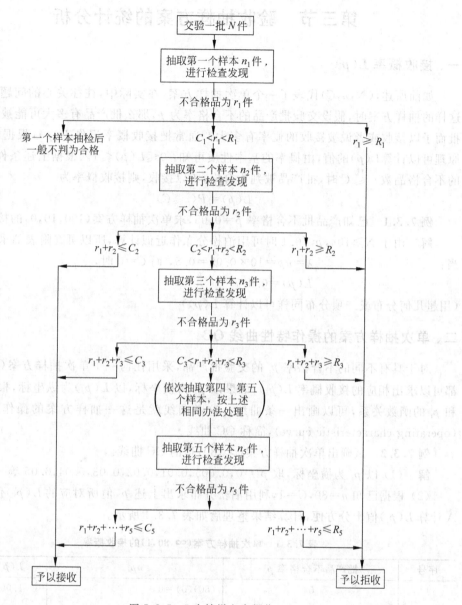

图 7.2.5　5 次抽样方案操作

应当说明的是,抽样方案除了按照抽样次数分类之外,还有计数抽样方案和计量抽样方案之别。以上我们讨论的是计数验收抽样方案,计量验收抽样方案原理相同,不再赘述。另外,按照产品特点和生产特点也可以分成逐批抽样方案和连续型抽样方案。按照抽样方案可否调整也可以分为调整型抽样方案和非调整型抽样方案,而非调整型抽样方案根据实际需要又可以分为标准型抽样方案和挑选型抽样方案。本章的目的在于阐述验收抽样方案的基本原理和方法,所以,并不对上述抽样方案一一详细介绍,必要时可以查阅有关专业书籍资料。

第三节　验收抽样方案的统计分析

一、接收概率 $L(p)$

如前所述，(N,n,C) 代表了一个单次抽样方案，在实际中，往往关心的问题是：采用这样的抽样方案时，假设交验批产品的不合格率为 p，那么批产品有多大可能被判为合格批而予以接收或者说被接收的概率有多大？通常把接收概率记作 $L(p)$，根据概率统计原理可以计算 $L(p)$ 的值，由概率的基本性质可知：$0 \leqslant L(p) \leqslant 1$。根据上述条件，当 n 中的不合格品数 $r \leqslant C$ 时，批产品被判为合格，予以接收，则接收概率为

$$L(p) = P(r \leqslant C)$$

例 7.3.1　已知产品批不合格率 $p = 0.05$，求单次抽样方案 $(100, 10, 0)$ 的接收概率。

解　由于 $N \geqslant 10n$，$p \leqslant 0.1$ 时可用泊松分布作近似计算，所以可查附表 A 得：

当：$\lambda = np = 10 \times 0.05 = 0.5$，而 $C = 0$ 时，

$$L(p) = 0.607$$

（用超几何分布或二项分布同样可以计算 $L(p)$）

二、单次抽样方案的操作特性曲线 OC

对于具有不同的不合格率 p_i 的交验批产品，采用任何一个单次抽样方案 (N,n,C)，都可以求出相应的接收概率 $L(p_i)$，如果以 p_i 为横坐标，以 $L(p_i)$ 为纵坐标，根据 $L(p_i)$ 和 p_i 的函数关系，可以画出一条曲线。这条曲线就是这一抽样方案的操作特性曲线（operating characteristic curve），简称 OC 曲线。

例 7.3.2　试画出单次抽样方案 $(\infty, 80, 1)$ 的 OC 曲线。

解　(1) 以 p_i 为横坐标，取 $p_i = 0, 0.005, 0.01, 0.02, 0.03, 0.04, 0.05$ 等一系列值；

(2) 根据已知 $n = 80$，$C = 1$，利用泊松分布求出上述 p_i 值所对应的 $L(p_i)$ 值；查附表 A 计算 $L(p_i)$ 值十分方便，计算结果整理后如表 7.3.1 所示。

表 7.3.1　单次抽样方案 $(\infty, 80, 1)$ 的接收概率

序号	批产品不合格率 p_i	np_i	$L(p_i)$
1	0	(80)(0) = 0	1.00
2	0.005	(80)(0.005) = 0.4	0.938
3	0.01	(80)(0.01) = 0.8	0.808
4	0.02	(80)(0.02) = 1.6	0.525
5	0.03	(80)(0.03) = 2.4	0.309
6	0.04	(80)(0.04) = 3.2	0.171
7	0.05	(80)(0.05) = 4.0	0.091

根据 p_i 和 $L(p_i)$ 对应的坐标点可以画出该抽样方案的 OC 曲线，如图 7.3.1 所示。可以说，有一个抽样方案 (N,n,C)，就有一条 OC 曲线，而且是唯一的一条 OC 曲线与之

对应。抽样方案的 OC 曲线直观地反映了采用该方案对不同质量水平的批产品接收和拒收的概率。所以,一条 OC 曲线代表了一个抽样方案对所验收的产品质量的判断能力,也称为抽样方案的特性。

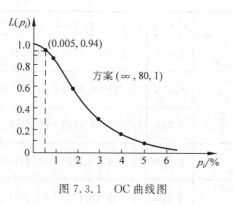

图 7.3.1　OC 曲线图

三、双次抽样方案的操作特性曲线

双次抽样方案的 OC 曲线比单次抽样方案的 OC 曲线要复杂得多。因为是两次抽样,所以最后能画出两条曲线,第一条 OC 曲线代表第一次抽样时,接收概率和产品不合格率的函数变化关系。第二条 OC 曲线代表经过两次抽样,接收概率和产品不合格率的函数变化关系。

例 7.3.3　画出双次抽样方案 $N=2400, n_1=150, A_{C_1}=1, R_{e_1}=4; n_2=200, A_{C_2}=4, R_{e_2}=5$ 的 OC 曲线。

解　确定双次抽样方案 OC 曲线的基本思路和单次抽样方案相同,关键是要计算接收概率,为此,可以做如下分析:

(1) 如果第一次抽样在样本大小为 $n=150$ 件中发现 1 件或 1 件以下(即 0 件)不合格品,则该批产品判为合格予以接收,其接收概率为
$$L(p_i)_1 = p_1(r \leqslant 1)$$

(2) 如果第一次抽样在样本大小为 $n=150$ 件中发现 4 件或 4 件以上不合格品,则拒收该批产品,判为不合格。

(3) 如果在第一次抽样的样本 $n=150$ 件中发现 2 件或 3 件不合格品,则对该批产品合格与否不能做出判断,那么就继续抽取 $n=200$ 件作为第二个样本进行检验。在进行第二次抽样的条件下,接收批产品的情况为:

① 在第一次抽样中发现 2 件不合格品,而在第二次抽样中发现 2 件或 2 件以下不合格品,即事件 $(r_1+r_2) \leqslant 4$ 发生;

② 在第一次抽样中发现 3 件不合格品,而在第二次抽样中发现 1 件或 1 件以下(0 件)不合格品,即事件 $(r_1+r_2) \leqslant 4$ 发生。

综上所述,根据概率的乘法定理和加法定理,经第二次抽样的接收概率为
$$L(p_i)_{II} = p_1(r=2) p_2(r \leqslant 2) + p_1(r=3) p_2(r \leqslant 1)$$

假设批产品不合格率分别依次取 0.005, 0.01, 0.015, 0.02, 0.025, 0.03, 0.04,利用

附表 A 计算 $L(p_i)_{I}$ 和 $L(p_i)_{II}$ 以及 $L(p_i)$，即 $L(p_i)=L(p_i)_{I}+L(p_i)_{II}$，计算程序和结果如表 7.3.2 所示。

表 7.3.2

p_i	np_i	$L(p_i)_{I}$	$p_1(r=2)p_2(r\leqslant 2)+p_1(r=3)p_2(r\leqslant 1)=L(p_i)_{II}$	$L(p_i)$
0.005	(150)(0.005)=0.75 (200)(0.005)=1.00	0.827	(0.133)(0.920)+(0.034)(0.736)=0.147	0.974
0.01	(150)(0.01)=1.5 (200)(0.01)=2.0	0.558	(0.251)(0.677)+(0.126)(0.406)=0.221	0.779
0.015	(150)(0.015)=2.25 (200)(0.015)=3.0	0.343	(0.267)(0.423)+(0.2)(0.199)=0.153	0.496
0.02	(150)(0.02)=3.0 (200)(0.02)=4.0	0.199	(0.224)(0.238)+(0.224)(0.091)=0.074	0.273
0.025	(150)(0.025)=3.75 (200)(0.025)=5.0	0.112	(0.165)(0.125)+(0.207)(0.041)=0.029	0.141
0.03	(150)(0.03)=4.5 (200)(0.03)=6.0	0.061	(0.113)(0.062)+(0.169)(0.01)=0.01	0.071
0.04	(150)(0.04)=6.0 (200)(0.04)=8.0	0.017	(0.045)(0.014)+(0.089)(0.003)=0.001	0.018

由表 7.3.2 的第一列 p_i 和相对应的第三列 $L(p_i)_{I}$ 的接收概率值可绘出该双次抽样方案第一次抽样的 OC 曲线；由第一列 p_i 和第五列 $L(p_i)$ 的接收概率值可绘出该双次抽样方案的 OC 曲线，如图 7.3.2 所示。

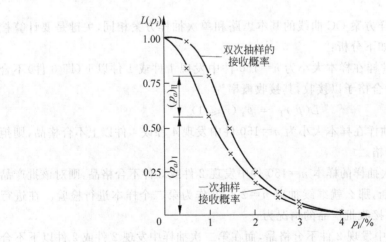

图 7.3.2 双次抽样方案操作特性曲线

四、OC 曲线的特点

一个抽样方案 (N,n,C) 唯一对应着一条 OC 曲线，当方案中 N,n,C 三个参数有任何一个改变时，OC 曲线的形状也随之改变，因而方案的性能也要发生变化。

1. 当样本大小 n 和合格判定数 C 一定时，批量 N 对 OC 曲线的影响

如图 7.3.3 所示的三条 OC 曲线代表了以下三个单次抽样方案：

$$\begin{cases} N=900 \\ n=90 \\ C=0 \end{cases} \quad \begin{cases} N=450 \\ n=90 \\ C=0 \end{cases} \quad \begin{cases} N=\infty \\ n=90 \\ C=0 \end{cases}$$

它们尽管是三个不同的抽样方案，但其 OC 曲线十分接近。这说明批量 N 的大小对 OC 曲线的影响很小。因此，常常只用 (n,C) 两个参数来表示一个单次抽样方案。事实上，如果将单次抽样方案 $(\infty,90,0)$ 的 OC 曲线绘在图 7.3.3 中，会发现尽管 $N=\infty$，但该抽样方案的 OC 曲线与抽样方案 $(900,90,0)$ 的 OC 曲线几乎重合。

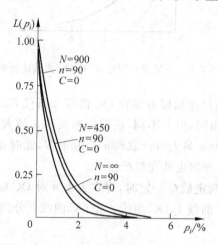

图 7.3.3 n 和 C 固定，N 对 OC 曲线的影响图示

2. 当批量 N 和样本大小 n 一定时，合格判定数 C 对 OC 曲线的影响

如图 7.3.4 所示，用实线表示的三条 OC 曲线代表以下三个不同的单次抽样方案：

$$\begin{cases} N=2000 \\ n=50 \\ C=4 \end{cases} \quad \begin{cases} N=2000 \\ n=50 \\ C=2 \end{cases} \quad \begin{cases} N=2000 \\ n=50 \\ C=0 \end{cases}$$

随着 C 的变化，OC 曲线在水平位置和曲线倾斜度两方面都发生了变化。随着 C 变小，OC 曲线左移，而且曲线变陡，这说明抽样方案的性能发生了变化。对于同一批交验产品，其不合格率为 p_i，不合格判定数 C 越小的方案，其接收概率也越低，说明抽样方案变得严格了。至于严格的程度和合理性，应该从实际出发，根据用户（需方）的质量要求和生产者的平均质量水平，对不同的抽样方案的 OC 曲线进行比较分析，确定合理的样本大小 n 和合格判定数 C。另一方面，随着 C 的变大，接收概率在同一 p_i 水平也增大，说明抽样方案变宽松了。如果将图 7.3.4 中虚线表示的 OC 曲线 4 和 OC 曲线 2 做一比较，它们分别表示两个不同单次抽样方案，即：

OC 曲线 2：$\begin{cases} N=2000 \\ n=50 \\ C=2 \end{cases}$ \quad OC 曲线 4：$\begin{cases} N=2000 \\ n=300 \\ C=2 \end{cases}$

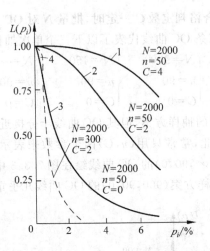

图 7.3.4　N 和 n 固定，C 对 OC 曲线的影响

显然，OC 曲线 4 所代表的单次抽样方案比 OC 曲线 2 所代表的单次抽样方案严格得多，上述两个方案的 N 和 C 相同，但 n 不同，说明样本大小 n 越大，方案越严格，这一点在感性上也是容易理解的，因为 n 最大可以取到 n 趋近于 N，此时相当于全检了，检验比例越大，越容易发现不合格品，方案也就变得严格了。

3. 当批量 N 和合格判定数 C 一定时，样本大小 n 对 OC 曲线的影响

如图 7.2.5 所示，OC 曲线 1、OC 曲线 2 和 OC 曲线 3 分别代表以下三个单次抽样方案：

$$\begin{cases} N=5000 \\ n=25 \\ C=1 \end{cases} \quad \begin{cases} N=5000 \\ n=50 \\ C=1 \end{cases} \quad \begin{cases} N=5000 \\ n=250 \\ C=1 \end{cases}$$

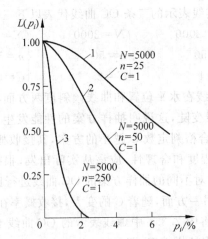

图 7.3.5　N 和 C 固定，n 对 OC 曲线的影响

随着 n 变大，OC 曲线变陡，抽样方案变严格了。例如，当 $p_i=0.02$ 时，方案 1、方案 2 和方案 3 的接收概率相差悬殊，利用附表 A 计算 $L(p_i)$ 进行定量比较，见表 7.3.3。

表 7.3.3 接收概率定量比较(一)

p_i	C	np_i	$L(p_i)$
$p_i=0.02$	$C=1$	$n_1 p_i=25\times 0.02=0.5$	0.910
$p_i=0.02$	$C=1$	$n_2 p_i=50\times 0.02=1.0$	0.736
$p_i=0.02$	$C=1$	$n_3 p_i=250\times 0.02=5.0$	0.041

反之,随着 n 变小,OC 曲线倾斜度逐渐变缓,方案变宽松。在上例中,当 $p_i=0.02$ 时,样本大小 n 从 250 减少到 25,则接收概率从 0.041 增大到 0.910,可见,对 $p_i=0.02$ 的同一批交验产品,由于采用样本大小不同的两个抽样方案,其接收概率却相差 0.869,这是特别应该引起注意的。由此,我们可以通过样本大小 n 的变化研究采用合理的验收抽样方案。

4. 关于 $C=0$ 的抽样方案

我们常常凭直觉认为 $C=0$ 的抽样方案似乎用来验收批产品质量最为可靠和合理,因为 $C=0$ 意味着样本 n 中的不合格品数为 0,这是一个完全错误的概念。首先,抽样具有随机性,样本 n 中不合格品数为 0,不等于 N 中不合格品数为 0。此外,如图 7.3.3 所示的三个 $C=0$ 的抽样方案,它们有共同的特点,那就是在 p_i 较小的时候,接收概率 $L(p_i)$ 下降十分快,这样的抽样方案会拒收大量优质批,对生产方和用户都是不利的。因此,$C=0$ 的抽样方案并不理想。恰恰相反,OC 曲线告诉我们,相对 n 和 C 都大一些的抽样方案一般比较合理。当然,在确定 n 和 C 时,要从具体情况出发,综合考虑各种因素的影响,特别是生产方的客观条件和用户的实际要求。关于 $C=0$ 方案的特性如图 7.3.4 所示,有一个更为清晰的比较,那就是 OC 曲线 3 和 OC 曲线 4 的差异。OC 曲线 3 是 $C=0$ 的方案,OC 曲线 4 是 $C=2$ 的方案,显然,在 $p_i<0.001$ 的范畴,OC 曲线 4 比 OC 曲线 3 有明显合理的验收特性。

5. 百分比抽样的不合理性

实际中常常应用一种样本大小 n 为批量 N 百分比的验收抽样方案,例如,样本大小 n 是批量 N 的 10%,若批量 N 分别为 900,300 和 90,则形成以下三个抽样方案:

$$\begin{cases} N=900 \\ n=90 \\ C=0 \end{cases} \quad \begin{cases} N=300 \\ n=30 \\ C=0 \end{cases} \quad \begin{cases} N=90 \\ n=9 \\ C=0 \end{cases}$$

以上三个抽样方案的 OC 曲线如图 7.3.6 所示,代表了对产品批质量验收的不同特性。当 $p=0.05$ 时,根据二项分布概率计算公式,将抽样方案 1、方案 2 和方案 3 的接收概率定量进行比较,见表 7.3.4。

表 7.3.4 接收概率定量比较(二)

p_i	C	$L(p_i)$
$p_i=0.05$	$C=0$	$C_{90}^{0}(0.05)^0(0.95)^{90}=0.01$
$p_i=0.05$	$C=0$	$C_{30}^{0}(0.05)^0(0.95)^{30}=0.22$
$p_i=0.05$	$C=0$	$C_{9}^{0}(0.05)^0(0.95)^{9}=0.63$

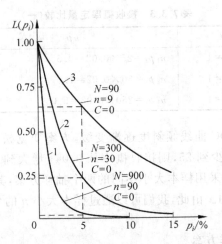

图 7.3.6 样本大小 n 等于批量 N 的 10% 的 OC 曲线

可见,对相同质量的交验批产品,三个抽样方案验收判断能力相差悬殊,这完全是由于批量 N 的变化引起的。受批量 N 大小的影响而导致对同批产品接收概率 $L(p_i)$ 的很大差异,可以说是"人为"造成的结果。所以,百分比抽样是不合理的抽样方案,一般有经验的检验员,为了从一定程度上抵消这种影响,往往对批量大的交验批采取减小样本量,而对批量小的交验批则采用增大样本量,显然这样做法也是不科学的。在采用统计抽样方案以后,就使验收抽样方案进入了科学领地。

五、消费者风险和生产者风险

1. 理想的 OC 曲线

验收抽样方案总是涉及消费者和生产者双方的利益,对生产者来说,希望达到用户质量要求的产品批能够高概率被接收,特别要防止优质的产品批被错判拒收;而对消费者来说,则希望尽量避免或减少接收质量差的产品批,一旦产品批质量不合格,应以高概率拒收。如图 7.3.7 所示,假设用户认为可接收质量水平(AQL)为 1.5%,那么,理想的

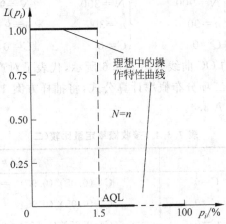

图 7.3.7 理想操作特性曲线

OC 曲线应该是当产品批的不合格率 $p_i \leqslant 1.5\%$ 时,对交验的产品批 100% 接收,而当批不合格率 $p_i > 1.5\%$ 时,对交验的产品批 100% 拒收,即:

若 $p_i \leqslant 1.5\%$,则 $L(p_i) = 1$

若 $p_i > 1.5\%$,则 $L(p_i) = 0$

这种垂直线型 OC 曲线只有在全检情况下才能得到,所以,也称为全检的 OC 曲线。但如前所述,全检往往是不现实或没有必要的,那么,抽样验收就成为必然。尽管全检的 OC 曲线是不现实的,但它为我们寻找现实的、合理的 OC 曲线指出了方向,那就是消费者和生产者的利益关系。

2. 现实的 OC 曲线

根据概率论与数理统计原理所设计的验收抽样方案,其主要特点之一就是它的风险性。由于是用样本推断总体,所以就引起了产生风险的可能性。如前所述,其风险可分为生产者风险和消费者风险两类。

(1) 生产者风险,简称 PR(producer's risk)

是指因采用验收抽样方案使生产者承担将合格批产品错判为不合格而拒收的风险。生产者风险概率 α 一般在 0.01~0.10 之间取值,实际中常取 $\alpha = 0.05$,其含义是如果供需双方认可,那么在 100 批合格的交验产品中,生产者要承担的风险是平均有 5 批被错判为不合格而拒收,这是一个统计概念。

(2) 消费者风险,简称 CR(consumer's risk)

是指在抽样验收时,使消费者(用户)承担将不合格批产品错判为合格批产品而接收的风险,一般消费者风险概率常取 $\beta = 0.10$,其含义是如果供需双方认可,那么在 100 批不合格的交验产品中,消费者要承担的风险是平均有 10 批被错判为合格而接收。

如图 7.3.8 所示,是一个 $N = 4000, n = 300, C = 4$ 的抽样方案的 OC 曲线,其中包含了四个重要参数,即:

$$\alpha = 0.05$$
$$\beta = 0.10$$

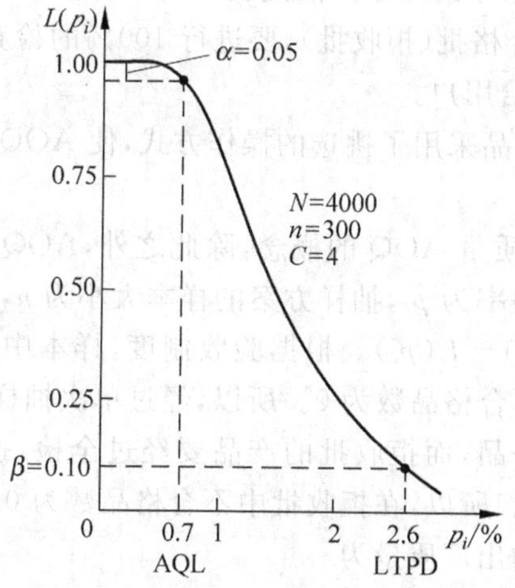

图 7.3.8 生产者与消费者的关系

$$AQL = 0.7\%$$
$$LTPD = 2.6\%$$

由此可作如下分析:

当 $p_i < 0.7\%$ 时,$L(p_i) > 0.95$;

当 $p_i > 0.7\%$ 时,$L(p_i)$ 急剧减小;

当 $p_i > 2.6\%$ 时,$L(p_i) < 0.10$。

通常,将与生产者风险 α 相关联的不合格品率称为合格质量水平或可接收质量水平,如前所述,简称 AQL。在此例中 $\alpha = 0.05$,$AQL = 0.7\%$。在实际中,AQL 通常代表了生产者和消费者协商后共同认可的批产品不合格率,也是在正常情况下生产者能够达到的过程平均不合格率,它代表了生产者的平均质量水平。因此,AQL 成为抽样方案的重要参数,这个思路的一般性描述为

当 $p_i < AQL$ 时,$L(p_i) > 1 - \alpha$;

当 $p_i > AQL$ 时,$L(p_i) < 1 - \alpha$。

通常,将与消费者风险 β 相关联的不合格品率称为批最大允许不合格率,如前所述,简称 LTPD。在此例中 $\beta = 0.10$,$LTPD = 2.6\%$。在实际中,LTPD 代表了消费者能够接受的批不合格率的极限。因此,LTPD 也成为抽样方案的重要参数,这个思路的一般性描述为

当 $p_i > LTPD$ 时,$L(p_i) < \beta$。

总之,AQL 和 LTPD 是验收抽样检查理论中两个重要概念,也是设计抽样方案的重要参数,它们代表了抽样方案的特性,也代表了消费者和生产者双方的利益。

六、平均出厂质量

平均出厂质量(average outgoing quality)简称 AOQ,也称为平均检出质量。AOQ 是指在抽样检验完成后,企业最终交付用户的平均产品不合格率,其中包括两类内容的产品批:

(1)抽样验收时的合格批,直接被用户接收,但不能误解为合格批中全都是合格品,实际上合格批的平均不合格率约等于产品过程平均不合格率;

(2)抽样验收时的不合格批(拒收批),要进行 100% 的检查,将其中不合格品全部剔除,换成合格品,然后才交给用户。

显然,由于对拒收批产品采用了挑选的操作方式,使 AOQ 要比抽样检验前的企业实际过程平均不合格率低。

以上说明了平均出厂质量 AOQ 的概念,除此之外,AOQ 还可以定量描述。假设交验产品的批量为 N,不合格率为 p_i,抽样方案的样本大小为 n,合格判定数为 C,那么接收概率为 $L(p_i)$,拒收概率为 $1 - L(p_i)$。根据验收制度,样本中的不合格品必须换成合格品,则样本经检验后所含不合格品数为 0。所以,经过单次抽样检验就被接收的产品批中还含有 $p_i(N-n)$ 件不合格品,而拒收批的产品要经过全检,按规定,全检后发现的不合格品必须全部换成合格品。所以,在拒收批中不合格品数为 0。所以,采用上述验收抽样方案之后,企业的产品平均出厂质量为

$$AOQ = \frac{L(p_i) p_i (N-n)}{N}$$

若 $N \gg n$,则 $(N-n) \approx N$,故得
$$AOQ \approx L(p_i)p_i$$

由于 $L(p_i) \leqslant 1$,故 $AOQ \leqslant p_i$。

在以 AOQ 为纵坐标并以 p_i 为横坐标的直角坐标系中,根据 AOQ 和 p_i 的函数变化关系,可以画出 AOQ 的特性曲线。如图 7.2.9 所示是单次抽样方案 $N=3000, n=89$, $C=2$ 的 AOQ 曲线(有关计算参见表 7.3.3),图中的线性曲线是不进行检查就准予出厂的 AOQ 曲线。

从图 7.3.9 的 AOQ 曲线可以看出,当交验产品的批不合格率 $p_i=0$ 时,AOQ 也等于 0。这是很容易理解的,交验产品中全是合格品,经过抽样验收以后,当然也全部是合格品;当产品的不合格率 p_i 增大时,AOQ 也逐渐增大,这是由于那些除样本之外的接收批产品中的不合格品也在增加;当 p_i 增大到某一数值时,AOQ 达到极大值,AOQ 的极大值称为平均检出质量上限、平均出厂质量极限或平均出厂极限不合格率,简称 AOQL (average outgoing quality limit);p_i 再增大时,AOQ 反而减小,这是由于 p_i 大到一定程度时,抽检被拒收的概率增大,而对拒收批总是进行全数检查,将其中的不合格品换成合格品,使 AOQ 减小了,也就是说平均出厂质量高于抽检之前的平均产品质量。由此可见,采用某一方案按挑选型方式进行抽样验收时,无论产品不合格率 p_i 如何变化,平均出厂不合格率总能保持在 AOQL 以内,而且,对于一定的抽样方案,其 AOQL 是预先确定的。在同一直角坐标系中,由表 7.3.5 可以将单次抽样方案 $N=3000, n=89, C=2$ 的 OC 曲线画在图 7.3.9 上,由此说明一个方案的 OC 曲线与 AOQ 曲线是相互对应的。

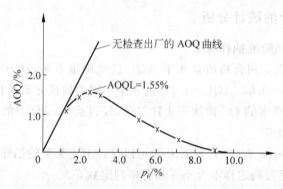

图 7.3.9 单次抽样方案 $N=3000, n=89, C=2$ 的 AOQ 曲线

表 7.3.5 单次抽样方案 $n=89, C=2$ 的接收概率和 AOQ 值(采用插值计算)

假定的不合格率 p_i	样本大小 n	np_i	$L(p_i)$	$L(p_i)p_i$	AOQ/%
0.01	89	0.89	0.938	(0.938)(0.01)	0.94
0.02	89	1.78	0.731	(0.731)(0.02)	1.46
0.03	89	2.67	0.494	(0.494)(0.03)	1.48
0.05	89	4.45	0.185	(0.185)(0.05)	0.93
0.06	89	5.34	0.106	(0.106)(0.06)	0.64
0.07	89	6.23	0.055	(0.055)(0.07)	0.39
0.09	89	8.01	0.014	(0.014)(0.09)	0.13

AOQL 是为消费者提供质量保证的重要指标,也是设计抽样方案的重要依据。应当注意的是,每一个抽样方案都有其 AOQL 值,但同样的 AOQL 值却可以由不同的抽样方案达到,其极大值 AOQL 所对应的 p'_i 值也各不相同。一般情况下,n 越大的方案,与 AOQL 值对应的 p'_i 越小,如图 7.3.10 中三个不同的方案为

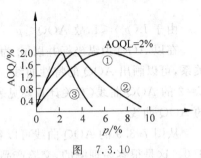

图 7.3.10

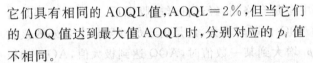

它们具有相同的 AOQL 值,AOQL=2%,但当它们的 AOQ 值达到最大值 AOQL 时,分别对应的 p'_i 值不相同。

在验收抽样方案的实践和理论研究中,根据平均出厂质量极限 AOQL 的概念和内在规律性,产生了以 AOQL 为核心的验收抽样方案,例如道奇-罗米格(Dodge-Romig)抽检表,它的最大优点是能在确定的检验过程中使检验工作量减至最少,特别适合企业内部的检验工作。有关详细内容参见美国贝尔电话研究所设计的道奇-罗米格抽检表和日本工业标准 JIZ 9006 的参考文献,它们是两类典型的挑选型抽样方案。

第四节 抽样方案设计

一、抽样方案设计的统计分析

1. 确定生产者风险的抽样方案

如果生产者风险 α 和合格质量水平 AQL 已经确定下来,就有一族抽样方案产生。图 7.4.1 表示满足 $\alpha=0.05$,AQL=1.2% 的三个不同的抽样方案及相应的 OC 曲线。实际上,同时满足这一要求的 OC 曲线不止这三条,经过点(α,AQL)的 OC 曲线是一族,也就是说还可以找到很多。

利用 J. M. Cameron 表(参见表 7.4.1)可以设计上述类型的抽样方案。如前所述,设计抽样方案的关键是要确定样本大小 n 和合格判定数 C。

例 7.4.1 已知 $\alpha=0.05$,即接收概率 $p_\alpha=0.95$;AQL=1.2%,即表 7.4.1 中 $p_{0.95}=0.012$。

表 7.4.1 J. M. Cameron 表

C	$np_{0.95}(\alpha=0.05)$	$np_{0.10}(\beta=0.10)$	比率 $p'_{0.10}/p'_{0.95}$
0	0.051	2.303	44.890
1	0.355	3.890	10.946
2	0.818	5.322	6.509
3	1.366	6.681	4.890
4	1.970	7.994	4.057
5	2.613	9.275	3.549

续表

C	$np_{0.95}(\alpha=0.05)$	$np_{0.10}(\beta=0.10)$	比率 $p'_{0.10}/p'_{0.95}$
6	3.286	10.532	3.206
7	3.981	11.771	2.957
8	4.695	12.995	2.768
9	5.426	14.206	2.618
10	6.169	15.407	2.497
11	6.924	16.598	2.397
12	7.690	17.782	2.312
13	8.464	18.958	2.240
14	9.246	20.128	2.177
15	10.035	21.292	2.122

资料来源：J. M. Cameron, Tables for Constructing and for Computing the Operation Characteristics of Single-Sampling Plans, Industrial Quality Control

解 ① 当 $C=1$ 时，

查表 7.4.1 得：$np_{0.95}=0.355$，所以

$$n=\frac{np_{0.95}}{p_{0.95}}=\frac{0.355}{0.012}=29.6\approx 30$$

② 当 $C=2$ 时，

查表 7.4.1 得：$np_{0.95}=0.818$，所以

$$n=\frac{np_{0.95}}{p_{0.95}}=\frac{0.818}{0.012}=68.2\approx 68$$

③ 当 $C=6$ 时，

查表 7.4.1 得：$np_{0.95}=3.286$，所以

$$n=\frac{np_{0.95}}{p_{0.95}}=\frac{3.286}{0.012}=273.8\approx 274$$

结论：以上三个单次抽样方案为

① $\begin{cases} n=30 \\ C=1 \end{cases}$ ② $\begin{cases} n=68 \\ C=2 \end{cases}$ ③ $\begin{cases} n=274 \\ C=6 \end{cases}$

应该注意，以上三个方案对生产者的利益提供了同样水平的保证，那就是预先确定的生产者风险 $\alpha=0.05$ 以及合格质量水平 AQL$=1.2\%$，但是对消费者的利益保证差异很大。如图 7.4.1 所示，以消费者接收概率 $L(p_i)=0.10$ 时所接收的产品批不合格率的状况进行比较评价：

对于方案①，$L(p_i)=0.10$ $p_i=0.13$

对于方案②，$L(p_i)=0.10$ $p_i=0.078$

对于方案③，$L(p_i)=0.10$ $p_i=0.038$

显然，方案③在验收检查中最为严格，所以，比另外两个方案更能保证消费者的利益。但是，方案③的样本大小 $n=274$ 件，也是最大的，这就使抽样检查的成本增加了。所以，在实际的抽样方案设计中，要综合考虑消费者和生产者双方的利益保证以及检验成本等方

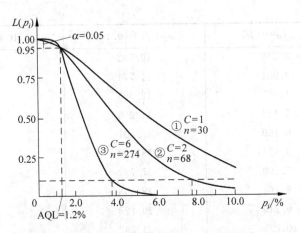

图 7.4.1 确定 α 和 AQL 的单次抽样方案

面的因素,以求相对比较合理的抽样方案。

2. 确定消费者风险的抽样方案

如果消费者风险 β 和批最大允许不合格率 LTPD 已经确定下来,就有一族抽样方案产生。图 7.4.2 表示满足 $\beta=0.10$,LTPD$=6.0\%$ 的三个不同的抽样方案及相应的 OC 曲线。实际上,同时满足这一条件的方案不只这三个,经过 (β,LTPD) 点有一族 OC 曲线,可以找到很多。如前所述,利用 J. M. Cameron 抽检表,可以设计这类抽样方案。我们可以事先选择合格判定数 C,然后利用表 7.4.1 求出样本大小 n。

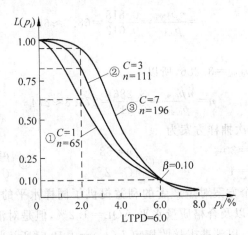

图 7.4.2 确定 β 和 LTPD 的单次抽样方案

例 7.4.2 已知 $\beta=0.10$,即接收概率 $p_\beta=0.10$;LTPD$=0.06$,即表 7.4.1 中 $p_{0.10}=0.06$。

解 ① 当 $C=1$ 时,

查表 7.4.1 得:$np_{0.10}=3.890$,所以,

$$n=\frac{np_{0.10}}{p_{0.10}}=\frac{3.890}{0.06}=64.8\approx 65$$

② 当 $C=3$ 时，

查表 7.4.1 得：$np_{0.10}=6.681$，所以，

$$n=\frac{np_{0.10}}{p_{0.10}}=\frac{6.681}{0.06}=111.4\approx 111$$

③ 当 $C=7$ 时，

查表 7.4.1 得：$np_{0.10}=11.771$，所以，

$$n=\frac{np_{0.10}}{p_{0.10}}=\frac{11.771}{0.06}=196.2\approx 196$$

结论：以上三个单次抽样方案为

① $\begin{cases} n=65 \\ C=1 \end{cases}$ ② $\begin{cases} n=111 \\ C=3 \end{cases}$ ③ $\begin{cases} n=196 \\ C=7 \end{cases}$

应该注意，以上三个方案对消费者的利益提供了同样水平的保证，那就是预先确定的消费者风险 $\beta=0.10$ 以及批最大允许不合格率 LTPD$=0.06$，但是对生产者的利益保证差异很大。假设供需双方协商 AQL$=0.02$，那么上述三个方案在 $p_i=0.02$ 的质量水平上接收的概率有很大不同，计算比较的结果如表 7.4.2 所示。由于采用的抽样方案不同，使生产者在产品质量同样水平下承担不同的拒收风险，方案①产生的风险最大，约为 37%；方案②约为 20%；方案③产生的风险最小，约为 5%。因此，方案 3 对生产者的利益最有保证，但样本大小 $n=196$ 为最大。所以，在设计抽样方案时要从消费者和生产者双方利益出发，综合考虑方案的可靠性和经济性。

表 7.4.2 确定 β 和 LTPD 的方案对生产者利益的影响

n	C	p_i	np_i	$L(p_i)$	$1-L(p_i)$
65	1	0.02	1.3	0.627	0.373
111	3	0.02	2.22	0.799	0.201
196	7	0.02	3.92	0.954	0.046

二、计数标准型抽样方案

1. 确定生产者和消费者风险的一次抽样方案分析

在实际中，确定生产者和消费者风险的抽样方案也称为：给定 $p_0,\alpha;p_1,\beta$ 的标准型抽样方案。这类抽样方案通常是由生产者和消费者（或称买卖双方）共同协商规定：当一批交验产品的不合格品率达到 p_0 时，作为优质批，应以 $1-\alpha$ 的概率接收；当交验批的质量下降，不合格品率达到 p_1 时，作为劣质批，应以 $1-\beta$ 的概率拒收。这时，α 为达到 p_0 的交验批被拒收的概率，也就是生产者要承担的风险；β 是达到 p_1 的交验批被接收的概率，也就是消费者要承担的风险。一般情况下，α 取 0.05，即达到 p_0 的交验批，应有 95% 被接收；β 取 0.10，即达到 p_1 的交验批，应有 90% 被拒收。因此，这类方案的设计就是要在满足 p_0,p_1,α,β 四个参数的要求下，求出样本大小 n 和合格判定数 C，通常也称为 p_0，$\alpha;p_1,\beta$ 型标准抽样方案设计。实际上，$p_0=$AQL，$p_1=$LTPD，这类抽样方案的特性可以用满足 $p_0,\alpha;p_1,\beta$ 的 OC 曲线描述，如图 7.4.3 所示。应该明确指出的是，当 p_0,α 和 p_1，β 四个参数被确定下来之后，那么在图 7.4.3 的直角坐标系中 $(p_0,1-\alpha)$ 和 (p_1,β) 两点就

唯一确定了一条 OC 曲线,它和抽样方案(n,C)也是一一对应的关系。但是,如前所述,如果只确定p_0,α或者只确定p_1,β,也就是只固定 OC 曲线上一个点的位置,则满足这一要求的 OC 曲线及与其对应的抽样方案就可以有许多。如图 7.4.4 表示满足$p_0=0.01,\alpha=0.10$的三个不同方案的 OC 曲线。实际上,同时满足p_0,α的方案不止这三个,还可以找到许多。图 7.4.5 则表示同时满足$p_1=0.05,\beta=0.10$的三个不同的方

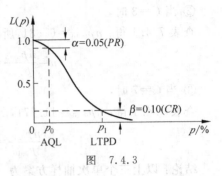

图 7.4.3

案的 OC 曲线。同样,过点(p_1,β)的 OC 曲线不只这三条,还可以找到很多。如果同时要求满足$p_0,\alpha;p_1,\beta$四个参数,则如图 7.4.3 所示,就只能有一个方案(n,C),因此,也就只能有一条 OC 曲线了。

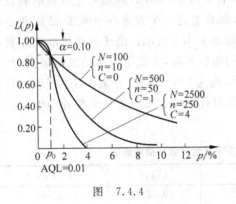

图 7.4.4

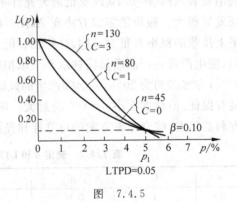

图 7.4.5

2. 利用 J. M. Cameron 抽检表设计$p_0,\alpha;p_1,\beta$标准型抽样方案

下面举例说明利用 J. M. Cameron 抽检表设计$p_0,\alpha;p_1,\beta$型标准抽样方案。

例 7.4.3 规定$p_0=0.001,\alpha=0.05;p_1=0.01,\beta=0.10$,试求抽样方案$(n,C)$。

解 由于
$$\frac{p_0}{p_1}=\frac{p_{0.10}}{p_{0.95}}=\frac{0.01}{0.001}=10$$

由表 7.4.1 查得:与 10 最相近的值为 10.946。在与 10.946 同行中可查得:$C=1,np_{0.95}=0.355,np_{0.10}=3.890$,那么,要使$p_{0.95}=0.001$的条件满足,应取

$$n=\frac{np_{0.95}}{p_{0.95}}=\frac{0.355}{0.001}=355$$

在此基础上,可采用方案$(355,1)$对$\beta=0.10$时所对应的$p_{0.10}$值进行验证:

$$p_{0.10}=\frac{np_{0.10}}{n}=\frac{3.890}{355}=0.011$$

同理,要使$p_{0.10}=0.01$的条件满足,应取

$$n=\frac{np_{0.10}}{p_{0.10}}=\frac{3.890}{0.01}=389$$

那么,当采用方案$(389,1)$时,与$\alpha=0.05$对应的$p_{0.95}$的值为

$$p_{0.95}=\frac{np_{0.95}}{n}=\frac{0.355}{389}\approx 0.0009$$

由此得到两个能基本满足例题要求的方案:

表 7.4.3 基本满足例题要求的方案

n	C	$p_{0.95}$	$p_{0.10}$
355	1	0.001	0.011
389	1	0.0009	0.01

这两个抽样方案相差甚小,如果考虑减少检验费用的因素,最后可以选择 $n=355, C=1$ 的方案。

3. 利用国家标准抽样表设计 $p_0, \alpha; p_1, \beta$ 标准型抽样方案

下面根据例 7.4.3 的已知条件,利用国家标准 GB/T 13262—2008《不合格品百分数的计数标准型一次抽样检查程序及抽样表》设计 $p_0, \alpha; p_1, \beta$ 标准型抽样方案。参见表 7.4.4。

例 7.4.4 由例 7.4.3 得,已知:$p_0=0.001, \alpha=0.05; p_1=0.01, \beta=0.10$,试求抽样方案$(n, c)$。

解 查表 7.4.4,因为 $p_0=0.001$ 在 $[0.091, 0.100]$ 区间内,取 p_0 区间的平均值,$\bar{p}_0=0.0955\%$;又因为 $p_1=0.01$ 在 $[0.91, 1.00]$ 区间内,取 p_1 区间的平均值,$\bar{p}_1=0.955\%$。

由表 7.4.4 查出与 $\bar{p}_0$ 和 $\bar{p}_1$ 数值最接近的 p_0 和 p_1 值分别为 $p_0=0.095\%$,$p_1=0.95\%$。

由 $p_0=0.095\%$ 所对应的行和 $p_1=0.95\%$ 所对应的列相交,其交点为 $(395, 1)$,即为该抽样方案:

$$\begin{cases} n=395 \\ C=1 \end{cases}$$

在例 7.4.3 中,在相同的已知条件下,所设计的两个可供选择的抽样方案分别为

$$\begin{cases} n=355 \\ C=1 \end{cases} \quad \begin{cases} n=389 \\ C=1 \end{cases}$$

由图 7.3.5 的分析可知,当批量 N 和合格制定数 C 一定时,样本量 n 越大,OC 曲线越陡,说明所设计的抽样方案越严。

4. 利用国际通用标准抽样表设计 $p_0, \alpha; p_1, \beta$ 标准型抽样方案

下面根据例 7.4.3 的已知条件,利用美国军用标准 MIL-STD-105E 孤立批抽样方案表设计 $p_0, \alpha; p_1, \beta$ 标准型抽样方案。参见表 7.4.5。

例 7.4.5 由例 7.4.3 得,已知:$p_0=0.001, \alpha=0.05; p_1=0.01, \beta=0.10$,试求抽样方案$(n, C)$。

解 查表 7.4.5,不难发现字码为 M,AQL$=0.15\%$ 的抽样方案,该方案 $p_0=0.113\%, p_1=1.23\%$,这二者最接近已知条件中的 $p_0=0.001, p_1=0.01$。

于是,根据字码 M 和 AQL$=0.15\%$,查表 7.5.2 得该抽样方案为

$$n=315, \quad A_e=1, \quad R_e=2$$

表 7.4.4 不合格品百分数的

p_0 \ p_1	0.75	0.85	0.95	1.05	1.20	1.30	1.50	1.70	1.90	2.10	2.40	2.60	3.00	3.40	3.80	4.20	4.80
0.095	750,2	425,1	395,1	370,1	345,1	315,1	280,1	250,1	225,1	210,1	185,1	160,1	68,0	64,0	58,0	54,0	49,0
0.105	730,2	665,2	380,1	355,1	330,1	310,1	275,1	250,1	225,1	200,1	185,1	160,1	150,1	60,0	56,0	52,0	48,0
0.120	700,2	650,2	595,2	340,1	320,1	295,1	275,1	245,1	220,1	200,1	180,1	160,1	150,1	130,1	54,0	50,0	46,0
0.130	930,3	625,2	580,2	535,2	305,1	285,1	260,1	240,1	220,1	200,1	180,1	160,1	150,1	130,1	115,1	48,0	45,0
0.150	900,3	820,3	545,2	520,2	475,2	270,1	250,1	230,1	215,1	195,1	175,1	160,1	140,1	130,1	115,1	100,1	43,0
0.170	1105,4	795,3	740,3	495,2	470,2	430,2	240,1	220,1	205,1	190,1	175,0	160,1	140,1	125,1	115,1	100,1	92,1
0.190	1295,5	980,4	710,3	665,3	440,2	415,2	370,2	210,1	200,1	185,1	170,1	155,1	140,1	125,1	115,1	100,1	92,1
0.210	1445,6	1135,5	875,4	635,3	595,3	395,2	365,2	330,2	190,1	175,1	165,1	155,1	140,1	125,1	115,1	100,1	92,1
0.240	1620,7	1305,6	1015,5	785,4	570,3	525,3	350,2	325,2	300,2	170,1	160,1	145,1	135,1	125,1	115,1	100,1	90,1
0.260	1750,8	1435,7	1165,6	910,5	705,4	510,3	465,3	310,2	290,2	265,2	150,1	140,1	130,1	120,1	110,1	100,1	90,1
0.300	2055,10	1545,8	1275,7	1025,6	810,5	625,4	450,3	410,3	275,2	260,2	240,2	135,1	125,1	115,1	110,1	98,1	88,1
0.340		1820,10	1385,8	1145,7	920,6	725,5	555,4	400,3	365,3	250,2	230,2	210,2	120,1	110,1	105,1	96,1	86,1
0.380			1630,10	1235,8	1025,7	820,6	640,5	490,4	355,3	330,3	220,2	205,2	190,2	110,1	100,1	92,1	86,1
0.420				1450,10	1100,8	910,7	725,6	565,5	440,4	315,3	295,3	195,2	180,2	165,2	95,1	88,1	82,1
0.480					1300,10	985,8	810,7	545,5	505,5	390,4	285,3	260,3	175,2	165,2	150,2	84,1	80,1
0.530						1165,10	875,8	715,7	495,5	454,5	350,4	255,3	230,3	155,2	145,2	135,2	76,1
0.600							1035,10	770,8	640,7	435,5	405,5	310,4	225,3	205,3	140,2	125,2	115,2
0.670								910,10	690,8	570,7	390,5	360,5	275,4	200,3	185,3	125,2	115,2
0.750									815,10	620,8	510,7	350,5	320,5	250,4	180,3	165,3	110,2
0.850										725,10	550,8	455,7	310,5	285,5	220,4	160,3	145,3
0.950											650,10	490,8	405,7	275,5	255,5	195,4	104,3
1.05												580,10	435,8	360,7	245,5	225,5	175,4
1.20													715,13	515,10	390,8	280,6	220,5	165,4
1.30														635,13	465,10	350,8	250,6	195,5
1.50														825,18	565,13	410,10	310,8	220,6
1.70															745,18	505,13	360,10	275,8
1.90																660,18	445,13	325,10
2.10																	585,18	400,13
2.40																		520,18
2.60																		
3.00																		
3.40																		
3.80																		
4.20																		
4.80																		
5.30																		
6.00																		
6.70																		
7.50																		
8.50																		
9.50																		
10.50																		
p_0 \ p_1	0.71~0.80	0.81~0.90	0.91~1.00	1.01~1.12	1.13~1.25	1.26~1.40	1.41~1.60	1.61~1.80	1.81~2.00	2.01~2.24	2.25~2.50	2.51~2.80	2.81~3.15	3.16~3.55	3.56~4.00	4.01~4.50	4.51~5.00

计数标准型一次抽样方案　　　　　　　　　　　　　　　单位：%

5.30	6.00	6.70	7.50	8.50	9.50	10.5	12.0	13.0	15.0	17.0	19.0	21.0	24.0	26.0	30.0	34.0	p_1	
																		p_0
45,0	41,0	37,0	33,0	30,0	27,0	24,0	22,0	19,0	17,0	15,0	13,0	11,0	10,0	9,0	8,0	7,0	0.091~0.100	
44,0	40,0	37,0	33,0	29,0	27,0	24,0	21,0	19,0	17,0	15,0	13,0	11,0	10,0	9,0	7,0	7,0	0.101~0.112	
43,0	39,0	36,0	33,0	29,0	26,0	24,0	21,0	19,0	17,0	15,0	13,0	11,0	10,0	9,0	7,0	7,0	0.113~0.125	
41,0	38,0	35,0	32,0	29,0	26,0	23,0	21,0	19,0	17,0	15,0	13,0	11,0	10,0	9,0	7,0	6,0	0.126~0.140	
40,0	37,0	33,0	31,0	28,0	26,0	23,0	21,0	19,0	16,0	15,0	13,0	11,0	10,0	9,0	7,0	6,0	0.141~0.160	
38,0	35,0	33,0	30,0	27,0	25,0	23,0	21,0	18,0	16,0	15,0	13,0	11,0	10,0	9,0	7,0	6,0	0.161~0.180	
82,1	34,0	31,0	29,0	26,0	24,0	22,0	21,0	18,0	16,0	14,0	13,0	11,0	10,0	9,0	7,0	6,0	0.181~0.200	
82,1	72,1	30,0	28,0	25,0	23,0	22,0	20,0	18,0	16,0	14,0	13,0	11,0	10,0	9,0	7,0	6,0	0.201~0.224	
82,1	72,1	64,1	27,0	25,0	23,0	21,0	19,0	18,0	16,0	14,0	12,0	11,0	10,0	9,0	7,0	6,0	0.225~0.250	
80,1	72,1	64,1	56,1	24,0	22,0	20,0	19,0	17,0	16,0	14,0	12,0	11,0	10,0	9,0	7,0	6,0	0.251~0.280	
80,1	70,1	64,1	56,1	50,1	21,0	19,0	18,0	17,0	15,0	14,0	12,0	11,0	10,0	9,0	7,0	6,0	0.281~0.315	
80,1	70,1	62,1	56,1	50,1	45,1	19,0	17,0	16,0	15,0	13,0	12,0	11,0	10,0	9,0	7,0	6,0	0.316~0.355	
78,1	70,1	62,1	56,1	50,1	45,1	40,1	17,0	15,0	14,0	13,0	12,0	11,0	10,0	9,0	7,0	6,0	0.356~0.400	
76,1	68,1	62,1	56,1	49,1	45,1	40,1	35,1	15,0	14,0	12,0	11,0	10,0	9,0	8,0	7,0	6,0	0.401~0.450	
74,1	68,1	62,1	56,1	49,1	44,1	40,1	35,1	31,1	13,0	12,0	11,0	10,0	9,0	8,0	7,0	6,0	0.451~0.500	
70,1	64,1	60,1	54,1	49,1	44,1	39,1	35,1	31,1	28,1	11,0	11,0	10,0	9,0	8,0	7,0	6,0	0.501~0.560	
68,1	62,1	58,1	54,1	48,1	44,1	39,1	35,1	31,1	27,1	24,1	10,0	9,0	9,0	8,0	7,0	6,0	0.561~0.630	
105,2	59,1	56,1	52,1	47,1	43,1	39,1	35,1	31,1	27,1	24,1	21,1	9,0	8,0	8,0	7,0	6,0	0.631~0.710	
105,2	94,2	54,1	49,1	46,1	42,1	38,1	35,1	31,1	27,1	24,1	21,1	19,1	8,0	7,0	7,0	6,0	0.711~0.800	
100,2	90,2	84,2	47,1	44,1	40,1	38,1	34,1	31,1	27,1	24,1	21,1	19,1	17,1	7,0	7,0	6,0	0.801~0.900	
130,3	86,2	82,2	74,2	42,1	39,1	36,1	34,1	30,1	27,1	24,1	21,1	19,1	17,1	15,1	6,0	6,0	0.901~1.00	
125,3	115,3	78,2	72,2	64,2	37,1	35,1	32,1	30,1	27,1	23,1	21,1	19,1	17,1	15,1	6,0	6,0	1.01~1.12	
155,4	115,3	105,3	70,2	64,2	58,2	33,1	31,1	29,1	26,1	23,1	21,1	18,1	17,1	15,1	6,0	6,0	1.13~1.25	
150,4	135,4	100,3	66,2	62,2	58,2	52,2	30,1	28,1	25,1	23,1	21,1	18,1	161,1	15,1	13,1	5,0	1.26~1.40	
175,5	130,4	120,4	90,3	58,2	54,2	50,2	47,2	26,1	24,1	21,1	20,1	18,1	16,1	14,1	13,1	5,0	1.41~1.60	
195,6	155,5	115,4	110,4	78,3	52,2	49,2	45,2	47,2	23,1	21,1	20,1	18,1	16,1	14,1	13,1	11,1	1.61~1.80	
245,8	175,6	140,5	105,4	95,4	70,3	47,2	44,2	41,2	36,2	21,1	19,1	18,1	16,1	14,1	13,1	11,1	1.81~2.00	
290,10	220,8	155,6	125,5	95,4	86,4	62,3	42,2	39,2	36,2	32,2	18,1	17,1	16,1	14,1	13,1	11,1	2.01~2.24	
360,13	260,10	195,8	140,6	110,5	84,4	76,4	56,3	37,2	34,2	31,2	28,2	16,1	15,1	14,1	12,1	11,1	2.25~2.50	
470,18	320,13	230,10	175,8	125,6	100,5	74,4	54,3	50,3	33,2	30,2	28,2	25,2	15,1	13,1	12,1	11,1	2.51~2.80	
	415,18	280,13	205,10	155,8	110,6	86,5	66,4	48,3	44,3	29,2	27,2	25,2	22,2	13,1	12,1	11,1	2.81~3.15	
		350,17	250,13	180,10	140,8	100,6	78,5	60,4	42,3	39,3	26,2	24,2	22,2	20,2	11,1	10,1	3.16~3.55	
			310,17	225,13	165,10	125,8	90,6	70,5	52,4	37,3	35,3	23,2	21,2	20,2	17,2	10,1	3.56~4.00	
				275,17	200,13	145,10	110,8	78,6	62,5	46,4	33,3	31,3	20,2	19,2	17,2	10,1	4.01~4.50	
					245,17	180,13	130,10	100,8	70,6	54,5	41,4	30,3	28,3	18,2	17,2	15,2	4.51~5.00	
						220,17	160,13	115,10	86,8	62,6	48,5	37,4	27,3	25,3	16,2	15,2	5.01~5.60	
							195,17	140,13	100,10	68,7	54,6	43,5	33,4	23,3	22,3	14,2	5.61~6.30	
								175,17	120,12	82,9	60,7	48,6	38,5	29,4	21,3	14,2	6.31~7.10	
									150,16	105,12	74,9	54,7	44,6	34,5	26,4	18,3	7.11~8.00	
										130,16	90,12	66,9	48,7	39,6	30,5	23,4	8.01~9.00	
											115,16	82,12	58,9	43,7	34,6	27,5	9.01~10.0	
												105,16	74,12	52,9	38,7	26,5	10.1~11.2	
5.01	5.61	6.31	7.11	8.01	9.01	10.1	11.3	12.6	14.1	16.1	18.1	20.1	22.5	25.1	28.1	31.6	p_0	
~	~	~	~	~	~	~	~	~	~	~	~	~	~	~	~	~		
5.60	6.30	7.10	8.00	9.00	10.0	11.2	12.5	14.0	16.0	18.0	20.0	22.4	25.0	28.0	31.5	35.5	p_1	

表 7.4.5 MIL-STD 105E 孤立批抽样方案表(正常检验)

$L(p)$	字码	\\ AQL/%									
		0.10	0.15	0.25	0.40	0.65	1.00	1.50	2.50	4.00	6.50	10.00
95.0	B								1.70			
50.0									20.6			
10.0									53.6			
95.0	C								1.02			7.64
50.0									12.9			31.4
10.0									36.9			58.4
95.0	D							0.64			4.64	11.1
50.0								8.30			20.1	32.1
10.0								25.0			40.6	53.8
95.0	E						0.394			2.81	6.60	11.3
50.0							5.19			12.6	20.0	27.5
10.0							16.2			26.8	36.0	44.4
95.0	F					0.256			1.81	4.22	7.14	14.0
50.0						3.41			8.25	13.1	18.1	27.9
10.0						10.9			18.1	24.5	30.4	41.5
95.0	G				0.160			1.12	2.60	4.38	8.50	13.1
50.0					2.14			5.19	8.27	11.4	17.5	23.7
10.0					6.94			11.6	15.8	19.7	27.1	34.1
95.0	H			0.103			0.715	1.66	2.78	5.36	8.22	12.9
50.0				1.38			3.33	5.31	7.29	11.3	15.2	21.2
10.0				4.50			7.56	10.3	12.9	17.8	22.4	29.1
95.0	J		0.064			0.445	1.03	1.73	3.32	5.07	7.93	11.9
50.0			0.863			2.09	3.33	4.57	7.06	9.55	13.3	18.3
10.0			2.84			4.78	6.52	8.16	11.3	14.3	18.6	24.2
95.0	K	0.041			0.284	0.654	1.09	2.09	3.18	4.94	7.40	11.9
50.0		0.555			1.34	2.14	2.94	4.54	6.14	8.53	11.7	17.3
10.0		1.84			3.11	4.26	5.34	7.42	9.42	12.3	16.1	22.5
95.0	L			0.178	0.409	0.683	1.31	1.99	3.08	4.62	7.45	
50.0				0.839	1.34	1.84	2.84	3.84	5.33	7.33	10.8	
10.0				1.94	2.66	3.34	4.64	5.89	7.70	10.1	14.1	
95.0	M		0.113	0.260	0.434	0.830	1.26	1.96	2.94	4.73		
50.0			0.533	0.849	1.17	1.80	2.43	3.39	4.66	6.88		
10.0			1.23	1.69	2.12	2.94	3.74	4.89	6.39	8.95		
95.0	N	0.071	0.164	0.273	0.523	0.796	1.23	1.85	2.93			
50.0		0.336	0.535	0.734	1.13	1.53	2.13	2.93	4.33			
10.0		0.778	1.06	1.34	1.86	2.35	3.08	4.03	5.64			
95.0	P	0.102	0.171	0.327	0.498	0.771	1.16	1.86				
50.0		0.334	0.459	0.709	0.959	1.33	1.83	2.71				
10.0		0.665	0.835	1.16	1.47	1.93	2.52	3.52				
95.0	Q	0.109	0.209	0.318	0.494	0.740	1.19					
50.0		0.294	0.454	0.614	0.853	1.17	1.73					
10.0		0.534	0.742	0.942	1.23	1.61	2.25					

续表

L(p)	字码	AQL/%									
		0.10	0.15	0.25	0.40	0.65	1.00	1.50	2.50	4.00	6.50	10.00
95.0		0.131	0.199	0.309	0.462	0.745					
50.0	R	0.284	0.383	0.533	0.733	1.08					
10.0		0.464	0.589	0.770	1.01	1.41					

注:字码 A,AQL=6.5%的 $L(68\%)=10\%$。

如果交验的批产品不是孤立批,而是连续批。那么,根据"转移规则"可以采用一组正常、加严和放宽抽样方案。例如在本例中,查表 7.5.3 得到加严抽样方案为

$$n = 500, \quad A_c = 1, \quad R_e = 2$$

查表 7.5.4 得到放宽抽样方案为

$$n = 200, \quad A_c = 1, \quad R_e = 2$$

这就是下面要介绍的调整型抽样方案。

以上所讨论的是单次抽样方案的设计,双次抽样方案和多次抽样方案尽管比较复杂,但其原理和方法是相同的,在此不再赘述。

第五节 计数调整型抽样方案

本节旨在介绍调整型抽样方案实施的过程中抽样检验的基本程序。

一、调整型抽样方案的特点及由来

调整型抽样方案的特点,就是对具有一定要求的交验批,不是固定采用某一种验收方案,而是根据交验产品质量的实际情况,采用一组正常、加严和放宽三个严格程度不同的方案,并且用一套转换规则把它们有机地联系起来。在一般情况下(满足用户要求的控制状态的质量水平),使用正常检查方案;当发现产品质量水平下降时,转换到采用加严检查方案;当抽样检查结果表明产品质量有明显提高时,转换到采用放宽检查方案;如果发现产品质量下降到某种规定程度时,就要停止检查,直到采取措施确认生产过程恢复控制状态,而且产品质量达到质量规格要求以后,才能重新开始采用抽样验收检查。

1989 年,美国公布了美国军用标准 MIL-STD 105E,简称 105E。105E 具有上述特点,而且几经修改,是应用最为普遍的一类调整型抽样方案。我国军用标准等同采用 105E 为 GJB179A。105D 是 1963 年版的美军标准,于 1974 年由国际标准化组织正式颁布实施,编号为 ISO 2859。我国参照国际标准 ISO 2859,于 1981 年颁布了国家标准 GB2828。该标准历经修订更新,我国在 2012 年 11 月发布并在 2013 年 2 月开始实施国家标准 GB/T 2828.1—2012/ISO 2859—1:1999 代替了 GB/T 2828.1—2003。

下面主要介绍 105E 调整型抽样方案的设计体系和操作方法。105E 对单次、双次、多次抽样方案都提供了详尽的资料。在每种抽样方案的检验中同样提供了上述三种不同程度的抽样方案。至于采用单次抽样或双次抽样或多次抽样方案,则要根据消费者的要求。

二、缺陷与不合格品的分类

缺陷与不合格品的分类是调整型抽样方案设计体系的基础,因为它是确定合格质量水平 AQL 的重要依据之一。不同级别的缺陷或不合格品,在验收制度或处理方式上也有些不同的规定。被检查的产品,通常有多项质量检查项目,每一个检查项目偏离了标准都构成一个缺陷。一个不合格品可能出现一个或多个缺陷,而且,缺陷的影响程度是不完全相同的。所以,仅根据缺陷的数目而决定产品质量是不准确的。

缺陷根据不同严重性分为以下三类:

(1) 致命缺陷(也称临界性缺陷 critical defects)(A 类);

(2) 严重缺陷(也称主要缺陷 major defects)(B 类);

(3) 轻微缺陷(也称次要缺陷 minor defects)(C 类)。

通常,致命缺陷影响产品的功能,严重缺陷影响产品的效用,轻微缺陷一般对产品没有影响。在缺陷分类的基础上,再将不合格品分为致命不合格品,严重不合格品和轻微不合格品。

三、合格质量水平 AQL

1. AQL 是抽样体系的核心

如前所述,合格质量水平 AQL 也称为可接收质量水平。一般用不合格品率或每 100 单位的缺陷数表示,每 100 单位缺陷数,可以认为是每一单位的平均缺陷数的 100 倍。为了与不合格品率共用一个抽检表,不使用平均缺陷数而用每 100 单位缺陷数。AQL 是调整型抽样方案设计体系的主要依据。实际上,AQL 是消费者和生产者双方都认为可以接受的最大过程平均不合格品率或者说它是抽样验收时允许判为合格的过程平均不合格品率的上限。在设计调整型抽样方案时,当生产者提供优于 AQL 的交验批时,应当以高概率接收;但当生产者交验的产品质量低于 AQL 时,基于 AQL 接收的准则,一般不能为消费者提供满意的质量保护,而是采取转为加严检查的措施,以保护消费者的利益。所以,调整型抽样方案的设计原则是:

当 $p_i =$(相当于)AQL 时,采用正常检查;

当 $p_i <$ AQL 时,采用放宽检查;

当 $p_i >$ AQL 时,采用加严检查。

2. AQL 的确定

通常,AQL 是由供求双方协商确定的,所确定的 AQL 值既能较好地满足用户的要求,又能符合生产者所达到的实际产品质量水平。当然,在双方协商之前,消费者和生产者都要从各自的实际出发,对 AQL 值确定一个初步指标作为共同协商的基础。

消费者(用户)根据使用的技术、经济条件考虑 AQL 值的界限。通常是根据缺陷级别确定 AQL 值,也就是按致命缺陷、严重缺陷或轻微缺陷分别规定 AQL 值或者按致命不合格品、严重不合格品或轻微不合格品分别规定 AQL 值。越是重要的检查项目或不合格品,在使用中造成的损失越大,规定的 AQL 值也就越严格。例如,对一般性产品规定严重不合格品的 AQL=1.5%,轻微不合格品的 AQL=4%。然而,美国海军部门确定的 AQL 值与供应者的质量水平无关,一律规定致命缺陷的 AQL=0.1%,A 种严重缺陷的 AQL=0.25%,B 种严重缺陷的 AQL=1.0%,轻微缺陷的 AQL=2.5%,世界上不少发达国家的企业也是这样做的。

生产者也根据过程平均不合格品率确定 AQL,因为过程平均不合格品率代表了生产者能够达到的平均质量水平。所以,根据这一指标确定 AQL 值可以减少生产者的风险。生产者为了刺激自身提高产品质量,增强竞争力,常常规定 AQL 值稍大于过程平均,使不合格批增加,然后势必对不合格批产品进行挑选,从而暴露问题。消费者也可以在多个供应者中采用这种方式确定 AQL 值,促使他们相互竞争,提高供应者的产品质量。

四、样本大小 n

调整型抽样方案设计体系中的要素,除了 AQL 之外就是样本大小 n。样本大小 n 由批量 N 及检验水平而定,检验水平一般是由用户(消费者)选择的。表 7.5.1 给出了三种不同的检验水平(Ⅰ,Ⅱ,Ⅲ)。这三种检验水平对生产者所提供的保障完全相同,但对用户的保障则不同。其中,检验水平Ⅱ应用最为广泛。因为检验水平Ⅰ所要求检验的产品数量仅为检验水平Ⅱ的大约 1/2;而检验水平Ⅲ所要求检验的产品数量却是检验水平Ⅱ的大约 2 倍。因此,实际中检验水平Ⅱ的样本数量最为适中。但是,以检验水平Ⅲ设计的抽样方案对产品质量的分辨能力最强。在实际中应根据产品的特点适当选择检验水平。表 7.5.1 还提供了四种特别附加的检验水平(S-1,S-2,S-3,S-4)。特殊检验水平用于破坏性检验或费用较高的检验,所以在需要或只能采用极小的样本或者可以有较大风险时,才应用上述四种特别附加的检验水平,它们也称为小样本检验水平。表 7.5.1 没有直接提供检验的样本数 n,而是提供查询样本量的字码表,然后,利用字码表及 AQL 值查询主表(表 7.5.2、表 7.5.3、表 7.5.4),便求出所需要的抽样方案的三个参数,即样本大小 n、合格判定数 A_c、不合格判定数 R_e。

表 7.5.1 样本量字码

批量范围	特殊检验水平				一般检验水平		
	S-1	S-2	S-3	S-4	Ⅰ	Ⅱ	Ⅲ
2~8	A	A	A	A	A	A	B
9~15	A	A	A	A	A	B	C
16~25	A	A	B	B	B	C	D
26~50	A	B	B	C	C	D	E
51~90	B	B	C	C	C	E	F
91~150	B	B	C	D	D	F	G
151~280	B	C	D	E	E	G	H
281~500	B	C	D	E	F	H	J
501~1200	C	C	E	F	G	J	K
1201~3200	C	D	E	G	H	K	L
3201~10000	C	D	F	G	J	L	M
10001~35000	C	D	F	H	K	M	N
35001~150000	D	E	G	J	L	N	P
150001~500000	D	E	G	J	M	P	Q
500001 以上	D	E	H	K	N	Q	R

表 7.5.2 正常检验一次抽样方案表

样本大小字码	样本大小	接收质量限(AQL)/%																									
		0.010	0.015	0.025	0.040	0.065	0.10	0.15	0.25	0.40	0.65	1.0	1.5	2.5	4.0	6.5	10	15	25	40	65	100	150	250	400	650	1000
		$A_c\ R_e$	$A_c\ R_e$	$A_c\ R_e$	$A_c\ R_e$	$A_c\ R_e$	$A_c\ R_e$	$A_c\ R_e$	$A_c\ R_e$	$A_c\ R_e$	$A_c\ R_e$	$A_c\ R_e$	$A_c\ R_e$	$A_c\ R_e$	$A_c\ R_e$	$A_c\ R_e$	$A_c\ R_e$	$A_c\ R_e$	$A_c\ R_e$	$A_c\ R_e$	$A_c\ R_e$	$A_c\ R_e$	$A_c\ R_e$	$A_c\ R_e$	$A_c\ R_e$	$A_c\ R_e$	$A_c\ R_e$
A	2													0 1	↑	↓	↓										
B	3												0 1	↑	↓		1 2										
C	5											0 1	↑	↓		1 2	2 3										
D	8										0 1	↑	↓		1 2	2 3	3 4										
E	13									0 1	↑	↓		1 2	2 3	3 4	5 6										
F	20								0 1	↑	↓		1 2	2 3	3 4	5 6	7 8										
G	32							0 1	↑	↓		1 2	2 3	3 4	5 6	7 8	10 11										
H	50						0 1	↑	↓		1 2	2 3	3 4	5 6	7 8	10 11	14 15										
J	80					0 1	↑	↓		1 2	2 3	3 4	5 6	7 8	10 11	14 15	21 22	↑									
K	125				0 1	↑	↓		1 2	2 3	3 4	5 6	7 8	10 11	14 15	21 22	↑										
L	200			0 1	↑	↓		1 2	2 3	3 4	5 6	7 8	10 11	14 15	21 22	↑											
M	315		0 1	↑	↓		1 2	2 3	3 4	5 6	7 8	10 11	14 15	21 22	↑												
N	500	0 1	↑	↓		1 2	2 3	3 4	5 6	7 8	10 11	14 15	21 22	↑													
P	800	↑	↓		1 2	2 3	3 4	5 6	7 8	10 11	14 15	21 22	↑														
Q	1250	↓		1 2	2 3	3 4	5 6	7 8	10 11	14 15	21 22	↑										30 31	44 45				
R	2000		1 2	2 3	3 4	5 6	7 8	10 11	14 15	21 22	↑										21 22	30 31	44 45				

⇩ —— 使用箭头下面的第一个抽样方案。当样本大小大于或等于批量时，执行本标准4.11.4b的规定；
⇧ —— 使用箭头上面的第一个抽样方案；A_c——接收数；R_e——拒收数。

表 7.5.3　一次加严抽样方案表

样本大小字码	样本大小	接收质量限(AQL)/%																								
		0.010	0.015	0.025	0.040	0.065	0.10	0.15	0.25	0.40	0.65	1.0	1.5	2.5	4.0	6.5	10	15	25	40	65	100	150	250	400	650	1000
		$A_c R_e$	$A_c R_e$	$A_c R_e$	$A_c R_e$	$A_c R_e$	$A_c R_e$	$A_c R_e$	$A_c R_e$	$A_c R_e$	$A_c R_e$	$A_c R_e$	$A_c R_e$	$A_c R_e$	$A_c R_e$	$A_c R_e$	$A_c R_e$	$A_c R_e$	$A_c R_e$	$A_c R_e$	$A_c R_e$	$A_c R_e$	$A_c R_e$	$A_c R_e$	$A_c R_e$	$A_c R_e$	$A_c R_e$
A	2																			⇩	1 2	2 3	3 4	5 6	8 9	12 13	18 19
B	3																		⇩	1 2	2 3	3 4	5 6	8 9	12 13	18 19	27 28
C	5																	⇩	1 2	2 3	3 4	5 6	8 9	12 13	18 19	27 28	41 42
D	8																⇩	1 2	2 3	3 4	5 6	8 9	12 13	18 19	27 28	41 42	⇧
E	13															⇩	1 2	2 3	3 4	5 6	8 9	12 13	18 19	27 28	41 42	⇧	
F	20														0 1	⇨	2 3	3 4	5 6	8 9	12 13	18 19	27 28	41 42	⇧		
G	32													0 1	⇨	1 2	2 3	3 4	5 6	8 9	12 13	18 19	⇧				
H	50												0 1	⇨	1 2	2 3	3 4	5 6	8 9	12 13	18 19	⇧					
J	80											0 1	⇨	1 2	2 3	3 4	5 6	8 9	12 13	18 19	⇧						
K	125										0 1	⇨	1 2	2 3	3 4	5 6	8 9	12 13	18 19	⇧							
L	200									0 1	⇨	1 2	2 3	3 4	5 6	8 9	12 13	18 19	⇧								
M	315								0 1	⇨	1 2	2 3	3 4	5 6	8 9	12 13	18 19	⇧									
N	500							0 1	⇨	1 2	2 3	3 4	5 6	8 9	12 13	18 19	⇧										
P	800						0 1	⇨	1 2	2 3	3 4	5 6	8 9	12 13	18 19	⇧											
Q	1250					0 1	⇨	1 2	2 3	3 4	5 6	8 9	12 13	18 19	⇧												
R	2000				0 1	⇨	1 2	2 3	3 4	5 6	8 9	12 13	18 19	⇧													
S	3150			1 2																							

⇩ ——使用箭头下面的第一个抽样方案，当样本大小大于或等于于批量时，执行本标准 4.11.4b 的规定；
⇧ ——使用箭头上面的第一个抽样方案；A_c ——接收数；R_e ——拒收数。

表 7.5.4 一次放宽抽样方案表

样本大小字码	样本大小	接收质量限 (AQL)/%																								
		0.010	0.015	0.025	0.040	0.065	0.10	0.15	0.25	0.40	0.65	1.0	1.5	2.5	4.0	6.5	10	15	25	40	65	100	150	250	400	650	1000
		$A_c\,R_e$	$A_c\,R_e$	$A_c\,R_e$	$A_c\,R_e$	$A_c\,R_e$	$A_c\,R_e$	$A_c\,R_e$	$A_c\,R_e$	$A_c\,R_e$	$A_c\,R_e$	$A_c\,R_e$	$A_c\,R_e$	$A_c\,R_e$	$A_c\,R_e$	$A_c\,R_e$	$A_c\,R_e$	$A_c\,R_e$	$A_c\,R_e$	$A_c\,R_e$	$A_c\,R_e$	$A_c\,R_e$	$A_c\,R_e$	$A_c\,R_e$	$A_c\,R_e$	$A_c\,R_e$	$A_c\,R_e$
A	2														↓	0 1	⇦		1 2	2 3	3 4	5 6	7 8	10 11	14 15	21 22	30 31
B	2													↓	0 1	⇦		1 2	2 3	3 4	5 6	7 8	10 11	14 15	21 22	30 31	
C	2												↓	0 1	⇦		1 2	2 3	3 4	5 6	6 7	8 9	10 11	14 15	21 22		
D	3											↓	0 1	⇦		1 2	2 3	3 4	5 6	6 7	8 9	10 11					
E	5										↓	0 1	⇦		1 2	2 3	3 4	5 6	6 7	8 9	10 11						
F	8									↓	0 1	⇦		1 2	2 3	3 4	5 6	6 7	8 9	10 11	⇦						
G	13								↓	0 1	⇦		1 2	2 3	3 4	5 6	6 7	8 9	10 11	⇦							
H	20							↓	0 1	⇦		1 2	2 3	3 4	5 6	6 7	8 9	10 11	⇦								
J	32						↓	0 1	⇦		1 2	2 3	3 4	5 6	6 7	8 9	10 11	⇦									
K	50					↓	0 1	⇦		1 2	2 3	3 4	5 6	6 7	8 9	10 11	⇦										
L	80				↓	0 1	⇦		1 2	2 3	3 4	5 6	6 7	8 9	10 11	⇦											
M	125			↓	0 1	⇦		1 2	2 3	3 4	5 6	6 7	8 9	10 11	⇦												
N	200		↓	0 1	⇦		1 2	2 3	3 4	5 6	6 7	8 9	10 11	⇦													
P	315	↓	0 1	⇦		1 2	2 3	3 4	5 6	6 7	8 9	10 11	⇦														
Q	500	0 1	⇦		1 2	2 3	3 4	5 6	6 7	8 9	10 11	⇦															
R	800	⇧								10 11																	

⇩——使用箭头下面的第一个抽样方案。如果样本量等于或超过批量,则执行 100% 检验。
⇧——使用箭头上面的第一个抽样方案。
A_c——接收数; R_e——拒收数。

五、抽样方案的转移规则和程序

1. 正常检验转为加严检查

除非需方特别声明，否则检验应该从正常检验开始，如果是因条件不同或场合不同，也可以从开始就实行加严检验或放宽检查。在下述情况下，可以考虑实行加严检查：

（1）从合同已经执行的情况分析，供应者提交的同类产品或类似产品，很难满足规定的 AQL 值；

（2）根据交货前在供应厂方现场调查的结果推断，产品质量可能低于规定的 AQL 值所界定的质量水平；

（3）根据以往的经验，初期交验的产品批往往质量较差或初次接受订货的厂家还没有把握能满足 AQL 的要求。

如果供应者前一次是以放宽检验结束合同，现在仍在生产处于放宽检验的产品，则下次合同可以规定从放宽检验开始。

当正在采用正常检验时，只要初次检验批中连续 5 批有 2 批不合格或不到 5 批有 2 批不合格，则从下一批开始应转为加严检验。

2. 加严检验转为正常检验

当正在采用加严检查时，如果连续 5 批初检合格，则从下批开始恢复正常检验。

3. 正常检验转为放宽检验

（1）总则

当正在采用正常检验时，如果下列各条件全部得到满足，则可转为放宽检验：

① 当前的转移得分（下见转移得分部分）至少是 30 分；

② 生产稳定；

③ 负责部门同意使用放宽检验。

（2）转移得分

除非负责部门另有规定，正常检验开始时就应计算转移得分。

在正常检验开始时，应将转移得分设定为 0，而在检验每个后继的批以后应更新转移得分。

① 一次抽样方案

a. 当接收数等于或大于 2 时，如果当 AQL 加严一级后该批接收，则给转移得分加 3；否则将转移得分重新设定为 0。

b. 当接收数为 0 或 1 时，如果该批接收，则给转移得分加 2；否则将转移得分重新设定为 0。

② 二次抽样和多次抽样

a. 当使用二次抽样方案时，如果该批在检验第一样本后接收，给转移得分加 3；否则将转移得分重新设定为 0。

b. 当使用多次抽样方案时，如果该批在检验第一样本或第二样本后接收，给转移得分加 3；否则将转移得分重新设定为 0。

表 7.5.5　不固定抽样方案的示例
[水平Ⅱ,AQL=1.0(%)]

批的序号	批量 N	样本量字码	样本量 n	给定的 Ac	接收得分（检验前）	可使用的 Ac	不合格品数 d	接收数	接收得分（检验后）	转移得分	下一批将执行的检验严格度
1	180	G	32	1/2	5	0	0	A	5	2	继续正常
2	200	G	32	1/2	10	1	1	A	0	4	继续正常
3	250	G	32	1/2	5	0	1	R	0	0	继续正常
4	450	H	50	1	7	1	1	A	0	2	继续正常
5	300	H	50	1	7	1	1	A	0	4	继续正常
6	80	E	13	0	0	0	1	R	0	0	转到加严
7	800	J	80	1	7	1	1	A	0	—	继续加严
8	300	H	50	1/2	5	0	0	A	5	—	继续加严
9	100	F	20	0	0	0	0	A	5	—	继续加严
10	600	J	80	1	12	1	0	A	12	—	继续加严
11	200	G	32	1/3	15	1	1	A	0•	—	恢复正常
12	250	G	32	1/2	5	0	0	A	5	2	继续正常
13	600	J	80	2	12	2	0	A	0	5	继续正常
14	80	E	13	0	0	0	0	A	0	7	继续正常
15	200	G	32	1/2	5	0	0	A	5	9	继续正常
16	500	H	50	1	12	1	0	A	12	11	继续正常
17	100	F	20	1/3	15	1	0	A	15	13	继续正常
18	120	F	20	1/3	18	1	0	A	18	15	继续正常
19	85	E	13	0	18	0	0	A	18	17	继续正常
20	300	H	50	1	25	1	1	A	0	19	继续正常
21	500	H	50	1	7	1	0	A	7	21	继续正常
22	700	J	80	2	14	2	1	A	0	24	继续正常
23	600	J	80	2	7	2	0	A	7	27	继续正常
24	550	J	80	2	14	2	0	A	0•	30	转到放宽
25	400	H	20	1/2	5	0	0	A	5	—	继续放宽

注：A 表示接收；R 表示不接收。
• 表示转移后的接收得分。

（3）参见表 7.5.5 举例说明了转移得分的用法

4. 放宽检验转为正常检验

当正在执行放宽检验时,如果初次检验出现下列任一情况,应恢复正常检验。

（1）一个批不接收；

（2）生产不稳定、生产过程中断后恢复生产；

（3）有恢复正常检验的其他正当理由。

5. 暂停检验

如果在初次加严检验的一系列连续批中不接收批的累计数达到 5 批,应暂时停止检验。直到供方为改进所提供产品或服务的质量已采取行动,且负责部门认为此行动可能有效时,才能恢复本部门的检验程序。此时,应按照 1. 从使用加严检验开始。

将上述转移规则归纳后,如图 7.5.1 所示。

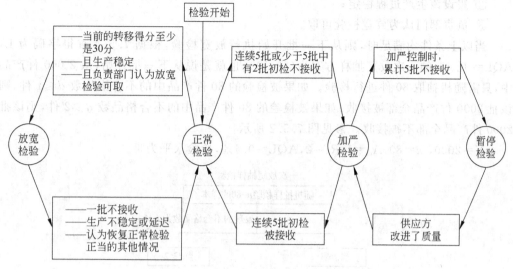

图 7.5.1　计数调整型抽样方案的转移规则

六、调整型抽样方案主检表的应用

由于调整型抽样方案所用的图表较多,下面主要介绍主表的应用,其他表均省略,必要时可以参考 GB/T 2828.1—2012/ISO 2859:1999 国家标准文件。下面用一个例子来介绍一次抽样方案。

例 7.5.1　已知产品交验批量 $N=2\,000$ 件,其合格质量水平 AQL=0.65%,选用检验水平Ⅲ。试求出正常、加严和放宽的一次抽样方案。

解　(1) 正常检验的抽样方案

根据所提供的资料:$N=2\,000$ 及检验水平Ⅲ,可从表 7.5.1 得知样本大小字码为 L。再由表 7.5.2 正常检验一次抽样方案表查得字码为 L 及 AQL=0.65% 的抽样方案为

$$n=200,\quad A_c=3,\quad R_e=4$$

(2) 加严检验的抽样方案

由于已知条件和正常检验相同,所以样本大小字码也是 L。再由表 7.5.3 加严检验一次抽样方案表查得字码为 L 及 AQL=0.65% 的抽样方案为

$$n=200,\quad A_c=2,\quad R_e=3$$

(3) 放宽检验的抽样方案

已知条件相同。

假设该产品在一次正常抽样检验中,有连续 10 批产品均被接收,且从这 10 批产品分别抽取的 10 个样本中的不合格品数分别为:1、0、1、2、1、1、0、2、1、1。查表 7.5.2 得加严一级的 AQL=0.4% 时,抽样方案为(200,2)。根据转移得分的计算,该 10 批产品检验后的转移得分分别为 3、6、9、12、15、18、21、24、27、30。故:

① 满足转移得分的要求;

② 假设该生产过程稳定；
③ 负责部门认为放宽检验可取。

当以上条件均满足时，则从下一批开始执行放宽检验，根据 7.5.4 查得字码为 L，AQL＝0.4％ 的一次放宽抽样方案为 (80,1)。也就是说从下一批开始，从 2 000 件产品中，只需随机抽取 80 件进行检验。如果被检验的 80 件产品中的不合格品数 $d \leqslant 1$ 件，则该批 2000 件产品全部被接收；如果被检验的 80 件产品中的不合格品数 $d \geqslant 2$ 件，则该批 2000 件产品全部不被接收。参见图 7.5.2 所示。

$N=2000, n=80, A_c=1, R_e=2$，AQL＝0.4％，检验水平为 Ⅲ。

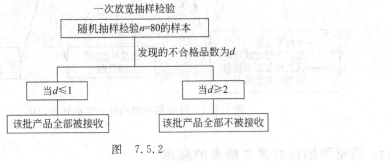

图 7.5.2

根据转换规则，这三个方案的转换条件和转换程序可用图 7.5.3 表示。

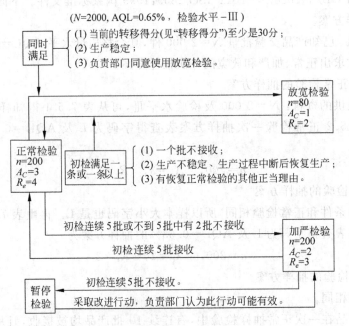

图 7.5.3

比较上述三个抽样方案，加严检验的合格条件比正常检验要严格。例如，在正常检验中，一个样本中发现有 3 件不合格品，则整批产品可以判为合格；但在加严检验中，则整批产品判为不合格。在放宽检验中，样本大小 n 是正常检验或加严检验的 2/5，所以，放宽检验的成本明显较低。

在抽样检验方案的主表中,如果根据样本字码和 AQL 值查到的位置出现箭头,那么就沿箭头方向查找 A_c 和 R_e。应该注意的是,在这种情况下,样本字码和样本大小也随之改变了。例如,在表 7.5.3 单次加严检验抽样方案中,如果字码为 D,合格质量水平 AQL 为 4%,那么沿箭头所示 A_c 为 1,R_e 为 2,字码变为 F,样本大小由 8 变为 20。

关于二次抽样方案和多次抽样方案,参见 GB/T 2828.1—2012/ISO 2859—1:1999 国家标准中的主表。抽样检验国家标准体系参见表 7.5.6。

表 7.5.6　抽样检验国家标准体系表

序	标准代号	标准名称
1	GB/T 2828.1—2012	计数抽样检验程序 第 1 部分:按接收质量限(AQL)检索的逐批检验抽样计划
2	GB/T 2829—2002	周期检验计数抽样程序及表(适用于对过程稳定性的检验)
3	GB/T 6378.1—2008	计量抽样检验程序 第 1 部分:按接收质量限(AQL)检索的对单一质量特性和单个 AQL 的逐批检验的一次抽样方案
4	GB/T 8051—2008	计数序贯抽样检验方案
5	GB/T 8052—2002	单水平和多水平计数连续抽样检验程序及表
6	GB/T 8054—2008	计量标准型一次抽样检验程序及表
7	GB/T 10111—2008	随机数的产生及其在产品质量抽样检验中的应用程序
8	GB/T 13262—2008	不合格品百分数的计数标准型一次抽样检验程序及抽样表
9	GB/T 2828.3—2008	计数抽样检验程序 第 3 部分:跳批抽样程序
10	GB/T 13264—2008	不合格品百分数的小批计数抽样检验程序及抽样表
11	GB/T 13546—1992	挑选型计数抽样检查程序及抽样表
12	GB/T 13732—2009	粒度均匀散料抽样检验通则
13	GB/T 13393—2008	验收抽样检验导则
14	GB/T 2828.4—2008	计数抽样检验程序 第 4 部分:声称质量水平的评定程序
15	GB/T 6378.4—2008	计量抽样检验程序 第 4 部分:对均值的声称质量水平的评定程序
16	GB/T 2828.2—2008	计数抽样检验程序 第 2 部分:按极限质量 LQ 检索的孤立批检验抽样方案
17	GB/T 2828.11—2008	计数抽样检验程序 第 11 部分:小总体声称质量水平的评定程序
18	GB/T 16306—2008	声称质量水平复检与复验的评定程序
19	GB/T 16307—1996	计量截尾序贯抽样检验程序及抽样表(适用于标准差已知的情形)
20	GB/T 2828.5—2011	计数抽样检验程序 第 5 部分:按接收质量限(AQL)检索的逐批序贯抽样检验系统

说明:本章主要为清晰地阐述抽样检验的基本理论,包括基本概念、原理和方法及范例,并不作为标准规范的依据。在实际实施中,则需根据具体情况参照相关的国家标准规范。

习 题

1. 过程平均不合格率 $\bar{p}$ 的实际意义是什么？
2. 试述单次、双次和多次抽样方案的基本程序。
3. 试分析抽样方案的"宽"和"严"对生产者和消费者的利益有什么影响。
4. 试分析 $C=0$ 的抽样方案是否合理。为什么？
5. 试述平均出厂质量 AOQ 和平均出厂质量极限 AOQL 的基本含义是什么。
6. 计数标准抽样方案的特点是什么？
7. 计数调整型抽样方案的特点是什么？
8. 假如取某产品不合格率的变化范围分别为

$$p=0.01, 0.02, 0.03, 0.04, 0.05, 0.06,$$

试做出一次抽样方案 $(100,10,0)$ 的 OC 曲线。

9. 假设由供求双方协商确定的抽样方案参数为

$$p_\alpha = 0.014, \alpha = 0.05;$$
$$p_\beta = 0.06, \beta = 0.05,$$

试求抽样方案 (n,c) 的数值，并做出 OC 曲线。

10. 在某外购件的验收抽样检验中，规定 AQL=1.5%，批量 $N=5000$ 件，检验水平为 Ⅱ，如果采用一次抽样检验，试求调整型正常、加严和放宽的三个抽样方案。

第八章 质量的经济性与质量成本管理

质量的经济性,就是追求产品(有形或无形)在整个生命周期内给生产者、消费者(客户或相关方)以及整个社会带来的总损失最小。所以说,质量的经济性是质量的重要特征,而质量成本是产品质量经济性的重要体现。

第一节 质量效益与质量损失

一、质量效益与质量损失的关系

在企业的经营活动中把提高经济效益作为企业经营的主要目标,这已经成为企业界人士的共识。企业的经济效益同许多因素有关,企业的产品质量和质量管理水平是其中的关键因素之一。许多世界级企业实际上是在运作质量效益型管理模式,并取得了成功的经验。如果把提高经济效益作为目标,则产品质量就是最根本的基础。难以想象,一个产品质量低劣的企业,能有好的经济效益。

"提高经济效益的巨大潜力蕴藏在产品质量之中",专家之言已经被世界许多企业的成功经验所证实。只有减少与质量有关的损失对效益才有贡献,损失和效益是对立的统一体。目前,这种观念正日益被企业和全社会所接受。全世界的许多国家和地区都在努力开展减损活动,并且已经取得了良好的效果。美国著名质量管理专家朱兰(J. M. Juran)在他主编的《质量控制手册》一书中形象地说:"在次品上发生的成本等于一座金矿,可以对它进行有力的开采。"我国的实践也充分证明了这一说法的正确性。据某市某年对500多个企业的调查统计表明,在一年中由于开展减损活动,使企业的合格品率、等级品率都有了一定的提高,减少损失约1亿多元,开采了"矿中黄金"。20世纪80年代以来,世界范围内众多的企业都在致力于开采"矿中黄金"。例如,摩托罗拉曾提出以下"改进10倍方案":

- 按销售额的百分比计算,每年减少质量成本10%;
- 内外损失成本由1∶4降为1∶2;
- 顾客满意指数从96%改善至98%;等等。

生产过程中的不良品损失,是属于企业内部的质量损失范畴,不良品损失犹如水中冰山,暴露在水上面的显见比例并不大,而大部分隐患和损失都潜在水面下。如图 8.1.1 所示。实际上,质量损失应该包括产品在整个生命周期过程中,由于质量不满足规定要求,对生产者、使用者和社会所造成的全部损失之和。它存在于产品的设计、制造、销售、使用直至报废的全过程中,涉及生产者、使用者和整个社会的利益。

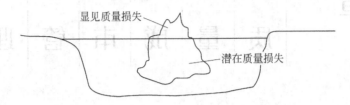

图 8.1.1　企业潜在质量损失

1. 生产者的损失

（1）有形损失

生产者的质量损失包括因质量不符合要求,在出厂前和出厂后两方面的损失。其中既包括有形的损失,也包括无形的(隐形的)损失。有形损失是指可以通过价值计算的直接损失,如废品损失、返修损失,销售中的包装修理、退货、赔偿、降级降价损失,辅助生产中的仓储、运输及采购中的某些损失等。据有关资料统计,生产和销售中的损失约占总损失的 90%,其中废次品、返修、返工、包装不良等又是主要因素。20 世纪 80 年代以来,在世界范围开展的"无缺陷生产""零公差生产""ppm 级"等管理方法,在减少生产者损失以及最终减少消费者损失方面取得了成功。进入 20 世纪 90 年代,以摩托罗拉、ABB 和通用电气(GE)为代表的世界级企业积极推行六西格玛方法,在减少过程波动,减少缺陷,增加产出方面成效显著。

（2）无形损失

生产者损失除了上述有形损失外,还存在另一部分所谓无形损失。例如,由于产品质量不好,影响企业的信誉,使订货量减少,市场占有率降低。这种损失是巨大的,且难以直接计算,对于企业的影响,可能是致命的,有时会产生导致企业破产的严重后果。

另外还有一种无形损失,就是不合理地片面追求过高的质量,不顾用户的实际需要,制定了过高的内控标准,通常称为"剩余质量"。这种剩余质量无疑会使生产者花费过多的成本,那些不必要的投入造成了损失。为减少这种损失,在产品开发设计时必须事先做好认真的调查,制定合理的质量标准,应用价值工程的理论,进行深入的价值分析,减少不必要的功能,使功能与价格相匹配,以提高质量的经济性。事实上,提高质量水平,就可能要增加投入,这样必然会使成本增加,从而导致价格的提高。而价格的提高,可能会使产品在投放市场后失去价格优势。

（3）机会损失

在无形损失中,通常存在着机会损失。所谓机会损失,是在质量管理范畴中求最优的概念。在质量形成的各个阶段,都存在着质量优化的机会,例如,寻求设计中的最佳寿命周期、最佳产品性能质量水平,寻求制造中的"零缺陷"、最佳过程能力指数、产品的最佳保修期等。上述类似最佳值会带来最佳效益,而实际效益与最佳效益之差就称为机会损失。

2. 消费者（或用户）的损失

消费者损失是指产品在使用过程中，由于质量缺陷而使消费者蒙受的各种损失。如使用过程中造成人身健康、生命和财产的损失，能耗、物耗的增加，人力的浪费等。使用中由于产品质量缺陷造成停用、停工、停产、误期或增加大量维修费用等损失，都属消费者的质量损失。至于假冒伪劣产品，毫无疑问，也会给消费者带来不同程度的损失。我国《产品质量法》《消费者权益保护法》等法律法规，规定了对消费者的损失给予全部或部分赔偿，其目的在于避免或减少消费者的质量损失，保护消费者的利益。

应该指出的是，消费者损失中也有无形损失和机会损失，例如，功能不匹配就是最典型的一种。人们在生活或工作中常有这样的经验：买到一双鞋，穿了一段时间鞋面已经破了，而鞋底还是完好的；买一件衣服，穿了一段时间以后，前后身还完好无损，领子和袖口就破了。在其他类型的工业产品中，这种情况也不少见。例如，仪器的某个组件失效，又无法更换，而仪器的其他部分功能正常，最后也不得不整机丢弃或销毁处理，给消费者或用户造成经济损失。这就是产品的各组成部分功能不匹配的缘故。从质量的经济性出发，在开始设计一种寿命为 25 年的汽车时，最理想的状态是所有零部件的寿命都是 25 年或接近 25 年，实际上又是做不到的。所以通常的设计原则是，对于那些易损零部件的耐用期，尽量与整机的寿命或大修周期相等或使整机寿命与零部件的耐用期成整倍数的关系，其目的是减少功能不匹配的无形损失。值得注意的是，这类无形损失是相当普遍存在的，只是很多人尚未意识到或者熟视无睹而已。

3. 社会的损失

生产者和消费者损失，广义来说，都属于社会损失；反之亦然，社会损失最终也是对个人造成的损失。如图 8.1.2 所示。我们这里所说的社会损失是指由于产品缺陷对社会造成的公害和污染，对环境和社会资源的破坏和浪费以及对社会秩序、社会安定的不良影响等。例如，交通运输设备（飞机、汽车、轮船）每年因质量缺陷（非质量缺陷原因者除外）造成巨大的人身伤亡事故，工厂设备不符合标准而造成的污染使动植物受害或造成庄稼、树木枯死，严重破坏生态平衡的工程设施等。当然，因产品质量不好所造成的社会资源的破坏和浪费，其损失就更大了。例如，轴承是常用的机器零件，其寿命则是它的重要质量指标。假如某种规格的汽车轴承原设计的实际使用寿命为 1 000 小时，现在，假设采用了质量改进的新工艺，使轴承寿命达到了 2 000 小时，这本身就是一种极大的节

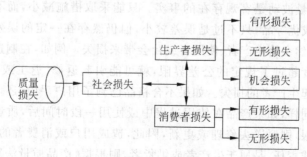

图 8.1.2 质量损失构成

约。包括人、财、物等诸多方面的投入,都由于产品质量的提高而显著减少了。产品在用户使用过程中集中反映了所发生的社会损失,例如,大量能源耗费,这可能比提高轴承寿命所需的成本大得多。例如,现在有 A、B 两家轮胎厂,具有相同的计划:年产 200 万个轮胎。经年终统计,A 厂生产了 210 万个,完成总产量的 105%,超产 5%。劳动生产率完成了 103%,超额 3%。经检验 A 厂的轮胎平均能跑约 35 000 千米,相应地 B 厂生产了 200 万个轮胎,总产量和劳动生产率都完成计划的 100%,因此,B 厂得到明显少于 A 厂的销售收入。但是 B 厂的产品质量好,经检验轮胎平均能跑 40 000 千米。如果不考虑质量的社会效益,很明显,A 厂比 B 厂的经济效益好,因为它多生产了 10 万个轮胎。但是如果考虑到耐用率这一质量指标,则实际上少生产 10 万个轮胎的 B 厂是成功的,因为,B 厂的社会效益好。我们稍加计算和分析就会发现,A 厂生产的 210 万个轮胎能跑 735 万千米,而 B 厂生产的 200 万个轮胎能跑 800 万千米。事物的表面是 B 厂比 A 厂少生产 10 万个轮胎,但是,事物的实质是 B 厂不仅节约了生产 10 万个轮胎的投入,而且和 A 厂相比还能多跑 65 万千米。如果按 A 厂轮胎平均寿命 3 500 千米计算,在上述条件下,相当于 B 厂比 A 厂多生产了 185 000 多个轮胎,而且节约了相应的材料、能源和劳动耗费。这个例子充分说明,质量对人类资源的利用和对社会效益的贡献所在。不难看出,如果用同样的消耗生产出高质量的产品,就相当于工厂超额完成了生产任务,不但提高了经济效益,而且造福于人类。对于企业来说,提高产品质量、降低消耗、增加效益是统一体。

二、质量的波动与损失函数

1. 质量特性的波动性质

从生产者出发,产品质量的好坏最终用质量特性来描述,对质量特性测量的数值称为质量特性值。不同的产品有不同的质量特性,通常表现为:功能、寿命、精度、强度、可靠性、可维修性、经济性、物理、化学、机械性能等。同一批产品,即使是由同一操作者,用同样的材料、设备、工具,在相同的环境下制造出来的,其质量特性值或多或少总会有所差别,而不可能保持绝对一致。通常,即使制造出来一批差异极小的产品,在使用过程中,特别是使用一段时间以后,其性能也会发生变化,这就是在第五章中讨论过的质量的波动。

2. 质量波动的损失

如上所述,质量波动是客观存在的事实。只能采取措施减小,而不能完全消除。通常所谓的合格品或优等品,只不过是误差较小,但仍然存在一定的误差。不管是什么原因引起的波动,必然会给生产者、使用者或社会带来损失。例如,在制造产品时如果质量特性值的波动幅度超过了规定的公差界限,就可能引起返修、返工或报废,甚至引起停工、停产,必然引起生产者的损失。如果不合格品已到了用户手中,还可能要引起索赔直至法律的惩罚。同样,如果产品在使用过程中或使用一段时间后,质量的波动幅度超过了使用的规格界限,则要送去修理或更新,因此,造成用户或消费者的损失。当然,如果这种波动的原因或责任,是属于生产者或供货者,则根据《产品质量法》或《消费者权益保护法》,生产者或供货者要承担全部或部分损失。但对消费者或多或少总是要造成损失的,至少也会造成时间耗损和精神耗损,而时间和精力也是人类的宝贵资源。

关于质量波动的原因和规律在第五章已作过介绍。不管是使用时的内部干扰或外部干扰,还是制造时的偶然原因或异常原因,我们总可以把它们归纳为规律性原因和随机性原因两种。根据数理统计学的基本原理和方法加以识别,一旦找出其原因,就可以采取措施消除这些原因。如图纸尺寸标错了,可加以纠正;配方配料错了可以重配;设备或工装调整错误,可以重新进行调整;刀具磨损了,可以更换或根据磨损曲线的规律设计补偿装置进行调整;等等。

3. 质量波动的损失函数

前面已经说明,质量波动会给生产者、消费者及社会带来损失,下面我们要进一步讨论这种波动与损失的关系,并找出它们的规律。众所周知,产品在设计、制造时,对其各种质量特性,总是要分别规定合适的中心值作为理想的目标值,达到这个目标值时,损失最小。假设理想的质量目标值为 m;但在制造和使用中,不可能正好达到 m 值,总是有一定偏差,这就是所说的波动。偏离 m 值时,就会有损失,损失的大小同偏差的大小有一定关系。即使制造时未超过允许的公差,属于合格品,其偏差越大,在使用时其波动的幅度就越大,超过其使用规格界限而造成的损失也越大。日本的质量专家田口玄一,通过研究,提出了损失函数的数学表达式,即为

$$L(y) = k(y-m)^2 = k\sigma^2 \qquad (8.1.1)$$

式中:$L(y)$——当质量特性值为 y 时的波动损失;

y——实际的质量特性值;

m——理想的目标值,$(y-m)$ 为偏差;

σ——质量波动(或变异)时的标准差;

k——一比例常数。

此函数式的几何意义是代表了对称的二次曲线,如图 8.1.3 所示。图中 Δ 为偏差,此处假定 $y=m$ 时,损失最小,并令其为零。

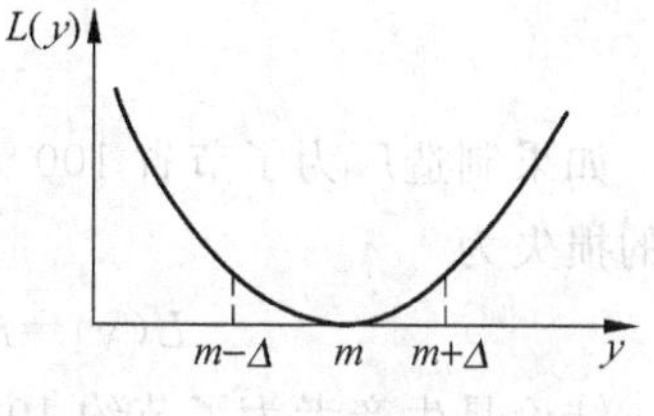

例 8.1.1 若加工某一零件,尺寸偏差 Δ 超出 ± 5 (μm)时,则规定要求返修,其损失为 $A=600$ 元,求损失函数 $L(y)$。

解 根据式(8.1.1)有

$$600 = k(y-m)^2$$

经整理得:$k = \dfrac{600}{(y-m)^2} = \dfrac{600}{5^2} = 24$

图 8.1.3 损失函数的曲线

故得损失函数为

$$L(y) = 24(y-m)^2$$

例 8.1.2 设计一个电源装置,规定输出电压的目标值为 $m=200V$,当实际输出电压超过 $m\pm 15V$ 时,电源则不能使用,将造成用户损失 3 200 元,求 $L(y)$。

解 常数 k 为

$$k = \dfrac{3\ 200}{(y-m)^2} = \dfrac{3\ 200}{15^2} = 14.2$$

故得损失函数为

$$L(y) = 14.2(y-m)^2$$

第二节 改进质量经济性的策略

改进质量经济性有诸多方面的途径,例如,提高产品或服务的总体质量水平、节约原材料、降低消耗、改进设计和工艺等,这些都是人们所熟知的。然而另有一些普遍存在的深层次问题,人们往往不甚了解,因此,容易被忽视。作为一种思考性提示,下面讨论三个有关的问题。

一、企业标准的质量经济性

通常,国外不少公司在制造中所规定的公差标准(称为内控标准)比行业标准,甚至国际标准还要严格,这是否必要?是否经济合理呢?回答是肯定的。因为公司所采取的策略,提高了产品质量,使其产品更具竞争的优势,同时,社会效益显著。现在借助于图 8.2.1 对上述结论加以分析。

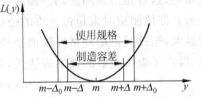

图 8.2.1 制造容差与使用规格

Δ_0 为使用规格界限,Δ 为制造时允许容差界限,显然有 $\Delta < \Delta_0$。

由上节例 8.1.2 知,损失函数为
$$L(y) = 14.2(y-m)^2$$

假设在电源制造中,发现输出电压只有 190V,比目标值低 10V,此时制造厂为达到 200V 的要求,则要进行修理。假定发生的修理费损失为 100 元,此时可求出制造时的允许容差为

$$y = m \pm \sqrt{\frac{L(y)}{k}} = 200 \pm \sqrt{\frac{100}{14.2}}$$
$$= 200 \pm 2.65 \text{V}$$

如果制造厂为了节省 100 元返修费,允许此目标值低 10V,按合格出厂,则对用户造成的损失为

$$L(y) = k(y-m)^2 = 14.2 \times 10^2 = 1\,420 \text{(元)}$$

结论是生产者为了节约 100 元,给用户造成 1 420 元损失,相差 14.2 倍,从社会效益考虑,显然是不合理的。由此可知,一般说,制造时的允许容差比使用时的允许容差要小,它们的关系应该是

$$\Delta = \sqrt{\frac{A}{D}} \Delta_0 \tag{8.2.1}$$

式中:A——工厂制造时出现不合格的损失;

Δ_0——产品使用时失去机能的允许容差(或规格界限);

D——产品失去机能时对用户造成的损失;

Δ——制造时的允许容差。

如上节例 8.1.2 $A=100$ 元,$\Delta_0=15$V,$D=3\,200$ 元。故有

$$\Delta = \sqrt{\frac{A}{D}}\Delta_0$$
$$= \sqrt{\frac{100}{3\,200}} \times 15 = 2.65\text{V}$$

故制造时的允许容差应为 $200\pm2.65\text{V}$，它比使用界限 $200\pm15\text{V}$ 要小得多。

二、质量特性值服从正态分布的经济性

前面已经提到，如果工序或生产系统处于统计控制状态，即消除了异常因素的影响，而只受随机因素的作用，则质量特性值（主要指计量值）大多服从正态分布。当质量特性值服从正态分布时，能使产品具有更好的经济性。

如图 8.2.2 所示，设有 A、B 两个工厂，按同一标准设计、制造同种产品，由于生产条件及控制程度不同，所以 A 厂和 B 厂生产出来的产品，质量特性值的分布性质不同。图 8.2.2 中实线表示 A 厂的质量特性值分布，其形状基本上是服从以目标值 m_0 为中心的正态分布，标准差为 $\sigma_A=10/6$。当制造公差为 $m_0\pm5$ 时，则过程能力指数为

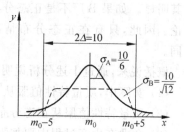

图 8.2.2 不同分布的经济性

$$C_p = \frac{2\Delta}{6\sigma_A} = \frac{10}{6\times\frac{10}{6}} = 1$$

由"3σ"原则可知 A 厂产品的不合格率大致为 0.27%。如图 8.2.2 所示，质量特性值落在 $m_0\pm5$ 范围内的概率为 99.73%；虚线表示的为 B 厂的产品质量特性值分布，可以看出，此分布呈均匀分布形状，根据数理统计学原理，其分布的标准差约为 $10/\sqrt{12}$，其产品不合格率几乎等于零。

如果将 A 厂和 B 厂的产品作一比较，尽管 B 厂的不合格率比 A 厂小，但从质量水平来看，A 厂却优于 B 厂。一个内行的购买者，如果想购买一批产品（而不是一个产品），一定会购 A 厂的产品，因为 A 厂的产品小误差比例比 B 厂高，其原因在于 A、B 两厂的质量特性值分布性质有本质不同。A 厂的产品测量值是正态分布，因此有更大比例的产品接近理想的目标值 m_0，因此在使用中其损失较小。远离目标值 m_0 的质量特性值大致为 0.27%，而这 0.27% 的产品还可以通过检验筛选后去除。必须认识到，m_0 是理想的目标值，越接近目标值 m_0 的产品，质量当然越好，这一点必须有正确的认识。由正态分布的特点可知，A 厂产品的质量特性值离理想目标值的距离及其相应的比例分别为

$$m_0\pm1\sigma_A = m_0\pm\frac{10}{6}\text{者} \qquad 68.27\%$$

$$m_0\pm2\sigma_A = m_0\pm\frac{10}{3}\text{者} \qquad 95.45\%$$

$$m_0\pm3\sigma_A = m_0\pm\frac{10}{2}\text{者} \qquad 99.73\%$$

为了进行比较,对 B 厂为均匀分布的产品进行上述类似计算,其结果为

$$m_0 \pm 1\sigma_B = m_0 \pm \frac{10}{\sqrt{12}} 者 \qquad 33.3\%$$

$$m_0 \pm 2\sigma_B = m_0 \pm \frac{20}{\sqrt{12}} 者 \qquad 66.6\%$$

$$m_0 \pm 3\sigma_B = m_0 \pm \frac{30}{\sqrt{12}} 者 \qquad 100\%$$

对比后,可明显看出 A、B 两厂产品质量水平,就其接近理想目标值 m_0 来说,差距极其明显。如果 B 厂不是正态分布,但也不是均匀分布,而是其他分布,也可得到同样结论。因此,只有在正态分布情况下,才具有最好的经济性。当然其他边界条件要相同。

概括说来,通过上述分析说明以下三个问题:
(1) 实际中,质量特性值服从正态分布的 A 厂产品质量水平比较高;
(2) 质量特性值服从正态分布的产品具有更好的经济性;
(3) 企业在生产过程中要加强管理,消除异常因素的影响,使生产过程处于统计控制状态。

三、分散程度的质量经济性

从损失函数式(8.1.1)可以看出,在其他条件相同情况下,标准差 σ 越小,其损失就越小。由正态分布的特点可知,正态分布有两个主要参数,一个是平均值 μ(为 m_0 的数学期望),一个是标准差 σ。标准差反映了质量特性值的分散程度(在本书第五章已介绍过有关内容),标准差越小,则意味着精度越高,产品质量特性值接近目标值。这一点从图 8.2.3 可以看出。

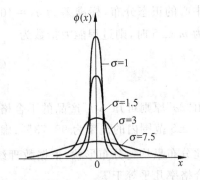

图 8.2.3 标准差不同的分布曲线

为了说明分散程度,即总体标准差对质量损失的影响,可以由图 8.2.4 明显地看出,当标准差 σ 变小时,质量损失按二次曲线规律变小。

四、目标值 m_0 的质量经济性

从图 8.2.4 可以看出,如果保持 m_0 稳定不变,不断地进行质量改进,特别是加强对工序质量的管理和控制,减小偶然性因素的影响,使质量特性值的离散性变小,则质量的经济性将不断提高,这个过程可由图 8.2.5 明显地看出。

由图 8.2.5 可以看出,要实现质量的不断改进,由位置 A 到达理想的位置 B,则应做好以下几项工作。

1. 在设计时合理确定 m_0 的大小

m_0 的确定实际上就是产品质量特性参数的优化设计问题。这个优化设计不仅有产品使用和技术上的要求,而且要考虑到它的经济性。从前面的论述,我们可以看出,所谓

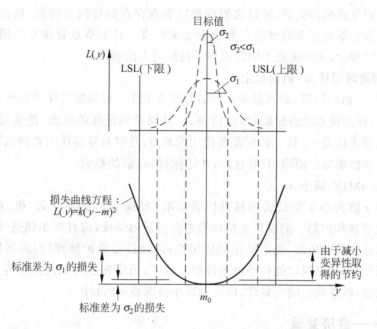

图 8.2.4 标准差 σ 对质量损失的影响

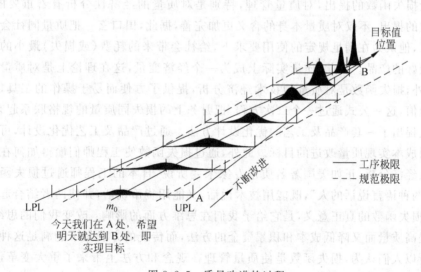

图 8.2.5 质量改进的过程

产品质量的经济性,就是追求产品在整个寿命周期内,给生产者、消费者(或用户)以及整个社会带来的总损失最小。为此,在确定 m_0 的大小时,要做可靠的经济分析和论证,以便选择最佳的 m_0 值。例如,就产品本身的寿命(或耐用度)来说,其考虑的原则可能因产品不同而有很大差异。有的产品要求经久耐用,寿命越长越好;有的产品要求按最经济的寿命设计,这个最经济的寿命,不仅要考虑到制造成本和使用成本的大小,还要考虑技术进步的影响,如同类新产品出现的周期和技术更新的速度;另外有些产品,属于一次性寿命范畴,例如,熔断器等。还有些更复杂的情况,即在确定某一质量特性值的 m_0 时,同其他特性值相互影响和关联，所以它们的确定客观存在最佳组合问题，往往要应用统计理论和正交设计等更复杂的试验和数学方法来解决。日本质量管理专家田口玄一教授的"三次设计"理论，为解决此类问题提出了良好的方法和工具。

2. 在制造时保持 m_0 值的稳定

为保持 m_0 值的稳定，必须做好生产前的准备工作。如加强工序的管理，做好生产过程中的控制，保持技术状态的稳定，把设备、工具调整到最佳的状态，使质量特性值的分布中心 μ 达到或接近 m_0 值。特别是要使用控制图，及时对异常性因素的出现实行报警，以便及时采取措施加以消除，只有这样，才能保持 m_0 值的稳定。

3. 改善 4M1E，减小 σ

标准差 σ 的大小主要是受偶然性因素影响，要减小 σ，必须对人、机、料、法、环（即 4M1E）强化管理和控制。能够防止出现异常性因素的干扰，而且减小偶然性因素影响的程度。如加强操作者培训，提高操作的稳定性；加强设备维护修理，提高运转精度，减少其振动的幅度；保持材料性能和环境条件的一致性；采用先进的工艺方法等。总之，不断实行质量改进，改善质量的变异性，以达到减小标准差 σ 的目的。

五、质量——经济变量

质量损失函数的提出，对质量管理，特别是对质量的经济性分析有着重要的价值。这一函数的提出，不仅对质量本身的含义更加完善，据此，田口玄一把质量同社会的耗费联系起来，他认为在满足规定的使用要求下，给社会带来的耗费（或损失）最小的产品就是质量最好的产品。因此，质量实际上成为一个经济变量，这在理论上是对质量含义的拓宽；此外，损失函数是对质量的技术经济分析，提供了方便而易于操作的工具，有良好的实用价值，这一公式通过一个二次方程，把财务上的损失同质量的规格联系起来，并在此基础上提出了一套产品及工艺的优化设计方法。通过产品及工艺优化设计，可以达到用较低的成本实现质量改进的目标。此外，通过损失函数使工程师们懂得如何在技术工作中注意经济分析，正如美国著名质量专家朱兰所说，日本的工程师通过损失函数变成了"能用两种语言说话的人"，既能用技术说话，又能用货币说话，并使两者结合起来。他还认为，损失函数的真正意义，是它给予我们在思维方面的影响：改变我们的思维方式，改变为提高质量而又降低成本和积累资金的方法，而传统的方法是不能满足这种偿付规则的。所以人们认为，损失函数是使质量管理在观念和方法上带来了重大变革，从而进入了一个所谓成本导向的质量管理新阶段。

第三节　质量成本的基本概念

一、质量成本的由来

20世纪50年代，美国质量管理专家朱兰和费根堡姆等人首先提出了质量成本的概念，进而把产品质量同企业的经济效益联系起来，这对深化质量管理的理论、方法和改变企业经营观念都产生了重要的影响。人们开始认识到，产品质量对企业经济效益的影响至关重要,从长远看更是如此。因此必须从经营的角度衡量质量体系的有效性,而质量成本管理的重要目的正是为评定质量体系的有效性提供手段,并为企业制订内部质量改进计划、降低成本提供重要依据。此后,质量成本管理在世界上许多国家,特别是欧美国家的公司中迅速地开展起来。例如,美国的商用机器公司、通用电气公司、国际电报电话公司等都相继建立了质量成本管理系统,欧洲许多公司也是如此。我国在20世纪80年代初期,开始引进并在企业中推行质量成本管理。进入21世纪,随着六西格玛的广泛应用,开展了基于项目不良质量成本(劣质成本)分析,我国陆续颁布了相应的国家标准,如GB/T 13339—91《质量成本管理导则》。目前,在全世界推行质量成本管理的企业,数以万计,大部分都取得了良好的效益。一些企业或整个行业,建立并不断完善质量成本管理的制度和标准,同时积累了丰富的经验。

通常,质量成本管理的实施分为两个阶段。

1. 建立质量成本测量系统

(1) 结合本企业的实际情况,普及宣传质量成本的含义与管理的内容,并强调其重要意义;

(2) 建立质量成本的项目,落实各组织的职能,按质量成本项目收集质量费用数据,归纳汇集质量成本的资料,得出各分类科目和质量总成本的大小;

(3) 与预定的质量成本(计划成本)相比较,找出差距,查明原因,写出分析报告与改进建议,供领导和有关部门作为决策的依据。

2. 建立质量成本管理的组织体系

包括三项基本内容:

(1) 建立质量成本管理工作系统

质量成本管理是一项很复杂的系统工程,它涉及企业的许多部门和人员,它需要所有与质量成本有关的部门共同努力和协同合作。因此,建立质量成本管理的组织体系,明确规定各职能部门和有关人员的职责范围,形成一个统一的、协调的工作网络,是质量成本管理顺利进行的必要条件。通常,这个组织体系应由最高管理者领导,由主要业务主管,包括总工程师(或总质量师)、总会计师、总经济师等主要负责人组成领导小组,由质量管理部门协调,以财务部门为主,有关部门和单位参加的工作系统。

(2) 明确各主要部门和人员的职责范围

最高管理者(或经理)对企业(或公司)开展质量成本管理负主要责任;其他业务主管或总工程师或者是总质量师协助最高管理者负责质量成本管理的具体领导工作;总会计师负责质量成本核算的领导工作;总经济师负责将质量成本指标纳入计划和经济责任制考核;质量管理部门对质量成本管理负有组织、协调、监督、控制和综合管理职责;财会部门负责归口核算,从财务角度开展质量成本分析,并提出分析报告;质量检验部门负责按期填报内部损失报表和鉴定成本报表,提供内部损失的主要信息;销售部门负责填报外部损失成本、报表,提供外部损失的主要情况;其他例如工艺技术部门、计划部门、基层生产单位等,根据其工作特点和性质,分别规定其职责范围。

(3) 制定统一协调的工作程序网络

使各种数据、各项报表和各个环节所进行的活动,能按一定程序有条不紊地进行,致使上下左右关系,来龙去脉非常明确清楚,理顺各部门之间的关系,使质量成本管理工作能顺利地开展。

二、质量成本的含义

质量成本(quality cost)也称质量费用。迄今为止,对质量成本有两种理解。其一,质量成本是实现质量的成本;其二,质量成本是由于不良的质量而引发的额外成本,本书则强调后者。实践证明,在这个意义上对有关成本项目进行评估,对于降低成本,增加效益有明显改进。

成本的概念并不是新概念,每个企业都要进行成本管理和核算。企业中常见的成本类型有生产成本、销售成本、运输成本、设计成本等,也可以分为工厂成本、车间成本或分为可变成本、不变成本等类。但是,质量成本不同于其他成本概念,有它特定的含义,很多人还是不熟悉的,甚至根本不知道。曾经有过错误观念,认为一切与保持和提高质量直接或间接有关的费用,都应计入质量成本,结果导致管理上的混乱,成本项目设置很不规范,使企业之间缺少可比性。例如,有的企业把技术改造、设备大修、职工一般培训、新产品开发设计,甚至把托儿所的费用都一起计入质量成本之中,因为这些费用总可以找到它们直接或间接与保持和提高质量的关系。实际上这样计算出来的质量成本与生产总成本没有多少区别。

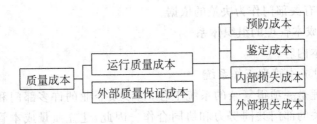

图 8.3.1　质量成本的构成

质量成本是由两部分构成,即运行质量成本和外部质量保证成本。而运行质量成本包括:①预防成本;②鉴定成本;③内部损失成本;④外部损失成本。其构成如图 8.3.1 所示。

三、质量成本的费用组成

1. 运行质量成本

(1) 预防成本

致力于预防产生故障或不合格品所需的各项费用。大致包括:

① 质量工作费(企业质量体系中为预防发生故障,保证和控制产品质量,开展质量管理所需的各项有关费用);

② 质量培训费;

③ 质量奖励费;

④ 质量改进措施费;

⑤ 质量评审费;
⑥ 工资及附加费(指从事质量管理的专业人员);
⑦ 质量情报及信息费等。

(2) 鉴定成本

评定产品是否满足规定质量要求所需的费用,鉴定、试验、检查和验证方面的成本。一般包括:

① 进货检验费;
② 工序检验费;
③ 成品检验费;
④ 检测试验设备的校准维护费;
⑤ 试验材料及劳务费;
⑥ 检测试验设备折旧费;
⑦ 办公费(为检测、试验发生的);
⑧ 工资及附加费(指专职检验、计量人员)等。

(3) 内部损失成本

在交货前产品或服务未满足规定的质量要求所发生的费用。一般包括:

① 废品损失;
② 返工或返修损失;
③ 因质量问题发生的停工损失;
④ 质量事故处理费;
⑤ 质量降等、降级损失等。

(4) 外部损失成本

交货后,由于产品或服务未满足规定的质量要求所发生的费用。一般包括:

① 索赔损失;
② 退货或退换损失;
③ 保修费用;
④ 诉讼损失费;
⑤ 降价损失等。

以上各种费用属于运行质量成本范畴。

2. 外部质量保证成本

在合同环境条件下,根据用户提出的要求,为提供客观证据所支付的费用,统称为外部质量保证成本。其项目包括:

(1) 为提供特殊附加的质量保证措施、程序、数据等所支付的费用;
(2) 产品的验证试验和评定的费用,如经认可的独立试验机构对特殊的安全性能进行检测试验所发生的费用;
(3) 为满足用户要求,进行质量体系认证所发生的费用等。质量成本没有权威性定义,只存在国际范围的认同。美国质量管理专家 H. 詹姆斯·哈林顿博士有这样的观点:为使人们避免产生高质量产品就需要高质量成本的误解,建议把质量成本改名为"质量不良成本"。此外,国内已经习惯把故障成本称为损失成本。本书统一采用国家技术监督局发布实施的 GB/T 19000—ISO 9000《质量管理和质量保证系列标准》的术语概念。

根据以上关于质量成本的定义及其费用项目的构成,有必要将现行的质量成本做以下说明,以明晰质量成本的边界条件。

① 它只是针对产品制造过程的符合质量而言的。也就是说,在设计已经完成、标准和规范已经确定的条件下,才开始进入质量成本计算。因此,它不包括重新设计和改进设计以及用于提高质量等级或质量水平而支付的那些费用。

② 质量成本是指在制造过程中那些同出现不合格品密切联系的费用。例如,预防成本就是预防出现不合格品的费用,鉴定成本是为了评定是否出现不合格品的费用,而内、外故障成本是因产品不合格而在厂内阶段或厂外阶段所产生的损失费用。可以这样理解,假定有一种根本不可能出现不合格品的理想式生产系统,则其质量成本为零。事实上,这种理想式生产系统是不存在的,在生产过程中由于人、机、料、法、环等各种因素波动的影响,或多或少总会出现一定的不合格品,因而质量成本是客观存在的。

③ 质量成本并不包括制造过程中与质量有关的全部费用,而只是其中的一部分。这部分费用是制造过程中同质量水平(合格品率或不合格品率)最直接、最密切、最敏感的那一部分费用。诸如,工人生产时的工资或材料费、车间或企业管理费等,均不计入质量成本中,因为这是正常生产前所必须具备的条件。计算和控制质量成本,是为了用最经济的手段达到规定的质量目标。

④ 质量成本的计算,不是单纯为了得到它的结果,而是为了分析,在差异中寻找质量改进的途径,达到降低成本的目的。

应当指出,质量成本属于管理会计的范畴,因此,它对企业的经营决策有重要的意义。

四、质量成本项目的设置

设置质量成本项目的原则是根据质量成本的定义。在如前所述质量成本费用项目组成的基础上,按照企业的实际情况以及质量费用的用途、目的、性质而定。由于不同行业的企业生产条件具有不同的特点,所以具体成本项目可能不尽相同,但基本上是大同小异。同时,在设置具体质量成本项目的时候,还要考虑便于核算和正确归集质量费用,使科目的设置和现行会计核算制度相适应,符合一定的成本开支范围,并和质量成本责任制相结合,做到针对性强,目的明确,便于施行。

1. 国外质量成本项目设置情况

为便于大家参考,根据国外的实践经验,在表 8.3.1 中列举了国外几种具有代表性的质量成本项目设置情况。

表 8.3.1　国外质量成本项目名称对比表

	美国（费根堡姆）	美国（丹尼尔·M.伦德瓦尔）	瑞典（兰纳特·桑德霍姆）	法国（让·马丽·戈格）	日本（市川龙三氏）
预防成本	1. 质量计划工作费用 2. 新产品的审查评定费用 3. 培训费用 4. 工序控制费用 5. 收集和分析质量数据的费用 6. 质量报告费	1. 质量计划工作费用 2. 新产品评审费用 3. 培训费用 4. 工序控制费用 5. 收集和分析质量数据的费用 6. 汇报质量的费用 7. 质量改进计划执行费用	1. 质量方面的行政管理费 2. 新产品评审费 3. 质量管理培训费 4. 工序控制费 5. 数据收集分析费 6. 推进质量管理费 7. 供应商评价费	1. 审查设计 2. 计划和质量管理 3. 质量管理教育 4. 质量调查 5. 采购质量计划	1. 质量管理计划 2. 质量管理技术 3. 质量管理教育 4. 质量管理事务
鉴定成本	1. 进货检验费 2. 零件检验与试验费 3. 成品检验与试验费 4. 测试手段维护保养费 5. 检验材料的消耗或劳务费 6. 检测设备的保管费	1. 来料检验 2. 检验和试验费用 3. 保证试验设备精确性的费用 4. 耗用的材料和劳务	1. 来料检验 2. 工序检验 3. 检测手段维护标准费 4. 成品检验费 5. 质量审核费 6. 特殊检验费	1. 进货检验 2. 制造过程中的检验和试验 3. 维护和校准 4. 确定试制产品的合格性	1. 验收检查 2. 工序检查 3. 产品检查 4. 试验 5. 再审 6. PM（维护保养）
		5. 存货估价费用			
内部损失成本	1. 废品损失 2. 返工损失 3. 复检费 4. 停工损失 5. 降低产量损失 6. 处理费用	1. 废品损失 2. 返工损失 3. 复检费用 4. 停工损失 5. 产量损失 6. 处理费用	1. 废品损失 2. 返工费用 3. 复检费用 4. 降级损失 5. 减产损失 6. 处理费用 7. 废品分析费用	损失成本： 1. 废品 2. 修理 3. 保证 4. 拒收进货 5. 不合格品的处理	损失成本： 1. 出厂前的不良品（报废、修整、外协中不良设计变更） 2. 无偿服务 3. 不良品对策
外部损失成本	1. 处理用户申诉费 2. 退货损失 3. 保修费 4. 折价损失 5. 违反产品责任法所造成的损失	1. 申诉管理费 2. 退货损失 3. 保修费用 4. 折旧费用	1. 受理顾客申诉费 2. 退货损失 3. 保修费 4. 折扣损失费		

由表 8.3.1 共 10 种设置情况，可以明显地看出，它们之间确有差异，但本质上相同。

如表 8.3.2 所示，美国一家轮胎制造商对年度质量成本进行了统计分析。得出以下结论：

- 年质量损失约达 900 000 美金；
- 大部分（79.1%）的质量成本集中在质量失败成本（失败成本包括的项目参见表 8.3.2）；
- 质量失败成本大约是鉴定成本的 5 倍；
- 预防成本只占总质量成本的小部分（4.3%）；
- 有些不良质量成本不易被量化，例如：顾客不满意。

表 8.3.2 轮胎制造商某年度质量成本

项目	金额/美元	占比/%
质量失败成本——损失		
库存不良品	$3 276	0.37
产品的修补	73 229	8.31
废品的收集	2 288	0.26
废品的浪费	187 428	21.26
顾客的诉怨处理	408 200	46.31
降级的产品	22 838	2.59
顾客不满意	不计	
顾客政策的调整	不计	
合计	697 259	79.10
鉴定成本		
进料检验	32 655	2.68
检验 1	32 582	3.70
检验 2	25 200	2.86
现场查核的检验	65 910	7.37
合计	146 347	16.61
预防成本		
当地工厂质量控制工程	7 848	0.89
公司的质量控制工程	30 000	3.40
合计	37 848	4.29
总计	882 454	100.00

资料来源：Reeve, James M. Variation and the cost of Quality, Quality Engineering, Vol. 4

经验证明，企业有必要将总质量成本与高层管理者所熟悉的数字相联系，这样有助于理解和重视。对高层管理者有"重大打击"的相关数字有：

- 质量成本占销售额的百分比；
- 质量成本与利润相比较；
- 上市股票每股的质量成本；
- 质量成本占销售成本的百分比；
- 质量成本占制造成本的百分比；
- 质量成本对盈亏平衡点的影响。

2. 国内质量成本项目设置情况

表 8.3.3 列举了国内五种行业企业质量成本项目设置情况，具有一定的代表性。

从国内外质量成本设置的情况可以看出，运行质量成本一般均包括预防成本、鉴定成本、内部损失成本、外部损失成本四个二级科目，下设二十多个三级细目作为通用科目，各企业对三级细目可根据行业特点和实际情况做适当增减。在合同情况下，根据需要可设外部质量保证成本，使二级科目增加到五个。

表 8.3.3 国内质量成本项目名称对比表

	有色冶金企业	电缆企业	机械企业	机械部门行业	航空仪表企业
预防成本	1. 培训费 2. 质量工作费 3. 产品评审费 4. 质量情报费 5. 质量攻关费 6. 质量奖励费 7. 改进包装费 8. 技术服务费	1. 质量培训费 2. 质量管理办公及业务活动费 3. 新产品评审费 4. 质量管理人员工资等费用 5. 固定资产折旧及大修理费用 6. 过程能力研究费 7. 质量奖励费 8. 提高和改进措施费	1. 培训费 2. 质量工作费 3. 产品评审费 4. 质量奖励费 5. 工资及附加费 6. 质量改进措施费	1. 质量培训费 2. 质量审核费 3. 新产品评审费 4. 质量改进费 5. 过程能力研究费 6. 其他	1. 质量培训费 2. 质量管理人员工资 3. 新产品评审活动费 4. 质量管理资料费 5. 质量管理会议费 6. 质量奖励费 7. 质量改进措施费 8. 质量宣传教育费 9. 差旅费(因质量)
鉴定成本	1. 原材料检验费 2. 工序检验费 3. 半成品检验费 4. 成品检验费 5. 存货复检费 6. 检测手段维修费	1. 进货检验和试验费 2. 新产品质量鉴定 3. 半成品及产成品检验和试验费 4. 检验、试验办公费 5. 检测房屋设备折旧及大修理费 6. 检测设备、仪器维修费 7. 检验试验人员工资奖励费用	1. 检测试验费 2. 零件工序检验费 3. 特殊检验费 4. 成品检验费 5. 目标鉴定费 6. 检测设备评检费 7. 工资费用	1. 进货检验费 2. 工序检验费 3. 材料、样品试验费 4. 出厂检验费 5. 设备精度检验费	1. 原材料入厂检验费 2. 工序检验费 3. 元器件入厂检验费 4. 产品验收检定费 5. 元器件筛选费 6. 设备仪器管理费
内部损失成本	1. 中间废品 2. 最终废品 3. 残料 4. 二级品折价损失 5. 返工费用 6. 停工损失费 7. 事故处理费	1. 材料报废及处理损失 2. 半成品在制品产成品报废损失 3. 超工艺损耗损失 4. 降级和处理损失 5. 返修和复试损失 6. 停工损失 7. 分析处理费用	1. 返检复检费 2. 废品损失 3. 车间三包损失 4. 产品降级损失 5. 工作失误损失 6. 停工损失 7. 事故分析处理	1. 返修损失费 2. 废品损失费 3. 筛选损失费 4. 降级损失费 5. 停工损失费	1. 产品提交失败损失 2. 综合废品损失 3. 产品定检失败损失 4. 产品折价损失 5. 其他
外部损失成本	1. 索赔处理费 2. 退货损失 3. 折价损失 4. 返修损失费	1. 保修费用 2. 退货损失费 3. 折价损失及索赔费用 4. 申诉费用	1. 索赔损失 2. 退货损失 3. 折价损失 4. 保修损失 5. 用户建议费	1. 索赔费 2. 退货损失费 3. 折价损失费 4. 保修费	1. 索赔损失 2. 退货损失 3. 返修费用 4. 事故处理费 5. 其他

五、质量成本费用的分类

质量的成本费用项目种类很多,为了进行合理的管理和有效的控制,对其进行科学的分类是十分必要的。质量费用的分类可有不同的标准,通常可按下列方法进行分类。

1. 控制成本和损失成本

按其作用可分为控制成本与损失成本。

控制成本是指预防成本加鉴定成本,是对产品质量进行控制、管理和监督所花的费用。这些费用具有投资的性质,以达到保证质量的目的,同时其投资的大小,也是预先可以计划和控制的,故称控制成本,也可称为投资性成本。

损失成本亦称控制失效成本,是指内部损失与外部损失之和。这两部分费用都是由于控制不力而导致不合格品(或故障)的出现而发生的损失,故一般也常称为损失成本。

控制成本与损失成本是密切相关的,在一定范围内,增加控制成本,可以减少损失成本,从而提高企业的经济效益。但是,如果不适当地增加控制成本,反而可能使质量总成本增加,从而降低企业经济效益。所以质量成本管理的一个重要任务,就是要合理掌握控制成本的大小,即找到控制成本在质量总成本中的合适比例,使质量总成本达到最小值。

2. 显见成本和隐含成本

按其存在的形式可分为显见成本与隐含成本。

显见成本是指实际发生的质量费用,是现行成本核算中需要计算的部分,质量成本中大部分费用属于此类。

隐含成本是一种不是实际发生和支出,但又确实使企业效益减少的费用。这一部分被减少的收入不直接反映在成本核算中。如产品由于质量问题而发生的降级降价损失,由于质量原因而发生的停工损失等,均属此类费用。

区分显见成本与隐含成本,对于开展质量成本管理非常重要,因为这两类成本的核算方法不同,显见成本是属于成本正式开支范围的费用,可以通过会计成本系统,根据原始记录、报表或有关凭证进行核算;而隐含成本不属于成本正式开支费用范围,不直接计入成本。但从质量角度,隐含成本同企业的销售收入和效益有着密切的关系,必须予以考虑。因此,它需要根据实际情况进行补充计算。具体地说,显见成本可以采用会计核算办法,而隐含成本一般采用统计核算办法进行。

3. 直接成本和间接成本

按其与产品的联系可分为直接成本与间接成本。

直接成本是指生产、销售某种产品而直接发生的费用,这类费用可直接计入该种产品成本中,如损失成本等。间接成本是指生产、销售几种产品而共同发生的费用,这种费用需要采用某种适当的方法,分摊到各种产品中去。因此,正确区分直接成本与间接成本,对于准确地计算产品质量成本,有着重要的意义。一般说来,预防成本和部分鉴定成本多属于间接成本,而内部损失和外部损失多属于直接成本。

4. 阶段成本

按其形成过程可分为设计、采购、制造和销售等各不同阶段的成本类型。按形成过程进行质量成本分类,有利于实行质量成本控制。在不同的形成阶段制订质量成本计划、落实质量成本目标,加强质量成本监督,以便最后达到整个过程的质量成本优化目标。

此外,质量成本还可按其发生地点或责任单位进行分类,以便明确单位(如车间、科室)和个人的质量责任制,把质量成本的计划目标和措施层层分解和落实,严格进行控制和核算。只有这样,才能使质量成本管理真正取得效果。

前面说明了有关质量成本科目的设置和费用的分类,这些都是质量成本核算的基础。为了有效地进行质量成本的核算,还必须严格划清如下五个方面的费用界限:

(1) 质量成本中应计入产品成本和不应计入产品成本的费用界限;

(2) 各种产品质量成本之间的费用界限;
(3) 不同时期(如各月份)之间的费用界限;
(4) 成品与在制品之间的费用界限;
(5) 质量成本中显见成本与隐含成本的费用界限。

通过费用归集分类后,将数据综合填写在表 8.3.4 所示的关系简表中。

表 8.3.4 几种分类方法的关系简表

质量费用要素		间接费用		直接费用		合计
		预防费用	鉴定费用	内部损失	外部损失	
外购材料						
工资						
提取的职工福利基金						
折旧费						
提取的大修基金						
其他支出						
合计						
设计过程	A 单位					
采购过程	B 单位					
制造过程	C 单位					
销售过程	D 单位					

第四节 质量成本管理

一、质量成本的预测和计划

1. 质量成本预测

为了编制质量成本计划,就需要对质量成本进行预测。质量成本预测是编制质量成本计划的基础,是企业质量决策依据之一。预测的主要根据是企业的历史资料、企业的方针目标、国内外同行业的质量成本水平、产品技术条件和产品质量要求、用户的特殊要求等。结合企业的发展,采用科学的方法,通过对各种质量要素与质量成本的依存关系,对一定时期的质量目标值进行分析研究,作出短期、中期、长期的预测,使之符合实际情况和客观的规律。预测的目的是为了挖掘潜力,指明方向,为提高质量,降低成本,改善管理,制订质量改进计划、质量成本计划、增产节约计划提供可靠的依据。其中最主要的要达到三个目的:

(1) 为企业提高产品质量,挖掘降低成本的潜力指明方向和采取措施;

(2) 利用历史的统计资料和大量观察数据,对一定时期的质量成本水平和目标进行分析、测算,以编出具体的质量成本计划。

(3) 为企业各单位和部门有效进行生产和经营管理活动明确要求和进行控制。

质量成本预测可采用以下方法:

(1) 经验判断法;

(2) 计算分析法;

(3) 比例测算法。

通常,质量成本预测的步骤为:

(1) 调查收集信息资料及有关数据;

(2) 对收集的信息资料和数据进行整理、分析和计算;

(3) 通过对信息资料的整理、分析和计算,找出问题,分析原因,提出改进措施和计划。

在此基础上,作出尽可能可靠的预测,进而编制出具体的质量成本计划。

2. 质量成本计划

如前所述,质量成本计划是在预测的基础上,针对质量与成本的依存关系,用货币的形式确定生产符合性产品质量要求时,在质量上所需的费用计划。其中包括质量成本总额及降低率,四项质量成本项目的比例,以及保证实现降低率的措施。质量成本计划按时间可划分为长期计划和短期计划。长期计划通常是 3~5 年的计划,短期计划通常是指年度(或季度、月度)的计划。按管理范围可划分为企业成本计划和部门成本计划。质量成本计划由财会部门编制,提交综合计划部门下达。质量成本计划一经确定,就成为质量成本目标值,为进行质量成本管理提供检查、分析、控制和考核的依据。编制质量成本计划的目的是要力求实现质量成本的最佳值。

(1) 质量成本计划的主要内容

① 主要产品单位质量成本计划;

② 全部商品产品质量成本计划,即计划期内可比产品及不可比产品的单位质量成本、总质量成本及可比产品质量成本降低额计划;

③ 质量费用计划;

④ 质量成本构成比例计划,即计划期内质量成本各部分的结构比例及与各种基数(如销售收入、总利润及产品总成本等)相比的比例情况;

⑤ 质量改进措施计划,这是实现质量成本计划的保证。

(2) 质量成本计划编制和计算方法

质量成本计划的编制通常由财会部门直接进行或者由车间(科室)分别编制,交由财会部门汇审和归总后,提交计划部门下达。两者计算方法基本相同。编制成本计划必须依据:

① 企业的历史资料,它包括一个时期的平均质量成本水平、按时间序列的质量成本变动情报和趋势分析以及质量成本的构成分析等;

② 本企业产品结构及生产能力的变化情况;

③ 企业的方针目标,同时参考国内外同行业的质量成本资料。

在掌握企业有关上述情况的基础上,再来确定预防费用和鉴定费用的增长率或降低率;然后,根据上级主管部门或质量计划对各产品的综合合格品率的要求,计算出各单位产品的预防、鉴定及内外损失成本的大小,最后编制出商品产品质量成本计划。

具体计算方法如下:

计划期单位产品预防成本计划额＝上期预防成本单位产品实际发生额×(1＋计划投资的增长率或降低率)

计划期单位产品鉴定成本计划额＝上期鉴定成本单位产品实际发生额×(1＋计划投资的增长率或降低率)

计划期单位产品内部损失计划额＝上期单位产品内部损失实际额×(1－计划降低率)

计划期单位产品外部损失计划额＝上期单位产品外部损失实际额×(1－计划降低率)

将上述四项成本计算结果相加后,即得各单位产品质量成本计划。

二、质量成本分析和报告

1. 质量成本分析

质量成本分析是质量成本管理的重点环节之一。通过质量成本核算的数据,对质量成本的形成,变动原因进行分析和评价,找出影响质量成本的关键因素和管理上的薄弱环节。

(1) 质量成本分析的内容

① 质量成本总额分析,计算本期(年度、季度或月度)质量成本总额,并与上期质量成本总额进行比较,以了解其变动情况,进而找出变化原因和发展趋势。

② 质量成本构成分析,分别计算内部损失成本、外部损失成本、鉴定成本以及预防成本各占运行质量成本的比率,运行质量成本、外部保证质量成本各占质量成本总额的比率。通过这些比率分析运行质量成本的项目构成是否合理,以便寻求降低质量成本的途径,并探寻适宜的质量成本水平。

③ 质量成本与比较基数的比较分析

- 损失成本总额与销售收入总额比较,计算百元销售收入损失成本率,它反映了由于产品质量不佳造成的经济损失对企业销售收入的影响程度。
- 外部损失成本与销售收入总额比较,计算百元销售收入外部故障成本率。它反映了企业为用户服务的支出水平以及企业给用户带来的经济损失情况。

- 预防成本与销售收入总额比较,计算百元销售收入预防成本率。它反映为预防发生质量损失和提高产品质量的投入占企业销售收入的比重。

此外,也可以采用产值、利润等作为比较基数,以反映产品质量故障对企业产值、利润等方面的影响,从而引起企业各部门和各级领导对产品质量故障和质量管理的重视。在实际中,企业应该根据实际需要选用比较基数。

建议质量分析时注意以下两点:

① 围绕指标体系分析以反映出质量成本管理的经济性和规律性;

② 运用正确的分析方法,找出造成质量损失的重要原因,以便围绕重点问题找出改进点,制定措施进行解决。

(2) 质量成本分析的方法

质量成本分析方法分为定性分析和定量分析两类。定性分析可以加强质量成本管理的科学性和实效性。如企业领导和职工质量意识的提高情况,为领导提供正确信息进行决策的情况,帮助管理人员找出改进目标的情况,加强基础工作提高管理水平的情况等。

定量分析是能够计算出定量的经济效果,作为评价质量体系有效性的指标。其方法主要有以下几种。

① 指标分析法

- 质量成本目标指标,指在一定时期内质量成本总额及其四大构成项目(预防、鉴定、内部损失、外部损失)的增减值或增减率。设 C, C_1, C_2, C_3, C_4 分别代表质量成本总额及预防、鉴定、内部损失、外部损失在计划期与基期的差额,则有

$$C = 基期质量成本总额 - 计划期质量成本总额$$
$$C_1 = 基期预防成本总额 - 计划期预防成本总额$$
$$C_2 = 基期鉴定成本总额 - 计划期鉴定成本总额$$
$$C_3 = 基期内部损失总额 - 计划期内部故障总额$$
$$C_4 = 基期外部损失总额 - 计划期外部故障总额$$

其增减率分别为

$$p_1 = \frac{预防成本差额}{基期质量总成本} = \frac{C_1}{基期质量总成本} \times 100\%$$

$$p_2 = \frac{鉴定成本差额}{基期鉴定总成本} = \frac{C_2}{基期鉴定总成本} \times 100\%$$

$$p_3 = \frac{内部损失差额}{基期内部损失成本} = \frac{C_3}{基期内部故障成本} \times 100\%$$

$$p_4 = \frac{外部损失差额}{基期外部损失成本} = \frac{C_4}{基期外部故障成本} \times 100\%$$

- 质量成本结构指标,指预防成本、鉴定成本、内部损失成本、外部损失成本各占质量总成本的比例。

设 q_1, q_2, q_3, q_4 分别代表上述四项费用的比例,

$$q_1 = \frac{计划期预防成本}{计划期质量总成本} \times 100\%$$

$$q_2 = \frac{\text{计划期鉴定成本}}{\text{计划期质量总成本}} \times 100\%$$

$$q_3 = \frac{\text{计划期内部损失}}{\text{计划期质量总成本}} \times 100\%$$

$$q_4 = \frac{\text{计划期外部损失}}{\text{计划期质量总成本}} \times 100\%$$

- 质量成本相关指标。指质量成本与其他有关经济指标的比值指标,这些指标有

$$\text{百元商品产值的质量成本} = \frac{\text{质量成本总额}}{\text{商品产值总额}} \times 100$$

$$\text{百元销售收入的质量成本} = \frac{\text{质量成本总额}}{\text{销售收入总额}} \times 100$$

$$\text{百元总成本的质量成本} = \frac{\text{质量成本总额}}{\text{产品成本总额}} \times 100$$

$$\text{百元利润的质量总成本} = \frac{\text{质量成本总额}}{\text{产品销售总利润}} \times 100$$

根据需要,还可以用百元销售收入的内外部损失、百元总成本的内外部损失等指标进行计算分析。

② 质量成本趋势分析

趋势分析就是要掌握质量成本在一定时期内的变动趋势。其中又可分短期趋势与长期趋势两类,短期的如一年内各月变动趋势,长期的如五年内每年的变动趋势,如图 8.4.1 及图 8.4.2 所示。

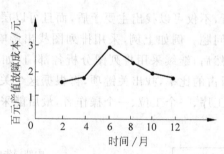

图 8.4.1 某年百元产值损失成本趋势

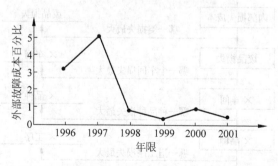

图 8.4.2 某公司 1996—2001 年(1~12 月)外部故障成本占质量成本的比例趋势

③ 排列图分析

排列图分析就是应用全面质量管理中的排列图原理对质量成本进行分析的一种方法。应用这种方法,特别是当质量成本类型位于质量改进区域内,而工作重点应放在改善产品质量和提高预防成本上时,其效果更为显著。如图 8.4.3 为某化工厂各车间质量成本分布排列图,图中显示占质量成本总额比率最大的是炼胶车间,其次是硫化车间和成型车间。图 8.4.4 是根据内部损失成本分析所得的排列图,图中显示内部故障成本的关键项目是废品损失和降级损失两项。

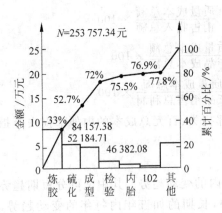

图 8.4.3 各部门质量成本排列

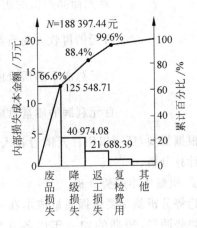

图 8.4.4 内部损失成本排列

采用排列图进行分析,不仅可以找出主要矛盾,而且可以层层深入,连续进行追踪分析,以便最终找出真正的问题。例如上例,采用排列图找出影响内部损失成本的关键项(A 类因素)为废品损失,然后,继续采用排列图分析各部门(如车间)所发生的废品损失金额在废品损失总额中所占的比率,找出关键项,再根据这个关键项继续采用排列图,一直分析到一个产品、一道工序、一个工位、一个操作者,最后能采取措施为止,这个过程可以用图 8.4.5 加以说明。

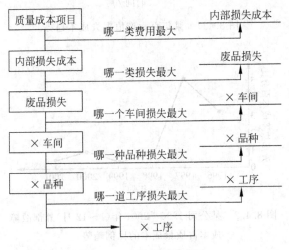

图 8.4.5 排列图分析法

④ 灵敏度分析

指质量成本四大项目的投入与产出在一定时间内的变化效果或特定的质量改进效果,用灵敏度 α 表示如下。

$$\alpha = \frac{\text{计划期内外故障成本之和} - \text{基期相应值}}{\text{计划期预防与鉴定成本之和} - \text{基期相应值}}$$

关于用质量成本特性曲线进行分析在下面进行专门讨论。

2. 质量成本报告

质量成本报告是根据质量成本分析的结果,向领导及有关部门汇报时所作的书面陈述,以作为制订质量方针目标、评价质量体系的有效性和进行质量改进的依据。质量成本报告也是企业质量管理部门和财会部门对质量成本管理活动或某一典型事件进行调查、分析、建议的总结性文件。

质量成本报告的内容视报告呈送对象而有所不同。如送高层领导的报告,应以简明扼要的文字、图表说明企业质量成本计划执行情况及趋势,着重指出报告期内改进质量和降低成本方面的效果及进一步改进的潜力;送中层部门的报告,可按部门或车间的实际需要提供专题分析报告,使他们能从中找到本单位的主要改进项目。质量成本报告的频次,通常对高层领导较少,以一季度一次为宜;对中层或基层单位,以一月一次为宜,甚至可每旬报送一次,以便及时为有关领导和部门的决策和控制提供依据。提出报告应由财会部门与质量管理部门共同承担,以便既保证质量成本数据的可信度,又有助于分析质量趋势。

(1) 质量成本报告的内容

① 质量成本计划执行和完成的情况与基期的对比分析;
② 质量成本四个组成项目构成比例变化的分析;
③ 质量成本与相关经济指标的效益对比分析;
④ 典型事例及重点问题的分析与解决措施;
⑤ 效益判断的评价和建议。

(2) 质量成本报告的分类

① 按时间分为定期的(月、季、年)报告和不定期的报告(典型事例及重点问题);
② 按送报对象分为向领导和有关部门的报告;
③ 按报告的形式分为陈述式、报告式、图表式(如排列图、波动图)或兼而有之的综合性报告等。

质量成本的分析和报告应纳入经济责任制进行考核。

三、质量成本控制和考核

质量成本控制是以降低成本为目标,把影响质量总成本的各个质量成本项目控制在计划范围内的一种管理活动,是质量成本管理的重点。质量成本控制是以质量计划所制定的目标为依据,通过各种手段以达到预期效果。由此可见,质量成本控制是完成质量成本计划、优化质量目标、加强质量管理的重要手段。

质量成本考核就是定期对质量成本责任单位和个人考核其质量成本指标完成情况,

评价其质量成本管理的成效,并与奖惩挂钩以达到鼓励鞭策,共同提高的目的。因此,质量成本考核是实行质量成本管理的关键之一。

为了对质量成本实行控制和考核,企业应该建立质量成本责任制,形成质量成本控制管理的网络系统。对构成质量成本费用项目分解、落实到有关部门和人员,明确责、权、利,实行统一领导、部门归口、分级管理系统。

1. 质量成本控制的步骤

质量成本控制贯穿质量形成的全过程,一般应采取以下步骤:

(1) 事前控制

事先确定质量成本项目控制标准。按质量成本计划所定的目标作为控制的依据。分解、展开到单位、班组、个人,采用限额费用控制等方法作为各单位控制的标准,以便对费用开支进行检查和评价。

(2) 事中控制

按生产经营全过程进行质量成本控制,即按开发、设计、采购、制造、销售服务几个阶段提出质量费用的要求,分别进行控制,对日常发生的费用对照计划进行检查对比,以便发现问题和采取措施,这是监督控制质量成本目标的重点和有效的控制手段。

(3) 事后控制

查明实际质量成本偏离目标值的问题和原因,在此基础上提出切实可行的措施,以便进一步为改进质量、降低成本进行决策。

2. 质量成本控制的方法

质量成本控制的方法,一般有以下几种:

(1) 限额费用控制的方法;

(2) 围绕生产过程重点提高合格率水平的方法;

(3) 运用改进区、控制区、至善论区(见图 8.4.8)的划分方法进行质量改进、优化质量成本的方法;

(4) 运用价值工程原理进行质量成本控制的方法。

企业应针对自己的情况选用适合本企业的控制方法。

3. 质量成本考核

质量成本的考核应与经济责任制和"质量否决权"相结合,也就是说,是以经济尺度来衡量质量体系和质量管理活动的效果。一般由质量管理部门和财会部门共同负责,会同企业综合计划部门总的考核指标体系和监督检查系统进行考核奖惩。因此,企业应在分工组织的基础上制订详细考核奖惩办法。对车间、科室按其不同的性质、不同的职能下达不同的指标进行考核奖惩,使指标更体现经济性,并具有可比性、实用性、简明性。质量成本开展初期,还应考核报表的准确性、及时性。建立科学完善的质量成本指标考核体系,是企业质量成本管理的基础。实践证明,企业建立质量成本指标考核体系应坚持以下四个原则:

(1) 全面性原则

产品质量的形成贯穿于开发、设计、制造到销售服务的全过程。因此必须有一套完备、科学而实用的指标体系,才能全面反映质量成本状况,以进行综合的切合实际的评价和分析。强调全面性，不能使质量成本考核项目多而杂，应该力求简练、综合性强。最终产品质量是各方面工作质量的综合体现，同时，质量的效用性是质量的主要方面，是质量的物质承担者。因此，质量成本考核指标应以产品的实物质量为核心。

(2) 系统性原则

质量成本考核系统是质量管理系统中的一个子系统，而质量管理系统又是企业管理系统中的一个子系统，质量成本考核指标与其他经济指标是相互联系，相互制约的关系。分析子系统的状况，能促使企业不断降低质量成本，起到导向的作用。

(3) 有效性原则

质量成本考核指标体系的有效性，是指所设立的指标要具有可比性、实用性、简明性。

可比性是指质量成本考核指标可以在不同范围、不同时期内进行横向的动态比较；实用性是指考核指标均有处可查，有数据可计算，可定量考核，并相对稳定；简明性就是要求考核指标简单易行、定义简明精练，考核计算简便易行。

根据上述原则建立企业的质量成本考核指标体系是完善的，能够比较全面地、系统地、真实地反映质量成本的实际水平，为企业综合评价和分析提供决策、控制和引导的科学依据。各系统的考核评价应服从大系统的优化。质量成本考核指标体系从纵向形成一个多层次的递阶结构，各层次之间相互衔接不可分割。也就是说，高层次是对低层次的汇总，低层次是高层次的分解，这样就构成了一个有内在联系和规律的考核网络。

(4) 科学性原则

企业质量成本考核对改进和提高产品质量，降低消耗，提高企业经济效益具有重要的实际意义，在实际中是企业开展以上工作的依据。因此，质量成本考核指标体系必须具有科学性。其科学性主要是指考核指标项目的定义范围应当明确，有科学依据、符合实际，真实反映质量成本的实际水平。

四、质量成本的构成比例及特性曲线

质量总成本内各部分费用之间存在着一定的比例关系，探讨其合理的比例关系是质量成本管理的一项重要任务。实际上，在质量成本构成的四大项目（预防、鉴定、内部损失、外部损失）中，不同的行业其构成比例存在差异，甚至在同一个企业的不同时期，构成的比例关系也会有所不同或发生变化。但是，根据历史资料的对比，通过同本行业、企业间的比较，例如，对同类产品情况的对比、分析，能发现其中存在的问题，揭示提高产品质量、降低产品质量成本的潜力和途径。

1. 质量成本的构成比例

四大项质量成本费用的比例关系通常是：

(1) 内部损失成本约占质量总成本的 25%～40%；

(2) 外部损失成本占质量总成本的 20%～40%；

(3) 鉴定成本约占 10%～50%；

(4) 预防成本约占 0.5%～5.0%。

这四项成本之间并不是相互孤立和毫无联系的，而是相互影响相互制约的。例如，对有些企业来说,内部与外部损失成本之和可以达到质量总成本的50%~80%;但对一些生产精度较高或产品可靠性要求特高的企业,预防和鉴定成本就占较高的比例,有时可超过50%。可以设想,如果产品不加检查就出厂,鉴定成本可以很低,但可能有很多不合格品出厂,一旦在使用中被用户发现,就会产生显著的外部损失,以致使质量总成本上升;反之,如果在企业内部严格检查,加强把关,则鉴定成本和内部损失成本就会增加,而外部损失就会减少。但是,在一定范围内,如果增加预防费,加强工序控制,则内、外损失,甚至包括鉴定成本都可能降低,并导致质量总成本大大下降。从我国目前企业的情况看,普遍是预防成本偏低,因而使质量总成本过高,这是值得注意的。在质量成本管理中,要搞清楚和掌握四大项质量成本合理的比例关系以及它们之间的变化规律,以便在采取降低质量成本的措施中,作出正确的决策。根据长期实践经验的摸索和总结,质量成本各项目之间的相互作用和影响,如表8.4.1所示。

表 8.4.1 质量成本费用项目的关系

质量成本项目	降低质量成本的措施			
	A. 降低评价与预防成本	B. 提高评价成本（加强检查筛选）	C. 加强工序质量控制	D. 提高预防成本
预防费用	1/24	1/24	1/24	2/24
筛选检验	1/24	3/24	2/24	1/24
工序控制	1/24	1/24	4/24	2/24
内部损失	1/24	12/24	8/24	4/24
外部损失	20/24	3/24	2/24	1/24
合　计	24/24	20/24	17/24	10/24

由表8.4.1可以看出,如采取措施A,即降低评价与预防成本,将导致外部损失很高,因为预防成本低,必然产生很多不合格品,而对这些不合格品又未严格检查把关,大部分将流入用户手中,因而外部损失必然很大;如果采取措施B,即加强检查筛选,严格把关,阻止了大量不合格品流入市场和用户手中,因而外部损失就降低,但代价是内部损失增加了,但总的损失还是比采取措施A时有所降低,即从24降到20。一般认为,从内部与外部损失来看,即使两者损失相同,也宁可增加内部损失,而减少外部损失。因为发生外部损失,还会导致企业的信誉下降,从而给企业带来潜在的无形附加损失,这往往是极其严重和无法估量的;采取加强工序控制的措施C,在生产过程中尽量防止不合格品的产生,虽然内部损失增加了一些,但总的质量成本却有较大下降(即降至17);最后,采取措施D即增加预防费用,虽然数量有限,但效果最好,质量总成本下降最为显著(即降至10)。

20世纪60年代初期,美国工业企业尚未普遍推行质量成本管理,质量专家费根堡姆做过一个分析:一般企业内、外部损失约占质量总成本的70%,鉴定成本占质量总成本的25%,而预防成本最多不超过5%。这样的管理模式,必然造成经济效益低劣。因为70%的损失成本,完全是由于质量的缺陷造成的。为此,工厂为了挽回信誉,就尽量从产品中剔除有缺陷的不合格品,便付出了25%的鉴定费用。从而导致预防费用不得不降低。这样,缺陷品将继续增加,又使检查筛选费用随之增加,从而导致一种失控的恶性循环。费根堡姆进一步指出,如果实行以预防为主的全面质量管理,着眼于降低不合格品的产生,实行合理的抽样检查,不但可以降低鉴定成本和外部损失成本,而且内部损失成本也会显著下降。这样的结果,假定预防成本增加3%~5%,质量总成本可以下降30%。

2. 质量成本特性曲线

质量成本中的四大项目的费用大小与产品合格质量水平(即合格品率或不合格品率)之间存在一定的变化关系。这条反映变化关系的曲线,称为质量成本特性曲线。质量成本特性曲线的基本模式如图8.4.6所示。其中曲线 C_1 表示预防成本加鉴定成本之和,它随着合格品率的增加而增加;曲线 C_2 表示内部损失加外部故障之和,它随合格品率的增加而减少;曲线 C 为上述四项之和,为质量总成本曲线,即质量成本特性曲线。

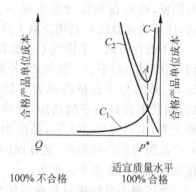

图8.4.6 质量成本特性曲线

从图8.4.6可以看出,质量成本同制造过程符合性质量水平密切相关或者说它是合格品率(或不合格品率)的函数。此处如设不合格品率为 p,合格品率为 q,则有 $p+q=1$ 的关系。由图8.4.6可见,当合格品率为100%时,不合格品率为零;反之亦然。质量成本曲线 C,在左右两端(即合格率为零或100%时)质量成本费用都相当高(理论上为无穷大),中间有一个最低值(A处),对应的不合格品率 p^*,称为最适宜的质量水平,A 处的质量成本也称为最佳质量成本。

曲线 C 所表现的规律,其原因是十分清楚的。在曲线 C 的左端,不合格品率高,产品质量水平低,内、外部损失都大,质量总成本 C 当然也大;当逐步加大预防费用时,不合格品率降低,内、外部损失及质量总成本都将随之降低。但如果继续增加预防,直至实行100%的预防,即不合格品率为零,如图8.4.6所示,内、外部损失可以趋于零值,但预防成本很高,导致质量总成本 C 相应急剧增大。C 从大到小变化到从小到大,中间出现一个最低点(图中为 A)。例如,以鉴定成本来说,如果不合格品率为5%,即平均每检查20个产品,就能找出一个不合格品,这还是比较容易的,如果质量提高了,不合格品率达到万分之一,这时为筛选和剔除一个不合格品,则平均要检查一万个产品,其检查成本将大得惊人。

图8.4.7清楚说明了质量成本费用的变化关系,图中增加了两条虚线,为基本生产成本 C_3 和生产总成本 C_4。图中虚直线 C_3 表示一个确定值,它是由产品结构及工艺设计等条件所决定的基本生产成本,如由基本生产工人的工资、原材料、燃料或动力费与管理费等所组成。尽管由于种种原因,产品的符合性质量水平(合格品率)会有一定变化,但在一定条件下,基本生产成本大致是一个定值,将它与质量总成本 C(曲线 C)相加,就得到虚线表示的曲线 C_4,这就是产品的生产总成本曲线。如图8.4.7所示,生产总成本的极小值 B 和质量总成本的极小值 A 都对应着产品不合格率 p^* 值。其结论是当质量总成本达到最低值时,产品的生产总成本也将达到最低值。

从图 8.4.7 还可以看出，当符合性质量水平低时（即不合品率高时），在预防与鉴定成本方面所采取的措施效果很显著，即预防与鉴定费用稍有增加，就可使不合格品率大幅度下降，表现在曲线 C_1 平缓上升的左段；但当符合性质量水平提高到一定程度后，情况就有较大变化。这时，要进一步提高质量水平，即便是要求不合格品率稍有降低，也要在预防与鉴定成本上付出很大的代价，这反映在曲线 C 右端急剧上升的部分。

下面再考虑一下曲线 C_2，如果生产中不出现任何不合格品，则不会有任何内、外损失成本，所以曲线 C_2 必然与不合格品率为零处的横轴相交。然后，随着不合格品率的增加，故障成本几乎成直线地上升，上升速度这么快，是由于产品信誉下降而对产品销售利润的影响，这方面的损失往往比材料报废及保修的损失要大得多。

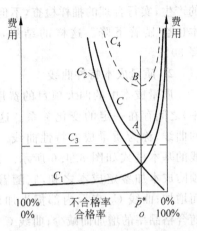

图 8.4.7　各项费用同合格品率的关系

为了便于分析质量总成本的变化规律，将图 8.4.7 曲线 C 最低点 A 处一段局部放大，放大的图形如图 8.4.8 所示。该图可分为三个区域即 Ⅰ，Ⅱ，Ⅲ，分别对应着各项费用的不同比例。

(1) Ⅰ 区是损失成本最大的区域，它是影响达到最佳质量成本的主导因素。因此，质量管理工作的重点在于加强质量预防措施，加强质量检验，提高质量水平，故称为质量改进区域。

(2) Ⅱ 区表示在一定组织技术条件下，如难以再找到降低质量总成本的措施时，质量管理的重点在于维持或控制现有的质量水平，使质量成本处于最低点 A 附近的区域，故称为控制区或稳定区。

(3) Ⅲ 区表示鉴定成本比重最大，它是影响质量总成本达到最佳值的主要因素。质量管理的重点在于分析现有的质量标准，减少检验程序和提高检验工作效率，甚至要放宽质量标准或检验标准，使质量总成本趋近于最低点 A，也称为最佳点。故称这个区域为高鉴定成本区或质量过剩区域。

应当指出，从整个变化规律看，各个企业质量成本的变化模式基本相似，但不同企业由于生产类型不同、产品的形式和结构特点不同、工艺条件不同，所以质量总成本的最低点的位置及其对应的不合格品率 p^* 的大小也各不相同。同样，三个区域（Ⅰ，Ⅱ，Ⅲ）所对应的各项费用的大小比例也各不相同，不能把图 8.4.8 所示的数字作为一个通用的比例。美国质量管理专家朱兰博士提出各类费用的比例大致如表 8.4.2 所示，可供一般性参考。

表 8.4.2　各类费用占质量总成本的一般比例

质　量　费　用	占质量总成本的百分比/%
内部损失	25～40
外部损失	25～40
鉴定费用	10～50
预防费用	1～5

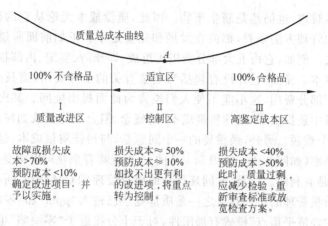

图 8.4.8 局部放大的图示

3. 质量成本的优化

所谓质量成本的优化,就是要确定质量成本各项主要费用的合理比例,以便使质量总成本达到最低值。为此,可利用质量成本特性曲线来进行。由图 8.4.7 可以看出,在曲线 C_1 最佳点以左(即 A 点以左),随着预防成本和鉴定成本的增加,质量总成本迅速下降;过了最佳点 A,再增加预防和鉴定成本,质量总成本将增加,这说明增加预防和鉴定成本所带来的效果,实际上已小于预防和鉴定成本的增加额。基于这一规律,可以采取逐步逼近的方法,达到最佳质量水平。首先,可以采取某种质量改进措施,即增加预防或鉴定成本,如果此时质量总成本下降或有下降的趋势,则说明质量成本的工作点位于最佳工作点 A 的左面,可以增加这一措施的强度,或增加类似改进措施,直至质量总成本停止下降为止,说明已接近最佳工作点,应转向采取控制措施。反之,当采取某项质量改进措施后,质量总成本上升了或有上升趋势,则说明质量工作点在最佳点的右侧,此时,则应撤销这一措施,或采取反作用的"逆措施",按相反的方向接近最佳点。实际上,进行观察分析或采取措施本身也需要投资,所以一般并不需要找出绝对的最佳工作点,只要知道已位于"适宜区"即可,此时的特点是,无论采取正向措施或逆向措施,质量总成本的变化都很小。

根据以上讨论,可以得出下面三点结论:

(1) 在最佳点 A 左侧,应增加预防费用,采取质量改进措施,以降低质量总成本;在最佳点 A 右侧,若增加预防费用,质量总成本反而上升,则撤销原有措施或采取逆向措施,即降低预防费用。

(2) 增加预防费用,可在一定程度上降低鉴定成本。

(3) 增加鉴定成本,可降低外部损失,但可能增加内部损失。

第五节 全面质量成本

一、问题的提出

质量成本概念的提出是在 20 世纪 50 年代,至今已经有半个多世纪。但是,在企业中推行质量成本管理,也仍然是新生事物。因此,质量成本无论从它的概念、定义、内容及其管理模式和管理方法来看,都尚在发展和完善之中。正如前面所说过的,质量成本有它特定的含义。例如,它由五大部分费用所组成,即预防、鉴定、内部损失、外部损失及外部质量保证成本。显然,它并没有包括与质量有关的全部费用,而只是同出现不合格品密切相关的那部分费用,这不能不使人们经常为此而提出疑问。其次,以上在质量成本特性曲线分析中还提出了"最佳质量成本"的概念,但企业能否或如何真正测得最佳质量成本,仍是一个难题。另外,最重要的一个问题是,与最佳质量成本(经济平衡点)A 相对应的不合格品率(如图 8.4.6 或图 8.4.7 的 p^*),意味着企业可以接受一个适当的不合格品率,对企业是有利的。但是,这同现代全面质量管理(TQM)的不断改进的思想是有矛盾的。现代质量管理的主要观点之一是质量竞争已进入"ppm"和"零缺陷"的阶段,朱兰也承认,他的"经济平衡点"模式有局限性,对于十分接近于"零缺陷"生产的产品,他的模式不适用。但朱兰的质量成本模式在企业中已经广为采用,并取得良好的效果,采取完全否定或拒绝的态度,显然是不实际的。为此,人们称它为一种反应型的传统质量成本模式,需要有一个新的模式以解决传统模式中如下未能解决的问题:

(1) 质量投资与其收效之间的时间差;
(2) 提供评价现有质量状态和预测改进效果的方法;
(3) 更好地理解质量、成本、生产率和利润率等概念以及它们之间的相互关系;
(4) 构造一种多目标的模式,以便更清晰、更准确地表明质量与效益之间的关系;
(5) 找到一种预测长远效益的方法,以克服追求短期效益的倾向;
(6) 增设若干非财务方面的要求。

根据以上分析,质量成本应分为两类基本要素:反应型要素和进攻型要素。

传统的"预防—鉴定—损失"质量成本模式是反应型的,对其三项成本的监督和管理都是对企业内部各种过程实际作业的反应。这一类反应型的要素在新的质量模型中,可归为单独一类,即反应型成本要素。另一类更重要的是进攻型成本要素。这两类要素结合在一起,则为新的质量成本模式,即全面质量成本。

二、全面质量成本的构成

如前所述,全面质量成本由反应型要素和进攻型要素组成,如图 8.5.1 所示。

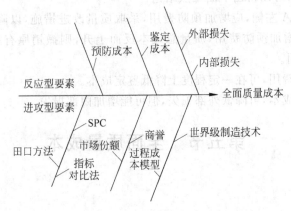

图 8.5.1 全面质量成本的反应型和进攻型要素

关于反应型要素,不再赘述。下面介绍进攻型要素包括的主要内容。

1. 过程成本模式

为了使质量成本理论与TQM原理协调一致,提出了一种称为"过程成本模式"的新质量成本模式。过程是将输入转化为输出的活动。过程成本将质量成本划分为合格质量成本和不合格质量成本两大部分。所谓合格质量成本是以100%的有效方法提供产品和服务所固有的成本;而不合格质量成本则包含不是使用100%的有效方法造成的各种浪费,即在各种规定过程中存在的低效能和不必要的开支。过程成本模型是一项重要的进攻型模式方法,因为它与TQM不断改进的思想相一致。而注重于过程本身就是进攻型最重要的问题,因为它为设计一个组织内的各项活动提供了新思路。

2. 指标对比法

把指标作为竞争的连接器,不断将本企业提供的产品或服务与最强劲的竞争对手和世界一流水平进行对比,找出差距。为企业制订新的目标,目标既要追求高水平,又要实际可行,能够实现。

3. 世界级制作技术

从实际出发,积极采用计算机辅助设计(CAD)、计算机集成制造(CIM)、计算机数字控制(CNC)、物料需求计划(MRP)、制造资源计划(MRP2)、优化生产技术(OPT)以及准时生产制(JIT)、微电子技术、信息技术与计算机技术、自动化与自动控制技术、人工智能技术等一系列现代生产技术。现代企业应根据规模和条件,增加上述诸方面的必要投资,以便通过获得高质量的产品而争取市场的高份额。然而在增加这方面的投资时,也不能忽视其风险,必须认真确定和采用那些对自己能带来最大效益和机会的最新技术。

4. 市场份额分析

研究表明,具有高质量的产品,其市场份额也高,而投资回报将比低质量产品高出约6倍。即使市场份额不佳,高质量至少也能部分地抵偿其对投资回报带来的影响。因此,企业必须努力克服质量低劣,做出生产优质产品的长远战略性决策。大量研究结果都证明,质量投入的增加必然带来相对大得多的市场份额。研究结果还得出,质量同生产率之间存在正相关的关系,即使仅仅考虑对生产率的影响,在质量上的投资也是值得的。

还应指出,产品质量的提高在导致销量上升的同时,还可降低单位成本。因此在计量提高质量的效益时,应计算企业市场份额的增加对公司利润和企业长期效益的影响。所以,市场份额分析构成了进攻型质量成本模式的重要组成部分。

5. 商誉分析

数字化使得低劣质量需要付出高昂代价。面临数字化的大趋势,差的或者低质量产品的成本越来越高了。15年之前,如果你的产品有缺陷或者有质量问题,可能客户只会告诉15~20个身边的朋友。但是现在的消费者可以通过互联网告诉1 000万人、1 500万人、2 000万人。因此,低质量的成本会逐渐地增加,这会导致长期的失效。

商誉是企业重要的无形资产。所以对企业来说,如果丧失在顾客中的商誉可能是一种觉察不到而又十分可怕的危机。在质量成本分析中忽视它更是极端错误的。一旦你的一位老顾客去试用你的竞争对手的产品,那么你将面临永远失去他,甚至失去一批顾客的危险。总之,丧失顾客的信任所造成的损失是无法估量的,因此,在企业经营管理中,对商誉贡献的研究具有重要的实际价值。

6. 统计过程控制 SPC

从过程成本模式的概念出发,统计过程控制(statistical process control)是企业各个"转化"过程中不可缺少的决策手段。而 SPC 是以数据和信息为基础的,所以说质量成本管理是一种以数据和信息为基础的企业经营活动,其理由是:

(1) 不收集可靠的数据,就无法进行分析;

(2) 没有分析就无法获得有用的信息,也就无法了解过程;

(3) 没有相应的行动,信息就不能发挥作用,过程也无法进行控制。

在实际运作的各式各样的过程中,SPC 能阻止人们对过程做出没有充分依据的决策,从而保持过程的稳定性。统计过程控制就是应用统计的方法对生产过程加以控制。其常用的统计方法有控制图、过程能力分析、方差分析、相关分析等。从 20 世纪 80 年代以来,由于国际市场竞争激烈,而质量又是竞争的焦点,所以西方工业发达国家特别重视和强调统计质量控制,把它看作是一项重要的新技术,采用质量控制的手段和方法已成为各国公司质量管理的新课题。那么,计算 SPC 的投入和取得的效益,当然就成为质量成本管理的进攻型要素。统计过程控制就其实质来说,是一种预防性管理活动,其控制的重点是生产现场,而生产现场的关键则是工序,选择影响质量的重点工序作为控制点,严格进行工序的统计控制,是确保质量、防止出现故障和缺陷、减少损失的重要手段。这是因为 SPC 能帮助人们在缺陷未发生之前就发现它,从而采取措施加以消除。

就质量成本而言,SPC 具有反应型要素及进攻型要素双重性。就反应型要素看,有的学者甚至把 SPC 视为"预防—鉴定—故障"质量成本模式中的第五项构成因素。从主动进攻的角度来使用 SPC 就意味着企业要使用它来提高工作绩效,而不是经常地应付顾客提出的要求。SPC 在制造业已被广泛采用,特别是在 TQM 促进下,在质量改进的进攻型意识推动下,SPC 越来越成为一项不可缺少的质量改进工具。

7. 田口方法

田口玄一是日本和世界已熟悉的著名的质量管理专家,尽管当前质量界对田口的理论和方法在部分人中存在不同观点和看法,但都不得不承认他的质量思路已大大地改变了质量控制的方法。他创造的线内、线外质量控制理论,特别是"三次设计"的优化方法,在世界许多企业得到采用并取得良好效果,在田口所建立的质量损失二次方程和对质量设计方法的简化上尤为显著。近年来,美洲电报电话、福特、通用汽车公司、国际电报电话和施乐等许多著名公司,都在它们的质量改进计划中使用了田口方法。

田口将"质量"定义为自产品交货起对社会所造成的有关损失,这对质量赋予了新的含义。田口方法的另一观点就是质量在研制过程的设计阶段就必须认真考虑和妥善设计,他强调设计质量可以获得产品稳定可靠的运行状态。为此,田口发展了试验设计技术,提出了利用信噪比进行试验设计的概念和方法;把质量和经济紧密联系在一起,根据质量特性值对目标值的偏离大小,由质量损失函数来计算损失的数量;他还提出了"系统设计、参数设计和容差设计"的三次设计方法,大大提高和优化了设计质量,建立了《质量工程学》的理论。因此,利用田口方法设计和制造出来的产品,不仅质量好,而且能为社会带来显著节约。

三、进攻型模式的实用性与功能

以图 8.5.1 "鱼刺"图表示的全面质量成本,具有良好的灵活性,便于概念和要素的完善和发展。因为新的概念和要素可以方便地以新的鱼刺形式增加。

此外,目前的构架形式还有如下特点:

1. 与 TQM 的原理相一致

增加了进攻型要素,使质量成本拓宽了范围,包含更全面完整的内容,也更符合实际情况。特别是体现出了 TQM 不断改进和质量改进没有止境的哲学思想,形成一个连续发展和提高的过程。

2. 边缘要素

客观上,进攻型要素之间的交叉形成了所谓"边缘要素",这样完全可能出现重复计算。因为进攻型要素项目的发生,并非都是互斥事件,常常会有"和"或"积"的复杂关系。例如 SPC 和田口方法之间、商誉和市场份额之间等。有时甚至是三者之间,均可能出现交叉和重复发生的现象。如何明晰质量成本项目的界限,是质量成本管理研究的新课题。

3. 时滞

如前所述,进攻型要素带来的效益计算比较复杂,没有科学的理论和方法作为依据,就很难做出准确计算和评估。而且,时滞是质量成本的突出特点,一般在传统模式中矛盾还不那么显著,是可以在相对比较短的时间见到其成效。但是,进攻型要素产生效果的时限较长,可能每隔一年以上的时间才能看出其变化。这样就促使生产者或使用者要从长远的战略和 TQM 的角度来思考质量,长期系统地积累质量成本数据资料,不断提高对质量成本管理的复杂性及长远意义的认识。

4. 目标的多样化

质量成本管理可以分步骤进行,对于最初开始实施质量成本管理的企业或公司,可先从图 8.5.1 上半部的反应模式(即预防—鉴定—故障)开始。而后,在企业已实现 TQM 管理的条件下,再把进攻型要素加入运行中,从实际出发,确立最合适的质量成本模式。所以,参照图 8.5.1 所构造的质量成本模式具有适应目标的多样性和灵活性。

总之,为了更好利用全面质量成本这一有效工具,必须研究和弄清楚产品质量同诸如市场份额、利润、生产率、SPC 等各种要素之间的关系。

习 题

1. 举例说明应该怎样理解质量的经济性。
2. 企业常见的质量损失主要包括哪几个方面?
3. 消费者发生的质量损失对企业将产生哪些影响?
4. 试分析企业标准对质量经济性的主要影响。
5. 举例分析为什么说质量是一个经济变量。
6. 举例说明什么是质量成本及其主要表现形式。

第九章 追求卓越绩效

第一节 国外质量奖概述

日趋激烈的全球竞争现在已经导致了人们对质量的加倍关注,正如世界著名质量管理专家朱兰博士所言:"21世纪是质量的世纪。"许多组织就如何推动和改进质量而纷纷寻求咨询,这些组织以前主要是制造业,近年来,很多中小企业、服务业、医疗卫生机构、教育机构和非营利组织等也都参与到提高质量、追求卓越绩效的行列中来。为了适应这种经济全球化和国际贸易发展趋势的需要,帮助组织提高竞争力,更好地满足顾客的需求和期待,全世界有超过80个国家和地区都设立了质量奖。其中最著名的有美国波多里奇国家质量奖(MBNQA)、欧洲卓越奖(EFQM)(原欧洲质量奖,EQA)、日本戴明奖(JDA);还有英国质量奖(UKQA)、瑞典质量奖(SWQA)、新西兰国家质量奖(NZQA)、拉吉夫·甘地国家质量奖(RGNQA)、新加坡质量奖(SQA)、加拿大杰出奖(CAE)、俄罗斯国家质量奖、澳大利亚卓越企业奖、巴西全国质量奖、越南质量奖等。另外还有很多授予个人的奖项,例如,阿曼德·V.费根堡姆奖章、石川奖章等。在这些质量奖中最具影响力和代表性的就是世界三大质量奖:美国波多里奇国家质量奖、欧洲卓越奖和日本戴明奖。

第二节 美国波多里奇国家质量奖(MBNQA)

一、波多里奇奖(MBNQA)的由来

20世纪80年代,美国在产品质量和过程质量方面的领导地位受到了国外竞争对手的严重挑战,劳动生产率的增长也落后于日本等竞争对手。许多有远见的美国工商界人士和一些政府领导认识到美国企业必须重新强调质量。当时担任里根政府商务部长的马尔科姆·波多里奇(Malcolm Baldrige)为提高美国产品的质量和质量管理水平做出了很大的努力。为了表彰他的杰出贡献,在1987年美国国会决定设立全美质量奖时就将该奖命名为马尔科姆·波多里奇国家质量奖(Malcolm Baldrige National Quality Award)。MBNQA是依据美国《1987年马尔科姆·波多里奇国家质量提高法》(又名《100～107公共法》)规定设立的美国国家质量奖,旨在对质量和绩效方面成就卓著的组织予以奖励,以增强国民对作为竞争优势的质量和卓越绩效的重要性的意识。该奖项涵

盖制造业，中小企业（1999年启动）、服务业、医疗卫生机构、教育机构和非营利性组织（2006年启动）。

过去持续的几十年历程证明，美国波多里奇国家质量奖在使美国恢复经济活力以及在提高美国国家竞争力和生活质量等方面起到了重要作用。波多里奇奖（以下简称波奖）的评选提高了那些获选企业的管理业绩，更重要的是在评奖过程中汇集了众多的质量管理专家，他们对每一份申请都会进行评审，并且指出该企业的优势和有待改进的地方，并提供反馈报告。因此，美国很多企业参加评选，目的并不都是为了得奖，而更多的是为了进行咨询、改进和提高。这也正体现了波多里奇奖设立的初衷。自从美国国家质量奖创立以来，每年向社会上扩散评奖标准数十万份，特别是近几年，由于互联网的应用，这种扩散的速度更是无法估量。波奖提倡"追求卓越"（Quest for Excellence）的质量管理理念，每年评选2~3名获奖企业，经过多年以来的实施，它已经成为美国质量管理界的最高荣誉，对美国乃至世界的质量管理活动都起到了巨大的推动作用。

自2009年波奖项目确定每两年更新一次评价标准，在2016年12月，美国波多里奇卓越绩效评价准则《波多里奇卓越框架2-17-1018》正式发布。这是该评价准则自1988年首次发布以来的第26次版本更新，以确保波奖始终站在"被证明有效的领导和绩效管理实践的最前沿"。作为在全球影响力最大的美国波多里奇卓越绩效评价准则，过去的30年实践，印证了波奖项目及其评价准则的持久生命力和影响力。

二、波多里奇奖的评奖程序

波奖的评选工作从1988年正式开始，近30年来引领全球数万组织追求卓越绩效的经营模式。波奖的评选对象主要包括以下五类：制造业或其子公司、服务业或其子公司、小企业、教育和医疗卫生机构、非营利性组织。评审过程分为三个阶段：第一阶段，接受申请，评审绩效较好的组织进入下轮的集体评审；第二阶段，对绩效突出的组织再次进行评审，并选择优秀组织作为实地考核的候选者；第三阶段，对所选出的优秀组织进行实地考核，评审出最优秀的组织，由最高评审人员联名向美国商业部长推荐，作为美国波奖的候选组织。在这几个阶段中，对于那些被提名的落选组织也都给出评审反馈报告。鼓励组织继续做出有意义的改进、变革和创新，以完善组织系统的整体运营以及产品、服务和优化过程，提高组织绩效。同时，为利益相关方创造新的价值。变革和创新包括组织理念、过程、技术、产品、商业模式等方面。

三、波多里奇质量奖的理念和核心价值观

全球进入21世纪20年代，世界经济仍然保持着低速增长，国际政治经济"黑天鹅"事件频发，组织发展和经营管理面临的风险和不确定性与日俱增。在这样的大环境下，组织更加迫切地需要不断改进、创新管理（managing for innovation）、提升组织绩效，以确保实现组织的持续成功发展。

目前，全球已经有超过100个卓越绩效评价和奖励项目持续地以波奖卓越绩效模式为标杆。卓越绩效模式作为帮助各类组织改进过程、提升能力、改善结果的系统方法，为越来越多的组织所接受。

波多里奇卓越绩效准则于 1987 年以立法形式促进创立,最初通过推动和鼓励各类组织采用稳健的、领导力驱动的、顾客导向的质量管理体系,帮助组织度过了 20 世纪 80 年代的质量危机。而今,波多里奇卓越绩效准则逐渐形成且还在持续完善其核心价值观和理念,如图 9.2.1 卓越绩效准则框架所示。

波奖的理念和核心价值观是组织成功的根基,它贯穿在《波多里奇卓越绩效准则》标准的各项要求中,其内容充分描绘出成功组织在"追求卓越化"的道路上,为"下一代的质量管理"所必备的素养:①系统的观点;②远见卓识的领导;③聚焦顾客的卓越;④珍视人力资源;⑤组织学习与敏捷性;⑥聚焦成功;⑦创新导向的管理;⑧基于事实的管理;⑨承担社会责任;⑩道德与透明;⑪实现价值与结果。通过向各类组织提供非规定性的领导和管理指南,以系统的方法促进整个组织范围向卓越迈进。

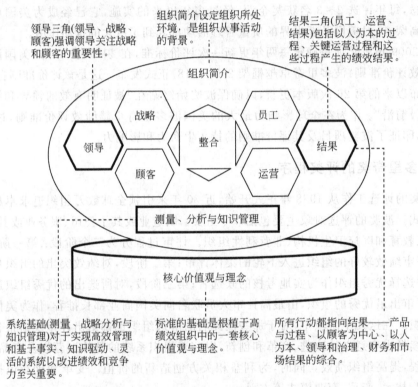

图 9.2.1　波多里奇卓越绩效准则框架

在此需要说明波奖评价准则的 11 项核心价值观和理念,各项排序先后并不代表其重要性的优先顺序,而是一种与卓越绩效模式中领导、过程和结果对应的逻辑关系。鉴于该模式中两项"系统的观点"和"具有远见卓识的领导"是必要条件,所以,该两项核心理念被置于首位。

1. 系统的观点

波奖评价准则为组织的管理和追求卓越绩效提供了一个系统的观点。其价值核心和波奖七项评审标准分类均源自于组织体系的基本组成。也就是说,其基础是根植于高绩效组织中的一套核心价值观与理念。当然,组织需要使各部分达到综合、协调一致,如

图9.2.1所示的"整合"。所谓"综合"意味着把组织作为一个整体看待,是以整个组织为核心。"协调一致"意味着波奖评审标准各大类的要求都是集中在与组织紧密相关的一条主线上。例如,图9.2.1所示的"领导三角(领导、战略、顾客)"和"结果三角"。一致性意味着领导应以战略方向和顾客为中心,这意味着领导要对经营结果进行监测,对经营结果负责,并以经营结果为基础。一致性还意味着组织的战略重点与关键过程要统一,并与组织的资源相一致,以提高组织的整体绩效和顾客满意度。也就是说,"结果三角(员工、运营、结果)"包括以人为本的过程、关键运营过程和这些过程产生的绩效结果。总之,所有行动都指向结果——产品与过程、以顾客为中心、以人为本、领导和治理、财务和市场结果的综合,以系统的观点和方法对整个组织及其组成部分进行管理,并促进成功实现组织绩效持续改进和创新。

2. 远见卓识的领导

近年来,随着在全球管理领域中对卓越领导力研究的深入发展和成功实践案例的涌现,组织的高层领导作用内涵得到了进一步的充实,波奖评价准则也逐步完善和强化了高层领导作用的内容和内涵,简述以下方面。

组织的高层领导应确立组织的愿景和价值观,并通过领导系统将组织的愿景和价值观展开到全体员工、关键的供应商和合作伙伴,展开到顾客和其他利益相关方。也可以说,高层领导的个人行为反映出了对组织价值观的承诺;高层领导应营造倡导守法与道德行为的组织环境;高层领导在组织可持续和履行社会责任中的作用至关重要;高层领导有责任营造有助于培育提高顾客粘性的组织员工文化;高层领导应鼓励创新和"智慧冒险"以及使用自媒体进行高效沟通;高层领导应引领组织实现可持续成功以及在组织变革中发挥作用;高层领导对沟通分享组织管理层的失误和存在的改进机会应抱以认真和坦诚的态度对待,高层领导应坦诚、透明地沟通,并鼓励顾客和员工积极参与坦诚、双向的沟通,利于建立组织成员对领导层的信任度;高层领导应营造实现组织使命、保持组织敏捷性的环境,培养组织的学习氛围,支持员工学习、创新和明智风险承担。

由此可见,一个有担当、负责任和信守承诺的高层领导,对组织现在和未来的可持续成功至关重要。

3. 聚焦顾客的卓越

组织要从顾客处获取信息,应确立通过倾听、互动、观察顾客以得到可用信息的方法,并确保倾听方法能根据顾客、顾客群或市场细分的差异而变化。质量和卓越绩效是由组织的顾客来评价的。因此,组织一定要考虑所有的产品与服务的特点和性能特色,将产品和服务的价值呈献给顾客,以使顾客满意、喜爱选用组织的产品和服务,并成为忠诚的顾客。

"聚焦顾客的卓越"有"今天"和"未来"两种含义,即了解今天顾客的需求,预测未来的顾客需要和市场需求。在顾客购买、使用和接受服务的过程中,价值观和满意度可能会受到很多因素的影响。这些因素包括组织与顾客之间的关系,这种关系有助于建立彼此的信任、信心和忠诚。"聚焦顾客的卓越"不仅仅意味着减少失误、满足要求或是减少投诉;减少失误和消除顾客的不满意,也有助于改善顾客对组织的认识。因此,它也是"聚焦顾客的卓越"的重要组成部分。此外,组织成功地改正错误,为顾客提供正确的、满意的需求,对留住顾客及与顾客建立良好的关系有至关重要的作用。

"聚焦顾客的卓越"的组织不仅仅指产品与服务的特性能满足顾客的基本要求,还包括由于竞争而给顾客提供的与众不同的特色产品和服务。这些特色产品和服务可能以新的或改进的服务为基础、产品与服务的融合、按顾客要求订做、快速反应或与顾客建立特殊的关系等。

"聚焦顾客的卓越"是一个战略性概念。它的目标是稳定顾客、占有市场和业务增长,它要求组织对顾客和市场需求的变化及关系到顾客满意和稳定性的影响因素保持敏感性,并要求组织要预测市场的变化。顾客推动同样要求组织及时了解技术的发展和竞争对手的对策,并对顾客和市场需求给予快速的和准确的反应。

4. 珍视人力资源

组织的成功取决于员工及合作伙伴自身不断地增长知识、技能、创新能力和工作动力。因此,组织要营造一个有效的、支持性的员工环境。

(1)"尊重员工"意味着确保员工满意,个人得到发展和保持身体健康,此外还应包括给员工更大的灵活性,对员工突出的工作表现,以提供多种工作岗位、满足其生活需求的方式给予回报。例如:

① 展示组织的领导层对其员工的承诺、保障;
② 在公平竞争基础上为员工提供受赏识、重视的机会;
③ 在员工学习和发展系统中,要考虑员工个人对学习和发展的需求,要确保新员工融入组织;
④ 在组织内做到知识共享,使员工能更好地为顾客服务,进而实现组织的战略目标;
⑤ 营造一个鼓励员工勇于面对困难的良好环境。

(2)组织需要建立内部的和外部的合作关系,以更好地达到其总体目标。

内部合作关系应包括劳资合作,例如与组织的工会达成协议。与员工的合作可能需要做的工作有:员工的发展、交叉培训或新的工作组织形式,如高效的工作小组。内部合作关系还可能包括在工作部门间创建工作网络关系,提高灵活性、快速反应和知识共享。外部合作关系包括同顾客、供应商和教育部门之间的合作关系。战略合作或联盟已成为日渐重要的一种外部合作的形式。这种合作形式为组织提供了进入市场新领域的可能性,成为更新产品或服务的基础。而且合作关系还能使公司将其核心能力或领导能力与合作者的优势与能力相互融合,实现互补,从而增强整体实力,包括速度和灵活性。成功的内部和外部合作关系,应树立长远目标,从而为相互投资和期望打下基础。合作者应共同了解成功的关键需求,建立定期沟通的手段、评价进展的方法,采取适应变化情况的措施等。在某种情况下,联合教育与培训确保为员工的发展提供了一个有效的方法。

5. 组织学习与敏捷性

组织要取得卓越绩效,需要在组织和个人学习中运用有效的方法。组织和个人的学习是具有远见卓识的领导的目标。有组织的学习指的是学习新目标和新方法,以便对目前方法和过程进行持续改进和创新,以适应不断发生的变化,提升风险管理绩效。因此,应将组织学习置于组织内的运营模式中。

1) 组织学习
（1）使学习成为日常工作的一部分；
（2）在组织、部门、个人各级别中分别进行相应的实践操作学习；
（3）学习的结果是以现有的资源解决存在的问题；
（4）学习的关键在于在全组织内做到知识共享；
（5）把握机遇和挑战，以适应难以预料的变化带来的风险。

例如，学习内容包括员工的见解，研究与开发，顾客需求，最佳操作实践的共享和标杆学习。通过有组织的学习能产生以下结果：

① 为顾客提供新的和改进的产品和服务，增加产品和服务的价值；
② 减少失误、次品、浪费和相关的费用；
③ 拓展新的经营机会，提高"组织学习与敏捷性"的绩效；
④ 充分有效地运用组织内外所有资源，如组织对自媒体的有效利用和风险管理；
⑤ 提高组织的公共责任和公民义务方面的绩效。

2) 员工学习

员工的成功日益依赖于是否有机会学习和运用新技能。组织应对员工的个人学习进行投资，为他们提供教育、培训和不断成长的机会。使"员工契合"以实现高绩效的工作环境。这种机会包括岗位轮换和增加对员工知识和技能展示的回报。在岗培训是一种有效的培训方式，能更好地与组织的需求相结合。先进的技术手段对教育和培训项目有很大益处，如计算机教学、卫星传输、网络技术等。例如：

① 培养了更加令人满意的和多业务技能的员工；
② 为组织跨职能的学习提供了更多的机会；
③ 改善了创新环境。

因此，学习不仅仅是使产品和服务直接得到改进，而且使组织和员工有更强的责任感、更好的适应性和更高的效率，具有更强的市场承受力，提高组织绩效。

3) 敏捷性

处在变化加剧和激烈竞争的环境中，组织成功需要具备一种适应快速变化的能力和敏捷性。一方面移动互联网的发展开启了一个迈向更加开放、透明和平等的社会新时代；另一方面则要求组织的高层领导的引领作用，已经不能停滞在制定目标和方向、营造环境、提供资源和简单沟通层面上。高层领导者有效的引领，需要展示高层领导的承诺和对承诺的兑现；需要对实现组织的各项承诺全心投入，起到示范和表率作用；需要与顾客、员工和相关方进行更加高效、坦诚和平等的双向沟通，实现组织上下、内外的同心协力，从而确保组织在日趋复杂的经营环境中，能够从容应对各种挑战、谋求创新发展。

在当今大数据、移动互联时代，组织的各个方面需要更迅速、更敏捷地与市场、顾客、员工和其他相关方进行更频繁更高效的互联互通，建立更加良好的互信合作关系，并提升组织和相关方的信息保护和信息安全的能力。

6. 聚焦成功

追求卓越绩效和组织成功，以确保组织的可持续增长和市场领先地位，要求组织有坚定的"聚焦成功"方向以及向主要受益者，如顾客、员工、供应商、股东、公众和社会等明示组织承诺的愿景和使命。组织在制订战略策划时,需要预测诸多因素,如顾客的期望,新的经营和合作机会,全球市场占有率,新技术的发展,新的顾客和市场空间,法律法规的要求,政治、经济和自然环境的变化的风险,社区/社会的期望,竞争对手的战略调整等。长期、短期的计划,战略目标和资源调配需要反映出各种影响因素以及以"聚焦成功"为中心关注员工和供应商的发展,寻求组织创新的机会和组织应该承担的社会责任。

7. 创新导向的管理

创新,始终是波奖的核心理念之一。创新为组织的产品、过程和组织有效性方面实施有益和突破性变革,为相关方创造新的价值。涉及营造创新环境、识别战略性机遇、配置资源和建立能容忍失败的文化等方面。创新和创新管理在波奖评价准则的领导、战略、过程等各项中显著被强化。组织创新不应该仅限于研究和开发部门予以考虑的问题。创新对于关键产品和服务的过程及其相关支持性过程都非常重要。组织应将创新纳入组织的文化和日常工作当中去。

创新导向的管理要求组织要敢于"智慧冒险"(Intelligent risk)。也就是说,组织要善于抓住对组织可持续性的积极影响可能远大于消极影响的机会。卓越的组织应该具备识别"智慧冒险"机会的能力,勇于尝试去抓住这种机会,并准备好承受失败的可能性。创新管理与"智慧冒险"相结合,使得创新既是对机会的把握,也是对风险的管理。

8. 基于事实的管理

组织依赖于对其绩效的测量和分析。这种测量必须源于组织的战略,并提供有关的关键过程、输出和结果的重要数据和信息。绩效的测量、管理和改进需要诸多类型的数据和信息。绩效测量方面的数据和信息包括:顾客、产品和服务、经营、市场、与竞争对手的比较、供应商、员工以及成本和财务等。

分析是指从数据和信息中提取具有更深意义的东西,有助于组织内评价、决策和实际操作的改进。分析需要用数据来确定方向、做预测及确定因果关系;如果没有分析过程,上述方面就不一定明显。数据和分析有助于达到各种目的,如策划、回顾组织的以往绩效,改进实际运作,将组织的绩效与竞争对手或成功组织基准进行比较。

绩效改进中一个重要的考虑内容就是选择并使用绩效测量指标。测量指标可以选择最能反映顾客、运行操作和财务绩效的因素指标。与顾客或组织的绩效相关的一套全面的测量指标,需要以组织的活动目标作为明确的依据。通过对过程跟踪数据的分析,对测量指标本身也可以进行评价和改进,以便更好地支持组织的目标。

9. 承担社会责任

组织的最高领导要专注于实现组织使命的行动,确保治理组织和履行社会责任,并评估高层领导和治理机构的绩效。组织要将社会福利和利益作为战略及日常运营的重要组成部分。

组织应该注重对公众社会所负有的责任,并尽好公民义务。这种责任指的是对组织的基本期望——商业道德、保护公众健康、安全、环境。健康、安全和环境包括组织的运行操作以及组织的产品和服务的生命周期。而且,组织也要注重保护资源,杜绝废弃物排放。策划项目应预测来自生产、设施、运输、使用和产品废弃物等的有害影响和各种风险,追求明智的风险是使计划尽可能防止问题的发生,如果发生问题应能做出准确、快速的反应,并为保持公众的理解、安全和信心,提供所需的信息与支持。

对于许多组织来说,从公共责任的角度看,产品的设计阶段是非常重要的。设计结果就决定了产品的生产过程和材料组成及工业废弃物。高效的设计应该预测未来变化的环境要求及相关因素。

组织不应该只满足于所在地区、省、市和国家法律与法规的要求,还应将这些要求与其他相关要求联系在一起,将其视为超越仅仅守法,达到持续改进和追求卓越绩效的机会。这就要求在绩效管理中运用正确恰当的测量指标。

履行公民义务指的是在组织资源许可的条件下,在重要的公共活动中起到领导和支持的作用。这种公益活动包括改善教育、在社区内关心健康、美化环境、保护环境、社区服务、改善工商界习惯性做法、分享非专利性信息等。作为法人地位的领导作用,要去影响其他的私人或公共的组织,使其成为上述活动的合作者、参与者。例如,组织可以会同其他组织明确本行业对社会应负的责任等。

10. 道德与透明

"道德与透明"是波奖准则的核心理念。道德行为是组织文化和价值观的基础。组织的管理层需要进行持续的坦诚和公开的沟通以及倡导清晰和准确的信息分享。

最高领导需要被动证明他们对法律和道德的承诺,所谓"被动证明"就是"透明"状态,并促进和确保所有交往的道德行为。在法律和道德行为方面,组织需要关注并实现以下诸项。

(1) 守法行为

组织需要预测和考虑产品和运营的公共隐忧;组织需要应对产品和运营给社会带来的任何不良影响;组织需要预测公众对未来的产品和运营的隐忧;组织需要以一种主动的方式来应对这些隐忧,包括保护自然资源和采用有效供应链管理过程(适用时);确保为达到或超过法律法规的要求,组织实施的关键过程、测量指标和目标(适用时);确保在应对组织的产品和运营的相关风险方面,组织的关键过程、测量指标和目标。

(2) 道德行为

组织要倡导并确保在所有的交往中的道德行为;确保组织用以推动并监测在治理结构、整个组织内部以及在与顾客、合作伙伴、供应商及其他利益相关者的交往中的道德行为的关键过程、测量指标;组织要监控和处理违反道德的行为。

(3) 治理和监管环境

组织确保做好灾难或紧急情况的准备;营造一个在职业健康和安全、认证、认可、行业标准、环境、会计和产品标准适用的法律法规;让员工实现高绩效的工作环境;创造一种开放沟通、透明、高效、投入的组织文化。

"道德与透明"作为核心理念,提示了组织成功与卓越的标志离不开对社会道德责任的担当,真正有价值的、可持续的商业成功需要建立在符合社会文明进步的伦理道德基础之上。

11. 实现价值与结果

组织的绩效测量应以主要结果为核心重点。包括:

1) 产品和过程结果，即产品和过程的有效结果
(1) 产品和客户支持过程的结果；
(2) 过程有效性和效率的结果；
(3) 安全和应急准备的结果；
(4) 供应链管理的结果。
2) 顾客焦点的结果
(1) 顾客满意和不满意的结果；
(2) 顾客契合的结果。
3) 员工为本的结果
(1) 员工能力和量能的结果；
(2) 员工氛围的结果；
(3) 员工契合的结果；
(4) 员工和领导发展的结果。
4) 领导和治理结果，即高层领导和治理的结果
(1) 高层领导与员工和顾客沟通的结果；
(2) 治理责任的结果；
(3) 法律和监管要求的结果；
(4) 道德行为的结果；
(5) 社会责任和关键社区支持的结果；
(6) 战略和行动计划的结果。
5) 财务和市场结果，即财务能力的结果
(1) 财务绩效的结果；
(2) 市场绩效的结果。

组织也应关注创新管理的结果，并对所有受益者的利益、价值加以平衡，这些受益者包括：顾客、员工、股东、供应商与合作伙伴、公众及社会等所有利益相关方。通过为所有利益相关方创造价值，组织建立起对他们的忠诚并促进持续卓越绩效的成功。实现价值和价值平衡意味着，有时遇到矛盾的和变化的目标时，组织的战略需要明确包括所有受益者的需求。这将有助于组织确保行动与计划能满足不同受益者的需求，并避免对任何受益者造成不利影响。使用经过对领先的和历史的绩效综合平衡的指标，是一种比较有效的方法。以此调整短期和长期目标的轻重缓急，监控实际绩效，为结果改进和提升明确目标和重点。

四、波奖评审标准

波奖主要根据以下七个核心要素对组织进行考核评价，主要内容提要如表 9.2.1 所示。总分数为 1 000 分。

表 9.2.1　2017—2018 年波奖评审标准的要素和分值

序号	核心要素	子序号	子要素	满分	总计
1	领导	1.1	高层领导	70	120
		1.2	治理和社会责任	50	
2	战略	2.1	战略制定	45	85
		2.2	战略实施	40	
3	顾客	3.1	顾客的声音	40	85
		3.2	顾客契合	45	
4	测量、分析与知识管理	4.1	组织绩效的测量、分析与改进	45	90
		4.2	知识管理、信息和信息技术	45	
5	员工	5.1	员工环境	40	85
		5.2	员工契合	45	
6	运营	6.1	工作过程	45	85
		6.2	运营有效性	40	
7	经营结果	7.1	产品和过程结果	120	450
		7.2	以顾客为关注焦点的结果	80	
		7.3	以员工为本的结果	80	
		7.4	领导和治理的结果	80	
		7.5	财务和市场的结果	90	
			总分数		1 000

图 9.2.1 描述了波奖的核心要素的相互关系，尤其需要关注"核心价值观和理念"是组织成功的基础；从"系统的观点"出发，组织运营是在系统基础（测量、分析与知识管理）之上，并在组织系统中与"领导三角（领导、战略、顾客）"和"结果三角（员工、运营、结果）"整合。

第三节　中国全国质量奖

一、中国质量奖概述

随着 21 世纪的到来和全球经济一体化、信息等高新科学技术的迅猛发展，国内外市场竞争日趋激烈，质量成为广泛重视的焦点。在特定的历史环境中，中国曾经出现过多种评选质量奖的活动。其中包括国家设立和社会设立的各种质量奖项，客观上消费者和生产者共同经历了曲折的路程。1991 年，国务院第 65 号文件停止了政府部门主办的质量评比活动，自此废止了计划经济指令性质的国家质量金奖、银奖。

面临"21 世纪是质量的世纪"的世界政治、经济、科技和文化的"大质量"发展态势，从国家和企业发展战略出发,综合治理和高效提升中国产品和过程的有效结果。培育、激励和引导企业追求卓越绩效,实现企业成功价值,以富国强民、增强中国企业乃至国家整体经济实力。为此,国务院决定重新设立全国质量奖。中国质量协会根据中国《产品质量法》的有关条款及中国质量协会的七届理事会的决议,2001年启动了全国质量奖评审工作,开启了中国实践《卓越绩效模式》(Performance Excellence Model,PEM)的征程。归纳简介如表9.3.1所示。

表9.3.1 中国卓越绩效模式简介

时间阶段	奖项特征	状况
1982—1991年	计划经济时代的质量管理奖	政府和社会设立了多种奖项
1996—1997年	质量奖恢复试点,主要参照国家PEM和日本戴明奖	结合国情学习借鉴国外著名质量奖项目
2001年	整体参照采用美国波奖PEM。质量奖评价标准分为五大要素:1.领导和管理战略;2.资源管理;3.过程管理;4.信息;5.经营结果	高标准、严要求、少而精、规范、自律、公正
2003年	等同采用波奖评价标准,分为七大要素(分数比重有所不同):1.领导;2.战略;3.顾客与市场;4.资源;5.过程管理;6.测量、分析与改进;7.经营结果	该奖是中国企业在质量经营领域的最高奖项和最高荣誉,获奖组织也是中国优秀企业的重要标志
2005年	深入学习和理解波奖PEM评价标准的价值内涵和成功实践结果,首次正式发布并实施国家标准GB/T 19580—2004《卓越绩效评价准则》和GB/Z 19579—2004《卓越绩效评价准则实施指南》,2004年。2006年起改称《全国质量奖》,采用该标准评审	该国家标准融合了美国波奖和世界发达国家最有影响的、最成功的PEM的基本内容;进一步完善了中国质量奖励制度;该标准适用于成熟的优秀企业;该标准获得了2007年度中国标准创新贡献奖三等奖
2012年	进一步全面借鉴美国PEM评价标准。经过修订,正式发布并实施第二版国家标准GB/T 19580—2012《卓越绩效评价准则》和GB/Z 19579—2012《卓越绩效评价准则实施指南》含7大要素:1.领导;2.战略;3.顾客与市场;4.资源;5.过程管理;6.测量、分析与改进;7.结果	美国波奖的《卓越绩效评价准则》每两年修订一次,中国与国际接轨的标准循其也在适时修订。2017—2018年美国PEM《卓越绩效评价准则》含11项核心价值观和理念和7大要素:1.领导;2.战略;3.顾客;4.测量、分析和知识管理;5.人力资源;6.运营;7.结果

二、全国质量奖的价值

全国质量奖是对实施卓越的质量管理,并在质量、经济、社会效益等方面取得显著成绩的组织授予的在质量方面的最高荣誉。设立于2001年,于2012年起,全国质量奖中设置"卓越项目奖"以表彰运用卓越绩效模式的成功组织,特别是近年来,在高层领导的作用、变革管理、风险管理、创新管理以及大数据、自媒体与网络安全等方面取得突出成绩的重点工程和项目不断涌现。目前,中国全国质量奖已经成为与美国波多里奇国家质量奖、日本戴明奖、欧洲质量奖等世界各国著名奖项齐名的国家级奖项。实践证明,全国质量奖使组织实施卓越绩效模式不仅能极大地增强组织的质量责任感和勇于竞争的信心,还能起到巨大的带动和示范作用,激励更多的组织追求卓越,促进组织乃至国家整体质量水平的提高。参见表9.3.2所统计的2001—2016年获奖组织名单,可搜索这些优秀组织的成功绩效结果,可见全国质量奖项目的显著贡献。

表 9.3.2　2001—2016 年获奖组织名单

年/获奖组织	年/获奖组织
2001	浙江移动通信有限责任公司
宝山钢铁股份有限公司	上海移动通信有限责任公司
海尔集团公司	深圳海外装饰工程公司
青岛港务局	2006
上海大众汽车有限公司	制造、建筑业:
青岛海信电器股份有限公司	珠海格力电器股份有限公司
2002	万向钱潮股份有限公司
上海三菱电梯有限公司	扬子石油化工股份有限公司
中建一局建设发展公司	山西太钢不锈钢股份有限公司
上海日立电器有限公司	中交第二航务工程局有限公司
联想(北京)有限公司	浙江万丰奥威汽轮股份有限公司
青岛啤酒股份有限公司	服务业:
厦门 ABB 开关有限公司	广东移动通信有限责任公司
2003	上海市电力公司市区供电公司
武汉钢铁股份有限公司	小企业:
宜宾五粮液股份有限公司	恒源祥(集团)有限公司
兖州煤业股份有限公司	提名奖:
贵州茅台酒股份有限公司	万辉涂料有限公司、上海航空股份有限公司、广西柳工机械股份有限公司、宝鸡石油机械有限责任公司、华北石油管理局第一机械厂、浙江宝石缝纫机股份有限公司
济南钢铁股份有限公司	
大众交通(集团)股份有限公司大众出租汽车分公司	
2004	鼓励奖:
中天建设集团有限公司	青岛钢铁有限公司、河北移动通信有限责任公司、康奈集团有限公司、奥康集团有限公司、青岛喜盈门集团有限公司、远东电缆厂
南通醋酸纤维有限公司	
浙江正泰电器股份有限公司	
杭州卷烟厂	2007
英特尔产品(上海)有限公司	制造、建筑业:
上海国际机场股份有限公司	中国一航成都飞机工业(集团)有限责任公司
中国网通集团天津市通信公司	潍柴动力股份有限公司
清溢精密光电(深圳)有限公司	上海隧道工程股份有限公司
2005	中国神华能源股份有限公司神东煤炭分公司
广西玉柴机器股份有限公司	广东美的制冷设备有限公司
上海贝尔阿尔卡特股份有限公司	康奈集团有限公司
中铁建设集团有限公司	浙江宝石缝纫机股份有限公司
青岛建设集团公司	提名奖:
浙江德力西电器股份有限公司	上海万科房地产有限公司
湖南华菱涟源钢铁有限公司	厦门 ABB 低压电器设备有限公司
香港地铁有限公司	天津港石油化工码头公司

年/获奖组织	年/获奖组织
奥康集团有限公司 中油吉林化建工程股份有限公司 鼓励奖： 安徽江淮汽车股份有限公司、波司登股份有限公司、飞跃集团有限公司、横店集团东磁股份有限公司、莱芜钢铁集团有限公司、青岛喜盈门集团有限公司、人民电器集团有限公司、山东海化股份有限公司纯碱厂、远东电缆有限公司、中国人民解放军第五七二〇工厂、中国石化集团胜利石油管理局黄河钻井总公司固井公司、中国移动通信集团河北有限公司、中建八局第二建设有限公司 2008 大中型企业： 广西柳工机械股份有限公司 金川集团有限公司 莱芜钢铁集团有限公司 中建八局第二建设有限公司 波司登股份有限公司 上海市第七建筑有限公司 人民电器集团有限公司 浙江三花股份有限公司 服务业： 上海万科房地产有限公司 小企业： 天津港石油化工码头有限公司 特殊行业： 中国人民解放军第五七二〇工厂 鼓励奖： 安徽江淮汽车股份有限公司、佛山市顺德区美的微波电器制造有限公司、福田雷沃国际重工股份有限公司、广西中烟工业公司、河北建设集团有限公司、嘉兴电力局、南京钢铁联合有限公司、宁波金田铜业（集团）股份有限公司、山东滨州渤海活塞股份有限公司、山东海化股份有限公司纯碱厂、深圳市海洋王投资发展有限公司、四川沱牌集团有限公司、松下电器（中国）有限公司营销总公司广播电视系统营销公司、泰康人寿保险股份有限公司、西安陕鼓动力股份有限公司、西安西开高压电气股份有限公司、西安印钞厂、远东电缆有限公司、浙江红蜻蜓鞋业股份有限公司、浙江伟星实业发展股份有限公司、中国人民解放军第五七一九工厂、中国网通（集团）有限公司沈阳市分公司、中国移动通信集团河北有限公司 2009 大中型企业： 中国建筑第八工程局有限公司	南京钢铁联合有限公司 广州珠江钢琴集团股份有限公司 佛山市顺德区美的微波电器制造有限公司 西安陕鼓动力股份有限公司 浙江红蜻蜓鞋业股份有限公司 深圳市海洋王照明科技股份有限公司 四川沱牌集团有限公司 服务业： 上海市电力公司 特殊行业： 中国人民解放军第五七一九工厂 提名奖： 中国建筑第五工程局有限公司 山东滨州渤海活塞股份有限公司 西安西开高压电气股份有限公司 鼓励奖： 中国电信股份有限公司苏州分公司、安徽江淮汽车股份有限公司、福田雷沃国际重工股份有限公司、上海三菱电梯有限公司安装维修分公司、河北建设集团有限公司、北京航天自动控制研究所、江阴兴澄特种钢铁有限公司、舞阳钢铁有限责任公司、南京红宝丽股份有限公司、上海投资咨询公司、中国电信股份有限公司惠州分公司、西安西电电力整流器有限责任公司、鞍钢股份有限公司、北新集团建材股份有限公司、广西中烟工业公司、上海新世界股份有限公司、好孩子儿童用品有限公司、兴乐集团有限公司 2010 大中型企业： 青岛海信电器股份有限公司 鞍钢股份有限公司 西安西电开关电气有限公司 好孩子儿童用品有限公司 山东滨州渤海活塞股份有限公司 南京红宝丽股份有限公司 舞阳钢铁有限责任公司 河北建设集团有限公司 安徽江淮汽车股份有限公司 服务业： 上海新世界股份有限公司 上海投资咨询公司 特殊行业： 北京航天自动控制研究所 入围奖： 安徽安利合成革股份有限公司 鼓励奖：

续表

年/获奖组织	年/获奖组织
浙江世友木业有限公司、青岛英派斯健康科技有限公司、浙江报喜鸟服饰股份有限公司、齐齐哈尔轨道交通装备有限责任公司、日照港股份有限公司第二港务公司、西安西电电力系统有限公司、安阳钢铁股份有限公司、新余钢铁股份有限公司、中国人民解放军第五七二一工厂、马应龙药业集团股份有限公司、重庆建工集团有限责任公司 2011 再次获奖： 兖州煤业股份有限公司 上海三菱电梯有限公司 贵州茅台酒股份有限公司 宜宾五粮液股份有限公司 首次获奖： 大中型企业： 安阳钢铁股份有限公司 宁波方太厨具有限公司 武汉钢铁集团氧气有限责任公司 远东电缆有限公司 浙江世友木业有限公司 浙江奥康鞋业股份有限公司 服务业： 日照港股份有限公司第二港务公司 特殊行业： 中国航天科工集团第三研究院第三总体设计部 鼓励奖： 江苏省扬州汽车运输集团公司 苏州邮政局 中国人民解放军第五七二一工厂 安徽安利合成革股份有限公司 邢台钢铁有限责任公司 邯郸钢铁集团有限责任公司 长城汽车股份有限公司 新余钢铁股份有限公司 铜陵有色金属集团股份有限公司 齐齐哈尔轨道交通装备有限责任公司 珠海醋酸纤维有限公司 江阴兴澄特种钢铁有限公司 北京当代商城有限责任公司 意尔康鞋业集团有限公司 浙江盾安人工环境股份有限公司 四川剑南春集团有限责任公司 2012 大中型企业： 邯郸钢铁集团有限责任公司 浙江盾安人工环境股份有限公司	铜陵有色金属集团股份有限公司 服务业： 苏州邮政局 江苏省扬州汽车运输集团公司 小企业： 上海外高桥第三发电有限责任公司 第十二届全国质量奖入围奖组织： 长城汽车股份有限公司 第十二届全国质量奖鼓励奖组织： 邢台钢铁有限责任公司 三一重机有限公司 安徽安利合成革股份有限公司 北京当代商城有限责任公司 江阴兴澄特种钢铁有限公司 巨石集团有限公司 齐齐哈尔轨道交通装备有限责任公司 山东景芝酒业股份有限公司 山推工程机械股份有限公司 上海核工程研究设计院 新余钢铁股份有限公司 徐工集团工程机械股份有限公司 意尔康股份有限公司 中电电气集团有限公司 中国航天科工集团第二研究院第二总体设计部 中国人民解放军第五七二一工厂 重庆齿轮箱有限责任公司 珠海醋酸纤维有限公司 2013 大中型企业： 中国北车齐齐哈尔轨道交通装备有限责任公司 三一重机有限公司 邢台钢铁有限责任公司 鲁泰纺织股份有限公司 江苏核电有限公司 巨石集团有限公司 服务业： 山东高速股份有限公司 日照港集团有限公司 上海电力设计院有限公司 特殊行业： 中国航天科工集团第二研究院第二总体设计部 中国人民解放军第四八零一工厂黄埔军械修理厂 第十三届全国质量奖入围奖组织为： 中国能源建设集团广东省电力设计研究院 中国天津外轮代理有限公司 第十三届全国质量奖鼓励奖组织为：

续表

年/获奖组织	年/获奖组织
江苏省邮政速递物流有限公司	徐工集团工程机械股份有限公司
加西贝拉压缩机有限公司	加西贝拉压缩机有限公司
江苏博特新材料有限公司	江阴兴澄特种钢铁有限公司
江阴兴澄特种钢铁有限公司	山东景芝酒业股份有限公司
上海浦江桥隧运营管理有限公司	服务业:
中国航天科工集团第二研究院二八三厂	江苏省邮政速递物流有限公司
重庆齿轮箱有限责任公司	中国天津外轮代理有限公司
山东景芝酒业股份有限公司	中国能源建设集团广东省电力设计研究院
江苏亨通光电股份有限公司	卓越项目奖:
2014	空警2000任务电子系统
大中型企业:	第十四届全国质量奖入围奖组织:
邯郸钢铁集团有限责任公司	江苏自动化研究所
浙江盾安人工环境股份有限公司	第十四届全国质量奖鼓励奖组织:
铜陵有色金属集团股份有限公司	内蒙古包钢钢联股份有限公司
服务业:	一汽解放汽车有限公司无锡柴油机厂
苏州邮政局	广东志高空调有限公司
江苏省扬州汽车运输集团公司	上海浦江桥隧运营管理有限公司
小企业:	中国核动力研究设计院
上海外高桥第三发电有限责任公司	中国航天科工集团第二研究院二〇六所
第十二届全国质量奖入围奖组织:	中国石化集团四川维尼纶厂
长城汽车股份有限公司	长飞光纤光缆股份有限公司
第十二届全国质量奖鼓励奖组织:	北京遥感设备研究院
邢台钢铁有限责任公司	珠海罗西尼表业有限公司
三一重机有限公司	2015
安徽安利合成革股份有限公司	大中型企业:
北京当代商城有限责任公司	上汽通用汽车有限公司
江阴兴澄特种钢铁有限公司	东阿阿胶股份有限公司
巨石集团有限公司	神龙汽车有限公司
齐齐哈尔轨道交通装备有限责任公司	内蒙古包钢钢联股份有限公司
山东景芝酒业股份有限公司	一汽解放汽车有限公司无锡柴油机厂
山推工程机械股份有限公司	山西太钢不锈钢股份有限公司
上海核工程研究设计院	服务业:
新余钢铁股份有限公司	国网天津市电力公司
徐工集团工程机械股份有限公司	特殊行业
意尔康股份有限公司	中国核动力研究设计院
中电电气集团有限公司	中国人民解放军第四八零六工厂军械修理厂
中国航天科工集团第二研究院第二总体设计部	入围奖:
中国人民解放军第五七二一工厂	中建海峡建设发展有限公司
重庆齿轮箱有限责任公司	江铃汽车股份有限公司
珠海醋酸纤维有限公司	中国航天科工集团第二研究院二〇六所
2014	北京东方雨虹防水技术股份有限公司
组织奖:	鼓励奖:
再次申报企业:	山东临工工程机械有限公司
上海大众汽车有限公司	天士力制药集团股份有限公司
广西柳工机械股份有限公司	宁波奥克斯空调有限公司
大、中型企业:	河南心连心化肥有限公司

续表

年/获奖组织	年/获奖组织
内蒙古和信园蒙草抗旱绿化股份有限公司	向家坝-上海±800千伏特高压直流输电示范工程(国家电网公司)
珠海罗西尼表业有限公司	
马鞍山钢铁股份有限公司	北京雁栖湖国际会都(核心岛)会议中心(中国建筑第八工程局有限公司)
长飞光纤光缆股份有限公司	
北京奔驰汽车有限公司	三、全国质量奖管理特色奖
北京现代汽车有限公司	杭州老板电器股份有限公司
北汽福田汽车股份有限公司	交运集团青岛温馨巴士有限公司
南京朗坤软件有限公司	四、全国质量奖入围奖
中国人民解放军第四八〇五工厂军械修理厂	珠海罗西尼表业有限公司
重庆三峡纺织技术有限公司	长飞光纤光缆股份有限公司
东方电子股份有限公司	中国电建集团成都勘测设计研究院有限公司
唐山三友集团兴达化纤有限公司	中国人民解放军四八〇五工厂军械修理厂
青岛征和工业股份有限公司	五、全国质量奖鼓励奖
永济新时速电机电器有限责任公司	唐山三友集团兴达化纤有限公司
济源市农村商业银行股份有限公司	河北衡水老白干酒业股份有限公司
上海鲍麦克斯电子科技有限公司	新疆金风科技股份有限公司
2016	北京航天新风机械设备有限责任公司
一、全国质量奖	中国船舶重工集团公司第七二五研究所
大中型企业	朗坤智慧科技股份有限公司
山东临工工程机械有限公司	江苏今世缘酒业股份有限公司
大亚湾核电运营管理有限责任公司	国核电力规划设计研究院
中建海峡建设发展有限公司	山东京博石油化工有限公司
马鞍山钢铁股份有限公司	上海申通地铁集团有限公司
特殊行业	汤臣倍健股份有限公司
中国航天科工集团第二研究院二〇六所	山东南山纺织服饰有限公司
中国船舶重工集团公司第七一六研究所	安徽圣奥化学科技有限公司
中国人民解放军第四七二四工厂	青岛征和工业股份有限公司
二、全国质量奖卓越项目奖	中铁山桥集团有限公司
月球探测二期工程组织实施(探月与航天工程中心)	中国航天科技集团公司第一研究院第十八研究所(含国营八一一厂)
东方红四号卫星平台项目(中国空间技术研究院通信卫星事业部)	通威太阳能(合肥)有限公司
	风神轮胎股份有限公司

三、全国质量奖评审标准

在全国质量奖评审管理办法中明确指出：该奖项"是对实施卓越的质量管理并取得显著的质量、经济、社会效益的企业和组织授予的在质量方面的最高奖励"。

全国质量奖每两年评审一次，由中国质量协会按照评审原则、实时质量管理实际水平，适当考虑企业规模以及国家对中小企业的扶植等政策确定授奖奖项。中国质量管理奖评审范围为大企业、中小企业、特殊行业、服务业等。如工业(含国防工业)、科技、工程建筑、交通运输、邮电通信及商业、贸易、旅游等行业的国有、股份、集体、私营和中外合资及独资企业。评审程序包括以下几个步骤：企业申报、资格审查、资料审查、现场评审、综合评价和审定。

在当今瞬息万变的复杂环境下,为了进一步倡导和推动中国企业追求卓越绩效、增强组织竞争力,促进组织可持续成功,我国经过修订于 2012 年 3 月 9 日正式发布,并于同年 8 月 1 日开始实施 GB/T 19580—2012《卓越绩效评价准则》国家标准,该标准基本要求等同采用了美国波奖 PEM 的评审标准。这样,全国质量奖的评价标准进一步与国际接轨。美国波奖的核心价值观和理念是《卓越绩效模式》的灵魂,因此,中国的全国质量奖的核心价值观和理念应该等同于波奖《卓越绩效模式》的核心价值观和理念。如前所述:

(1) 系统的观点　　　　　　　(7) 创新导线的管理结果
(2) 远见卓识的领导　　　　　(8) 基于事实的管理
(3) 聚焦顾客的卓越　　　　　(9) 承担社会责任
(4) 珍视人力资源　　　　　　(10) 道德与透明
(5) 组织学习与敏捷性　　　　(11) 实现价值与结果
(6) 聚焦成功

GB/T 19580—2012《卓越绩效评价准则》的框架如图 9.3.1 所示,简要阐明了该评价标准的三维连锁结构以及 7 大要素的关联性和系统性。如前所述,该评价系统整体植根于《卓越绩效模式》的核心价值观和理念。

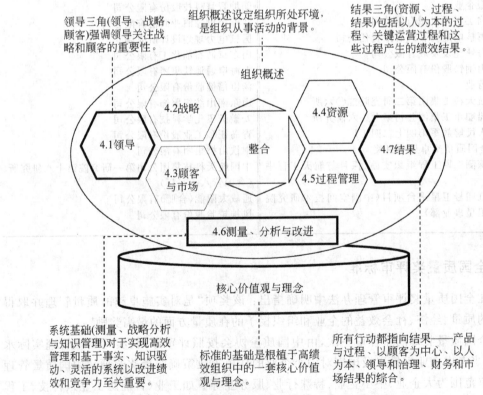

图 9.3.1　中国全国质量奖《卓越绩效评价准则》框架

表 9.3.3 GB/T 19580—2012 卓越绩效评价准则
与 2017—2018 年美国波奖 PEM 评价标准比较

GB/T 19580 要素类目	分值	波奖要素类目	分值
1. 领导	110 分	1. 领导	120 分
2. 战略	90 分	2. 战略	85 分
3. 顾客与市场	90 分	3. 顾客	85 分
4. 资源	130 分	4. 员工	85 分
5. 过程管理	100 分	5. 运营	85 分
6. 测量、分析与改进	80 分	6. 测量、分析与知识管理	90 分
7. 结果	400 分	7. 结果	450 分
总分	1 000 分	总分	1 000 分

第四节 欧洲质量奖 EFQM

一、EFQM 简述

欧洲质量奖是欧洲最著名的组织奖,是欧洲质量基金组织卓越水平中的最高水平奖项。自 1992 年起,每年颁发一次,由欧洲委员会副主席马丁·本格曼先生倡议,由欧洲委员会、欧洲质量组织(EOQ)和欧洲质量基金组织共同发起。欧洲质量奖对欧洲每一个表现卓越的组织开放,着重于组织的卓越性。组织通过申请质量奖而受益,即每个申请者都可以得到来自本组织之外的专业评审人员根据 EFQM 模式对组织提供的有针对性的、具体的、独立的反馈,以帮助他们继续走向卓越。

欧洲质量奖的目的与美国波多里奇奖和日本爱德华·戴明质量奖同样,都是为了推动质量改进运动、提高对质量改进重要性和质量管理技术方法的意识,对展示出卓越质量承诺的企业进行认可,以提高欧洲企业在世界一体化市场上的竞争力。

欧洲质量奖每年授予被认定在奖项范围内最突出的组织。欧洲质量奖授予欧洲全面质量管理最杰出和有良好业绩的企业,只有营利性企业才能申请,非营利性企业被排除在外。该奖项对企业所有权的类别和企业所有者的国籍并无要求,但要求申请企业的质量管理活动必须在欧洲发生。欧洲质量奖的评价要素注重企业的经营结果、顾客满意和服务、人力资源开发,强调分享产品和技术信息的重要性。

二、EFQM 的评审和管理

欧洲质量基金组织负责欧洲质量奖的评审和管理,其宗旨是帮助欧洲企业走向卓越。欧洲质量基金组织设有各种工作组负责企业培训、不同类型的质量项目和质量改进的研究。欧洲质量基金组织理事会对欧洲质量奖的重大战略事务进行管理,以使欧洲质量奖行动方式与其宗旨相一致。

1. 开放性

欧洲质量奖对欧洲每一个表现卓越的企业开放,它着重于评价企业的卓越性。欧洲质量奖的奖项分为质量奖、单项奖、入围奖和提名奖。欧洲质量奖的奖励范围,1996 年扩大到公共领域的组织，1997年奖励范围又扩大到250个雇员以下的中小企业以及销售、市场部门和研究机构等。

2. 质量奖

欧洲质量奖授予被认定是最优秀的企业。获奖企业的各类质量方法和经营结果是欧洲或世界的楷模。获奖企业可以在信签、名片、广告等方面使用欧洲质量奖获奖者标识。

目前，大多数欧洲国家都设立了自己国家的质量奖，而且国家质量奖的评价方式和程序都遵循了欧洲质量奖的方式。奖项获得者大都是出类拔萃的组织，它们的方法和结果是欧洲或全球的楷模。每个获奖者可以保留奖牌为期一年，在期满时收到一件小的复制品，并且可以在信签、名片、广告等上面继续使用欧洲质量奖获奖者标识。

3. 单项奖

单项奖授予在卓越化模式的一些基本要素中表现优秀的企业。例如，欧洲质量奖在领导作用、顾客对产品评价、社会效益评价、人力资源效果评价和员工投入、经营结果领域内颁发这一奖项。单项奖确认并表彰企业在某方面的模范表现，也使得一般管理者和媒体更容易理解。

单项奖每年颁发一次，授予在卓越模式的一些基本要素中表现优秀的组织。单项奖的确定使得人们可以确认并表彰某一方面的模范表现，也使得一般的管理者和媒体更容易理解。按照规则，一个组织可以获得一个以上的单项奖，如果评委会认可的话，也可以有一个以上的组织同时获得某一个单项奖。获奖者将获得单项奖的奖品并可以收藏这一奖品，还可以在信签、名片、广告等上面使用欧洲质量奖单项奖获奖者标识。

4. 入围奖

欧洲质量奖的入围奖意味着企业在持续改进其质量管理的基本原则方面，获得了较高的水准。获入围奖的企业将在每年一度的欧洲质量奖论坛上得到认可。这一论坛每年在欧洲不同的城市举行，来自欧洲不同国家和地区的数百名高层管理者出席这一会议。

每一年，评审委员会还会在每个领域评审出几个入围奖。此奖项的获奖者将被授予加框的证书，也可以在信签、名片、广告等上面使用欧洲质量奖入围奖获得者的标识。

5. 提名奖

提名奖是已经达到欧洲质量奖卓越化模式的中等水平。获欧洲质量奖的提名奖将有助于鼓励企业更好地进行质量管理，并激励他们进一步去努力。

所有申请参与欧洲质量奖评选的组织都会被征询，它们是否对获得这种承认感兴趣，即它们已经达到了欧洲质量基金组织卓越模式的中等水平。如果在现场考核中超过400点，评委会就会认为它们已经参与了争取卓越的活动，这将有助于鼓励组织更好地进行管理并激励它们进一步去争取获得单项奖。获得这一认可的组织可以获得加框证书，还可以在信签、名片、广告等上面使用获得欧洲质量奖提名的标识。

6. 评审过程

质量奖、单项奖、入围奖的获奖者将在每年一度的欧洲质量基金组织论坛上得到认可。这一论坛是一个规格很高的会议，每年在欧洲不同的城市举行，来自欧洲不同国家和地区的大约700多名管理者将出席这一会议。

欧洲质量奖位于许多地区和国家质量奖的顶端，申请人在申请欧洲认可之前常常可以成功地获得这些地区和国家的质量奖。

奖励的范围已经扩大到公共领域的组织,也特别针对250个雇员以下的中小企业开辟了奖项。

建立在企业自我评价基础上的申请文件分为大企业和中小企业两种,其中大企业所需要的文件为75页,中小企业所需文件为35页。申请文件一般在每年的2月或3月递交,评审委员会会派出一个4~8人的专家评审小组对该申请进行审查。由他们选出的入围者,将接受现场考核。现场考核使得评审组的专家们可以对申请文件内容和语言不详之处现场察看。这对申请者来说,是一个绝好的了解卓越化的机会。

在专家现场考察的基础上,选定欧洲质量单项奖的获奖组织,这意味着这些组织数年来已经在卓越地满足顾客、雇员和其他利益伙伴方面做出了显著的成绩。然后,在这些组织之中产生欧洲质量奖的获奖者。

每年8月,申请者将接到评审小组给予他们的反馈报告。报告包括给予该组织的一般评价、每一个要素的得分情况以及该项目与其他申请者得分平均数的比较。对于每一个低于EFQM模式平均标准的项目,报告都会列举出需要改进的领域和程度。对于接受了现场审核的组织,由于评审员掌握了更多的信息,这份报告会更加详尽。

7. 要素比重

申请者对这份报告会非常感谢,因为这是来自他们的组织之外的专家的意见和建议。据说,许多组织申请评奖是为了获得这份报告。

在EFQM模式的9个要素中,每个要素在评奖过程中所占的比重是不同的,所占百分比和评价分值如图9.4.1和表9.4.1所示。

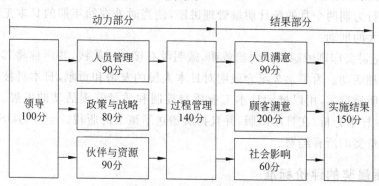

图 9.4.1　EFQM 模式

表 9.4.1　EFQM 要素比重

序号	动力部分		序号	结果部分	
	要素	比重%		要素	比重%
1	领导	10	6	人员满意	9
2	人员管理	9	7	顾客满意	20
3	政策和战略	8	8	社会影响	6
4	伙伴和资源	9	9	实施结果	15
5	过程管理	14		总分值	1 000

8. 立场和观点

现在，EFQM 把目标集中于"建立一个欧洲企业在其中表现优秀的世界"，并加大力量推进欧洲企业的卓越化进程和可持续性发展。由于 EOQ 的帮助和其他成员的榜样，欧洲企业已经逐渐接受了"全面质量管理"这样一种管理理念，并认为它是有效的一种成功的管理模式，能够在全球市场竞争中获得优势，因此，全面推行欧洲质量奖能够增强企业质量保证体系的有效性、降低产品成本、提高顾客满意度，长期满足顾客、雇员等的需要，能够使企业获得显著的经济效益和社会效益，最终会导致企业获得更好的经营结果。

第五节　日本戴明奖

一、戴明（W. Edward. Deming）质量奖产生的背景

20 世纪 80 年代，日本经济的发展和日本企业与产品的竞争力受到全世界的瞩目。日本《经济白皮书》把日本经济取得成功的原因归结为三点：一是重视人才资源和教育培训；二是吸收和消化国外的先进技术，适用于本国的国情；三是形成了适应经济形势变化和不同发展阶段的经济系统。日本是通过吸收和消化国外的先进技术来提升产业竞争力的典范，戴明质量奖在推广普及质量管理方法，提高日本产业竞争力方面起到关键作用。

美国的爱德华·戴明博士最早把质量管理介绍到日本。1949 年，日本科学技术联盟（JUSE）邀请戴明博士在日本举行为期 8 天的统计质量管理基础讲座。1951 年，戴明博士在日本举行为期两个月的统计质量管理讲座，使当时处在幼年期的日本工业的质量控制得到了极大的推动。

JUSE 把讲义印刷的版税支付给戴明，戴明没有接受这笔钱，并声称将其用于推进日本的质量管理活动。为了永久纪念戴明对日本人民的友情和贡献，日本科技联盟设立了爱德华·戴明质量奖，用以推动日本工业质量控制和质量管理活动的发展。随后，戴明博士的著作《样本分析》在日本出版，并且再次赠送了该书的版税。至今，JUSE 仍然负责管理戴明质量奖的所有经费。

二、戴明质量奖的评价标准

戴明质量奖分为戴明奖、戴明应用奖和戴明控制奖。戴明奖授予在质量管理方法研究、统计质量控制方法以及传播 TQC 的实践方面做出突出贡献的个人；戴明应用奖授予质量管理活动突出，在规定的年限内通过运用 TQC 方法，获得与众不同的改进效果和卓越业绩的企业，戴明应用奖还授予国外的企业；戴明控制奖授予企业中的一个部门，这个部门通过使用 TQC 方法，在规定的年限内获得与众不同的卓越改进效果。获得戴明质量奖的企业，都积极按照质量奖的评价标准和要求，根据自己企业的特点、环境，不断完善它们的质量控制方法，其产品质量和服务均得到大幅度提高。那些获得戴明质量奖的企业，刺激着其他企业开展 TQC 活动。持续改进不是轻易就能获得的，没有哪一个企业仅仅靠解决别人提出的问题就能获得卓越的业绩。它们需要自己思考、创新和变革，制

定自己的质量战略目标和经营战略目标,并为此而努力。在这样的企业中,戴明质量奖被作为一种持续改进和进行企业创新和变革的工具。

西方国家在使用日本的全面质量控制(TQC)一词时,把它翻译成全面质量管理(TQM),为了与国际实践相衔接,日本把TQC改为了TQM。日本戴明质量奖评审委员会于1998年6月对TQM的定义进行了修订。修订后TQM的定义为:TQM是由整个组织从事的、在效率和效益两方面达到组织目标的系统活动,它是组织可以在适当的时间和价格上提供给顾客满意的产品和服务的质量水平。

在这一定义中:

"TQM"活动是指组织中所有部门的所有人员在所有水平上的参与,并且以最快的速度和使用最少的管理资源达到组织的既定目标。

"组织目标"是指通过持续稳定的满足顾客要求来保证长期的、适当的利润,同时还包括雇员、社会、供应商和股东不断提高的收益。这一目标以质量保证为核心,财务、采购、环境、安全部门积极采用下制定出来的。

"系统活动"指组织为达到自身的目标,有强有力的领导和指导,有明确的中长期目标、战略以及适当的质量政策和策略。

"提供"是指组织所从事的产品和服务提供给顾客的活动,包括调查、研究、计划、开发、设计、产品准备、购买、制造、安装、检查、订货、销售、市场、售后服务、维修、回收及产品淘汰等。

"顾客"是指产品和服务的购买者、使用者、消费者和受益者。

"产品和服务"是指制造性产品、成制品、零部件、材料、系统、软件、能源、信息及其他们所有能够给顾客带来益处的事项。

"质量"是指有用性(包括功能和心理两方面)、可靠性和安全性,同时必须考虑对社会、环境以及子孙后代等第三方的影响。

为了充分体现TQM以人为本,体现对人的尊重,组织鼓励在维护其技术创新速度、核心技术和原始性创新时,努力开发人力资源。组织保持并不断改进它的工作业务流程和产品实现过程,将根据实际情况使用适当的统计技术和其他质量控制工具,按照PDCA循环法对业务流程和过程控制进行管理。组织还将利用适当的科学技术方法和信息技术重组其管理系统。

三、戴明质量奖的作用

日本的松下、丰田,美国的佛罗里达电力等都曾获得戴明应用奖。现在,戴明质量奖已成为享誉世界的奖项。企业通过申请戴明质量奖,建立和完善了企业综合管理体系,推进了企业的标准化活动,提高了企业的管理和质量改进意识,提高了全员积极参与TQM活动和质量改进的积极性,提高了产品质量、劳动生产率和企业的凝聚力,使质量改进和标准化活动成为企业的自觉行动。获得戴明质量奖成为一种挑战,获奖意味着在采用有价值的质量控制方法上获得成功。

戴明质量奖给日本企业的TQM带来极大的直接或间接影响。日本企业以申请戴明质量奖作为动力和桥梁,积极推动TQM活动,经过几十年的努力,逐渐形成了日本企业的竞争力,取得了令世人瞩目的经济奇迹。获得戴明质量奖是一种荣誉,更代表一流的竞争力,它是日本企业追求卓越愿景的实现目标。

日本企业通过申请戴明质量奖,把 TQM 作为企业参与市场竞争的武器,纳入企业经营战略中去,而且使经营战略得到贯彻实施。戴明质量奖提高了企业的凝聚力,纠正了企业过去不重视经营战略的做法,引导和促进了企业的可持续发展。

习 题

1. 简述世界质量奖产生的背景及其现实意义。
2. 举例说明美国波多里奇国家质量奖的核心价值观和理念。
3. 中国要借鉴美国波多里奇的意义何在?
4. 从中国企业应当承担社会责任出发,谈谈你的观点。
5. 你如何看待组织最高领导的作用?你认为"具有远见卓识的领导"应该具备哪些条件?
6. 你认为应该从哪几个方面监督和评价组织领导的绩效结果?
7. 当今全球政治、经济、文化环境日益复杂多变,组织应该如何进行变革管理、风险管理和创新管理?
8. 你对中国借鉴波奖 PEM 有哪些建议?

附 表

附表 A 泊松分布表

np' \ C	0.1		0.2		0.3		0.4		0.5	
0	0.905	(0.905)	0.819	(0.819)	0.741	(0.741)	0.670	(0.670)	0.607	(0.607)
1	0.091	(0.996)	0.164	(0.983)	0.222	(0.963)	0.268	(0.938)	0.303	(0.910)
2	0.004	(1.000)	0.016	(0.999)	0.033	(0.996)	0.054	(0.992)	0.076	(0.986)
3			0.010	(1.000)	0.004	(1.000)	0.007	(0.999)	0.013	(0.999)
4							0.001	(1.000)	0.001	(1.000)

np' \ C	0.6		0.7		0.8		0.9		1.0	
0	0.549	(0.549)	0.497	(0.497)	0.449	(0.449)	0.406	(0.406)	0.368	(0.368)
1	0.329	(0.878)	0.349	(0.845)	0.359	(0.808)	0.366	(0.772)	0.368	(0.736)
2	0.099	(0.977)	0.122	(0.967)	0.144	(0.952)	0.166	(0.938)	0.184	(0.920)
3	0.020	(0.997)	0.028	(0.995)	0.039	(0.991)	0.049	(0.987)	0.061	(0.981)
4	0.003	(1.000)	0.005	(1.000)	0.008	(0.999)	0.011	(0.998)	0.016	(0.997)
5					0.001	(1.000)	0.002	(1.000)	0.003	(1.000)

np' \ C	1.1		1.2		1.3		1.4		1.5	
0	0.333	(0.333)	0.301	(0.301)	0.273	(0.273)	0.247	(0.247)	0.223	(0.223)
1	0.366	(0.699)	0.361	(0.662)	0.354	(0.627)	0.345	(0.592)	0.335	(0.558)
2	0.201	(0.900)	0.217	(0.879)	0.230	(0.857)	0.242	(0.834)	0.251	(0.809)
3	0.074	(0.974)	0.087	(0.966)	0.100	(0.957)	0.113	(0.947)	0.126	(0.935)
4	0.021	(0.995)	0.026	(0.992)	0.032	(0.989)	0.039	(0.986)	0.047	(0.982)
5	0.004	(0.999)	0.007	(0.999)	0.009	(0.998)	0.011	(0.997)	0.014	(0.996)
6	0.001	(1.000)	0.001	(1.000)	0.002	(1.000)	0.003	(1.000)	0.004	(1.000)

np' \ C	1.6		1.7		1.8		1.9		2.0	
0	0.202	(0.202)	0.183	(0.183)	0.165	(0.165)	0.150	(0.150)	0.135	(0.135)
1	0.323	(0.525)	0.311	(0.494)	0.298	(0.463)	0.284	(0.434)	0.271	(0.406)
2	0.258	(0.783)	0.264	(0.758)	0.268	(0.731)	0.270	(0.704)	0.271	(0.677)
3	0.138	(0.921)	0.149	(0.907)	0.161	(0.892)	0.171	(0.875)	0.180	(0.857)
4	0.055	(0.976)	0.064	(0.971)	0.072	(0.964)	0.081	(0.956)	0.090	(0.947)
5	0.018	(0.994)	0.022	(0.993)	0.026	(0.990)	0.031	(0.987)	0.036	(0.983)
6	0.005	(0.999)	0.006	(0.999)	0.008	(0.998)	0.010	(0.997)	0.012	(0.995)
7	0.001	(1.000)	0.001	(1.000)	0.002	(1.000)	0.003	(1.000)	0.004	(0.999)
8									0.001	(1.000)

续表

np' \ C	2.1		2.2		2.3		2.4		2.5	
0	0.123	(0.123)	0.111	(0.111)	0.100	(0.100)	0.091	(0.091)	0.082	(0.082)
1	0.257	(0.380)	0.244	(0.355)	0.231	(0.331)	0.218	(0.309)	0.205	(0.287)
2	0.270	(0.650)	0.268	(0.623)	0.265	(0.596)	0.261	(0.570)	0.256	(0.543)
3	0.189	(0.839)	0.197	(0.820)	0.203	(0.799)	0.209	(0.779)	0.214	(0.757)
4	0.099	(0.938)	0.108	(0.928)	0.117	(0.916)	0.125	(0.904)	0.134	(0.891)
5	0.042	(0.980)	0.048	(0.976)	0.054	(0.970)	0.060	(0.964)	0.067	(0.958)
6	0.015	(0.995)	0.017	(0.993)	0.021	(0.991)	0.024	(0.988)	0.028	(0.986)
7	0.004	(0.999)	0.005	(0.998)	0.007	(0.998)	0.008	(0.996)	0.010	(0.996)
8	0.001	(1.000)	0.002	(1.000)	0.002	(1.000)	0.003	(0.999)	0.003	(0.999)
9							0.001	(1.000)	0.001	(1.000)

np' \ C	2.6		2.7		2.8		2.9		3.0	
0	0.074	(0.074)	0.067	(0.067)	0.061	(0.061)	0.055	(0.055)	0.050	(0.050)
1	0.193	(0.267)	0.182	(0.249)	0.170	(0.231)	0.160	(0.215)	0.149	(0.199)
2	0.251	(0.518)	0.245	(0.494)	0.238	(0.469)	0.231	(0.446)	0.224	(0.423)
3	0.218	(0.736)	0.221	(0.715)	0.223	(0.692)	0.224	(0.670)	0.224	(0.647)
4	0.141	(0.877)	0.149	(0.864)	0.156	(0.848)	0.162	(0.832)	0.168	(0.815)
5	0.074	(0.951)	0.080	(0.944)	0.087	(0.935)	0.094	(0.926)	0.101	(0.916)
6	0.032	(0.983)	0.036	(0.980)	0.041	(0.976)	0.045	(0.971)	0.050	(0.966)
7	0.012	(0.995)	0.014	(0.994)	0.016	(0.992)	0.019	(0.990)	0.022	(0.988)
8	0.004	(0.999)	0.005	(0.999)	0.006	(0.998)	0.007	(0.997)	0.008	(0.996)
9	0.001	(1.000)	0.001	(1.000)	0.002	(1.000)	0.002	(0.999)	0.003	(0.999)
10							0.001	(1.000)	0.001	(1.000)

np' \ C	3.1		3.2		3.3		3.4		3.5	
0	0.045	(0.045)	0.041	(0.041)	0.037	(0.037)	0.033	(0.033)	0.030	(0.030)
1	0.140	(0.185)	0.130	(0.171)	0.122	(0.159)	0.113	(0.146)	0.106	(0.136)
2	0.216	(0.401)	0.209	(0.380)	0.201	(0.360)	0.193	(0.339)	0.185	(0.321)
3	0.224	(0.625)	0.223	(0.603)	0.222	(0.582)	0.219	(0.558)	0.216	(0.537)
4	0.173	(0.798)	0.178	(0.781)	0.182	(0.764)	0.186	(0.744)	0.189	(0.726)
5	0.107	(0.905)	0.114	(0.895)	0.120	(0.884)	0.126	(0.870)	0.132	(0.858)
6	0.056	(0.961)	0.061	(0.956)	0.066	(0.950)	0.071	(0.941)	0.077	(0.935)
7	0.025	(0.986)	0.028	(0.984)	0.031	(0.981)	0.035	(0.976)	0.038	(0.973)
8	0.010	(0.996)	0.011	(0.995)	0.012	(0.993)	0.015	(0.991)	0.017	(0.990)
9	0.003	(0.999)	0.004	(0.999)	0.005	(0.998)	0.006	(0.997)	0.007	(0.997)
10	0.001	(1.000)	0.001	(1.000)	0.002	(1.000)	0.002	(0.999)	0.002	(0.999)
11							0.001	(1.000)	0.001	(1.000)

续表

np' \ C	3.6		3.7		3.8		3.9		4.0	
0	0.027	(0.027)	0.025	(0.025)	0.022	(0.022)	0.020	(0.020)	0.018	(0.018)
1	0.098	(0.125)	0.091	(0.116)	0.085	(0.107)	0.079	(0.099)	0.073	(0.091)
2	0.177	(0.302)	0.169	(0.285)	0.161	(0.268)	0.154	(0.253)	0.147	(0.238)
3	0.213	(0.515)	0.209	(0.494)	0.205	(0.473)	0.200	(0.453)	0.195	(0.433)
4	0.191	(0.706)	0.193	(0.687)	0.194	(0.667)	0.195	(0.648)	0.195	(0.628)
5	0.138	(0.844)	0.143	(0.830)	0.148	(0.815)	0.152	(0.800)	0.157	(0.785)
6	0.083	(0.927)	0.088	(0.918)	0.094	(0.909)	0.099	(0.899)	0.104	(0.889)
7	0.042	(0.969)	0.047	(0.965)	0.051	(0.960)	0.055	(0.954)	0.060	(0.949)
8	0.019	(0.988)	0.022	(0.987)	0.024	(0.984)	0.027	(0.981)	0.030	(0.979)
9	0.008	(0.996)	0.009	(0.996)	0.010	(0.994)	0.012	(0.993)	0.013	(0.992)
10	0.003	(0.999)	0.003	(0.999)	0.004	(0.998)	0.004	(0.997)	0.005	(0.997)
11	0.001	(1.000)	0.001	(1.000)	0.001	(0.999)	0.002	(0.999)	0.002	(0.999)
12					0.001	(1.000)	0.001	(1.000)	0.001	(1.000)

np' \ C	4.1		4.2		4.3		4.4		4.5	
0	0.017	(0.017)	0.015	(0.015)	0.014	(0.014)	0.012	(0.012)	0.011	(0.011)
1	0.068	(0.085)	0.063	(0.078)	0.058	(0.072)	0.054	(0.066)	0.050	(0.061)
2	0.139	(0.224)	0.132	(0.210)	0.126	(0.198)	0.119	(0.185)	0.113	(0.174)
3	0.190	(0.414)	0.185	(0.395)	0.180	(0.378)	0.174	(0.359)	0.169	(0.343)
4	0.195	(0.609)	0.195	(0.590)	0.193	(0.571)	0.192	(0.551)	0.190	(0.533)
5	0.160	(0.769)	0.163	(0.753)	0.166	(0.737)	0.169	(0.720)	0.171	(0.704)
6	0.110	(0.879)	0.114	(0.867)	0.119	(0.856)	0.124	(0.844)	0.128	(0.832)
7	0.064	(0.943)	0.069	(0.936)	0.073	(0.929)	0.078	(0.922)	0.082	(0.914)
8	0.033	(0.976)	0.036	(0.972)	0.040	(0.969)	0.043	(0.965)	0.046	(0.960)
9	0.015	(0.991)	0.017	(0.989)	0.019	(0.988)	0.021	(0.986)	0.023	(0.983)
10	0.006	(0.997)	0.007	(0.996)	0.008	(0.996)	0.009	(0.995)	0.011	(0.994)
11	0.002	(0.999)	0.003	(0.999)	0.003	(0.999)	0.004	(0.999)	0.004	(0.998)
12	0.001	(1.000)	0.001	(1.000)	0.001	(1.000)	0.001	(1.000)	0.001	(0.999)
13									0.001	(1.000)

续表

np' \ C	4.6		4.7		4.8		4.9		5.0	
0	0.010	(0.010)	0.009	(0.009)	0.008	(0.008)	0.008	(0.008)	0.007	(0.007)
1	0.046	(0.056)	0.043	(0.052)	0.039	(0.047)	0.037	(0.045)	0.034	(0.041)
2	0.106	(0.162)	0.101	(0.153)	0.095	(0.142)	0.090	(0.135)	0.084	(0.125)
3	0.163	(0.325)	0.157	(0.310)	0.152	(0.294)	0.146	(0.281)	0.140	(0.265)
4	0.188	(0.513)	0.185	(0.495)	0.182	(0.476)	0.179	(0.460)	0.176	(0.441)
5	0.172	(0.685)	0.174	(0.669)	0.175	(0.651)	0.175	(0.635)	0.176	(0.617)
6	0.132	(0.817)	0.136	(0.805)	0.140	(0.791)	0.143	(0.778)	0.146	(0.763)
7	0.087	(0.904)	0.091	(0.896)	0.096	(0.887)	0.100	(0.878)	0.105	(0.868)
8	0.050	(0.954)	0.054	(0.950)	0.058	(0.945)	0.061	(0.939)	0.065	(0.933)
9	0.026	(0.980)	0.028	(0.978)	0.031	(0.976)	0.034	(0.973)	0.036	(0.969)
10	0.012	(0.992)	0.013	(0.991)	0.015	(0.991)	0.016	(0.989)	0.018	(0.987)
11	0.005	(0.997)	0.006	(0.997)	0.006	(0.997)	0.007	(0.996)	0.008	(0.995)
12	0.002	(0.999)	0.002	(0.999)	0.002	(0.999)	0.003	(0.999)	0.003	(0.998)
13	0.001	(1.000)	0.001	(1.000)	0.001	(1.000)	0.001	(1.000)	0.001	(0.999)
14									0.001	(1.000)

np' \ C	6.0		7.0		8.0		9.0		10.0	
0	0.002	(0.002)	0.001	(0.001)	0.000	(0.000)	0.000	(0.000)	0.000	(0.000)
1	0.015	(0.017)	0.006	(0.007)	0.003	(0.003)	0.001	(0.001)	0.000	(0.000)
2	0.045	(0.062)	0.022	(0.029)	0.011	(0.014)	0.005	(0.006)	0.002	(0.002)
3	0.089	(0.151)	0.052	(0.081)	0.029	(0.043)	0.015	(0.021)	0.007	(0.009)
4	0.134	(0.285)	0.091	(0.172)	0.057	(0.100)	0.034	(0.055)	0.019	(0.028)
5	0.161	(0.446)	0.128	(0.300)	0.092	(0.192)	0.061	(0.116)	0.038	(0.066)
6	0.161	(0.607)	0.149	(0.449)	0.122	(0.314)	0.091	(0.207)	0.063	(0.129)
7	0.138	(0.745)	0.149	(0.598)	0.140	(0.454)	0.117	(0.324)	0.090	(0.219)
8	0.103	(0.848)	0.131	(0.729)	0.140	(0.594)	0.132	(0.456)	0.113	(0.332)
9	0.069	(0.917)	0.102	(0.831)	0.124	(0.718)	0.132	(0.588)	0.125	(0.457)
10	0.041	(0.958)	0.071	(0.902)	0.099	(0.817)	0.119	(0.707)	0.125	(0.582)
11	0.023	(0.981)	0.045	(0.947)	0.072	(0.889)	0.097	(0.804)	0.114	(0.696)
12	0.011	(0.992)	0.026	(0.973)	0.048	(0.937)	0.073	(0.877)	0.095	(0.791)
13	0.005	(0.997)	0.014	(0.987)	0.030	(0.967)	0.050	(0.927)	0.073	(0.864)
14	0.002	(0.999)	0.007	(0.994)	0.017	(0.984)	0.032	(0.959)	0.052	(0.916)
15	0.001	(1.000)	0.003	(0.997)	0.009	(0.993)	0.019	(0.978)	0.035	(0.951)
16			0.002	(0.999)	0.004	(0.997)	0.011	(0.989)	0.022	(0.973)
17			0.001	(1.000)	0.002	(0.999)	0.006	(0.995)	0.013	(0.986)
18					0.001	(1.000)	0.003	(0.998)	0.007	(0.993)
19							0.001	(0.999)	0.004	(0.997)
20							0.001	(1.000)	0.002	(0.999)
21									0.001	(1.000)

续表

np' C	11.0		12.0		13.0		14.0		15.0	
0	0.000	(0.000)	0.000	(0.000)	0.000	(0.000)	0.000	(0.000)	0.000	(0.000)
1	0.000	(0.000)	0.000	(0.000)	0.000	(0.000)	0.000	(0.000)	0.000	(0.000)
2	0.001	(0.001)	0.000	(0.000)	0.000	(0.000)	0.000	(0.000)	0.000	(0.000)
3	0.004	(0.005)	0.002	(0.002)	0.001	(0.001)	0.000	(0.000)	0.000	(0.000)
4	0.010	(0.015)	0.005	(0.007)	0.003	(0.004)	0.001	(0.001)	0.001	(0.001)
5	0.022	(0.037)	0.013	(0.020)	0.007	(0.011)	0.004	(0.005)	0.002	(0.003)
6	0.041	(0.078)	0.025	(0.045)	0.015	(0.026)	0.009	(0.014)	0.005	(0.008)
7	0.065	(0.143)	0.044	(0.089)	0.028	(0.054)	0.017	(0.031)	0.010	(0.018)
8	0.089	(0.232)	0.066	(0.155)	0.046	(0.100)	0.031	(0.062)	0.019	(0.037)
9	0.109	(0.341)	0.087	(0.242)	0.066	(0.166)	0.047	(0.109)	0.032	(0.069)
10	0.119	(0.460)	0.105	(0.347)	0.086	(0.252)	0.066	(0.175)	0.049	(0.118)
11	0.119	(0.579)	0.114	(0.461)	0.101	(0.353)	0.084	(0.259)	0.066	(0.184)
12	0.109	(0.688)	0.114	(0.575)	0.110	(0.463)	0.099	(0.358)	0.083	(0.267)
13	0.093	(0.781)	0.106	(0.681)	0.110	(0.573)	0.106	(0.464)	0.096	(0.363)
14	0.073	(0.854)	0.091	(0.772)	0.102	(0.675)	0.106	(0.570)	0.102	(0.465)
15	0.053	(0.907)	0.072	(0.844)	0.088	(0.763)	0.099	(0.669)	0.102	(0.567)
16	0.037	(0.944)	0.054	(0.898)	0.072	(0.835)	0.087	(0.756)	0.096	(0.663)
17	0.024	(0.968)	0.038	(0.936)	0.055	(0.890)	0.071	(0.827)	0.085	(0.748)
18	0.015	(0.983)	0.026	(0.962)	0.040	(0.930)	0.056	(0.883)	0.071	(0.819)
19	0.008	(0.991)	0.016	(0.978)	0.027	(0.957)	0.041	(0.924)	0.056	(0.875)
20	0.005	(0.996)	0.010	(0.988)	0.018	(0.975)	0.029	(0.953)	0.042	(0.917)
21	0.002	(0.998)	0.006	(0.994)	0.011	(0.986)	0.019	(0.972)	0.030	(0.947)
22	0.001	(0.999)	0.003	(0.997)	0.006	(0.992)	0.012	(0.984)	0.020	(0.967)
23	0.001	(1.000)	0.002	(0.999)	0.004	(0.996)	0.007	(0.991)	0.013	(0.980)
24			0.001	(1.000)	0.002	(0.998)	0.004	(0.995)	0.008	(0.988)
25					0.001	(0.999)	0.003	(0.998)	0.005	(0.993)
26					0.001	(1.000)	0.001	(0.999)	0.003	(0.996)
27							0.001	(1.000)	0.002	(0.998)
28									0.001	(0.999)
29									0.001	(1.000)

附表 B 正态分布累积概率

$\frac{x_i-\bar{x}'}{\sigma'}$	0.09	0.08	0.07	0.06	0.05	0.04	0.03	0.02	0.01	0.00
−3.5	0.00017	0.00017	0.00018	0.00019	0.00019	0.00020	0.00021	0.00022	0.00022	0.00023
−3.4	0.00024	0.00025	0.00026	0.00027	0.00028	0.00029	0.00030	0.00031	0.00033	0.00034
−3.3	0.00035	0.00036	0.00038	0.00039	0.00040	0.00042	0.00043	0.00045	0.00047	0.00048
−3.2	0.00050	0.00052	0.00054	0.00056	0.00058	0.00060	0.00062	0.00064	0.00066	0.00069
−3.1	0.00071	0.00074	0.00076	0.00079	0.00082	0.00085	0.00087	0.00090	0.00094	0.00097
−3.0	0.00100	0.00104	0.00107	0.00111	0.00114	0.00118	0.00122	0.00126	0.00131	0.00135
−2.9	0.0014	0.0014	0.0015	0.0015	0.0016	0.0016	0.0017	0.0017	0.0018	0.0019
−2.8	0.0019	0.0020	0.0021	0.0021	0.0022	0.0023	0.0023	0.0024	0.0025	0.0026
−2.7	0.0026	0.0027	0.0028	0.0029	0.0030	0.0031	0.0032	0.0033	0.0034	0.0035
−2.6	0.0036	0.0037	0.0038	0.0039	0.0040	0.0041	0.0043	0.0044	0.0045	0.0047
−2.5	0.0048	0.0049	0.0051	0.0052	0.0054	0.0055	0.0057	0.0059	0.0060	0.0062
−2.4	0.0064	0.0066	0.0068	0.0069	0.0071	0.0073	0.0075	0.0078	0.0080	0.0082
−2.3	0.0084	0.0087	0.0089	0.0091	0.0094	0.0096	0.0099	0.0102	0.0104	0.0107
−2.2	0.0110	0.0113	0.0116	0.0119	0.0122	0.0125	0.0129	0.0132	0.0136	0.0139
−2.1	0.0143	0.0146	0.0150	0.0154	0.0158	0.0162	0.0166	0.0170	0.0174	0.0179
−2.0	0.0183	0.0188	0.0192	0.0197	0.0202	0.0207	0.0212	0.0217	0.0222	0.0228
−1.9	0.0233	0.0239	0.0244	0.0250	0.0256	0.0262	0.0268	0.0274	0.0281	0.0287
−1.8	0.0294	0.0301	0.0307	0.0314	0.0322	0.0329	0.0336	0.0344	0.0351	0.0359
−1.7	0.0367	0.0375	0.0384	0.0392	0.0401	0.0409	0.0418	0.0427	0.0436	0.0446
−1.6	0.0455	0.0465	0.0475	0.0485	0.0495	0.0505	0.0516	0.0526	0.0537	0.0548
−1.5	0.0559	0.0571	0.0582	0.0594	0.0606	0.0618	0.0630	0.0643	0.0655	0.0668
−1.4	0.0681	0.0694	0.0708	0.0721	0.0735	0.0749	0.0764	0.0778	0.0793	0.0808
−1.3	0.0823	0.0838	0.0853	0.0869	0.0885	0.0901	0.0918	0.0934	0.0951	0.0968
−1.2	0.0895	0.1003	0.1020	0.1038	0.1057	0.1075	0.1093	0.1112	0.1131	0.1151
−1.1	0.1170	0.1190	0.1210	0.1230	0.1251	0.1271	0.1292	0.1314	0.1335	0.1357
−1.0	0.1379	0.1401	0.1423	0.1446	0.1469	0.1492	0.1515	0.1539	0.1562	0.1587
−0.9	0.1611	0.1635	0.1660	0.1685	0.1711	0.1736	0.1762	0.1788	0.1814	0.1841
−0.8	0.1867	0.1894	0.1922	0.1949	0.1977	0.2005	0.2033	0.2061	0.2090	0.2119
−0.7	0.2148	0.2177	0.2207	0.2236	0.2266	0.2297	0.2327	0.2358	0.2389	0.2420
−0.6	0.2451	0.2483	0.2514	0.2546	0.2578	0.2611	0.2643	0.2676	0.2709	0.2743
−0.5	0.2776	0.2810	0.2843	0.2877	0.2912	0.2946	0.2981	0.3015	0.3050	0.3085
−0.4	0.3121	0.3156	0.3192	0.3228	0.3264	0.3300	0.3336	0.3372	0.3409	0.3446
−0.3	0.3483	0.3520	0.3557	0.3594	0.3632	0.3669	0.3707	0.3745	0.3783	0.3821
−0.2	0.3859	0.3897	0.3936	0.3974	0.4013	0.4052	0.4090	0.4129	0.4168	0.4207
−0.1	0.4247	0.4286	0.4325	0.4364	0.4404	0.4443	0.4483	0.4522	0.4562	0.4602
−0.0	0.4641	0.4681	0.4721	0.4761	0.4801	0.4840	0.4880	0.4920	0.4960	0.5000

续表

$\dfrac{x_i-\bar{x}'}{\sigma'}$	0.00	0.01	0.02	0.03	0.04	0.05	0.06	0.07	0.08	0.09
+0.0	0.5000	0.5040	0.5080	0.5120	0.5160	0.5199	0.5239	0.5279	0.5319	0.5359
+0.1	0.5398	0.5438	0.5478	0.5517	0.5557	0.5596	0.5636	0.5675	0.5714	0.5753
+0.2	0.5793	0.5832	0.5871	0.5910	0.5948	0.5987	0.6026	0.6064	0.6103	0.6141
+0.3	0.6179	0.6217	0.6255	0.6293	0.6331	0.6368	0.6406	0.6443	0.6480	0.6517
+0.4	0.6554	0.6591	0.6628	0.6664	0.6700	0.6736	0.6772	0.6808	0.6844	0.6879
+0.5	0.6915	0.6950	0.6985	0.7019	0.7054	0.7088	0.7123	0.7157	0.7190	0.7224
+0.6	0.7257	0.7291	0.7324	0.7357	0.7389	0.7422	0.7454	0.7486	0.7517	0.7549
+0.7	0.7580	0.7611	0.7642	0.7673	0.7704	0.7734	0.7764	0.7794	0.7823	0.7852
+0.8	0.7881	0.7910	0.7939	0.7967	0.7995	0.8023	0.8051	0.8079	0.8106	0.8133
+0.9	0.8159	0.8186	0.8212	0.8238	0.8264	0.8289	0.8315	0.8340	0.8365	0.8389
+1.0	0.8413	0.8438	0.8461	0.8485	0.8508	0.8531	0.8554	0.8577	0.8599	0.8621
+1.1	0.8643	0.8665	0.8686	0.8708	0.8729	0.8749	0.8770	0.8790	0.8810	0.8830
+1.2	0.8849	0.8869	0.8888	0.8907	0.8925	0.8944	0.8962	0.8980	0.8997	0.9015
+1.3	0.9032	0.9049	0.9066	0.9082	0.9099	0.9115	0.9131	0.9147	0.9162	0.9177
+1.4	0.9192	0.9207	0.9222	0.9236	0.9251	0.9265	0.9279	0.9292	0.9306	0.9319
+1.5	0.9332	0.9345	0.9357	0.9370	0.9382	0.9394	0.9406	0.9418	0.9429	0.9441
+1.6	0.9452	0.9463	0.9474	0.9484	0.9495	0.9505	0.9515	0.9525	0.9535	0.9545
+1.7	0.9554	0.9564	0.9573	0.9582	0.9591	0.9599	0.9608	0.9616	0.9625	0.9633
+1.8	0.9641	0.9649	0.9656	0.9664	0.9671	0.9678	0.9686	0.9693	0.9699	0.9706
+1.9	0.9713	0.9719	0.9726	0.9732	0.9738	0.9744	0.9750	0.9756	0.9761	0.9767
+2.0	0.9773	0.9778	0.9783	0.9788	0.9793	0.9798	0.9803	0.9808	0.9812	0.9817
+2.1	0.9821	0.9826	0.9830	0.9834	0.9838	0.9842	0.9846	0.9850	0.9854	0.9857
+2.2	0.9861	0.9864	0.9868	0.9871	0.9875	0.9878	0.9881	0.9884	0.9887	0.9890
+2.3	0.9893	0.9896	0.9898	0.9901	0.9904	0.9906	0.9909	0.9911	0.9913	0.9916
+2.4	0.9918	0.9920	0.9922	0.9925	0.9927	0.9929	0.9931	0.9932	0.9934	0.9936
+2.5	0.9938	0.9940	0.9941	0.9943	0.9945	0.9946	0.9948	0.9949	0.9951	0.9952
+2.6	0.9953	0.9955	0.9956	0.9957	0.9959	0.9960	0.9961	0.9962	0.9963	0.9964
+2.7	0.9965	0.9966	0.9967	0.9968	0.9969	0.9970	0.9971	0.9972	0.9973	0.9974
+2.8	0.9974	0.9975	0.9976	0.9977	0.9977	0.9978	0.9979	0.9979	0.9980	0.9981
+2.9	0.9981	0.9982	0.9983	0.9983	0.9984	0.9984	0.9985	0.9985	0.9986	0.9986
+3.0	0.99865	0.99869	0.99874	0.99878	0.99882	0.99886	0.99889	0.99893	0.99896	0.99900
+3.1	0.99903	0.99906	0.99910	0.99913	0.99915	0.99918	0.99921	0.99924	0.99926	0.99929
+3.2	0.99931	0.99934	0.99936	0.99938	0.99940	0.99942	0.99944	0.99946	0.99948	0.99950
+3.3	0.99952	0.99953	0.99955	0.99957	0.99958	0.99960	0.99961	0.99962	0.99964	0.99965
+3.4	0.99966	0.99967	0.99969	0.99970	0.99971	0.99972	0.99973	0.99974	0.99975	0.99976
+3.5	0.99977	0.99978	0.99978	0.99979	0.99980	0.99981	0.99981	0.99982	0.99983	0.99983

主要参考文献

[1] 刘广第. 质量管理学[M]. 第二版. 北京：清华大学出版社，2003.

[2] (美)罗伯特·B. 西奥迪尼(Robert B. Cialdini). 先发影响力[M]. 北京：北京联合出版有限公司，2017.

[3] 菲利普·科特勒. 营销管理[M]. 第15版. 上海：格致出版社，2016.

[4] (日)石川馨. 质量管理入门[M]. 第三版. 北京：机械工业出版社，2016.

[5] Baldrige Customer Service baldrige@nist.gov. 2017-2018 Baldrige Excellence Framework. 2016.

[6] (美)里德·霍夫曼，本·卡斯诺查，克里斯·叶. 联盟：互联网时代的人才变革[M]. 北京：中信出版社，2015.

[7] 杨彦明等. 质量管理统计分析与应用[M]. 北京：清华大学出版社，2015.

[8] J. M. 朱兰等. 朱兰质量手册[M]. 第六版. 北京：中国人民大学出版社，2014.

[9] 韩福荣，刘源张等. 现代质量管理[M]. 第三版. 北京：机械工业出版社，2012.

[10] (美)柯林斯. 从优秀到卓越[M]. 北京：中信出版社，2009.

[11] 杨永华，杨升华. ISO 9001:2000 服务行业应用与实施教程[M]. 广州：广东经济出版社，2002.

[12] Kjell Magnusson, Dag Kroslid & Bo Bergman. 六西格玛——通向卓越质量的务实之路[M]. 北京：中国标准出版社，2001.

[13] J. A. Fitzsimmons & M. J. Fitzsimmons. 服务管理——运营、战略和信息技术[M]. 北京：机械工业出版社，2000.

[14] 理查德·L. 达夫特. 组织理论与设计精要[M]. 北京：机械工业出版社，1999.

[15] J. M. 朱兰. 朱兰论质量策划——产品与服务质量策划的新步骤[M]. 北京：清华大学出版社，1999.

[16] 贾旭东. 超越 CI——从 CI 到 CS[M]. 北京：中国经济出版社，1998.

[17] 沈乐，韩宝龙等. 赢得未来——CS 实务指南[M]. 北京：中国经济出版社，1998.

[18] 张公绪，何国伟，郑慧英等. 新编质量管理学[M]. 北京：高等教育出版社，1998.

[19] 马建，黄丽华. 企业过程创新——概念与应用[M]. 香港：三联书店，1998.

[20] 魏中龙. 新概念——CS 基本原理教程[M]. 北京：中国经济出版社，1998.

[21] 雷纳特·桑德霍姆. 全面质量管理[M]. 北京：中国经济出版社，1998.

[22] 黄鹂. 操作经典——CS 案例[M]. 北京：中国经济出版社，1998.

[23] 马林，等. 用户完全满意——市场经济下企业永无止境的追求[M]. 北京：中国经济出版社，1998.

[24] 唐伟国，叶春生. ISO 9000——全面优质管理的基础[M]. 香港：三联书店，1998.

[25] 李蔚. 管理革命——CS 管理[M]. 北京：中国经济出版社，1998.

[26] 林志航. 计算机辅助质量系统[M]. 北京：机械工业出版社，1997.

[27] 谢家驹. 经营管理的典范——马莎百货集团剖析[M]. 香港：香港商务印书馆出版，1995.

[28] 麦可·韩默，詹姆斯·钱碑. 改造企业——再生策略的蓝本[M]. 牛顿出版股份有限公司，1994.

[29] 谢家驹. 全面优质管理[M]. 香港：三联书店，1994.

[30] Donald J. Bowersox, David J. Closs. *Logistical Management: The Integrated Supply Chain Process*, McGraw-Hill Companies, Inc, 1998.

[31] Lars Nilsson, Michael D Johnson, Anders Gustafsson. The impact of quality practices on customer satisfacton and business results: product versus service organization[J]. *Journal of Quality Management*, 2001.

[32] R. B. Handfield, *Re-engineering for Time-based Competition—Benchmarks and Best Practices for production, R & D, and Purchasing*, Quorum Books, 1995.

[33] Markku Tinnila. Strategic Perspective to Business Process Redesign. *Management Decision*, 1995.

[34] Michael Hammer & James Champy. *Reengineering The Corporation—A Manifesto For Business Revolution* 1993.

[35] Philip Kotler, *Marketing Management—Analysis, Planning, Implementation, and Control*, 1997.

[36] C. Steven, W. Wheel, and K. B. Clark, *Revolutionizing Product Development*, The Free, A Division of Simon & Schuster Inc., NY, USA. 1995.

[37] (美)A. V 费根堡姆. 全面质量管理[M]. 杨文士，廖永平，等，译. 北京：机械工业出版社，1991.

[38] 盛宝忠等. 实用质量检验[M]. 上海：上海交通大学出版社，1991.

[39] 中国质量管理协会. 质量检验[M]. 北京：北京理工大学出版社，1990.

[40] 詹姆斯·哈灵顿. 质量改进过程[M]. 福州：福建人民出版社，1990.

[41] J. M. 朱兰. 质量管理[M]. 北京：企业管理出版社，1986.

教师服务

感谢您选用清华大学出版社的教材！为了更好地服务教学，我们为授课教师提供本书的教学辅助资源，以及本学科重点教材信息。请您扫码获取。

▶▶ 教辅获取

本书教辅资源，授课教师扫码获取

▶▶ 样书赠送

管理科学与工程类重点教材，教师扫码获取样书

 清华大学出版社

E-mail: tupfuwu@163.com　　　　　　　网址: http://www.tup.com.cn/
电话: 010-83470332 / 83470142　　　　传真: 8610-83470107
地址: 北京市海淀区双清路学研大厦 B 座 509　邮编: 100084